NOCIONS BÀSIQUES DE DRET INTERNACIONAL PÚBLIC PER A LES DIPLOMATURES DE CIÈNCIES EMPRESARIALS I DE GESTIÓ I ADMINISTRACIÓ PÚBLICA

UNIVERSITAT 17

NOCIONS BÀSIQUES DE DRET INTERNACIONAL PÚBLIC PER A LES DIPLOMATURES DE CIÈNCIES EMPRESARIALS I DE GESTIÓ I ADMINISTRACIÓ PÚBLICA

Victoria Abellán Honrubia (direcció)
Xavier Pons Ràfols i Jaume Saura Estapà (coordinació)

Publicacions i Edicions

UNIVERSITAT DE BARCELONA

UNIVERSITAT DE BARCELONA. Dades catalogràfiques

Nocions bàsiques de dret internacional públic per a les diplomatures de ciències empresarials i de gestió i administració pública . – (Universitat ; 17)

Referències bibliogràfiques
ISBN 84-475-2974-6

I. Abellán Honrubia, Victoria, dir. II. Pons Ràfols, Francesc-Xavier, coord.
III. Saura i Estapà, Jaume, coord. IV. Col·lecció: Universitat (Universitat de Barcelona) ; 17
1. Dret internacional públic

Adolf Florensa, s/n; 08028 Barcelona; Tel. 934 035 442; Fax 934 035 446;
comercial.edicions@ub.edu; www.publicacions.ub.es

1a edició: 1996

Il·lustració de la coberta: *Esfera armil·lar.* Palau de les Nacions Unides. Ginebra (Foto: David Bondia)

Impressió: Gráficas Rey, S.L.

ISBN: 84-475-2974-6

Dipòsit legal: B-45371-2005

Imprès a Espanya / Printed in Spain

Aquesta publicació ha comptat amb l'ajut de la Generalitat de Catalunya.

RELACIÓ D'AUTORS

DRA. VICTORIA ABELLÁN HONRUBIA
Catedrática de Dret Internacional Públic.

DRA. ANNA BADIA MARTÍ
Catedrática de Dret Internacional Públic.

DR. JORDI BONET PÉREZ
Catedràtic de Dret Internacional Públic.

DR. ANDREU OLESTI RAYO
Catedràtic de Dret Internacional Públic (Dret Comunitari Europeu)

DR. XAVIER PONS RÀFOLS
Catedràtic de Dret Internacional Públic.

DR. DAVID BONDIA GARCÍA
Professor Titular de Dret Internacional Públic.

DRA. MAR CAMPINS ERITJA
Professora Titular de Dret Internacional Públic (Dret Comunitari Europeu)

DR. XAVIER FERNÁNDEZ PONS
Professor Titular de Dret Internacional Públic.

DRA. MARTA ORTEGA GÓMEZ
Professora Titular de Dret Internacional Públic.

DR. MIQUEL PALOMARES AMAT
Professor Titular de Dret Internacional Públic.

DR. EDUARD SAGARRA TRÍAS
Professor Titular de Dret Internacional Públic.

DR. JAUME SAURA ESTAPÀ
Professor Titular de Dret Internacional Públic.

DRA. LAURA HUICI SANCHO
Professora Titular Interina de Dret Internacional Públic.

DRA. HELENA TORROJA MATEU
Professora Ajudant de Dret Internacional Públic.

DR. JORDI SELLARÉS SERRA
Professor Associat de Dret Internacional Públic.

ÍNDEX

SEGONA PART
LES ORGANITZACIONS INTERNACIONALS

PRESENTACIÓ

Tradicionalment, a la universitat espanyola la docència del Dret Internacional Públic s'ha vinculat, quasi exclusivament, a les facultats de Dret; i ha estat –com a disciplina jurídica que és– una assignatura pròpia de la llicenciatura en Dret.

De manera coherent a aquesta concepció, els textos docents de la nostra disciplina estan adreçats a futurs llicenciats en Dret, i orientats a la formació de juristes. En aquest àmbit, la diversitat de tractats i de manuals de Dret Internacional Públic, i l'extensa producció científica en la matèria, ofereixen un ampli i ric panorama de fonts de coneixement, tant per a la llicenciatura en Dret com per a programes de doctorat o cursos especialitzats en Dret Internacional Públic.

La Llei de reforma universitària va suposar, entre altres canvis, la modificació dels plans d'estudis i la creació de nous ensenyaments universitaris. Això, juntament amb el marge d'autonomia de les universitats, s'ha concretat a la Universitat de Barcelona en una ampliació dels àmbits de docència del Dret Internacional Públic, incloent-lo com a assignatura en ensenyaments no jurídics, o no dirigits a la formació de juristes, com és el cas de les Ciències Empresarials i la Gestió i Administració Pública.

Aquesta ampliació no pot reduir-se a una mera percepció d'increment d'alumnes i d'hores lectives, sinó que, a més, implica introduir un element nou en els plantejaments docents de la nostra disciplina: es tracta d'ensenyar Dret Internacional Públic a no juristes, i de donar al seu ensenyament una orientació coherent amb els objectius perseguits pels plans d'estudis de les diplomatures indicades.

A la diplomatura de Ciències Empresarials, la docència del Dret Internacional Públic s'integra en el bloc configurador anomenat *Direcció General* com a assignatura de 6 crèdits, està dirigida a proporcionar als alumnes els conceptes i les nocions bàsiques del Dret Internacional Públic, i a introduir-los en el coneixement de les organitzacions internacionals de tipus fonamentalment econòmic.

Pel que fa a la diplomatura de Gestió i Administració Pública, el Dret Internacional Públic i de la Unió Europea és una assignatura troncal que té atribuïts 6 crèdits. Juntament amb això, s'estableix el Dret i Administració de la Unió Europea com a optativa. La finalitat perseguida amb la inclusió d'aquestes assignatures en la diplomatura és la d'introduir en la formació dels estudiants el coneixement que l'Administració de l'Estat té una vessant internacional, derivada de l'actuació exterior de l'Estat i dels compromisos internacionals assumits; objectiu al qual respon la programació de la docència del Dret Internacional Públic, en què es presta una especial atenció al Dret espanyol en la matèria.

L'experiència docent en ambdues diplomatures ha confirmat l'encert de la inclusió del Dret Internacional Públic en aquests plans d'estudis, així com l'adequada orientació dels programes impartits, però també ha evidenciat la dificultat dels estudiants per assimilar una docència, els suports bibliogràfics de la qual han estat, necessàriament, els textos docents habituals en les facultats de Dret. Dificultat que ha conduït, en la pràctica, a la generalització dels "apunts" de classe com a única font de coneixement, no sempre presos per l'alumne que els utilitza, i en cap cas supervisats pel professor.

Són aquestes les raons que han motivat l'elaboració d'aquest llibre: *Nocions bàsiques de Dret Internacional Públic per a les diplomatures de Ciències Empresarials i de Gestió i Administració Pública.*

La seva concepció, la selecció de les matèries a incloure en el contingut, la sistemàtica adoptada i el nivell d'aprofundiment, han estat objecte de reflexió i de decisió conjunta de tots els autors que participen en aquesta obra, i molt particularment d'aquells que n'han assumit la responsabilitat de la coordinació: els doctors Xavier Pons Ràfols i Jaume Saura Estapà.

L'objectiu bàsic és poder atendre les necessitats docents ambdues diplomatures; a aquest objectiu respon la sistemàtica i la selecció de continguts.

En la primera part (Sistema jurídic internacional) i en la segona (Organitzacions internacionals) hi ha continguts comuns a ambdues diplomatures: la societat internacional, l'elaboració de les normes jurídiques internacionals, els subjectes de Dret Internacional (capítols de l'1 al 7), l'Organització de les Nacions Unides i la Comunitat Europea (capítols del 10 al 13 i del 15 al 17); altres continguts estan orientats només a la diplomatura de Gestió i Administració Pública: els òrgans de les relacions internacionals a Espanya i la funció pública de les Comunitats Europees (capítols 8 i 10); mentre que la referència específica als organismes especialitzats de cooperació econòmica i financera (capítol 14) està pensada per a la diplomatura de Ciències Empresarials. La tercera part (Dret Internacional Públic i relacions econòmiques internacionals) s'orienta exclusivament als estudis de la diplomatura de Ciències Empresarials.

Aquest llibre, doncs, està pensat per als estudiants de les diplomatures de Ciències Empresarials i de Gestió i Administració Pública, i està adreçat a ells. Amb la seva publicació aspirem a cobrir una necessitat docent de la nostra Universitat, i facilitar l'estudi i la comprensió del Dret Internacional Públic en àmbits en els quals, fins ara, era considerat una disciplina aliena.

Victoria Abellán Honrubia

Setembre 2005

PRIMERA PART
EL SISTEMA JURÍDIC INTERNACIONAL

1. SOCIETAT INTERNACIONAL I DRET INTERNACIONAL PÚBLIC*

I. Plantejament general

En iniciar l'estudi del Dret Internacional Públic, la primera qüestió que es planteja és la de preguntar-se què és el Dret Internacional Públic, per indagar immediatament per a què serveix aquest dret.

Ni el concepte ni la funció del Dret Internacional Públic, però, es poden entendre bé sense conèixer prèviament quin és el marc social on aquest dret té el seu origen i sobre el qual actua. Plantejament que ens porta a l'estudi de la societat internacional, ja que és en aquesta societat on es configuren els grups humans, les relacions i els interessos que justifiquen l'existència mateixa del Dret Internacional Públic. La societat internacional és, doncs, el medi social en el qual opera el Dret Internacional.

D'altra banda, també s'ha d'assenyalar des del principi que, dintre dels grups humans organitzats que integren la societat internacional, són els Estats els que tenen una major rellevància per al Dret Internacional Públic; els Estats són els que creen el Dret Internacional i els que originàriament detenen el poder per aplicar-lo.

Finalment, no totes les relacions que es donen en la societat internacional -relacions internacionals- són regulades pel Dret Internacional; raó per la qual també és una tasca prèvia al seu estudi precisar la noció de relacions internacionals i identificar quines són objecte de regulació jurídica internacional.

Per això, aquest primer capítol de presentació de la disciplina de Dret Internacional Públic, el dediquem, per aquest ordre, a exposar unes nocions generals sobre la societat internacional; les relacions internacionals; la rellevància de l'Estat en la societat internacional i en les relacions internacionals, i el Dret Internacional Públic.

---

* Elaborat per la Dra. Victoria ABELLÁN HONRUBIA.

II. La societat internacional

Una de les percepcions més immediates del món actual és l'existència d'Estats, de tal manera que l'espai físic del món apareix dividit per fronteres, i els individus, agrupats i organitzats políticament dintre de les fronteres de cada Estat. Aquestes fronteres estatals no impedeixen, malgrat tot, l'existència d'altres grups humans organitzats –i fins i tot d'individus– els interessos o actuacions dels quals transcendeixen les fronteres d'un sol Estat; tampoc l'organització estatal exclou que dintre de les seves fronteres existeixin diverses organitzacions i grups del caràcter més divers.

1. Noció de societat internacional

Dintre d'aquest ampli marc organitzatiu interessa concretar la noció de societat internacional als efectes de la seva utilització en la nostra disciplina. En aquest sentit, entenem per societat internacional el conjunt de grups o organitzacions polítics, econòmics o de caràcter ideològic que integren el món, amb capacitat per actuar o relacionar-se al marge o per damunt de les fronteres politicoterritorials, i l'acció dels quals és susceptible d'incidir en la mateixa societat internacional bé per consolidar-la o bé per propiciar-ne el canvi.

Aquesta noció, encara que és molt àmplia, no comprèn tots els individus, grups i organitzacions socials existents en el nostre planeta. Convé destacar, almenys, quatre acotacions importants: no es refereix als individus ni a la humanitat en el seu conjunt, sinó als grups organitzats; se n'exclouen aquelles organitzacions o grups socials l'activitat dels quals solament es desenvolupa i té els seus efectes dins de les fronteres d'un sol Estat; l'Estat apareix com l'organització politicoterritorial per referència a la qual s'estableix el criteri de pertinença d'un grup a la societat internacional; però per aquesta pertinença no n'hi ha prou a tenir interessos en diferents Estats, i actuar o relacionar-se traspassant les fronteres estatals. És necessari, a més, que aquesta actuació sigui capaç d'incidir en les relacions o en l'estructura de la societat internacional.

2. Característiques de la societat internacional

Gran part dels autors que han estudiat la societat internacional, tant des de l'especialització en el Dret Internacional Públic com en les relacions internacionals o la sociologia internacional, coincideixen en l'anàlisi en destacar alguns trets que consideren característics d'aquesta societat. De la nostra banda, i basant-nos en aquests autors, passem a fer un breu resum de les característiques més significatives.

A) *La universalitat*: la societat internacional es caracteritza per la seva universalitat; en ella participen tots els Estats –sense cap exclusió– i tots els grups i organitzacions els interessos dels quals transcendeixen les fronteres d'un sol Estat i l'acció dels quals té capacitat per incidir en el tipus de relacions o estructures internacionals existents.

Entre aquests grups i aquestes organitzacions es troben, entre altres, les Organitzacions internacionals integrades per Estats (com ara l'ONU, la Comunitat Europea o el Fons Monetari Internacional); els moviments d'alliberament nacional, des del moment que són grups polítics armats i organitzats l'actuació dels quals tendeix a canviar l'*estatus* d'un poble colonial, o d'un Estat (així, el Front POLISARIO en relació amb el territori del Sàhara Occidental, o els grups i les forces no governamentals bel·ligerants en una guerra civil); altres forces econòmiques, polítiques, socials o religioses, com poden ser les empreses multinacionals, les internacionals dels partits polítics, les internacionals sindicals o les esglésies de les diferents confessions religioses.

B) *Heterogeneïtat*: la simple enunciació dels exemples anteriors evidencia l'heterogeneïtat dels participants en la societat internacional; no solament són diferents les diverses categories que hem apuntat (des dels Estats fins a les esglésies), sinó que dintre d'una mateixa categoria també hi ha grans diferències. Així, existeix una clara desigualtat entre els Estats tant quantitativament (extensió, nombre d'habitants, desenvolupament econòmic i tecnològic, armament, poder polític i militar...), com des del punt de vista qualitatiu (diferents formes d'organització política, econòmica i social; cultures, races i història també diferents).

Aquesta heterogeneïtat provoca, d'altra banda, la tendència dels Estats a agrupar-se en funció de determinats interessos o característiques específiques que els són comuns, fet que origina el que s'ha anomenat regionalisme internacional; els factors de cohesió del qual poden ser tant geogràfics, com econòmics, polítics o religiosos.

C) *Nombre reduït de participants*: tot i que la societat internacional és d'àmbit universal, el nombre de participants -estats, organitzacions internacionals, altres grups socials- és bastant reduït.

És cert que el nombre d'estats s'ha incrementat considerablement en l'última meitat del nostre segle a causa, sobretot, del procés de descolonització de països africans i asiàtics, i últimament -a Europa del centre i de l'est- per raó del desmembrament d'Estats prèviament existents (Txecoslovàquia, Iugoslàvia, URSS); així, dels cinquanta Estats membres originaris de l'ONU, aquesta organització ha passat en l'actualitat a estar integrada per 191 Estats membres. Igualment, ens hem de referir també a la proliferació de les Organitzacions internacionals a partir de 1945, des del moment que s'han incrementat el nombre d'Organismes especialitzats vinculats a l'ONU (BIRD, UNESCO, FAO, FIDA, ONUDI...), i s'ha creat una extensa xarxa d'Organitzacions internacionals en totes les regions del món (Europa, Llatinoamèrica, Àfrica, Àsia) amb les més diverses finalitats. Juntament amb això s'observa, a més, una major presència d'altres grups socials organitzats amb capacitat d'incidir en la societat internacional, com ara les empreses multinacionals, les organitzacions no governamentals o les forces armades dissidents i grups organitzats que mantenen, a l'interior d'un Estat, un conflicte armat contra el govern establert (bé per fer-se amb el poder, bé per obtenir la independència de part del territori de l'Estat).

Amb tot, els participants en la societat internacional continuen sent un nombre reduït que pot comptar-se per centenars; dada que contrasta amb altres societats organitzades a partir de l'individu, tal com passa per exemple en els Estats, els principals participants dels quals -els seus nacionals- poden freqüentment comptar-se per milions. És per això que una de les característiques de la societat internacional -que la diferencia d'altres societats-, és el nombre reduït dels seus participants.

D) *Descentralització del poder polític*: els Estats, principals integrants de la societat internacional, es caracteritzen per ser sobirans. La sobirania significa centralització del poder polític en l'organització estatal, sent l'Estat qui té el monopoli per a l'elaboració del dret i la utilització de la coacció armada; aquest poder, en les seves diferents manifestacions, s'exerceix de forma plena (és a dir, és susceptible d'abastar totes les esferes de la vida social) i exclusiva sobre el territori i la població que hi ha dintre de les seves fronteres, i amb independència de qualsevol altre poder exterior.

Així, cada un dels Estats integrants de la societat internacional es configura com una organització política sobre base territorial, el poder de la qual és ple i exclusiu a l'interior de les seves fronteres, i independent enfront de l'exterior. Aquest atribut de sobirania fa que, pel que es refereix a la conceptualització del seu poder polític, tots els estats siguin iguals i independents entre si.

A partir d'aquí, i en la mesura en què la societat internacional està integrada per Estats, no existeix en aquesta societat un poder polític centralitzat i únic, sinó que existeixen tants centres de poder com Estats sobirans. La societat internacional es caracteritza, doncs, per la descentralització del poder polític; està mancada d'una organització global i no està jerarquitzada.

E) *Escàs grau d'integració*: la universalitat de la societat internacional, l'heterogeneïtat dels seus participants i la descentralització del poder polític estan en la base de l'escassa integració de la societat internacional.

Existeix actualment, malgrat tot, una creixent interdependència en totes les esferes de la vida internacional (l'economia, la ciència i la tecnologia, la política...), i s'evidencia cada cop amb més força l'aparició d'interessos comuns a nivell regional (defensa, integració econòmica ..), o planetari com pot ser la salvaguarda del medi ambient. Aquestes dades han propiciat una certa institucionalització en la societat internacional, per la qual cosa existeix en l'actualitat un major grau d'organització mundial.

No obstant això, tal com ha posat de manifest el professor Roberto MESA, la societat internacional actual continua sent una societat escassament integrada, desigual i injusta. Característiques a les quals el mateix autor afegeix la de ser una societat diacrònica; és a dir, una societat en la qual coexisteixen formes de vida (organització social, desenvolupament, cultura...) que estan en temps històrics diferents[1].

Finalment, i per acabar aquesta aproximació a la noció de societat internacional, s'ha de tenir en compte que, com tota societat, la internacional no és estàtica, sinó

---

1. MESSA GARRIDO, R. *La nueva sociedad internacional*, Centro de Estudios Constitucionales, Madrid 1992, p. 269-270.

que està en contínua evolució. Raó per la qual convé tenir present la situació i les dades existents en la societat internacional actual, que la diferencien de períodes històrics anteriors; així com estar atents als nous fenòmens emergents al final del nostre segle. En aquest sentit, sembla oportú assenyalar, com a trets actuals més significatius: la divisió entre països desenvolupats i països subdesenvolupats (l'anomenada *escissió Nord-Sud*); l'existència d'armes de destrucció massiva, en particular les armes nuclears, i l'emergència de nous nacionalismes i fonamentalismes i integrismes religiosos, com a factors d'inestabilitat tant pel que fa a les fronteres territorials existents com a les formes d'organització política o de govern.

III. Relacions internacionals

No ens referim en aquest apartat a la disciplina Relacions Internacionals, sinó al fenomen social objecte d'aquesta: les relacions que s'estableixen entre els participants en la societat internacional.

1. Noció de relacions internacionals

En principi, sota l'expressió *relacions internacionals* entenem tots els contactes o connexions que s'estableixen entre els integrants de la societat internacional i que transcendeixen l'àmbit estatal. El caràcter i la naturalesa de tals relacions –en funció dels subjectes que les protagonitzen i els interessos que les originen– presenta una àmplia gamma de possibilitats: poden ser de naturalesa política, econòmica, cultural..., i poden, així mateix, establir situacions de cooperació, de dependència, d'igualtat, de domini, pacífiques o de conflicte.

De tota aquesta gamma de relacions possibles, les que fonamentalment interessen al Dret Internacional Públic són les que s'estableixen entre els Estats, i prioritàriament en la mesura en què aquestes es configuren com un sistema permanent de contactes recíprocs (bilaterals o multilaterals) entre ells.

Amb aquesta perspectiva partim d'una afirmació inicial: existeix una clara interacció entre el naixement i el caràcter de les relacions internacionals i la forma d'organització econòmica i política dominant en la societat internacional. Afirmació que passarem a desenvolupar tot seguit referint-nos a les condicions que considerem necessàries per al naixement de les relacions internacionals a les quals ens referim; és a dir, les que interessen al Dret Internacional Públic.

2. Condicions per a l'establiment d'un sistema permanent de relacions internacionals

Quan parlem de relacions internacionals com a objecte d'interès del Dret Internacional Públic, no ens referim a unes relacions aïllades o esporàdiques entre les diferents comunitats polítiques en qualsevol període històric de la humanitat, sinó que ho concretem en l'existència d'un sistema de relacions permanents entre els Estats i –si escau– altres organitzacions o grups socials l'actuació dels quals transcendeixi les fronteres d'un sol Estat.

Acotada així la referència a les relacions internacionals, la qüestió que es planteja és indagar quines són les condicions econòmiques i polítiques que han de concórrer perquè aquest sistema permanent de relacions internacionals s'estableixi, i en quin moment històric s'ha de situar el seu origen. Al nostre entendre, aquestes condicions són, d'una banda, l'existència del comerç internacional i de la divisió internacional del treball (base material de les relacions internacionals); i, de l'altra, la formació de l'Estat modern com a organització política de base territorial (element estructural de les relacions internacionals). Ambdues condicions s'han de situar en un temps històric determinat.

A) *Comerç internacional i divisió internacional del treball*: encara que el comerç entre els diferents pobles o països sigui una constant en la història i impliqui una certa divisió del treball entre ells, aquests intercanvis no han constituït sempre una base material suficient per establir un entramat d'interessos i de relacions permanents entre ells i d'abast mundial.

Entenem que aquesta base material es dóna només a partir de la generalització del sistema capitalista com a forma d'organitzar la producció de béns i el seu intercanvi. És a dir, el comerç internacional i la divisió internacional del treball són la base material d'un sistema permanent de relacions internacionals a partir del moment en què concorren les circumstàncies següents: l'organització de la producció de béns té com a prioritat la producció per al canvi i no per al consum; hi ha un increment de la producció de béns que no és absorbit pel mercat interior del país on es produeixen; la producció d'uns països és complementària o interdependent de la d'altres (els processos de treball per a l'elaboració d'un producte final es distribueixen entre diferents països). En aquestes circumstàncies, el comerç internacional i la divisió internacional del treball apareixen com una condició necessària de la pròpia forma d'organitzar l'economia, que genera, al seu torn, la necessitat d'establir un sistema de relació permanent entre els diferents països i centres econòmics. Històricament pot situar-se l'origen d'aquest sistema de relacions internacionals en el període de transició del feudalisme al capitalisme, que té lloc entre els segles XV i XVI.

B) *La formació de l'Estat modern*: com ja hem indicat, l'Estat modern es configura com una forma d'organització política d'una població assentada sobre un territori delimitat per fronteres, que es caracteritza per l'exclusivitat i la plenitud en l'exercici del poder dintre de les seves fronteres, i la independència enfront de l'exterior. Però la referència a l'Estat com a base estructural de les relacions internacionals no es pot fer a la formació aïllada d'un o alguns d'aquests Estats, sinó al moment en què la forma d'organització política es generalitza i es presenta com un sistema permanent i estable en el conjunt de la societat internacional; és a dir, quan el poder polític en la societat internacional apareix descentralitzat constituint un sistema d'Estats sobirans i independents entre si, i separats per fronteres territorials. Històricament, aquest sistema es forma durant els segles XV i XVI, amb la Pau de Westfàlia (1648) com a data de referència de la consolidació definitiva del sistema.

Amb tot el que hem exposat volem significar que la noció de relacions internacionals que interessa als efectes de la nostra disciplina (el Dret Internacional Públic), és la que fa referència a les relacions que s'originen a partir de la generalització en la societat internacional d'una determinada forma d'organització econòmica (la capitalista) i d'organització política (l'Estat modern).

IV. Rellevància de l'Estat en la societat internacional i en les relacions internacionals

Com ja hem destacat en exposar la noció i els trets tant de la societat internacional com de les relacions internacionals, l'Estat apareix sempre en un lloc privilegiat: d'una banda, és el principal participant de la societat internacional; de l'altra, l'existència de l'Estat és una condició estructural de la noció mateixa de relacions internacionals; finalment, també hem indicat que el caràcter i la naturalesa de les relacions internacionals varia en funció de la forma d'organització del poder polític, i que l'establiment d'un sistema permanent de relacions internacionals es produeix a partir de la formació del sistema d'Estats moderns.

Aquesta contínua referència a l'Estat exigeix, per la nostra part, un cert deteniment a fi i efecte d'examinar quina és la posició de l'Estat i quin el seu paper en la societat internacional i en les relacions internacionals.

És sabut que la formació del sistema d'Estats moderns va suposar un canvi important respecte de l'organització del poder fins llavors existent en la societat internacional; així, mentre a l'època medieval el poder en la societat internacional s'organitzava jeràrquicament i girava entorn de dos centres (el papa i l'emperador), amb la formació de l'Estat modern l'organització del poder en la societat internacional no és jeràrquica (tots els Estats són iguals) i hi ha tants centres de poder com Estats (no es reconeix cap poder extern superior a l'Estat).

Establerta aquesta primera afirmació, interessa ara veure en quina mesura la presència de l'Estat continua incidint en la societat internacional i en les relacions internacionals. Tasca que abordarem des d'una doble perspectiva: considerant que l'Estat és l'element bàsic de la societat internacional, i considerant que l'Estat és el principal agent de les relacions internacionals.

1. L'Estat com a element bàsic de la societat internacional

L'afirmació que l'Estat és un element bàsic de la societat internacional porta implícita una conseqüència: els canvis en aquest element incideixen necessàriament en el conjunt de la societat internacional; o dit d'una altra manera, es produeix una mútua interacció entre l'evolució de l'estructura de la societat internacional i les successives transformacions de l'Estat. Com ja fou assenyalat pel professor AGUILAR NAVARRO[2], existeix una clara interacció entre l'Estat en les seves diverses manifestacions i la societat internacional.

A fi d'explicar més aquesta interacció, partim de l'anàlisi que fa REUTER de la societat internacional[3], en la qual identifica la superposició de tres estructures diferents: de juxtaposició, de coordinació i de cooperació.

A) *Estructura de juxtaposició*: l'Estat modern es concep originàriament com una societat política perfecta, el poder sobirà de la qual és absolut i il·limitat. Aquesta concepció de l'estat encarna el concepte de sobirania encunyat per Jean BODIN segons el qual «*La soberanía es el poder absoluto y perpetuo de una república (...) la soberanía no es limitada ni en poder, ni en responsabilidad, ni en tiempo (...) el carácter principal de la majestad soberana y poder absoluto consiste principalmente en dar ley a los súbditos en general sin su consentimiento*»[4]; i troba la seva expressió teòrica més acabada en la «*Idea del Estado*» formulada per HEGEL[5].

En la pràctica, aquesta forma d'Estat absolut i autàrquic fa que l'exercici del poder s'adreci fonamentalment a l'interior de les seves fronteres, i en limita les relacions exteriors a una mera coexistència amb els altres Estats; l'interès fonamental de tots i cada un dels Estats enfront de l'exterior és mantenir un equilibri de poder que impedeixi l'hegemonia de qualsevol d'ells sobre els altres. Històricament es tractava dels Estats europeus entre els segles XVI a XIX, i de l'equilibri de poder entre les cases reials llavors regnants. Aquesta posició dels Estats europeus en les seves relacions externes es va manifestar a l'època en una sèrie d'aliances variables, regides pel denominat *principi de l'equilibri polític*.

És aquesta concepció de l'Estat i la pràctica que se'n deriva la que configura la societat internacional com una societat d'Estats juxtaposats; és a dir, una societat en la qual les relacions entre els seus elements bàsics –els Estats– responen a una estructura de juxtaposició.

B) *Estructura de coordinació*: la concepció de la sobirania absoluta i de l'Estat tancat sobre les seves fronteres territorials, no s'adequa a les necessitats d'expansió econòmica i comercial originades per la revolució industrial que té lloc durant el segle XIX. En efecte, en aquesta època es generen certs interessos comuns a tots els Estats (els

---

2. AGUILAR NAVARRO, M. «La crisis del Derecho Internacional y la teoría de sus sujetos», *Revista Española de Derecho Internacional*, 1954, 1, p. 11 i ss.

3. REUTER, P. «Principes de Droit International Public», *Recueil des Cours*, vol. 103, 1961.II, capítol I, «La société internationale et son Droit», p. 434 i ss.

4. BODIN, J. *Los seis libros de la República*, Capítol VIII, «De la Soberanía», traducció de Pedro Bravo Gala, editorial Tecnos, Madrid 1985.

5. HEGEL, G. F. *Filosofía del Derecho*, secció tercera, «El Estado», traducció d'Angelina Mendoza de Montero, editorial Claridad, Buenos Aires 1937 (1a edició), 5a edició, 1968.

europeus) que, tot sovint, es localitzen fora de les seves fronteres, i que difícilment són protegibles a partir de la sobirania territorial (així, l'exploració o l'explotació de primeres matèries localitzades en territoris d'Àfrica o d'Àsia, la utilització dels espais marítims, l'interès per assegurar les comunicacions internacionals...).

Aquesta nova realitat porta en si mateixa la necessitat per als Estats implicats d'establir certes regles que regeixin les seves relacions en aquelles matèries considerades d'interès comú; necessitat que, en l'època, va conduir a importants compromisos entre els Estats europeus respecte a la colonització d'Àfrica, a la neutralitat de Suïssa o a la navegació per certs rius internacionals com el Congo o el Danubi; al temps que, paral·lelament, evolucionava l'organització de l'Estat cap a formes de govern inspirades en la ideologia liberal.

Tot això té el seu reflex en la societat internacional, en la qual apareix una nova estructura de coordinació entre els seus elements bàsics –els Estats– sostinguda en l'existència d'interessos comuns.

C) *Estructura de cooperació*: existeix en l'actualitat una creixent interdependència econòmica, política, tecnològica..., en tots els nivells de relació que s'estableixen en la societat internacional. Aquesta interdependència ha provocat relacions cada cop més freqüents i complexes entre els Estats, i ha originat, així mateix, una forta tendència a organitzar aquestes relacions de manera estable i permanent; és a dir, a crear entre ells Organitzacions internacionals.

En la base d'aquestes Organitzacions internacionals està, en principi, la insuficiència de l'Estat sobirà per atendre per si mateix –de manera aïllada– les seves pròpies necessitats de defensa, o de desenvolupament econòmic, o per mantenir la pau. S'evidencia, doncs, la dificultat teòrica i pràctica d'encaixar la noció de sobirania de l'Estat en el seu aspecte d'«independència» (respecte a l'exterior) i de «plenitud» (per cobrir tots els àmbits de la societat), amb el fet de la *interdependència* existent avui en tots els nivells de relació i en totes les esferes de la societat internacional.

Aquest relatiu debilitament de l'Estat, i la tendència a superar-lo mitjançant la seva integració en unitats més àmplies d'organització política, econòmica o militar, té una clara incidència en la societat internacional; concretament, s'origina en ella una nova estructura de relació entre els seus elements bàsics (els Estats): l'estructura de cooperació.

S'ha d'assenyalar, finalment, que totes aquestes estructures coexisteixen i se superposen en la societat internacional dels nostres dies. Així, els Estats continuen actuant com una organització política de base territorial, un dels interessos irrenunciables dels quals és la defensa de la seva sobirania territorial. Juntament amb això, existeixen avui interessos comuns, com per exemple la prevenció del deteriorament del medi ambient, per a la salvaguarda dels quals es requereix una acció coordinada de tots els Estats en la matèria; altres finalitats, però, es realitzen mitjançant la integració dels Estats en Organitzacions internacionals.

2. L'Estat com a principal agent de les relacions internacionals

Des de la formació del sistema d'Estats moderns, l'Estat ha exercit un paper protagonista en les relacions internacionals; dada aquesta a la qual ja ens hem referit i sobre la qual no insistirem. El que ara volem assenyalar és el fet que l'Estat –com a organització politicojurídica– mediatitza gairebé totes les relacions internacionals; això és, les relacions establertes per altres participants de la societat internacional (empreses multinacionals, Organitzacions internacionals, altres grups socials), passen en algun moment per l'organització estatal. Mediatització que pot apreciar-se en un doble sentit: entenent que l'Estat assumeix la defensa dels interessos dels particulars –els seus nacionals– en les relacions internacionals; i entenent, històricament, que el caràcter dels Estats condiciona el tipus de relacions que s'estableixen en cada època.

En el primer sentit indicat, es pot recordar, a títol d'exemple, el paper de l'Estat en les relacions econòmiques internacionals: concertant acords comercials per obrir els mercats estrangers a les empreses nacionals; protegint el mercat interior mitjançant l'establiment de drets duaners o de contingents a la importació de productes procedents de l'exterior; establint mecanismes de garantia per a la protecció de les inversions dels seus nacionals a l'estranger enfront de determinats riscos, o, fins i tot, reglamentant en el seu territori l'activitat de les empreses multinacionals. Totes aquestes activitats comercials, financeres o productives protagonitzades pels particulars, són mediatitzades per l'Estat quan adquireixen el caràcter de «relacions internacionals», és a dir, quan aquestes es realitzen a través o al marge de les fronteres estatals.

De la mateixa manera, també l'Estat mediatitza l'activitat econòmica dels particulars en l'actual procés de mundialització de l'economia i de liberalització del comerç internacional, amb la conseqüent obertura dels mercats nacionals a les mercaderies, serveis, empreses i capitals estrangers. Aquesta adequació funcional de l'Estat a la mundialització de l'economia s'evidencia, entre d'altres mesures i polítiques, en la flexibilització del mercat laboral, la privatització d'empreses púbiques, el lliure establiment d'empreses multinacionals, o la progressiva supressió de tarifes duaneres.

Però, a més, i en el segon sentit indicat, por apreciar-se com l'evolució de l'Estat no solament incideix en l'estructura de la societat internacional –aspecte al qual ja ens hem referit– sinó també en el tipus de relacions internacionals que s'hi generen. Així, per exemple, en l'edat moderna en la qual els Estats són només els europeus i responen a unes característiques comunes (cultura, religió, grau de desenvolupament, sistema polític i econòmic...), tots tenen uns interessos semblants, i les seves relaciones giren a l'entorn d'adquirir posicions avantatjoses en el comerç amb altres zones del món, o estendre el seu domini colonial, o bé d'obtenir compensacions territorials.

En l'època contemporània, al contrari, els Estats que integren la societat internacional pertanyen a regions geogràfiques amb cultura i història diferent, i presenten una gran heterogeneïtat (desenvolupats i subdesenvolupats; amb economia de mercat o amb economia planificada; tradicionals o de recent independència; superpotències o microestats...). Aquest diferent caràcter dels Estats condiciona els tipus de relacions internacionals que s'estableixen en l'actual societat internacional; però no sols les relacions polítiques, els protagonistes de les quals són els Estats (política de blocs, guerra freda, coexistència pacífica, relacions d'hegemonia ..), sinó també les relacions econòmiques i ideològiques protagonitzades per altres grups socials organitzats com les empreses multinacionals, les esglésies, els moviments d'alliberament nacional, les Organitzacions internacionals o les organitzacions no governamentals.

Així, en el període posterior a la Segona Guerra Mundial i fins a l'extinció de l'URSS en 1991, les relacions polítiques entre Estats varen estar marcades per la política de blocs i d'alternança de la "Guerra Freda" i la coexistència pacífica. De forma paral·lela, també era freqüent que els grups socials anteriorment al·ludits identifiquessin la defensa dels seus interessos a nivell internacional amb l'adscripció a algun dels pols marcats pel diferent caràcter dels Estats (l'escissió est-oest i l'escissió nord-sud).

En l'actualitat, aquest panorama ha canviat: la desaparició de l'URSS, la consolidació dels Estats Units com a única potència hegemònica, l'agudització del subdesenvolupament en un nombre significatiu d'Estats de l'Àfrica subsahariana i del centre i sud d'Amèrica, l'abandonament de l'economia planificada pels Estats d'Europa central i oriental i la seva transició cap al sistema econòmic capitalista, tot això marca un diferent tipus de relacions entre els Estats; aquestes relacions es caracteritzen per l'unilateralisme de la superpotència hegemònica, les divergències sobre la necessitat del multilateralisme per a l'adopció de decisions polítiques d'àmbit internacional, així com les diferents opcions polítiques sobre la funcionalitat de l'Estat davant la mundialització de l'economia. Paral·lelament també els grups i entitats econòmics, polítics, religiosos... que operen en la societat internacional acostumen a alinear-se amb o enfront d'algun dels paràmetres marcats pel nou tipus de relacions.

Finalment, es pot afegir entre altres manifestacions de la mediatització per l'Estat de la quasi totalitat de les relacions internacionals, el fet que l'organització estatal és encara el model d'organització política al qual aspiren altres forces socials amb incidència internacional (moviments d'alliberament nacional dels països colonials, grups representatius dels nous nacionalismes emergents). I que, així mateix, l'Estat continua sent la base per a les relacions institucionalitzades en la societat internacional: les Organitzacions internacionals són creades pels Estats i el seu protagonisme en les relacions internacionals està clarament mediatitzat pel caràcter dels Estats que les integren.

V. Dret Internacional Públic

Els apartats anteriors, en els quals hem exposat una noció general sobre la societat internacional i les relacions internacionals, tenen la finalitat de facilitar la comprensió del Dret Internacional Públic, mitjançant el coneixement previ del context social i històric en el qual es produeix. Per això, abans de formular cap definició sobre què és el Dret Internacional Públic, és convenient reflexionar sobre aquests coneixements i extreure'n alguns dels perfils d'aquest dret. Concretament, de tot l'exposat anteriorment es dedueix: *a*) El

Dret Internacional Públic regeix en la societat internacional; *b*) les relacions internacionals regulades pel Dret Internacional Públic són, en principi, les relacions entre Estats –relacions el contingut de les quals pot comprendre les més diverses matèries (de caràcter polític, econòmic, militar. ..)–; *c*) en conseqüència, la formació del Dret Internacional Públic com el dret que regula les relacions entre Estats, té el seu origen en l'edat moderna, a partir del moment en què la societat internacional està integrada per un sistema d'Estats; *d*) no obstant això, en l'actualitat, el Dret Internacional Públic no es limita a regular relacions interestatals, sinó que actua també sobre les relacions internacionals que s'estableixen per a altres participants en la societat internacional (si bé, del fins ara exposat, no podem deduir-ne quins són aquests participants –diferents dels Estats–, les relacions dels quals també es regeixen pel Dret Internacional Públic).

Aquesta primera acotació del Dret Internacional Públic, expressada en termes jurídics, equival a dir: que *l'àmbit d'aplicació espacial* del Dret Internacional Públic és la societat internacional; que *els subjectes* del Dret Internacional Públic són els Estats i altres participants en la societat internacional (encara que no tots), i que *la seva funció* és regular les relacions entre aquests subjectes, relacions el contingut de les quals pot ser de caràcter econòmic, polític, militar, humanitari... (*àmbit d'aplicació material* del Dret Internacional Públic). Passem ara a exposar el concepte i les característiques del Dret Internacional Públic.

1. Concepte de Dret Internacional Públic

Entenem per Dret Internacional Públic un sistema de normes jurídiques que regeixen les relacions entre els Estats i altres subjectes previstos en l'esmentat sistema normatiu.

Atesa la seva abstracció, intentarem explicar els termes utilitzats: *a*) Quan parlem d'un «sistema de normes» no ens referim a unes normes aïllades, sinó a un conjunt de normes connectades entre si conforme a un determinat ordre (així, per exemple, les normes de moralitat establertes per una autoritat religiosa, o les normes de cortesia creades a través de la convivència en un grup social); *b*) quan el sistema és de «normes jurídiques», ens referim a un conjunt de normes creades per l'Estat, mitjançant les quals es formulen drets i obligacions; es determinen quins són els destinataris de tals drets i obligacions, i s'estableixen els mecanismes per a la seva aplicació, tant per possibilitar l'exercici d'aquests drets com per imposar una sanció per l'incompliment dels deures. Aquestes normes estan connectades entre si de tal manera que a cada dret correspon un deure i a cada incompliment de la norma correspon una sanció; *c*) que el Dret Internacional Públic «regeix les relacions entre els Estats i altres subjectes per ell mateix previstos» vol dir que, per regular aquestes relacions, el Dret Internacional Públic estableix drets, deures i sancions per als Estats i per a tots els destinataris indicats en les seves normes.

Allò peculiar del Dret Internacional Públic és que no es crea per decisió d'un sol Estat, sinó que es crea per l'acord entre dos o més Estats; i que els Estats, a més de ser els que creen el Dret Internacional i ser els destinataris de les normes jurídiques internacionals, són els encarregats de la seva aplicació. Peculiaritat aquesta en virtut de la qual l'Estat es considera el subjecte primari del Dret Internacional Públic; si bé no és l'únic subjecte.

En efecte, com ja hem assenyalat, existeix la possibilitat que altres participants de la societat internacional siguin també considerats subjectes del Dret Internacional Públic; encara que tal qualificació no s'estén a tots els participants de la societat internacional, ni tampoc n'hi ha prou per això amb ser mers destinataris de normes internacionals. En la nostra opinió, tindran la possibilitat de ser considerats subjectes del Dret Internacional Públic aquelles organitzacions o grups socials participants en la societat internacional l'actuació dels quals sigui capaç d'incidir en la creació, aplicació, modificació o derogació de les normes jurídiques internacionals; és a dir, quan la seva activitat sigui pertinent respecte a la conservació o a la transformació del sistema jurídic internacional existent.

2. *Característiques del Dret Internacional Públic*

El concepte central a l'entorn del qual gira tot el Dret Internacional Públic és el de la sobirania de l'Estat i, més concretament, un dels seus aspectes: la independència de l'estat respecte de l'exterior; el que significa que tots els Estats són independents entre si i no reconeixen cap poder extern superior a ells. Això implica una doble conseqüència: *a*) D'una banda, tots els Estats són igualment sobirans, el que en Dret Internacional Públic s'expressa com el *principi d'igualtat sobirana dels Estats*, principi que regeix tot el sistema jurídic internacional; *b*) de l'altra, els Estats són lliures per decidir les seves relacions internacionals i el grau de compromisos o obligacions que estan disposats a assumir, el que en Dret Internacional Públic significa que les normes jurídiques internacionals s'apliquen només als Estats que han consentit a obligar-se per elles.

Una segona característica del Dret Internacional Públic, conseqüència de la sobirania, és que es tracta d'un dret pactat, no autoritari. Això és, el Dret Internacional Públic es crea mitjançant l'acord de voluntats dels Estats, i és obligatori només per als Estats que han participat en la creació de les seves normes i consentit a obligar-se per elles; no existeix, en conseqüència, un poder legislatiu, executiu o judicial centralitzat a través del qual s'elabori el Dret Internacional Públic o s'executi o s'imposi l'aplicació coactiva de les seves normes.

De la característica anterior es deriva el que s'ha denominat el *relativisme del dret internacional*: no totes les normes del Dret Internacional Públic obliguen tots els Estats, ni tampoc de la mateixa manera; tot depèn de la voluntat de l'Estat i del seu consentiment a obligar-se. D'aquí que hi hagi normes de Dret Internacional general que han estat acceptades per la generalitat dels Estats, i el compliment de les quals obliga a tots, i normes de Dret Internacional particular, acceptades només per dos o més Estats, el compliment de les quals només és obligatori per a ells.

Finalment, s'ha d'assenyalar que aquest excessiu voluntarisme de l'Estat, i la seva conseqüència, el relativisme del Dret Internacional, vénen limitats per un fet consubstancial a tot sistema jurídic: la necessitat que les normes de dret reflecteixin les dades objectives i els valors que, en cada moment històric, determinen el caràcter de la societat sobre la qual l'esmentat dret s'aplica. Pel que fa al Dret Internacional Públic, són dades objectives que caracteritzen la societat internacional actual: l'existència d'Estats sobirans; el procés de descolonització dels països i pobles colonials; l'existència d'armes de destrucció massiva i el risc d'un conflicte nuclear, la divisió del món en països desenvolupats i països subdesenvolupats, i el procés de mundialització de l'economia.

Aquestes dades troben el seu reflex en el Dret Internacional Públic mitjançant la formulació de certs principis generals que inspiren i donen unitat a tot el sistema jurídic internacional, i s'imposen a tots els Estats al marge que hagin o no manifestat el seu consentiment a obligar-se. Aquests principis són, entre d'altres, el principi d'igualtat sobirana dels Estats, el principi de lliure determinació dels pobles, el principi de prohibició de l'ús de la força armada pels Estats en les seves relacions internacionals, i el principi de cooperació. Juntament amb això, alguns valors humanitaris incorporats en la societat internacional posterior a la Segona Guerra Mundial troben avui la seva formulació jurídica internacional en l'obligació general dels Estats de respectar els drets humans fonamentals.

Bibliografia sumària

DEL ARENAL, C. «Cambios en la sociedad internacional y Organización de las Naciones Unidas», *Jornadas sobre el cincuenta aniversario de las Naciones Unidas*, Colección Escuela Diplomática núm. 2, Madrid 1995, p. 4-25.

MESA GARRIDO, R. *La nueva sociedad internacional*, Centro de Estudios Constitucionales, Madrid 1992, en especial pàg. 109-136 i 255-271.

TRUYOL Y SERRA, A. *La sociedad internacional*, nova edició, Alianza Editorial, Madrid 1993.

2. LA FORMACIÓ DE LES NORMES JURÍDIQUES INTERNACIONALS*

I. La formació del Dret Internacional Públic

La determinació i la caracterització de les fonts de Dret Internacional Públic fa necessari el previ estudi dels condicionaments que la producció de normes jurídiques té en l'àmbit internacional, així com els trets fonamentals que caracteritzen el procés de creació de les normes jurídiques internacionals, amb la finalitat de garantir la millor comprensió dels factors que incideixen en el desenvolupament del Dret Internacional Públic i les seves conseqüències.

Sobre això, s'han de tenir en compte dos factors essencials:

D'una banda, el fet que el Dret Internacional Públic es configuri com l'ordenament jurídic de la societat internacional; el Dret Internacional Públic és una manifestació d'aquest grup social: ha de respondre, per tant, a les necessitats d'ordenació social que d'ella es dedueixin –així com a la seva evolució–, al mateix temps que el seu desenvolupament es troba condicionat per l'estructura de la mateixa societat internacional, els seus problemes i contradiccions.

La base social del Dret Internacional Públic és, com ja s'ha vist al capítol anterior, molt diferent de la base social que es troba darrere de qualsevol dret intern: els drets interns es dirigeixen a l'ordenació d'una societat integrada essencialment per persones físiques –i altres ens amb personalitat jurídica per elles creades– subjectes a l'organització política que governa l'Estat, mitjançant l'aplicació del dret i de l'exercici últim de la coacció –l'organització política estatal, en aquest sentit, ostenta el monopoli de la força–; en canvi, el Dret Internacional Públic té una base social integrada bàsicament per ens de naturalesa territorial, els estats, i altres subjectes (com les Organitzacions internacionals o els bel·ligerants, per exemple; subjectes que, en tot cas, no són identificables tampoc amb les persones físiques) als quals els és atribuïda o reconeguda una certa personalitat jurídica internacional.

---

* Elaborat pel Dr. Jordi BONET I PEREZ.

D'altra banda, i en relació amb l'anterior afirmació, la societat internacional està fonamentalment integrada per Estats sobirans, independents i iguals, els quals no es troben sotmesos a un poder superior –tot i l'evolució que pugui anar experimentant en aquest sentit la societat internacional– que els imposi coactivament unes pautes de comportament i les corresponents normes jurídiques internacionals que les sustenten.

La societat internacional es caracteritza per la descentralització del poder polític que es produeix en el seu si, de manera que no hi ha una autoritat central i única que garanteixi l'ordre social -tot i que les darreres dècades mostren una tendència a l'articulació progressiva d'algun tipus d'autoritat institucional capacitada per imposar als estats el seguiment de certes conductes exigides pel Dret Internacional Públic-; en conseqüència, tampoc no hi ha dins de la societat internacional un òrgan legislatiu únic i diferenciat, productor de les normes jurídiques.

D'ambdues consideracions es dedueix clarament que el Dret Internacional Públic presenta diferències molt importants respecte a la seva base social i política envers els drets interns; i que –el que és més important encara– la seva especificitat té una projecció en l'àmbit de la producció normativa i de l'aplicació del dret. Així doncs, tant pel que fa al procés de creació de normes jurídiques com a la seva aplicació, el Dret Internacional Públic evidencia una estructura i unes característiques diferenciades de qualsevol altre ordenament jurídic. Dins del procés de formació de normes jurídiques, aquesta especificitat del Dret Internacional Públic es manifesta sobretot en dos aspectes: la rellevància del consentiment de l'Estat en la formació de les normes de Dret Internacional Públic i les característiques diferencials del procés de formació de les normes de Dret Internacional Públic.

1. La rellevància del consentiment de l'Estat en la formació de les normes de Dret Internacional Públic

La descentralització existent en el si de la societat internacional suposa la inexistència d'una autoritat superior que centralitzi les competències de creació, interpretació i aplicació del Dret Internacional Públic i, per tant, són els Estats els que, com a manifestació de la seva sobirania, assumeixen essencialment aquestes tasques.

L'Estat es constitueix, doncs, en el principal actor del procés de creació de les normes jurídiques internacionals, per la qual cosa resulta essencial la voluntat de l'Estat per fonamentar la naturalesa jurídica i la subseqüent producció d'efectes jurídics d'aquestes, de manera que la manca d'aquesta voluntat estatal serà determinant de la inexistència del caràcter jurídicament vinculant que caracteritza les normes.

La conseqüència directa de la formulació anterior dins del procés de formació de les normes jurídiques internacionals és que el consentiment de l'Estat a obligar-se per una norma de Dret Internacional Públic suposa el fonament últim de l'ordenament jurídic internacional, de manera que el Dret Internacional Públic es caracteritzarà pel seu relativisme: dependència de la voluntat de l'Estat i necessitat de la participació d'aquest en la creació de la norma jurídica internacional o, almenys, el reconeixement per la seva part de la situació de la qual es deriven efectes jurídics.

Tanmateix, de l'afirmació de la rellevància del consentiment de l'Estat en la formació de les normes de Dret Internacional Públic no s'ha d'extreure la conclusió que respecte a totes i cadascuna de les normes jurídiques internacionals és necessari que cadascun dels Estats, de manera individual i particularitzada, hagin d'haver donat el seu consentiment perquè aquelles els hi resultin jurídicament vinculants; aquesta posició voluntarista radical no respon a la realitat social i jurídica internacional. Com dèiem en el capítol anterior, la pròpia evolució de la societat internacional i del Dret Internacional Públic determinen una tendència a la gradual i progressiva limitació de la capacitat d'actuació sobirana de l'Estat envers els interessos generals de la societat internacional, que es reflecteix dins de l'àmbit de la producció de les normes jurídiques internacionals en la introducció d'algunes restriccions a la rellevància del consentiment de l'Estat.

Així, és possible respecte a certes normes jurídiques internacionals que el consentiment de l'Estat es dedueixi de l'existència d'un assentiment general per part dels Estats respecte a la norma jurídica internacional; per exemple, en el supòsit de normes jurídiques internacionals d'abast general, l'existència d'un consens general entre els Estats sobre el seu caràcter jurídicament obligatori pot fer innecessari que tots ells, de forma individualitzada, manifestin una voluntat expressa favorable a vincular-se jurídicament per la norma jurídica internacional d'abast general, de tal manera que la norma jurídica sobre la qual existeix aquest consens obligaria fins i tot aquell Estat que en principi no s'hi hagi pronunciat.

D'altra banda, la presència en la societat internacional d'Organitzacions internacionals té certa incidència en aquest àmbit, ja que aquelles Organitzacions internacionals a les quals els mateixos Estats els hagin atorgat aquesta possibilitat podran crear obligacions jurídiques internacionals mitjançant actes normatius dirigits als seus membres que tinguin, segons les pròpies regles de l'organització –acceptades prèviament pels estats–, un caràcter obligatori; quan un acte d'aquesta naturalesa hagi estat adoptat conforme a les regles de votació corresponents, serà obligatori no únicament per als Estats que han votat a favor, sinó per al conjunt d'Estats membres de l'organització –per exemple, les decisions del Consell de Seguretat de les Nacions Unides en matèria de manteniment de la pau i la seguretat internacionals o determinats actes normatius de les institucions de les Comunitats Europees–.

S'evidencia així que la formació de les normes jurídiques internacionals es fonamenta en la rellevància del consentiment de l'Estat. En aquest sentit, es pot dir: primer, que la *font material* del Dret Internacional Públic és essencialment la voluntat dels Estats; i, segon, que dins d'aquest context s'intueix el valor fonamental que per a la creació i desenvolupament de les normes jurídiques internacionals té l'acord entre els Estats.

2. *El procés de formació de les normes de Dret Internacional Públic*

La producció de les normes jurídiques internacionals s'efectua a través d'un procés de creació en el qual es manifesta la voluntat dels subjectes de Dret Internacional Públic –i, singularment, dels Estats–, de considerar, primer, que certes regles tenen el caràcter de jurídiques i són regides per l'ordenament jurídic que reglamenta les seves relacions: el Dret Internacional Públic; i, segon, de vincular-se per elles amb la finalitat que aquestes produeixin els efectes jurídics previstos.

Aquest procés de formació de les normes de Dret Internacional Públic es caracteritza per la seva especificitat i autonomia respecte del procés de formació de les normes dels ordenaments jurídics interns dels Estats.

La diferència essencial és, des de la perspectiva jurídica, l'articulació d'uns procediments de creació del Dret Internacional Públic propis d'aquest ordenament jurídic. En aquest sentit, hom ha d'entendre per *procediments* de creació de normes de Dret Internacional Públic aquelles modalitats d'actuació pròpies del Dret Internacional Públic dirigides a permetre que es porti a terme l'expressió de la voluntat inequívoca de crear, modificar o extingir obligacions jurídiques sotmeses a aquest ordenament; en aquests processos normatius únicament hi participen aquells subjectes que, segons l'ordenament jurídic internacional, estiguin capacitats per fer-ho. Entre aquestes modalitats d'actuació, hi trobem representades una pluralitat de formes perquè els subjectes de Dret Internacional Públic i, en especial, els Estats, puguin expressar la seva voluntat de vincular-se jurídicament per normes en la creació de les quals s'han decidit a participar; modalitats d'actuació, en tot cas, perfectament diferenciables de les previstes en el dret intern.

La preferència per l'expressió *procediments de creació de normes de Dret Internacional Públic* per fer esment de les diferents modalitats d'actuació que permeten dur a terme el procés de producció normativa internacional, en lloc de la tradicional utilització de l'expressió *fonts del dret*, pot trobar justificació adient en dos arguments bàsics: primer, els trets que caracteritzen l'articulació dins de l'ordenament jurídic internacional d'aquestes modalitats de producció normativa -absència de jerarquia i interacció mútua-, i, segon, el fet que el procés de formació de normes jurídiques troba pràcticament la seva única font material en el consentiment dels Estats, de manera que cadascuna d'aquestes modalitats d'actuació no representa fonts materials plenament diferenciades.

Com ja s'ha esmentat, l'articulació dels procediments de creació de normes del Dret Internacional Públic dins de l'ordenament jurídic internacional i del procés de creació de normes jurídiques internacionals es caracteritza per dos trets essencials, i que són: l'absència de jerarquia entre els diversos procediments de creació de normes jurídiques internacionals i la interacció existent entre els diversos procediments de creació del Dret Internacional Públic.

A) L'absència de jerarquia entre els diversos procediments de creació de normes jurídiques internacionals

L'absència de jerarquia entre els diversos procediments de creació de normes jurídiques internacionals –que podria fonamentar-se en l'existència d'una única font material– significa que no existirà cap prelació entre les normes jurídiques internacionals pel fet que la seva creació s'hagi produït per un o altre procediment de creació normativa propi del Dret Internacional Públic, sense que es pugui afirmar la superioritat, per tant, d'un procediment de creació sobre els altres; així, una norma jurídica creada per la via convencional –per la seva inclusió dins d'un tractat internacional– no tindrà *per se* cap prevalença sobre una norma que tingui un origen consuetudinari (en canvi, dins del dret intern existeix aquesta jerarquia de fonts, ja que, per exemple, les normes amb rang de llei han de prevaler sobre les normes d'origen reglamentari).

L'única jerarquia existent en l'àmbit del Dret Internacional Públic és la jerarquia normativa, fonamentada no en l'origen de la norma sinó en el seu contingut. Així, la jerarquia normativa implica la distinció entre les normes *dispositives* –les quals poden ésser modificades o derogades pel simple acord posterior dels Estats– i les normes *imperatives* o de *ius cogens*, que són aquelles normes jurídiques que han estat reconegudes com a tals per la comunitat internacional en el seu conjunt i que, per tant, solament poden ésser modificades per normes posteriors de la mateixa naturalesa.

La superioritat jeràrquica de les normes imperatives, que implica la nul·litat de qualsevol norma jurídica internacional oposada a elles, derivaria no precisament del seu origen formal -sigui convencional o consuetudinari-, sinó del fet que la seva destinació és protegir un interès essencial de la comunitat internacional en conjunt i, en aquest sentit, perquè reflecteixen els valors polítics i jurídics socialment predominants -per exemple, la prohibició de l'amenaça o de l'ús de la força-; la seva pròpia transcendència propicia, en certa forma, que sigui difícilment realitzable un catàleg precís i determinat d'aquestes normes.

B) La interacció existent entre els diversos procediments de creació del Dret Internacional Públic

La interacció entre els procediments de creació del Dret Internacional Públic suposa que no estem davant de modalitats de creació de dret tancades i sense cap comunicació, sinó que, pel fet que en el fons totes expressen en definitiva la voluntat dels subjectes de Dret Internacional Públic –i, en particular, dels Estats–, es dóna una interrelació entre elles que permet, per exemple, que existeixi en paral·lel una norma jurídica internacional amb un mateix contingut que hagi estat creada a la vegada a través de dos procediments de creació normativa diferents; o bé, que la utilització d'un determinat procediment serveixi per consolidar un projecte de norma jurídica internacional no consolidat encara dins d'un altre procediment. L'exemple de la interacció entre els tractats internacionals i el costum internacional és esclaridor: un tractat internacional pot servir per declarar una norma jurídica consuetudinària preexistent, pot servir per fer-la cristal·litzar definitivament com a norma jurídica internacional quan es troba encara en ple procés de formació o, fins i tot, pot donar origen a l'aparició d'una nova norma jurídica consuetudinària.

II. Els procediments de creació del Dret Internacional Públic

Dues són les qüestions que planteja el coneixement dels procediments de creació de normes del Dret Internacional Públic: la seva identificació -que n'exigirà la determinació i posterior enumeració- i les seves característiques més destacades.

1. La determinació i l'enumeració dels procediments de creació del Dret Internacional Públic

Tradicionalment, s'ha considerat que l'article 38 de l'Estatut del Tribunal Internacional de Justícia enumerava els procediments de creació –o les seves fonts formals, segons la terminologia que s'utilitzi– del Dret Internacional Públic existents. Tot i els inconvenients que comporta a la pràctica –i que seran més tard objecte d'anàlisi–, aquesta posició té diversos tipus d'arguments al seu favor: històrics, ja que recull una pràctica jurisdiccional i convencional prèvia –de la qual destaca el precedent de l'article 38 de l'Estatut del Tribunal Permanent de Justícia Internacional–; teleològics, per la continuïtat que representa respecte a l'antecedent esmentat –en particular, atesa la seva similitud–, els treballs preparatoris del qual demostraren que no es pretenia recollir les *fonts* d'una determinada Organització internacional –en aquell cas, la Societat de Nacions–, sinó de la societat internacional; semàntics, davant de l'afirmació del mateix article 38 de l'Estatut que la missió del Tribunal Internacional de Justícia és la de «decidir d'acord amb el dret internacional» les controvèrsies que li siguin sotmeses; i, finalment, sociològics, en la mesura en què l'Estatut està obert pràcticament a tots els Estats del món –fins i tot a aquells que no siguin membres de l'Organització de les Nacions Unides, de la qual és l'òrgan jurisdiccional principal–.

Del contingut de l'article 38 de l'Estatut se'n deriven tres conseqüències en relació amb els procediments de creació de normes del Dret Internacional Públic:

A) Que, segons l'esmentat article, es consideren *procediments primaris de creació de normes* tres:

- Els convenis o tractats internacionals.
- El costum internacional.
- Els principis generals del dret.

Aquests tres procediments primaris serien aquells mitjançant els quals tindria lloc vertaderament el procés de creació de normes jurídiques internacionals: serveixen perquè els subjectes de Dret Internacional Públic manifestin la seva voluntat d'obligar-se.

B) Que, junt amb aquests procediments que permeten la creació del dret positiu en l'àmbit internacional, hi ha el que es denominen *mitjans auxiliars*, la utilitat dels quals dins de l'ordenament jurídic internacional és, conforme a l'article 38 de l'Estatut, permetre la determinació de les normes jurídiques aplicables respecte a un supòsit de fet concret; per tant, serveixen per identificar quines són les normes jurídiques susceptibles d'ésser aplicades i determinar-ne el contingut.

Els mitjans auxiliars són la doctrina i la jurisprudència internacional:

La *doctrina* –el conjunt d'opinions dels iuspublicistes– està en l'actualitat lluny de la importància que ha tingut en altres èpoques, encara que continua sent citada pels tribunals internacionals i pot ajudar a orientar el comportament dels Estats i dels òrgans d'algunes Organitzacions internacionals –per exemple, de la Comissió de Dret Internacional–; en la pràctica, pot ésser útil també per demostrar el punt de vista dels Estats respecte a qüestions jurídiques internacionals concretes a partir de la seva pràctica, i també per donar fe de l'existència d'una norma consuetudinària internacional.

La *jurisprudència*, integrada pel conjunt de decisions dels tribunals internacionals, suposa la determinació del dret aplicable respecte a litigis concrets plantejats davant de les instàncies jurisdiccionals internacionals[1]; en realitzar aquesta operació jurisdiccional els tribunals internacionals especifiquen el contingut de les normes i, en aquest sentit, poden reformular la norma jurídica internacional –per distingir clarament la seva finalitat o condicions d'aplicabilitat, o també redefinir-la en termes més senzills–. L'abast d'aquesta operació jurisdiccional introdueix el dubte de si, en definitiva, la jurisprudència pot constituir-se en un procediment de creació de normes jurídiques a través del valor obligatori que es pugui donar al precedent –a les decisions anteriors dels tribunals; tal com succeeix en molts ordenaments jurídics interns, per exemple, l'anglès, en el qual la jurisprudència dels tribunals és considerada com a font de dret–. Dins de l'ordenament jurídic internacional, la pròpia redacció de l'article 38 de l'Estatut, així com la restricció dels efectes de les sentències del Tribunal Internacional de Justícia a les parts del litigi conforme al que hi estableix l'article 59, semblarien tancar definitivament aquesta hipòtesi –tot i que, en la pràctica, l'actuació del Tribunal de vegades sembli induir a pensar el contrari–.

C) Finalment, el seu paràgraf segon introdueix la possibilitat que un litigi, si les seves parts així ho determinen, pugui ésser decidit sobre la base de l'equitat –decisió *ex aequo et bono*– i, per tant, prescindint dels procediments normatius abans esmentats. No ens trobem davant d'un altre procediment de creació de normes jurídiques internacionals sinó d'una jurisdicció especial, fonamentada en la voluntat de les parts i regida per l'equitat.

---

1. No sembla haver-hi cap inconvenient per incloure dins d'aquest àmbit les opinions consultives que poden emetre certs òrgans jurisdiccionals com el Tribunal Internacional de Justícia.

Tot i la seva importància, el cert és que la utilització de l'article 38 de l'Estatut per identificar els procediments de creació de normes jurídiques internacionals sembla, en l'actual estadi de desenvolupament del Dret Internacional Públic, inadequada: en primer lloc, perquè de la seva redacció no es dedueix altra cosa que la pretensió d'establir les pautes legals sota les quals s'ha de guiar la funció jurisdiccional del Tribunal Internacional de Justícia –la qual cosa no significa que en aquesta enumeració s'esgotin els possibles procediments existents–; en segon lloc, per l'ambigüitat de la seva redacció i la definició d'alguns dels procediments que preveu; i, finalment, perquè l'enumeració que realitza està superada i no és exhaustiva ja que hi ha, a més, altres procediments de creació d'obligacions jurídiques internacionals –per exemple, els actes normatius de les Organitzacions internacionals–.

Així, en el Dret Internacional Públic contemporani es constitueixen en procediments dels quals es deriva la creació d'obligacions regides pel Dret Internacional Públic:

- Els tractats internacionals.
- El costum internacional.
- Els principis generals del dret.
- El comportament unilateral de l'Estat.
- Els actes de les organitzacions internacionals.

2. Característiques dels procediments de creació del Dret Internacional Públic

Un cop identificats els procediments de creació del Dret Internacional Públic cal realitzar –tenint en compte que alguns d'ells tindran un desenvolupament posterior específic en altres lliçons–, una caracterització de tots plegats per poder apreciar les diferències existents entre ells mateixos:

A) Els tractats internacionals

Els tractats internacionals són acords de voluntat entre subjectes de Dret Internacional Públic dirigits a produir efectes jurídics –comporten, doncs, la creació, la modificació o l'extinció d'obligacions jurídiques internacionals– i regits per l'ordenament jurídic internacional.

Dues són les qüestions que planteja la identificació d'un tractat internacional:

a) Primer, si aquest acord s'ha d'expressar sempre per escrit –i, per tant, negar la possibilitat d'acords orals o tàcits–. La seguretat jurídica que comporta la restricció de l'expressió de la voluntat dels subjectes de Dret Internacional Públic a la forma escrita no pot amagar el fet que la pràctica internacional ofereix exemples de la utilització de la forma oral i, fins i tot, d'acords tàcits.

b) Segon, la necessitat de procedir a la distinció dels tractats internacionals dels *pactes entre cavallers -gentlemen's agreements-*, els quals permeten articular obligacions de comportament que no adquireixen la naturalesa d'obligacions jurídiques regides pel Dret Internacional Públic; en tot cas, la diferenciació entre ambdues figures vindrà determinada per la voluntat de les parts i el seu contingut.

B) El costum internacional

El costum internacional suposa l'existència d'una pràctica generalitzada, constant i uniforme per part dels subjectes de Dret Internacional Públic, respecte a la qual tenen la convicció de trobar-se davant d'una obligació jurídica internacional. Amb relació al costum, el problema essencial que es planteja és el de la demostració i prova, no solament d'una pràctica que reuneixi les característiques esmentades, sinó també que aquesta pràctica sigui sentida pels qui la segueixen com a obligatòria des del punt de vista jurídic.

C) Els principis generals del dret

D'acord amb l'afirmació de l'article 38 de l'Estatut del Tribunal Internacional de Justícia en el sentit que són aquells «reconeguts per les nacions civilitzades», són els principis comuns deduïbles dels ordenaments jurídics interns dels Estats que resulten aplicables per analogia en l'àmbit internacional quan es manifesten problemes o necessitats similars. Ara bé, és evident que existeixen també principis generals pròpiament internacionals –en el sentit que deriven de la pròpia naturalesa de la societat internacional i de la projecció d'aquesta en el món del dret–; aquests principis són essencialment processals, ja que quan tenen un caràcter substantiu es troben incorporats a l'ordenament jurídic internacional mitjançant altres procediments de creació de normes jurídiques internacionals, com passa, per exemple, amb el principi de la prohibició de l'amenaça o de l'ús de la força.

En la pràctica, la seva manifestació es produeix en l'àmbit de l'actuació dels tribunals internacionals i, dins de la pràctica jurisprudencial, el recurs a ells no acostuma a ser decisiu en la solució final adoptada.

D) El comportament unilateral dels Estats

El Dret Internacional Públic atorga a certs comportaments unilaterals dels Estats una transcendència jurídica que es tradueix en el naixement, per a aquell Estat que els realitza, d'una obligació jurídica internacional que li és exigible pels altres Estats; així, la pròpia conducta de l'Estat és determinant de l'assumpció d'obligacions jurídiques regides pel Dret Internacional Públic. Les situacions de les quals es poden derivar aquestes conseqüències jurídiques són prou variades, però es pot destacar, per exemple, el fet que la no-actuació de l'Estat davant d'una determinada situació –omissió– o fins i tot el seu silenci poden tenir com a resultat la vinculació dels efectes jurídics esmentats.

Dins d'aquest àmbit, s'ha de destacar la importància dels actes unilaterals, consistents en declaracions de voluntat efectuades per un Estat, amb independència de la conducta d'altres subjectes interessats, mitjançant les quals expressa el seu consentiment per tal de considerar-se vinculat jurídicament respecte a una situació determinada, de tal forma que queda obligat jurídicament a comportar-se, en el futur, d'acord amb els termes, sempre que siguin clars i inequívocs, de la seva declaració.

E) Els actes de les Organitzacions internacionals

Les Organitzacions internacionals participen en el procés de creació de normes jurídiques internacionals en qualitat de subjectes dotats de personalitat jurídica internacional.

Així, les Organitzacions internacionals tenen capacitat per concloure tractats internacionals dins del marc delimitat per les competències que els hi són atorgades pels Estats que les han creades; i dins de la naturalesa funcional determinada pels seus objectius que caracteritza la seva subjectivitat internacional.

Igualment, poden incidir en la dinàmica del procediment de creació de normes consuetudinàries: mitjançant la seva participació directa en la repetició d'una pràctica –com subjecte de dret i a través de l'actuació dels seus òrgans–; o bé, com a marc idoni perquè es consolidi la juridicitat d'un costum, ja que en el seu si els Estats poden demostrar l'existència d'un consens general en relació amb l'obligatorietat d'una determinada pràctica. Així, dins dels debats i de les votacions celebrats en els òrgans de les Organitzacions internacionals, els Estats mostren quina és vertaderament la seva opinió i perfilen la presència o no d'un acord respecte a la juridicitat d'una certa pràctica.

D'altra banda, les Organitzacions internacionals també poden adoptar actes de caràcter normatiu dirigits als seus membres –per regla general, els Estats–, sempre que aquesta possibilitat hagi estat prevista pels seus creadors. Per tant, s'haurà d'estar atent al que disposi el tractat constitutiu de cadascuna d'elles per conèixer si una Organització internacional té competència per emetre decisions amb caràcter obligatori. En la pràctica, molt poques organitzacions internacionals gaudeixen d'atribucions en aquest sentit; són significatius els supòsits de l'Organització de les Nacions Unides, ja que el Consell de Seguretat pot dictar decisions obligatòries per als estats membres –d'acord amb les previsions de l'article 25 de la Carta de les Nacions Unides– o de les Comunitats Europees, atès que les institucions que les integren poden dictar determinats tipus d'actes de naturalesa normativa i obligatòria[2].

Finalment, hi ha certs actes de les Organitzacions internacionals que, si bé són

2. Per exemple, els Reglaments de la Comunitat Europea, ja que, conforme al que estableix l'article 249 del Tractat Constitutiu de la Comunitat Europea, tenen un abast general, són obligatoris en tots els seus elements, així com directament aplicables en els Estats Membres sense necessitat de cap acte intern de recepció o transposició.

dirigits als seus membres, no tenen caràcter obligatori sinó merament indicatiu de quina ha d'ésser la seva conducta: són les recomanacions intersubjectives. Aquests tipus d'actes, tot i la seva manca d'obligatorietat jurídica internacional, poden tenir la seva incidència sobre els procediments de creació de normes jurídiques internacionals existents –és significatiu l'exemple de les resolucions de l'Assemblea General de les Nacions Unides–. En aquest sentit: primer, es podria produir l'acceptació de la seva obligatorietat mitjançant declaracions unilaterals dels Estats o fins i tot per un tractat internacional destinat a garantir-ne el compliment; segon, aquestes resolucions poden ser el punt de referència de l'elaboració de posteriors tractats internacionals en la matèria –per exemple, la Declaració universal dels drets humans (1948)[3]–, i, tercer, es poden convertir en l'element més idoni per consolidar o generar un costum internacional.

Bibliografia sumària

CARRILLO SALCEDO, J. A. *Soberanía del Estado y Derecho Internacional*, 2a edició, Tecnos, Madrid 1980, en especial p. 107-285.

DÍEZ DE VELASCO, M. *Organizaciones internacionales*, 13a edició, Tecnos, Madrid 2003, p. 136-142.

ESPADA RAMOS, M. L. «Sistematización y problemática de los principios internacionales», *Anuario de Derecho Internacional*, 1979-1980-1981, V, p. 101-136.

JIMÉNEZ DE ARÉCHAGA, E. *El derecho internacional contemporáneo*, Tecnos, Madrid 1980, particularment p. 107-141.

ORTEGA CARCELÉN, M. C. «Análisis y valor de la jurisprudencia en el Derecho Internacional», *Revista Española de Derecho Internacional*, 1988.1, p. 55-87.

PANIAGUA REDONDO, R. «Aproximación conceptual al Derecho Internacional Público», *Anuario de Derecho Internacional*, 1998, XIV, p. 366-372.

ROLDÁN BARBERO, J. *Ensayo sobre el Derecho Internacional Público*. Universidad de Almería, Almería, 1996, p. 69-93.

SOBRINO HEREDIA, J. y ABAD CASTELOS, M. «Reflexiones sobre la formación del Derecho Internacional en un escenario mudable», *Anuario de Derecho Internacional*, 2001, XVII, p. 195-218.

3. Aprovada mitjançant la Resolució 217 (III) de l'Assemblea General de les Nacions Unides, de 10 de desembre de 1948.

3. EL COSTUM INTERNACIONAL*

I. Idees generals

El costum internacional ha estat històricament el procediment de creació del Dret Internacional Públic més utilitzat pels Estats. No obstant això, la mateixa evolució de la societat internacional contemporània ha afavorit de manera progressiva, i en detriment del costum internacional, la potenciació del tractat internacional com a procediment de creació de normes jurídiques internacionals més idoni, en teoria, per facilitar l'elaboració del Dret Internacional Públic i per respondre a les necessitats jurídiques de la formació social.

En la consolidació d'aquesta tendència hi han incidit factors tan rellevants com:

– L'ampliació de la base social de la societat internacional contemporània i, en especial, la incorporació de nous Estats procedents de la descolonització. Es pretén que el Dret Internacional Públic, mitjançant l'adopció de tractats internacionals multilaterals i oberts a la participació de tots els Estats, pugui adaptar-se a les noves necessitats derivades de la seva presència i de les perspectives ideològiques i culturals diferenciades que aporten; d'ací que, entre altres efectes, s'hagi endegat un procés de codificació del Dret Internacional Públic del qual l'esmentada tipologia de tractats internacionals és un instrument fonamental; procés de codificació dins del qual es combinen la codificació en sentit estricte de les normes jurídiques consuetudinàries ja existents i el desenvolupament progressiu de noves normes jurídiques internacionals, amb la intenció d'adequar-les a la nova realitat social.

– La creixent interdependència econòmica, social i científica entre els Estats i les necessitats de cooperació que se'n deriven; la complexitat tècnica de la juridificació dels instruments i regles destinades a assegurar l'eficàcia de la cooperació ha potenciat igualment la utilització dels tractats internacionals multilaterals com a procediment de creació de normes.

---

* Elaborat pel Dr. Jordi Bonet i Pérez.

– El fet que els tractats internacionals adoptin normalment la forma escrita afavoreix, des del punt de vista tècnic, la concreció i la delimitació de les obligacions internacionals i, per tant, això suposa un sensible augment de la seguretat jurídica.

Malgrat això, el costum internacional manté la seva importància com a procediment de creació de normes jurídiques internacionals per diverses raons: és un procediment de creació de normes jurídiques internacionals que s'adapta perfectament a l'estructura descentralitzada de la societat internacional, ja que es fonamenta en un procés no formalitzat i espontani d'acumulació de comportaments coincidents per part dels subjectes de Dret Internacional Públic –i, en particular, dels Estats–, fruit de l'expressió lliure de la voluntat de cadascun d'ells; la gran majoria de les normes de Dret Internacional general tenen una procedència consuetudinària –d'excepció podria considerar-se el supòsit de la Carta de les Nacions Unides, tractat internacional constitutiu de l'Organització de les Nacions Unides, que té una acceptació generalitzada per part dels Estats–; el procés de codificació del Dret Internacional és lent i incomplet; i, finalment, el fet que la proliferació d'Organitzacions internacionals hagi potenciat la formació de costums internacionals, ja que el marc institucional permet accelerar el procés de la seva cristal·lització. Encara més, en les darreres dècades és perceptible una relativa revivificació del costum internacional com a procediment de creació normativa internacional, i, molt particularment, del costum internacional d'abast general, en la mesura que posa de manifest un consens generalitzat entre els estats d'obligar-se jurídicament per certes pautes de comportament[1].

El seu manteniment com a procediment de creació de normes jurídiques internacionals ha suposat, evidentment, un procés d'adaptació del costum internacional a les exigències socials que ha operat canvis importants en el desenvolupament de la formació de les normes consuetudinàries. Aquests canvis són apreciables si s'analitza el costum internacional com a procediment de creació del Dret Internacional Públic, anàlisi que tindrà en compte els elements següents: el concepte i les classes de costums internacionals, els elements del costum internacional, la prova de l'existència del costum internacional, i la interacció entre el costum internacional i els tractats internacionals.

---

1. La certesa que són els Estats amb més pes específic dins de les relacions internacionals i, en conseqüència, amb major capacitat de gestió dels interessos generals de la societat internacional els que generen bàsicament les modernes pràctiques consuetudinàries –ja que són els principals acumuladors d'actes constitutius de precedents– planteja una qüestió de fons respecte a les condicions exigibles per a la creació del costum internacional, i en particular del costum internacional d'abast general. Aquesta qüestió, que pot resultar altament pertorbadora si es té en compte que s'ha plantejat envers pràctiques com, per exemple, la intervenció humanitària unilateral, pot resumir-se en els termes següents: la possibilitat que es pugui relativitzar l'exigència de generalització de la pràctica com a requisit de la formació del costum internacional, amb l'argument que són aquests Estats els més especialment capacitats per gestionar els interessos generals i que, per tant, és possible atenuar el pes de la necessitat d'un seguiment generalitzat per part dels Estats de la pràctica que es pretén consolidar com a jurídicament obligatòria (RODRÍGUEZ CARRIÓN, A. J. «El nuevo Derecho Internacional: la cuestión de la autodeterminación y la cuestión de la injerencia», a: CAPELLA HERNÁNDEZ, J.R. (coordinador). *Transformaciones del derecho en la mundialización*. CGPJ, Madrid 1999, pàg. 170).

II. El costum internacional: concepte i classes

L'anàlisi del costum internacional s'ha d'iniciar amb la delimitació del concepte i la distinció entre les diverses classes de costums existents.

1. El concepte de costum internacional

L'article 38.1 lletra *b*) de l'Estatut del Tribunal Internacional de Justícia esmenta, entre els procediments de creació de normes jurídiques internacionals aplicables a les controvèrsies que li poden ésser sotmeses, «el costum internacional com a prova d'una pràctica general, acceptada com a dret». Certament no és aquesta una definició prou acurada, ja que introdueix una confusió entre el necessari fet de la determinació de l'existència d'un costum –la prova– i el seu contingut normatiu com a resultat d'un procediment de creació de normes –una pràctica general que és acceptada com a dret–.

Es pot precisar, des d'una perspectiva més general, que el costum internacional, com a procediment de creació de normes jurídiques internacionals, consisteix en una pràctica generalitzada, constant i uniforme per part dels subjectes de Dret Internacional Públic, respecte a la qual aquests subjectes tenen la convicció de trobar-se davant d'una obligació jurídica internacional, que és, en conseqüència, generalment acceptada per aquests subjectes com a dret.

Aquesta definició permet fer una sèrie de consideracions sobre el costum internacional com a procediment de creació de normes jurídiques de Dret Internacional Públic:

– Les normes jurídiques elaborades mitjançant aquest procediment són jurídicament obligatòries. En conseqüència, són perfectament diferenciables de les anomenades *regles de cortesia internacional –comitas gentium–*, que consisteixen en una sèrie d'usos socials habituals en les relacions entre els subjectes de Dret Internacional Públic i especialment entre les persones que els representen, el compliment de les quals no té en principi cap base jurídica. No obstant això, aquestes regles poden trobar-se en l'origen de molts costums internacionals, ja que és possible que progressivament siguin acceptades com a regles de dret; és el cas, per exemple, dels privilegis i immunitats de què gaudeixen els representants diplomàtics dels Estats.

– El costum internacional és un procediment espontani d'elaboració del Dret Internacional Públic: la creació de les normes jurídiques és el resultat del comportament dels subjectes de Dret Internacional Públic en les seves relacions recíproques, sense que hi hagi cap mena de submissió a unes regles formals d'actuació prèviament establertes –la voluntat dels qui intervenen en la seva formació s'expressa mitjançant la seva lliure actuació–. La diferència és evident, per exemple, respecte al tractat internacional, el qual és elaborat a través d'un procés de conclusió prèviament fixat i en el qual l'expressió del consentiment es realitza mitjançant una declaració formal que s'ajusta a unes modalitats determinades pel Dret Internacional Públic –entre elles, la ratificació o l'acceptació–.

– L'existència d'un costum internacional exigeix, com és deduïble del concepte anteriorment esmentat, la presència de dos elements que s'han de donar forçosament: un element material –la pràctica generalitzada, constant i uniforme– i un element espiritual –la convicció del seu caràcter obligatori–.

– En la creació de costums internacionals hi poden participar tots els subjectes de Dret Internacional Públic; tot i que, com succeeix amb altres procediments de creació, els Estats són els actors essencials de l'elaboració de normes jurídiques consuetudinàries. Les Organitzacions internacionals també tenen una especial rellevància, perquè no únicament participen com a subjectes de Dret Internacional Públic que són implicant-se en la creació dels costums internacionals, sinó que, a més, són un fòrum internacional privilegiat i idoni perquè els Estats puguin consolidar certes pràctiques i demostrar la convicció sobre l'obligatorietat d'aquestes. S'ha d'esmentar també la possibilitat, admesa pel Tribunal Internacional de Justícia en el seu Dictamen sobre Namíbia, que dins d'una Organització internacional es pugui crear un costum internacional particular, és a dir, un costum propi i general de la mateixa organització; per exemple, la pràctica dins del Consell de Seguretat de les Nacions Unides de considerar que l'abstenció d'un dels seus membres permanents no constitueix un obstacle per a l'adopció de les seves resolucions[2].

– La necessitat que el costum internacional gaudeixi d'una acceptació generalitzada per part dels subjectes de Dret Internacional Públic suposa que ha d'existir un consens general entre aquells subjectes que es poden veure afectats pel contingut de la pràctica –que s'expressa de forma diferent segons el seu abast, per exemple, general o regional– sobre la seva juridicitat; possibilitat que s'ha d'estendre també al supòsit contrari o *desuetudo*: que es produeixi a partir del progressiu desús de la pràctica un consens general sobre la pèrdua d'aquesta juridicitat. L'apreciació de l'existència d'aquest consens general és difícil i complexa, raó per la qual es converteix en un factor d'incertesa i d'inseguretat jurídica.

2. Les classes de costums internacionals

El criteri de classificació essencial es fonamenta en el seu àmbit d'aplicació; des d'aquest punt de vista, es poden distingir tres classes de costums internacionals: generals, regionals i locals.

A) Els costums generals

Són aquells costums que tenen un abast universal: el seu compliment constitueix, en principi, una obligació jurídica internacional per a tots els Estats, ja que ex-

---

2. Aquesta pràctica institucional d'un òrgan de les Nacions Unides, segons el Tribunal, constituiria llavors la prova d'una pràctica general de l'Organització internacional (*Conséquences juridiques pour les états de la présence continue de l'Afrique du Sud en Namibie [Sud-Ouest africain] nonobstant la résolution 276 [1970] du Conseil de Securité, Avis consultatif, CIJ Recueil*, 1971, pàg. 22).

pressen l'existència d'un consens general entre el conjunt dels Estats de la juridicitat d'una pràctica generalment aplicada dins de la societat internacional –d'ací, que podrien ésser també considerats com a *costums universals*–. Tanmateix, és possible que un costum general no resulti obligatori per a alguns Estats: si un Estat s'ha oposat sempre de manera inequívoca i expressa a la consolidació com a regla de dret d'una pràctica durant la seva formació –una *oposició pertinaç*–, el costum internacional no li serà exigible com a norma jurídica internacional obligatòria. El silenci d'un Estat envers un costum general en formació s'ha d'interpretar com una aquiescència respecte al seu procés de cristal·lització i no pot ésser considerat com una mostra d'oposició.

Davant de l'al·legació d'aquesta excepció relativa a l'aplicabilitat del costum general, la càrrega de la prova correspondrà a l'Estat que demana la no-aplicació del costum internacional: és aquest qui ha de provar que s'ha oposat sistemàticament a la formació del costum general i no els altres Estats els qui han de demostrar-ne l'existència.

Finalment, s'ha plantejat un problema jurídic que ha afectat bona part de les normes de Dret Internacional general existents: la seva aplicabilitat respecte als Estats de nova independència procedents del procés de descolonització. Si es parteix de la base que el costum general és exigible a tots els Estats, el cert és que aquests Estats estarien obligats per normes jurídiques internacionals en la formació de les quals no han pogut participar; d'altra banda, semblaria difícil d'aplicar l'excepció de l'oposició inequívoca i expressa a la formació del costum general elaborada pel Tribunal Internacional de Justícia en favor d'aquests nous Estats perquè precisament no han mostrat la seva oposició durant el període de formació del costum –motiu pel qual les normes de Dret Internacional general els serien globalment aplicables–. Això no obstant, resulta lògic que aquest grup d'Estats, sotmesos prèviament a dominació colonial, pogués fer valer la seva impugnació d'aquelles regles jurídiques consuetudinàries que perjudicaven els seus interessos.

B) Els costums regionals

Són aquells costums que sorgeixen i es consoliden en el marc d'un grup d'estats que presenten unes afinitats pròpies determinades –geogràfiques, polítiques o culturals que faciliten l'aparició de pràctiques particulars i específiques obligatòries únicament per als seus membres[3]. És dins d'aquest àmbit concret i particular on s'ha de produir l'afirmació de l'obligatorietat de la pràctica. Però, a diferència del que suc-

---

3. En aquest sentit, potser seria més apropiat parlar de *costums particulars*; però s'ha de tenir en compte, d'una banda, que aquest qualificatiu inclou també els costums locals i, de l'altra banda, que històricament aquests tipus de costums s'han originat essencialment dins de grups d'Estats units sobretot per afinitats geogràfiques –és el cas, per exemple, dels Estats de Llatinoamèrica–; tot i això, autors com MARIÑO MENÉNDEZ fan la distinció entre els *costums particulars regionals* –originats entre els Estats que pertanyen a una mateixa regió– i els *costums particulars especials* –originats entre Estats les afinitats dels quals no es basen en el factor geogràfic– (MARIÑO MENÉNDEZ, F. *Derecho Internacional Público. Parte general*, 3a edició revisada, Trotta, Madrid, 1999, pàg. 234).

ceeix amb el costum general, solament els Estats de la regió que hagin participat activament en el procés de formació del costum estan vinculats per la norma jurídica consuetudinària; per això, en el que fa referència a la càrrega de la prova, el punt de partida és totalment diferent respecte al que es planteja respecte dels costums generals, tal com ha posat de manifest el mateix Tribunal Internacional de Justícia[4]: és l'Estat que invoca un costum regional el que ha de provar que aquell existeix i que és obligatori per a l'Estat a qui li n'exigeix el compliment.

C) Els costums locals

Tot i que han existit dubtes sobre la seva viabilitat, el cert és que la pràctica internacional demostra la presència de costums locals que regulen les relacions únicament entre dos Estats; per tant, són costums que es fonamenten en relacions de tipus bilateral. El Tribunal Internacional de Justícia ha confirmat, d'una banda, la possibilitat que existeixin costums de caràcter local i, de l'altra banda, que la càrrega de la prova correspon igualment a qui n'al·lega l'existència[5].

III. Elements del costum internacional

Hem fet ja esment de la presència de dos elements exigibles per a l'existència d'un costum internacional, que ara analitzarem separadament: un element material i un element espiritual.

1. L'element material del costum internacional

L'element material suposa l'existència d'una pràctica internacional; és a dir, d'una actuació coincident i reiterada per part dels Estats -el conjunt dels actes que la desenvolupen formarien els precedents de l'esmentada pràctica-, que ofereix una certa coherència en el seu contingut, de manera que es pugui afirmar que és una pràctica generalitzada, uniforme i constant. Tres són, doncs, els requisits que la pràctica ha de reunir: generalitat, uniformitat i durada.

A) La generalitat de la pràctica

L'acumulació significativa de precedents relatius a una determinada pràctica indica que aquesta pràctica s'ha generalitzat i, per tant, que és àmplia-

4. *Affaire colombo-péruvienne relative au droit d'asile, arrêt du 20 novembre 1950, CIJ Recueil*, 1950, p. 276.

5. *Droit de passage en territoire indien, fond, arrêt, CIJ Recueil*, 1960, p. 39; també, s'ha de tenir en compte: *Droit des ressortissants des États-Unis d'Amérique au Maroc, arrêt, CIJ Recueil*, 1952, p. 200.

ment seguida dins del conjunt de la societat internacional –en el cas del costum universal–, o bé, entre un grup d'Estats en què per la seva especificitat és possible que s'arribi a entendre que s'ha desenvolupat la pràctica –en el cas del costum regional–. En el supòsit dels costums locals, en caracteritzar-se per la seva bilateralitat, l'acumulació de precedents es produeix únicament en aquest àmbit concret i és més fàcilment comprensible que l'acumulació de precedents depengui en exclusiva de l'actitud d'ambdós Estats.

En allò que fa referència als costums generals, l'apreciació d'aquesta generalització no implica, tanmateix, que tots els Estats integrants de la societat internacional hagin de participar necessàriament de manera activa en la formació del costum general mitjançant la realització d'actes que consolidin la pràctica. Es tracta d'apreciar dins de l'àmbit general l'acceptació generalitzada de la pràctica, demostrada per l'actitud majoritària dels Estats i concretada en l'amplitud dels precedents. Això, comporta que en la valoració d'aquesta generalització s'hagi de tenir en compte, primer, que no es pot establir una exigència quantitativa concreta: no hi ha un nombre mínim d'Estats o una majoria determinada exigibles. Segon, el que importa és verificar que la majoria d'Estats que pertanyen a ideologies i cultures jurídiques diferenciades han acceptat el contingut de la pràctica i la segueixen. I, tercer, que s'ha de valorar especialment en aquest sentit el comportament dels Estats més directament implicats pels seus interessos en el contingut de la pràctica; per exemple, si es parla de la generalització d'un costum relatiu a l'exploració espacial s'ha d'observar en primer terme l'actitud dels Estats que tenen capacitat per realitzar-la.

B) La uniformitat de la pràctica

L'exigència que una pràctica hagi d'ésser uniforme suposa la necessitat que es produeixi una concordança entre els precedents: que davant de supòsits de fet objectivament semblants les solucions que es derivin dels precedents siguin les mateixes o molt similars. Es tracta, doncs, de la valoració de la pròpia coherència interna de la pràctica com a resposta a una situació de fet i, per tant, la seva apreciació és, essencialment, una qüestió de fet.

Ara bé, la presència d'aquesta exigència no suposa que dins d'una pràctica no puguin observar-se certes contradiccions, sense que això afecti l'apreciació de l'existència d'una uniformitat objectiva; el Tribunal Internacional de Justícia ha assenyalat que certes contradiccions o incertituds en la pràctica no poden desvirtuar la seva uniformitat; en tot cas, això suposaria que l'apreciació d'aquesta uniformitat exigeix una major atenció pels precedents i, sobretot, l'examen d'un major nombre d'aquests per consolidar realment la concordança i la coherència de la pràctica.

S'observa, però, en l'actitud del Tribunal Internacional de Justícia, una tendència a la relativització d'aquesta exigència; així, ha afirmat que no és necessari per deduir l'existència d'un costum internacional que la pràctica estigui en absoluta conformitat amb la norma: és suficient que la conducta dels Estats sigui en general consistent amb la norma –i, sobretot, que considerin les contradiccions de la norma com a violacions d'una obligació internacional–.

C) La constància en la pràctica

Aquest requisit de la pràctica es refereix a la necessitat de la seva prolongació en el temps; tradicionalment, tant la doctrina com la jurisprudència internacional –per exemple, les sentències del Tribunal Permanent Internacional de Justícia en el *cas Wimblendon* (1923) o del Tribunal Internacional de Justícia en el *cas relatiu al dret d'asil* (1950)– han considerat que la repetició d'una pràctica dins d'un període de temps raonablement llarg és imprescindible per a la seva consolidació.

Tanmateix, és apreciable una tendència a la flexibilització d'aquesta exigència, sense que això suposi l'acceptació de la possibilitat de costums instantanis; així, el Tribunal Internacional de Justícia, en el *cas de la Plataforma continental del Mar del Nord* (1969), ha manifestat que el fet que la continuïtat d'una pràctica es limiti a un breu període de temps no constitueix necessàriament un impediment per a la formació d'una norma jurídica consuetudinària. Diverses raons poden justificar aquest canvi de perspectiva: la complexitat de la societat internacional contemporània i les seves necessitats –que impliquen de vegades una ràpida resposta normativa– o l'existència d'Organitzacions internacionals.

2. L'element espiritual del costum internacional

La jurisprudència internacional ha insistit en la necessitat d'aquest element espiritual perquè es pugui afirmar que una pràctica general, uniforme i constant constitueix un costum internacional, de manera que ha de quedar palesa la convicció per part dels subjectes de Dret Internacional Públic sobre la juridicitat de la pràctica endegada. En paraules del Tribunal Internacional de Justícia, els subjectes de Dret Internacional Públic interessats han de tenir davant d'aquesta pràctica el sentiment que compleixen el que suposa una obligació jurídica[6].

Ens trobem, en conseqüència, davant d'una exigència de contingut subjectiu o psicològic –l'anomenada *opinio iuris sive necessitatis*–, que demanda la demostració de la voluntat dels interessats de vincular-se jurídicament per aquella pràctica; aquest element permet, per exemple, distingir les normes jurídiques consuetudinàries de les regles de cortesia internacional anteriorment esmentades, mancades sens dubte aquestes últimes d'una convicció subjectiva per part de qui les segueixen de la seva obligatorietat jurídica, tot i que puguin comportar una pràctica prolongada en el temps i prou general i uniforme.

---

6. *Plateu continentale de la Mer du Nord, arrêt, CIJ Recueil*, 1969, p. 44.

Malgrat el problema que suposa provar-ne l'existència, hi ha una tendència a donar un major pes específic a la presència de l'element espiritual en la verificació de l'existència del costum internacional i, en conseqüència, a una flexibilització –posada anteriorment de manifest respecte a la uniformitat i a la continuïtat de la pràctica– de les exigències relatives a l'element material. D'aquesta manera, el Tribunal Internacional de Justícia ha afirmat que, per assegurar-se de l'existència de la norma jurídica consuetudinària, havia de comprovar si l'*opinio iuris* es confirmava en la pràctica dels Estats, de manera que no caldria llavors que la seva conducta fos perfectament coherent amb la norma jurídica però sí que consideressin l'actuació contrària a la pràctica com una violació del dret[7].

IV. La prova de l'existència del costum internacional

La prova de l'existència del costum internacional és un aspecte determinant de la seva aplicació, sobretot pel fet de tractar-se d'un procediment espontani de creació de normes. L'aplicació del costum internacional exigeix provar dues coses: l'existència d'un costum internacional i la vinculació de l'Estat a la norma jurídica consuetudinària; en relació amb aquest segon aspecte, el que importa és determinar si l'Estat està efectivament obligat jurídicament per la norma consuetudinària. Tanmateix, davant d'un supòsit de fet, la determinació d'ambdós extrems està lligada, car l'observació de la pràctica permet l'anàlisi de l'actitud particular de l'Estat envers aquesta.

En relació amb la prova de l'existència d'un costum internacional, s'ha de dir:

– Primer, que, tal com afirma el Tribunal Internacional de Justícia, el simple fet que un Estat o alguns Estats declarin l'existència d'un costum internacional no dispensa el Tribunal de comprovar si la pràctica forma part del Dret Internacional consuetudinari.

– Segon, que l'exigència de provar l'existència del costum internacional s'ha d'estendre, igualment, a la prova del *desuetudo*, és a dir, de la pèrdua del caràcter jurídic d'una pràctica, com a conseqüència de la disminució de la seva acceptació, que deixaria d'ésser generalitzada.

– Tercer, que el problema de la prova es concentra en la prova de la presència real i efectiva dels dos elements, material i espiritual, del costum internacional.

– I, quart, que la càrrega de prova és diferent, com ja hem vist, segons el tipus de costum internacional l'existència del qual es vulgui demostrar; qüestió important des del punt de vista d'aquells Estats que s'oposen al fet que un costum internacional els sigui aplicable.

La prova del costum internacional és, sobretot, una qüestió material: s'han de

7. *Activités militaires et paramilitaires au Nicaragua et contre celui-ci, fond, arrêt, CIJ Recueil*, 1986, p. 97 i 98.

reunir dades objectives sobre la presència d'una pràctica per verificar si reuneix els elements constitutius del costum internacional. Per tant, en certa forma és un problema de recerca sobre els precedents de la pràctica, el seu contingut i les seves conseqüències. Els precedents són identificables essencialment, en primer lloc, en el mateix comportament unilateral dels Estats, la conducta dels quals pot posar de manifest quina és la seva actitud envers la pràctica en formació; i, en segon lloc, en la pràctica de les Organitzacions internacionals.

1. El comportament unilateral dels Estats

De l'activitat interna i externa unilateral d'un Estat se'n poden deduir conseqüències significatives sobre la seva actitud envers una pràctica en formació i extreure'n els precedents suficients per fixar la seva posició sobre el tema; així, aquest comportament permet comprovar la participació de l'Estat en la pràctica com la convicció de l'Estat davant la seva juridicitat.

L'actitud de l'Estat es pot fer palesa, d'una banda, mitjançant actes jurídics dirigits a desplegar efectes jurídics dins de l'ordre jurídic intern –per exemple, lleis o sentències dels tribunals nacionals–; per exemple, una sentència d'un tribunal intern atorgant la immunitat jurisdiccional a un altre Estat dins d'un procés civil es podria considerar un precedent respecte a la pràctica internacional en la matèria. La qüestió és valorar respecte d'aquests actes la seva repercussió internacional com a precedent i, per tant, com a demostració de la posició de l'Estat davant de la pràctica internacional.

D'altra banda, aquesta actitud és perceptible en els actes jurídics de l'Estat que tenen efectes jurídics dins de l'ordre jurídic internacional; en aquest sentit, s'ha de destacar la rellevància dels actes unilaterals de l'Estat –per exemple, una declaració de voluntat que inicia una certa pràctica internacional, o li dóna suport, com la realitzada pel president Truman el 1945, on proclamava la sobirania sobre la plataforma continental marítima i que es troba en la base d'un posterior costum internacional en la matèria– o la seva participació en un tractat internacional, pel fet de prestar el seu consentiment a obligar-se per aquest, quan el tractat internacional pot manifestar l'existència d'una regla consuetudinària o ésser el punt de partida d'una pràctica posterior.

S'ha d'afegir, en aquest mateix sentit, la importància de les conferències internacionals –reunions d'Estats no permanents amb la finalitat de negociar matèries d'interès interestatals, per exemple, tractats internacionals–; les discussions en el seu si sobre els problemes plantejats i les posicions dels Estats sobre les qüestions debatudes, així com els acords adoptats, poden ésser significatius amb vista a la demostració de l'existència d'un costum internacional. S'ha de valorar, a més, el fet que el marc col·lectiu de les reunions facilita la consolidació i l'acumulació dels precedents i la seva prova.

Finalment, s'ha de tenir en compte, primer, que no solament l'actitud de l'Estat és projecta en actes que tenen una naturalesa jurídica, car per les seves característiques són dirigits a produir efectes jurídics, sinó també en actes de naturalesa fàctica: actes polítics o físics, que igualment poden ésser aclaridors de quina és la posició de l'Estat; per exemple, les activitats encarregades a una nau espacial respecte a la pràctica existent en matèria d'exploració de l'espai. I, segon, que quan es parla de l'actitud de l'Estat no s'hi fa referència únicament en el sentit de la realització d'actes estatals sinó que també s'engloben les conductes d'omissió de l'estat, l'abstenció o la permissivitat davant d'actuacions alienes.

2. *La pràctica de les Organitzacions internacionals*

L'aparició de les Organitzacions internacionals suposa una certa institucionalització del procés de creació de normes jurídiques; dins d'aquest marc institucional s'elaboren tractats internacionals i es dicten actes jurídics propis de l'organització que, segons les seves competències, poden crear obligacions jurídiques internacionals. D'altra banda, en el seu si s'ofereixen als seus membres directrius sobre el seu comportament que, si bé no són jurídicament obligatòries, sí que tenen un valor polític i moral envers la seva conducta; són les anomenades *recomanacions intersubjectives* –per exemple, les resolucions de l'Assemblea General de les Nacions Unides–.

En l'elaboració de tots aquests actes, es pot entreveure l'actitud dels Estats respecte a una determinada pràctica, mitjançant, per exemple, el sentit del seu vot, les explicacions de vot dels seus representants o les propostes específiques plantejades per aquests dins dels òrgans de l'organització. Per això, tot i que aquests actes són atribuïbles a cadascun dels Estats individualment, el cert és que la pràctica de les Organitzacions internacionals és important examinar-la des d'una perspectiva global, ja que té una importància específica: el marc institucional, dins del qual els Estats actuen conjuntament, permet accelerar la formació de la pràctica i l'expressió de la convicció generalitzada de la seva juridicitat i, per tant, facilita la prova de l'existència del costum internacional.

Igualment, els mateixos actes adoptats per l'Organització internacional poden ésser efectius com una demostració de l'existència d'un costum internacional; així, per exemple, una resolució de l'Assemblea General de les Nacions Unides pot posar de manifest l'existència d'una pràctica i el consens general que la caracteritza com un costum internacional.

S'ha d'afegir que la valoració de la pràctica de les Organitzacions internacionals implica la consideració de l'actuació de tots els seus òrgans, tot i que s'ha de valorar especialment l'actuació de dos tipus d'òrgans: els plenaris, on es troben representats tots els Estats membres, perquè demostren quina és l'opinió generalitzada dels membres de l'organització –per exemple, l'Assemblea General de les Nacions Unides–; i els jurisdiccionals, perquè la seva tasca d'aplicació del dret permet la determinació de l'existència d'un costum internacional –per exemple, el Tribunal Internacional de Justícia, òrgan principal també de les Nacions Unides–.

Finalment, és necessari portar l'atenció sobre el principal problema de prova que planteja el costum internacional: l'existència de l'*opinio iuris* sobre una pràctica. Els mitjans de prova són idèntics als que demostren la presència de l'element material, però és difícil, de vegades, poder esbrinar si realment la voluntat real de l'Estat es correspon al que els seus actes manifesten –la correlació entre actitud externa i intencionalitat–. En tot cas, s'ha de partir de la correspondència entre ambdues, sobre la base de l'operativitat del principi de bona fe en el compliment de les obligacions internacionals: en principi els precedents materials de l'Estat comporten implícitament un component subjectiu que indica la intenció de l'Estat. Així ho ha fet el Tribunal Internacional de Justícia en deduir, respecte dels estats que la signaren, l'existència de l'*opinio iuris* sobre la prohibició de l'ús de la força també de l'acceptació de l'Acta d'Hèlsinki de 1975[8].

V. La interacció entre el costum internacional i els tractats internacionals

Com ja s'ha posat de manifest al capítol 2, el Dret Internacional Públic es caracteritza per la interacció existent entre els procediments de creació de les seves normes; això implica que aquests procediments no són modalitats tancades sinó que la utilització d'un procediment pot servir per a l'adopció d'una norma jurídica que no s'ha consolidat dins d'un altre procediment, o bé, perquè al final del procés de creació del dret pugui existir una norma jurídica internacional amb un mateix contingut que hagi estat creada paral·lelament mitjançant dos procediments diferents.

Aquesta característica del Dret Internacional Públic i dels seus procediments de creació de normes jurídiques té especial incidència en relació amb el costum internacional; sobretot, per la mateixa inèrcia d'un dels seus trets essencials: el fet que és un procediment de naturalesa espontània, en el qual la norma jurídica és el resultat del comportament dels subjectes de Dret Internacional Públic en les seves relacions recíproques.

Sense perdre de vista la interrelació existent entre el costum internacional i altres procediments de creació de normes jurídiques, com els principis generals del dret o els actes de les Organitzacions internacionals –qüestió aquesta última a la qual ja s'ha fet referència en el capítol anterior–, el cert és que els principals lligams d'interacció que presenta el costum internacional es produeixen respecte al tractat internacional.

Tres tipus d'efectes jurídics són, bàsicament, els que es produeixen com a conseqüència de la interrelació entre ambdós procediments: declaratius, cristal·litzadors i generadors.

---

8. *Ibid*, p. 24.
9. *Plateau continentale de la Mer du Nord, arrêt, CIJ Recueil*, 1969, pp. 24 a 46.

– Els *efectes declaratius* es produeixen quan un tractat internacional recull un costum internacional que ja es troba en vigor i és per tant jurídicament obligatori –d'ací, que es faci esment dels seus efectes declaratius envers d'allò que ja existeix en el món del dret–. El supòsit més habitual d'aquesta interacció és el que originen els tractats internacionals de codificació del Dret Internacional Públic, aquells que precisament tenen com a objectiu recollir i sistematitzar les normes jurídiques consuetudinàries existents –és el cas, per exemple, del Conveni de Viena sobre el Dret dels Tractats de 23 de maig de 1969–.

– Els *efectes cristal·litzadors* del tractat internacional es produeixen respecte a un costum internacional que es troba en període de formació i que encara no s'ha convertit en una norma jurídica internacional; el fet que dins del tractat internacional que s'ha adoptat –ja que tampoc en aquest supòsit no és necessària la seva entrada en vigor per a la producció dels efectes producte de la interacció– es reculli en essència el contingut de la pràctica serveix precisament per fer-la cristal·litzar com un costum internacional; és un supòsit destinat sobretot a aquelles pràctiques respecte a les quals existeix una pràctica prou àmplia, però a les quals els manca –abans de l'adopció del tractat internacional– la demostració d'un consens generalitzat suficient entre els Estats, que el tractat internacional fa cristal·litzar definitivament. El cas de la Convenció sobre el Dret del Mar de 1982 podria ser un exemple de tractat internacional respecte al qual s'ha produït parcialment aquest fenomen.

– Els *efectes generadors* suposen que determinades disposicions d'un tractat internacional es troben en l'origen d'una pràctica posterior que es consolida com una regla jurídica internacional en la mesura en què reuneix els dos elements –material i espiritual– exigibles. Aquesta possibilitat es troba expressament establerta a l'article 38 del Conveni de Viena sobre el Dret dels Tractats; d'altra banda, un exemple d'aquest tipus d'efectes el trobem en relació amb la institució de la zona econòmica exclusiva inicialment prevista a la Convenció sobre el Dret del Mar de 1982.

En aquests supòsits, és exigible una doble condició perquè es pugui considerar realment consolidat un costum internacional: que el tractat internacional tingui un caràcter fonamentalment normatiu –susceptible de constituir la base d'una norma jurídica d'abast general per al conjunt dels Estats– i que existeixi una pràctica que reuneixi els elements exigibles amb aquesta finalitat –material i espiritual–; resulta, a aquests efectes, molt significativa l'actitud d'aquells Estats que no són parts del tractat internacional per comprovar si realment la seva conducta segueix la pràctica amb la convicció de la seva juridicitat.

Les conseqüències d'aquesta interacció es concreten en la possibilitat que una norma jurídica internacional amb el mateix contingut pugui tenir un doble origen procedimental: convencional i consuetudinari. D'aquesta forma, la conducta a què obliga la norma jurídica seria oposable tant a aquells Estats que hagin prestat el seu consentiment per vincular-se pel tractat internacional –els Estats Parts del tractat internacional– com a tots aquells Estats per als quals resulti obligatori el costum internacional; en el supòsit, gens improbable, que un Estat es trobi obligat per la norma jurídica, al mateix temps per la seva qualitat de Part en el tractat internacional i partícip del costum internacional, el Tribunal Internacional ha establert clarament que és aplicable de manera independent en virtut d'ambdós procediments: ni el fet de l'existència del compromís convencional fa perdre la seva aplicabilitat diferenciada a la norma consuetudinària ni tampoc a l'inrevés[10].

Bibliografia sumària

Huesa Vinaixa, R. *El nuevo alcance de la* opinio iuris *en el Derecho internacional contemporáneo*, València, 1991.

Jiménez de Aréchaga, E. *El derecho internacional contemporáneo*, Tecnos, Madrid 1980, en especial p. 13-45.

Millán Moro, L. *La* opinio iuris *en el Derecho Internacional contemporáneo*, Centro de Estudios Ramón Areces, Madrid 1991.

Rodríguez Carrión, A. J. «El Derecho Internacional en la Sentencia de la Corte Internacional de Justicia en el asunto Nicaragua-Estados Unidos», *Cursos de Derecho Internacional Vitoria-Gasteiz 1987*, Servicio Editorial de la Universidad del País Vasco, Bilbao 1988, p. 15-63.

Roldán Barbero, J. «La costumbre internacional, la cláusula *rebus sic stantibus* y el derecho comunitario (a propósito de la sentencia *Racke* dictada por el T.J.C.E. el 16.6.98)», *Revista Española de Derecho Internacional*, L, 1998, 1, p. 9-34.

10. *Activités militaires et paramilitaires au Nicaragua et contre celui-ci, fond, arrêt, CIJ Recueil*, 1986, p. 24.

4. ELS TRACTATS INTERNACIONALS*

I. Idees generals

Com s'ha posat de manifest en reflexionar sobre la importància dins del Dret Internacional Públic contemporani del costum i del tractat internacional –capítol 3–, hi ha diversos factors que han permès que el tractat internacional s'hagi vist potenciat com un procediment de creació del Dret Internacional Públic; això ha suposat, al mateix temps, la necessitat d'adaptar-lo a les exigències d'un major dinamisme i complexitat de les relacions entre els membres de la societat internacional.

Aquesta adaptació és una realitat que té com a trets fonamentals els següents:

– S'ha potenciat el tractat internacional de caràcter multilateral general –aquell que té vocació d'universalitat– com el tipus de tractat internacional més idoni per al desenvolupament del Dret Internacional Públic, en detriment dels tractats de caràcter bilateral o multilateral restringit.

– La prevalença del tractat internacional multilateral ha potenciat igualment la negociació multilateral, generalitzada i col·lectiva, portada a terme normalment en el marc de conferències internacionals i Organitzacions internacionals; això suposa un canvi qualitatiu, ja que el marc col·lectiu facilita l'elaboració dels tractats internacionals: se centralitzen els treballs preparatoris dels tractats internacionals i se substitueix la regla de la unanimitat de tots els participants en l'adopció del text dels tractats internacionals per la de la majoria.

– La vocació d'universalitat que orienta l'ús del tractat internacional multilateral ha suposat que, per propiciar que tots els Estats s'obliguin jurídicament pels tractats internacionals, s'hagi flexibilitzat el règim jurídic internacional en aquesta matèria, amb la intenció que tot tipus d'estat pugui acomodar els seus interessos específics dins del tractat internacional; així, per exemple, s'ha liberalitzat el règim jurídic de les reserves als tractats internacionals.

---

* Elaborat pel Dr. JORDI BONET I PÉREZ.

– I, finalment, les matèries que s'han de regular convencionalment, cada vegada més tècniques i complexes atès l'augment de les necessitats de cooperació derivades de la major interdependència, tendeixen igualment a la simplificació dels formalismes exigibles per a l'elaboració i l'entrada en vigor dels tractats internacionals, facilitant així la seva ràpida vigència.

Tot i això, resulta igualment evident que en les darreres dècades s'observen en la pràctica internacional dues tendències contradictòries amb les anteriors afirmacions i que mostren potser una certa reversió dels trets anteriors com conseqüència dels canvis socials i les noves necessitats jurídiques vinculades al procés actual de globalització: primer, una disminució del ritme d'adopció de tractats internacionals multilaterals generals –es combinen la prudència normativa i la preferència de bell nou per tractats bilaterals o multilaterals restringits–; i, segon, l'ús d'acords entre autoritats o funcionaris estatals que no es poden considerar formalment com a tractats internacionals, però el contingut dels quals és assumit i desenvolupat pels Estats en l'àmbit de les seves competències *–acords informals–*[1].

La rellevància del tractat internacional en el procés de creació del Dret Internacional Públic i aquests factors de la seva evolució com a procediment de creació normativa es reflecteixen en les regles jurídiques que en regulen l'elaboració i els efectes, i que s'analitzaran des de l'estudi de tres aspectes fonamentals: el concepte i règim jurídic dels tractats internacionals; la conclusió dels tractats internacionals; i, finalment, els efectes jurídics dels tractats internacionals.

II. Concepte i règim jurídic dels tractats internacionals

L'estudi del tractat internacional com a procediment de creació del Dret Internacional Públic demana una prèvia delimitació del seu concepte, així com del règim jurídic internacional que en reglamenta la conclusió i els efectes jurídics.

1. El concepte de tractat internacional

Tal com ja s'ha pogut veure anteriorment –en concret, al capítol 2–, per tractat internacional s'entén tot acord de voluntats entre subjectes de Dret Internacional Públic dirigit a la producció d'efectes jurídics –que comporten la creació, modificació o extinció d'obligacions jurídiques internacionals– i regit pel Dret Internacional Públic.

---

1. Tot i que en principi no tenen efectes jurídics, aquests acords informals són emprats per desenvolupar o aprofundir en projectes o àrees de cooperació específics, o bé, per afavorir la uniformització de les polítiques estatals en matèries relacionades amb la gestió econòmica, i les autoritats estatals els prenen molt en consideració per elaborar les seves decisions i normes jurídiques internes –ja que en responen, almenys políticament, davant els altres signataris–.

Allò important és, però, des del punt de partida d'aquesta definició, aclarir quines són les característiques essencials del tractat internacional, les més rellevants de les quals són les següents:

– El tractat internacional és un *acord de voluntats*. D'aquesta manera, es pot dir que un tractat internacional suposa l'existència d'una concordança de voluntats específica –d'un pacte– sobre un determinat objecte; no és, per tant, el producte d'una acció espontània, però coincident, dels subjectes de Dret Internacional Públic –cas del costum internacional–, sinó de la concurrència conscient i concreta de voluntats envers un objecte determinat.

–El tractat internacional es realitza entre *subjectes de Dret Internacional Públic* –és un acord internacional–; únicament aquells ens que segons el Dret Internacional Públic gaudeixen de personalitat jurídica internacional tenen a la vegada la capacitat de concloure tractats internacionals –el *treaty making power*–. Així, poden concloure tractats internacionals els Estats, les Organitzacions internacionals i altres ens que tenen reconeguda aquesta subjectivitat segons el Dret Internacional Públic, com, per exemple, la Santa Seu o els moviments d'alliberament nacional. No poden, en canvi, concloure tractats internacionals les persones privades: els individus, les organitzacions no governamentals i les societats transnacionals (vegeu, en relació amb la possible subjectivitat internacional d'aquests ens, el capítol 6).

– El tractat internacional està dirigit a la producció d'*efectes jurídics*: de la voluntat expressada pels subjectes de Dret Internacional contractants i reflectida en el text de l'acord se'n deriva que la seva intenció és reglamentar jurídicament entre ells certes relacions i comportaments. És precisament la presència d'aquesta voluntat manifestada en l'acord internacional la que permet diferenciar els tractats dels simples *pactes entre cavallers* (*gentlemen's agreements*) als quals ja s'ha fet referència en el capítol 2).

– El tractat internacional està *regit pel Dret Internacional Públic*; per tant, no es poden considerar com a tals tot tipus d'acords que es realitzin amb submissió a un altre ordenament jurídic com, per exemple, un ordenament jurídic intern.

Sobre la base d'aquesta caracterització, es pot fer una classificació dels tractats internacionals segons els criteris següents:

A) Pel *nombre de participants*, es pot distingir entre *tractats bilaterals* -entre dos subjectes- i *tractats multilaterals* –en els quals participen més de dos subjectes–; dins d'aquests últims són diferenciables els *generals* –que tenen vocació d'universalitat– i els *restringits* –que per la seva naturalesa han de limitar-se a un nombre determinat de subjectes–.

B) Per les *possibilitats ofertes a la participació dels subjectes*, és possible diferenciar entre *tractats oberts*, aquells en els quals els subjectes poden ser parts contractants sense haver participat en el procés d'elaboració del tractat, *tractats tancats*, dels quals solament poden ser parts contractants els subjectes que han participat en l'elaboració del tractat; i *tractats semitancats*, en els quals els subjectes que no han participat en l'elaboració del tractat i que es podran convertir en parts contractants estan prèviament establerts, o bé en els quals la incorporació d'altres parts contractants és sotmesa al compliment de certes condicions i a la invitació dels subjectes originaris.

C) Pel seu *objecte*, existeixen tants tipus de tractats internacionals com matèries poden aquests regular (hi ha tractats internacionals polítics, militars, culturals, econòmics, etc.).

D) Pel *tipus d'obligacions*, trobem els *tractats que estableixen obligacions de caràcter objectiu*, és a dir, obligacions de caràcter general el compliment de les quals pel subjecte és independent de l'actitud de les altres parts contractants; i també els *tractats que estableixen obligacions de caràcter recíproc*, és a dir, obligacions basades en l'intercanvi de prestacions mútues entre les parts contractants.

E) Pel *tipus de subjectes que hi participen*, es pot distingir entre els *tractats entre Estats*, els *tractats entre Estats i altres subjectes de Dret Internacional Públic*, per exemple un acord de seu entre un Estat i una Organització internacional o un concordat entre un estat i la Santa Seu, i els *tractats entre altres subjectes de Dret Internacional Públic,* per exemple un tractat internacional entre dues Organitzacions internacionals entre si.

F) Per la seva *durada*, es pot diferenciar entre *tractats de durada determinada* –amb un termini final determinat, tot i que si així es preveu pugui ésser prorrogada la seva vigència– i tractats de *durada indeterminada* –aquells en els quals no està previst un termini final de la seva vigència.

G) Per la *forma de conclusió*, entre *tractats en forma solemne*, aquells en què per a la prestació del consentiment es preveu una forma solemne com és la ratificació; i *tractats simplificats*, en els quals s'utilitza per prestar el consentiment una forma simplificada, per exemple, l'acceptació.

2. El règim jurídic dels tractats internacionals

La conclusió dels tractats internacionals així com els seus efectes jurídics com a procediment de creació de normes jurídiques són reglamentats pel Dret Internacional Públic; aquestes normes jurídiques formen el que s'anomena *Dret dels Tractats.*

Tradicionalment, el Dret dels Tractats ha estat de naturalesa consuetudinària; el costum internacional ha estat, doncs, durant segles, la base del règim jurídic dels tractats internacionals. Tanmateix, després de la Segona Guerra Mundial, i dins d'un procés de codificació del Dret Internacional Públic endegat en el si de l'Organització de les Nacions Unides, per part de la Comissió de Dret Internacional de les Nacions Unides es va plantejar i va dur a terme la codificació del Dret dels Tractats.

Així, la codificació del Dret dels Tractats realitzada reuneix les característiques següents:

A) És una codificació que no es limita a la tasca de recollida i sistematització del dret consuetudinari existent en la matèria, sinó que aquesta es combina amb la tasca de desenvolupament progressiu del Dret dels Tractats; és a dir, d'adaptar les normes consuetudinàries a les necessitats de la societat internacional contemporània o bé de crear noves normes respecte a aquells aspectes encara no regulats. Són un exemple de desenvolupament progressiu els articles 53 i 64 del Conveni de Viena sobre el Dret dels Tractats de 1969, que regulen els efectes jurídics pels tractats internacionals de l'existència de normes imperatives internacionals.

B) És una codificació que té caràcter supletori: les normes jurídiques codificades en aquesta matèria són d'aplicació respecte d'un tractat internacional en defecte d'un acord entre els subjectes que participen en la seva elaboració, que, en cas d'existir, prevaldrà sobre les normes jurídiques codificades. En la pràctica, els qui elaboren un tractat internacional normalment regulen parcialment aquestes qüestions, i sols en relació amb certs aspectes del seu règim jurídic s'aplicarà supletòriament la normativa codificada; a vegades, fins i tot els mateixos redactors del tractat internacional preveuen remissions expresses al Dret dels Tractats codificat.

C) És una codificació parcial, ja que no s'ha realitzat una codificació general del Dret dels Tractats, sinó de les regles jurídiques relatives a determinats tipus de tractats internacionals:

– El Conveni de Viena sobre el Dret dels Tractats, de 23 de maig de 1969, es refereix únicament, conforme al seu article 2.1, lletra *a*), als tractats internacionals *entre estats* i *per escrit.*

– El Conveni de Viena sobre el Dret dels Tractats entre Estats i Organitzacions internacionals i entre organitzacions internacionals, de 21 de març de 1986 –i que encara no ha entrat en vigor–, es refereix únicament en el seu article 2.1, lletra *a*), als tractats *entre Estats i Organitzacions internacionals i entre Organitzacions internacionals* i *per escrit.*

– S'ha regulat també un problema específic relatiu als tractats internacionals com és la successió d'Estats, mitjançant el Conveni de Viena sobre la successió d'Estats en matèria de tractats, de 23 d'agost de 1978.

La limitació de l'àmbit material d'aquesta codificació suposa que les normes jurídiques que regulen la conclusió i els efectes jurídics de la resta dels tractats internacionals són, doncs, de naturalesa consuetudinària[2].

III. La conclusió dels tractats internacionals

S'entén com a conclusió d'un tractat internacional tot el conjunt d'operacions dirigides a donar-li efectes jurídics internacionals; és, per tant, un procés complex en

---

2. Evidentment, si un estat no és part dels tractats de codificació esmentats, el règim jurídic general aplicable a la seva participació en l'adopció i l'aplicació dels tractats internacionals que en principi es trobarien coberts per la codificació realitzada també serà el costum internacional.

el qual els subjectes de Dret Internacional Públic que hi participen elaboren un acord internacional i li donen els efectes jurídics objecte de la seva entesa[3].

L'examen d'aquest procés planteja una qüestió prèvia: la determinació d'aquelles persones que poden representar un Estat.

L'article 7 del Conveni de Viena de 1969 ofereix les regles següents sobre això:

– En primer lloc, s'estableix que representen l'Estat aquelles persones que tenen *plens poders*, és a dir, un document formal expedit per l'Estat pel qual autoritza a realitzar actes relacionats amb un tractat internacional de forma expressa una persona o persones –l'article 2.1, lletra *c*), el defineix com un document que emana de l'autoritat de l'Estat i pel qual es designa una persona o persones per representar l'estat dins del procés de conclusió del tractat internacional.

– En segon lloc, aquelles persones que, per la pràctica dels Estats interessats, es dedueixi que representen l'estat també gaudiran de la capacitat d'actuar en nom de l'Estat.

– En tercer lloc, hi ha determinades persones que, per les seves funcions, es considera que representen *per se* l'Estat: el cap d'Estat, el cap de Govern i el ministre d'Afers Estrangers, amb capacitat per realitzar qualsevol acte propi del procés de conclusió dels tractats internacionals -inclosa la prestació del consentiment en nom de l'Estat-; el cap de Missió Diplomàtica i els representants davant de conferències i Organitzacions internacionals, amb capacitat limitada a la negociació i a l'adopció dels tractats internacionals –i respecte als tractats internacionals que es volen concloure amb l'estat on el diplomàtic està acreditat, o la conferència o Organització internacional en la qual s'està exercint la representació de l'Estat–, sense competència per prestar el consentiment en nom de l'Estat.

En l'àmbit intern espanyol, el Decret 801/1972, de 24 de març, que regula l'activitat de l'Administració de l'Estat en matèria de tractats internacionals, i que fa una transcripció quasi exacta del Conveni de Viena, equipara el cap de Missió Especial amb el cap de Missió Diplomàtica.

– D'altra banda, qualsevol acte relacionat amb la conclusió d'un tractat internacional efectuat per una persona que no tingui capacitat suficient per fer-lo podrà tenir efectes jurídics, d'acord amb l'article 8 del Conveni de Viena de 1969, si l'Estat posteriorment convalida aquests actes.

El procés de conclusió d'un tractat internacional es desenvolupa en quatre fases: la negociació del text, l'adopció del text, l'autenticació del text i la prestació del consentiment.

1. La negociació del text del tractat internacional

La negociació és el conjunt d'operacions tecnico-diplomàtiques dirigides a elaborar un projecte de text del tractat internacional; això suposa la realització d'una

3. L'anàlisi del procés de conclusió dels tractats internacionals s'efectuarà essencialment sobre la base del règime jurídic establert pel Conveni de Viena de 1969.

tasca de discussió, examen d'esborranys presentats pels diversos Estats i, en general, d'apropament de posicions entre ells respecte al text, amb la presentació de propostes i contrapropostes entre els diversos participants en la negociació per determinar els punts concrets del projecte d'acord. Aquestes operacions es duen a terme generalment mitjançant negociacions directes entre els representants dels Estats o bé en el si de conferències o Organitzacions internacionals. Dins d'aquestes negociacions, l'actuació dels representants dels Estats s'ha de regir pel principi de bona fe.

Des de la perspectiva espanyola, s'han de valorar les competències en matèria de conclusió de tractats internacionals per poder deduir a qui li correspon la iniciativa negociadora en aquest àmbit.

Així, en el Dret espanyol, la capacitat per concloure tractats internacionals -el *treaty making power*- pertany únicament i exclusivament a l'Estat; això es dedueix de l'article 149.1.3 de la Constitució que estableix la competència exclusiva de l'Estat sobre «les relacions internacionals» i la interpretació que d'aquest precepte ha realitzat el Tribunal Constitucional.

Aquesta exclusivitat, però, no exclou la possibilitat que les Comunitats Autònomes participin en la formació de la voluntat exterior de l'Estat. En aquest sentit, els diferents estatuts d'autonomia estableixen bàsicament dos tipus d'actuació: la sol·licitud al Govern de l'Estat de la celebració de tractats internacionals relacionats amb matèries d'interès per a les Comunitats Autònomes[4]; i el deure d'informar per part del Govern a les Comunitats Autònomes sobre els tractats internacionals que està disposat a concloure i que puguin afectar els interessos d'aquelles[5].

D'acord amb l'article 97 de la Constitució, que li atorga la direcció de la política exterior, i el Decret 801/1972, serà el Govern, reunit en Consell de Ministres, el que té la iniciativa exclusiva per autoritzar l'obertura de les negociacions. La negociació serà competència del ministre d'Afers Estrangers, sota la direcció del qual els representants estatals portaran a terme les actuacions que siguin convenients.

2. L'adopció del text del tractat internacional

De l'adopció del text del tractat internacional es pot dir, en general, que posa punt final al procés negociador, ja que suposa la manifestació, pels representants dels Estats participants, de l'acord sobre el contingut del text redactat en acabar les negociacions; tal com expressa l'article 2.1, lletra *c*) del Conveni de Viena de 1969, suposa l'expressió de l'acord sobre l'esmentat text. L'adopció no converteix en un acte jurí-

4. Per exemple, l'article 27.4 de l'Estatut de Catalunya es refereix a la celebració de tractats internacionals «que permetin l'establiment de relacions culturals amb els Estats on s'integrin o resideixin aquells territoris i comunitats [territoris i comunitats en els quals el català forma part del seu patrimoni cultural]».

5. Per exemple, l'article 27.5 de l'Estatut de Catalunya disposa que la Comunitat Autònoma serà informada d'aquells tractats internacionals «que afectin matèries del seu específic interès».

dicament vinculant el text adoptat, ja que només es tracta d'un projecte definitiu de tractat internacional sobre el qual els Estats han arribat a un acord.

Segons l'article 9 del Conveni de Viena de 1969, la regla general és que l'adopció del text s'efectuarà mitjançant el consentiment de tots els Estats participants en la negociació; però, si l'adopció del text es produeix en el si d'una conferència internacional, s'efectuarà l'adopció per majoria de dos terços dels Estats presents i votants, si no es preveu una altra majoria diferent; de manera similar es produeix l'adopció si aquesta es realitza en el si d'una Organització internacional: se sotmet a les regles jurídiques internes que determinen l'adopció del tractat internacional per l'òrgan competent.

3. L'autenticació del text del tractat internacional

Ens trobem davant d'un acte de naturalesa essencialment notarial, mitjançant el qual els estats participants en el procés de conclusió, conforme a l'article 2.1, lletra *d*) del Conveni de Viena de 1969, certifiquen que el text adoptat és correcte i autèntic i l'estableixen de forma definitiva; per tant, és un acte jurídic formal que dóna fe del contingut exacte del text adoptat.

L'article 10 del Conveni de Viena de 1969 preveu alternativament les formes d'autenticació següents:

– La que pugui establir-se en el propi tractat internacional.

– La que puguin establir de comú acord els Estats que hagin participat en l'elaboració del text que es procedeix a autenticar, tot i que no es reflecteixi en el text.

– Mitjançant la firma, firma *ad referendum* –quan el representant de l'Estat no tingui capacitat suficient per realitzar aquest acte en nom de l'Estat– o la rúbrica dels representants dels Estats posada en el text del tractat internacional o en l'acta final de la conferència internacional on consti.

Des de la perspectiva espanyola, l'adopció i l'autenticació són també competència del Govern conforme al Decret 801/1972. Així, l'esmentat Decret preveu tres formes d'autenticació: la rúbrica en el text del tractat, la firma en l'acta final de la conferència internacional i, en general, la firma del tractat internacional. En el supòsit de la firma s'ha de tenir l'autorització expressa del Consell de Ministres, ja que, com que la firma pot ésser a la vegada una forma de manifestació del consentiment, es produeix un reforçament dels seus requisits de validesa, independentment del fet que s'utilitzi com a forma d'autenticació o de prestació del consentiment. Excepcionalment, és possible la firma *ad referendum* pel ministre d'Afers Estrangers o persona autoritzada per ell, sempre que després sigui confirmada pel Consell de Ministres.

El text correctament autenticat tampoc no genera obligacions jurídiques per als Estats; no obstant això, fins al moment de la prestació del seu consentiment, els Estats adquireixen, de conformitat amb l'article 18 del Conveni de Viena de 1969, l'obligació derivada del principi de bona fe d'abstenir-se de realitzar qualsevol tipus d'actes susceptibles de frustrar l'objecte i fi del tractat internacional.

4. La prestació del consentiment

Ens trobem davant del moment més important dins del procés de conclusió dels tractats, car suposa la manifestació per l'Estat de la seva voluntat d'obligar-se pel tractat internacional i, per tant, de convertir-se en part contractant d'aquest. La prestació del consentiment es realitza mitjançant un acte individual i formal de l'Estat, el qual expressa la seva voluntat de manera inequívoca.

Hi ha dues classes de modalitats formals per expressar el consentiment:

a) D'una banda, una *forma solemne* d'expressió del consentiment: la *ratificació*[6]. La solemnitat de la ratificació deriva de les exigències formals i materials que comporta: la confirmació interna de la voluntat de l'Estat pels òrgans interns de l'Estat que representen la sobirania popular; la intervenció del cap d'Estat en l'acte jurídic que formalitza la voluntat de l'Estat –l'instrument de ratificació–; i el dipòsit de l'instrument de ratificació davant de l'Estat o de l'òrgan d'una Organització internacional al qual s'encarrega la funció de dipositari. La ratificació respon a una tradició històrica: la necessitat que el monarca absolut, dipositari de la sobirania de l'Estat, demostrés el seu acord amb l'actuació dels mandataris que havien negociat el tractat internacional; aquesta institució ha evolucionat i, en l'actualitat, representa una expressió de la sobirania popular en el mateix sentit, de forma que la confirmació de l'acceptació del tractat internacional implica el legislatiu o l'executiu.

b) De l'altra, en la pràctica diplomàtica s'han consolidat altres *formes simplificades* de prestar el consentiment, que no comporten una exigència formal tan important i que faciliten la ràpida conclusió dels tractats; conforme als articles 11 al 16 del Conveni de Viena de 1969 aquestes formes són: la firma, la firma *ad referendum* –que precisa una posterior confirmació dels òrgans competents de l'Estat–, el bescanvi d'instruments constitutius del tractat, l'acceptació, l'aprovació o l'adhesió.

El règim jurídic del Conveni de Viena de 1969 es caracteritza, en aquest sentit, primer, per la flexibilitat que introdueix en l'elecció de la forma de prestació del consentiment, que pot ésser lliurement pactada pels estats interessats; i, segon, perquè l'enumeració que realitza de les formes simplificades no pretén ser exhaustiva, ja que permet l'ús d'altres formes convingudes pels estats.

Des del punt de vista espanyol, i d'acord amb l'article 63.2 de la Constitució i les disposicions del Decret 801/1972, el rei serà l'encarregat de «manifestar el consentiment de l'estat per obligar-se», i haurà de constar en l'instrument pel qual es presta el consentiment la confirmació de la firma reial pel ministre d'Afers Estrangers. En la pràctica, però, en molts tractats internacionals –de manera genèrica aquells en què no intervenen les Corts Generals– i en els que s'utilitzen formes simplificades de prestació del consenti-

6. En paral·lel, les Organitzacions internacionals tenen una modalitat solemne de prestació del consentiment prevista per l'article 11 del Conveni de Viena de 1986: la confirmació formal.

ment com, per exemple, el bescanvi d'instruments, la manifestació formal del consentiment la realitza el ministre d'Afers Exteriors.

En la fase de formació de la voluntat interna respecte a un tractat internacional prèvia a la prestació del consentiment, hi participen altres institucions de l'Estat junt amb el Govern:

– Les Corts Generals, mitjançant llei orgànica, han de donar la seva autorització prèvia per a la prestació del consentiment respecte dels tractats internacionals pels quals s'atribueixi a una «organització internacional o a una institució internacional l'exercici de competències derivades de la Constitució» (article 93.1 de la Constitució). D'altra banda, mitjançant una simple autorització aprovada per majoria simple, han d'autoritzar la prestació del consentiment respecte als tractats internacionals fets sobre les matèries enumerades en l'article 94.1 de la Constitució[7]. Respecte a la resta de tractats internacionals, d'acord amb l'article 94.2 de la Constitució, les Corts Generals hauran de ser immediatament informades de la prestació del consentiment.

– El Tribunal Constitucional pot exercir, conforme a l'article 95.2 de la Constitució, a petició del Govern o de qualsevol de les cambres, el control de constitucionalitat previ a la prestació del consentiment per declarar si existeix contradicció entre la Constitució i el tractat internacional del qual es vol ésser part contractant. Si aquesta contradicció és declarada pel Tribunal Constitucional hi ha tres possibles solucions: no prestar el consentiment, prestar el consentiment sotmès a les reserves oportunes, o bé revisar la Constitució abans de formalitzar el consentiment[8].

Finalment, en el moment de la prestació del consentiment qualsevol Estat pot, si el tractat internacional no ho prohibeix expressament, formalitzar també un tipus de declaració de voluntat que incideix en els efectes jurídics del tractat internacional respecte a l'estat que la realitza: les *reserves*. Una reserva és una manifestació de voluntat unilateral d'un Estat formulada en el moment de la prestació del consentiment i que està dirigida a excloure o modificar els efectes jurídics d'algunes disposicions del tractat internacional en la seva aplicació respecte a l'estat que la formula.

Les reserves, regulades als articles 19 al 23 del Conveni de Viena de 1969 -i també en el de 1986, ja que reconeix igualment a les organitzacions internacionals el dret de formular reserves-, permeten acomodar les obligacions convencionals de l'Estat als seus propis interessos, amb el límit que no poden atemptar contra l'objecte i fi del tractat internacional. Ens trobem, doncs, davant d'una altra demostració del relativisme del Dret Internacional Públic.

Perquè una reserva produeixi els efectes jurídics desitjats per l'Estat, ha

7. Són aquells tractats internacionals que afecten matèries polítiques, militars, la integritat territorial o els drets i deures fonamentals previstos pel Títol I de la Constitució, o bé que impliquen obligacions financeres per a la Hisenda Pública o bé la modificació o derogació d'alguna llei o que precisen de desenvolupament normatiu intern.

8. Així, per exemple, la Declaració d'1 de juliol de 1992 del Tribunal Constitucional respecte a la manca de compatibilitat de la Constitució espanyola respecte al Tractat de la Unió Europea va dur a la posterior reforma de l'article 13 de la Constitució espanyola.

d'ésser acceptada pels altres Estats –des de l'acceptació, l'Estat que ha formulat la reserva i el que l'ha acceptada regulen les seves relacions convencionals recíproques en relació amb les disposicions afectades per la reserva segons el contingut de la pròpia reserva, que modifica o exclou els seus efectes–; si un Estat no accepta la reserva i hi formula una objecció, l'aplicació de les disposicions afectades per la reserva queda exclosa de la relació convencional recíproca entre ambdós Estats, excepte si l'Estat objectant manifesta inequívocament la seva oposició al fet que el tractat internacional entri en vigor entre aquest i l'Estat autor de la reserva, conforme a l'article 20.4, lletra *d*) del Conveni de Viena de 1969, supòsit en què, entre ambdós Estats, no hi haurà relacions convencionals.

IV. Els efectes jurídics dels tractats internacionals

Els tractats internacionals han estat destinats per aquells subjectes que han participat en la seva elaboració a produir determinats efectes jurídics dins de l'ordenament jurídic internacional. La producció d'aquests efectes jurídics i, en definitiva, la mateixa eficàcia del tractat internacional, està presidida per una regla general que recull l'article 26 del Conveni de Viena de 1969 i en el fonament de l'obligatorietat dels tractats internacionals: la regla del *pacta sunt servanda*, o sigui, que els compromisos adquirits s'han de complir de bona fe.

L'anàlisi dels efectes jurídics dels tractats internacionals planteja una qüestió prèvia prou important: la determinació de quan un tractat internacional comença a produir els efectes jurídics que constitueixen el seu objecte.

Així, tot tractat internacional té un moment inicial, a partir del qual comença a desplegar els efectes jurídics previstos: el moment de l'*entrada en vigor*. L'article 24 del Conveni de Viena estableix, com a regla general, que, en cas que els Estats o el mateix tractat internacional no diguin una altra cosa, l'entrada en vigor es produirà quan es tingui constància que tots els Estats que han negociat el tractat internacional han prestat el seu consentiment per obligar-se. En la pràctica, però, i sobretot en l'àmbit dels tractats internacionals multilaterals generals en els quals el nombre d'Estats que han participat en la negociació és molt elevat, s'acostuma a establir, per permetre l'entrada en vigor del tractat internacional, que es reuneixin un nombre mínim i determinat de manifestacions del consentiment. Així, per exemple, el Conveni de Viena de 1969 exigia, per a la seva entrada en vigor, d'acord amb el seu article 84, el dipòsit de trenta-cinc instruments de ratificació o d'adhesió. Si un Estat consenteix a incorporar-se a un tractat internacional quan aquest ja es troba en vigor, la data en què es considera que el tractat internacional li és d'aplicació serà la del dia en què va dipositar l'instrument on consta la seva voluntat d'obligar-se, llevat que es disposi una altra cosa.

D'altra banda, cal tenir en compte, respecte al moment de l'entrada en vigor, dues regles generals:

– Primer, que l'aplicació dels tractats es regeix pel principi d'irretroactivitat –excepte si del tractat o d'altres factors es dedueix la intenció contrària dels Estats–, que impedeix que els seus efectes jurídics siguin aplicables a situacions anteriors a l'entrada en vigor.

– Segon, que és possible, conforme a l'article 25 del Conveni de Viena de 1969, l'aplicació provisional dels tractats internacionals quan així ho disposi el seu text, o bé per decisió dels Estats negociadors en aquest sentit. L'aplicació provisional suposa l'aplicació del tractat internacional o de parts d'aquest abans de la seva entrada en vigor i resulta d'utilitat en relació amb la pràctica respecte a tractats internacionals de naturalesa tècnica i administrativa que precisen d'una ràpida aplicació.

El fet que un tractat internacional es trobi en vigor comporta altres qüestions relacionades amb la seva eficàcia jurídica, a les quals s'intentarà fer referència des d'una doble aproximació: primer, als problemes jurídics fonamentals en l'aplicació dels tractats internacionals, i, segon, a l'extinció i revisió dels tractats internacionals.

1. Els problemes jurídics fonamentals en l'aplicació dels tractats internacionals

L'aplicació dels tractats internacionals que es troben en vigor comporta una sèrie de qüestions relatives als seus efectes jurídics, les més importants de les quals es relacionen amb aquests quatre aspectes: l'àmbit d'aplicació territorial dels tractats internacionals; l'existència de tractats internacionals successius respecte a una mateixa matèria; els efectes dels tractats internacionals respecte a tercers estats, i la interpretació dels tractats internacionals.

A) L'àmbit d'aplicació territorial dels tractats internacionals

En principi, conforme a l'article 29 del Conveni de Viena de 1969, els tractats són aplicables per regla general a la totalitat del territori de cadascuna de les parts contractants; tot i així, poden haver-hi supòsits en què l'àmbit territorial d'un tractat internacional es modifiqui:

– Perquè s'estén més enllà de les fronteres d'una de les parts contractants; així, un Estat pot gestionar les relacions internacionals d'un altre Estat o també exercir la responsabilitat internacional d'un territori, com per exemple els territoris colonials -d'ací, la inclusió en certs tractats de les anomenades *clàusules colonials*-.

– Perquè no s'apliqui un tractat internacional respecte a una part del territori de l'estat: per exemple, certes dependències insulars o determinats Estats dins d'un Estat de naturalesa federal (certs tractats preveuen, respecte a aquest darrer supòsit, les anomenades *clàusules federals*).

– Perquè certs tractats internacionals són aplicables a territoris que no pertanyen inicialment a cap Estat; per exemple, el Tractat de l'Antàrtida, d'1 de desembre de 1959.

B) L'existència de tractats internacionals successius respecte a una mateixa matèria

La regla general és la que es desprèn del principi que la llei posterior deroga l'anterior; tanmateix, l'article 30 del Conveni de Viena de 1969 preveu algunes excepcions a aquesta regla:

a) L'abrogació parcial, quan el tractat internacional posterior no deroga expressament l'anterior, en la mesura que les disposicions convencionals siguin compatibles amb les del posterior.

b) La no-concordança en el nombre de parts contractants entre ambdós tractats internacionals; en aquest cas, s'han de distingir els efectes jurídics de l'existència de dos tractats internacionals entre les relacions mútues entre Estats que són parts dels dos tractats i les relacions mútues entre Estats que són parts dels dos tractats i els que ho són d'un sol tractat.

c) La subordinació entre dos tractats internacionals; en aquest supòsit prevaldrà el tractat internacional principal, independentment de si és l'anterior o el posterior.

d) El supòsit excepcional de la Carta de les Nacions Unides que té prevalença sobre qualsevol altre tractat internacional subscrit pels Estats Membres de l'Organització, conforme al seu article 103.

C) Els efectes dels tractats internacionals respecte a tercers Estats

Els tractats internacionals, en principi, produeixen efectes jurídics únicament entre les parts contractants, d'acord amb l'article 26 del Conveni de Viena de 1969 i, per tant, per regla general no produeixen efectes jurídics per a tercers Estats no contractants, sense el seu consentiment -article 34 de l'esmentat Conveni-. Així, si d'un tractat internacional es desprèn clarament la voluntat de les parts contractants d'exigir-li una obligació a un tercer Estat, aquest pot acceptar-la si així ho manifesta expressament; d'altra banda, si el que es desprèn és l'atorgament d'un dret, l'acceptació de l'Estat no cal que sigui expressa.

A més, hi ha certs tractats que, pel seu objecte, tenen efectes jurídics per als tercers Estats:

– Tractats que estableixen fronteres o dirigits a la gestió d'interessos comuns en els quals participen estats suficientment representatius –com, per exemple, el Tractat de l'Antàrtida, d'1 de desembre de 1959–, que, per establir règims objectius, tendeixen a tenir efectes *erga omnes*.

– Tractats que atorguen personalitat jurídica internacional a un subjecte; per exemple, la Carta de les Nacions Unides –que, d'altra banda, gestiona un interès comú, el manteniment de la pau i la seguretat internacionals, que li dóna autoritat sobre Estats no membres conforme al seu article 2.6–.

– Tractats que estableixen una clàusula de nació més afavorida, que consisteix en l'extensió a l'Estat al qual li és aplicable dels beneficis establerts en un altre tractat internacional del qual no és part contractant, ja que el règim jurídic d'aquest últim és el més favorable dels possibles.

D) La interpretació dels tractats internacionals

La interpretació de les disposicions d'un tractat internacional serveix per determinar-ne i aclarir-ne el contingut; dins dels diversos mètodes interpretatius existents –gramatical, històric, teleològic, sistemàtic–, l'article 31 del Conveni de Viena de 1969 disposa una regla general que se sosté en tres criteris generals: la primacia del text –segons el sentit corrent dels termes utilitzats en el seu context–, la bona fe i l'apreciació de l'objecte i fi del tractat.

S'estableixen uns mitjans complementaris en defecte dels anteriors –si els anteriors mitjans no permeten una interpretació suficientment clara o resulta irraonable–, per confirmar o precisar el sentit últim dels termes utilitzats, entre els quals l'article 32 de l'esmentat Conveni destaca els treballs preparatoris i les circumstàncies de la seva celebració.

Finalment, l'article 33 del Conveni de Viena de 1969 estableix normes interpretatives per a tractats internacionals autenticats en dos o més idiomes –possibilitat que en la pràctica és prou habitual–, sobre la base de la presumpció que les paraules tenen el mateix sentit en tots els idiomes que donen fe; si s'aprecien diferències s'haurà de recórrer a les normes generals i complementàries anteriorment citades i, en darrer terme, a buscar el sentit que millor conciliï els textos.

2. L'extinció i la revisió dels efectes jurídics dels tractats internacionals

L'aplicabilitat d'un tractat internacional és un problema inicialment temporal, és a dir, de saber quan el tractat internacional és susceptible de produir els efectes jurídics previstos. Tot i així, es plantegen també qüestions més de fons sobre la validesa del tractat internacional i sobre la possibilitat que els efectes jurídics d'un tractat internacional s'extingeixin o siguin revisats per la voluntat de les parts.

Si bé un tractat internacional té en principi eficàcia jurídica des de la seva entrada en vigor –amb la possible incidència que, des de la perspectiva temporal, tingui la possibilitat d'aplicació retroactiva de les seves disposicions o de la seva aplicació provisional–, l'aplicació del tractat internacional es pot veure afectada per una sèrie de vicissituds que n'afecten l'eficàcia jurídica, i que es reflecteixen en les institucions següents:

A) La terminació dels tractats internacionals

Suposa l'extinció definitiva dels efectes jurídics del tractat, per una sèrie de raons: el consentiment de les parts contractants; la denúncia; l'abrogació tàcita per l'aparició d'un tractat sobre la mateixa matèria; la violació greu del tractat -amb acord unànime de les altres parts contractants-; la impossibilitat sobrevinguda de compliment del tractat; el canvi de circumstàncies respecte a les que van justificar la conclusió del tractat –si és greu, afecta un element bàsic per a la prestació del consentiment dels estats i modifica radicalment les obligacions convencionals, sempre que no es refereixi a tractats que estableixen fronteres–; l'aparició d'una norma imperativa, i l'arribada del terme final del tractat que així ho hagi previst i, en certs supòsits, el cas de guerra. Igualment, és possible la retirada d'un Estat, de forma individualitzada, d'un tractat internacional.

B) La suspensió dels tractats internacionals

En aquest cas, el tractat internacional cessarà temporalment de produir efectes jurídics entre les parts contractants, bé com una alternativa a certes causes de terminació, com a conseqüència de les previsions del tractat, a la voluntat de les parts contractants –pot ésser limitada a algunes parts contractants en relació amb les seves relacions convencionals mútues–, a un acord posterior en la mateixa matèria del qual es dedueixin aquests efectes suspensius o en cas de guerra.

C) La nul·litat dels tractats internacionals

L'existència d'un acord internacional viciat suposa la nul·litat d'aquest, que pot ésser absoluta o relativa, segons si és possible o no la convalidació dels vicis observats:

a) La *nul·litat absoluta*, sense cap possibilitat de convalidació, es produeix: si ha existit coacció sobre el representant de l'estat; si se n'ha aconseguit la realització mitjançant l'amenaça o l'ús de la força, i quan el tractat s'oposa a una norma imperativa.

b) Hi ha *nul·litat relativa* i, per tant, possibilitat de convalidació, quan es produeix: la violació palesa en manifestar el consentiment d'una norma jurídica interna fonamental relativa a la competència per fer tractats; la violació d'una restricció del representant de l'estat per prestar el consentiment -amb la condició que hagi estat notificada als altres estats negociadors-; l'error essencial en el consentiment; el dol, i la corrupció del representant de l'estat per un altre estat.

D) La revisió dels tractats internacionals

Suposa la possibilitat de revisió del contingut i efectes jurídics inicialment previstos pel tractat; en aquest sentit s'ha de distingir entre l'*esmena* –amb caràcter general i amb l'acord de totes les parts contractants– i la *modificació* –amb caràcter parcial, i respecte a les relacions mútues entre dues o diverses parts contractants que realitzen el pacte en aquest sentit.

En relació amb totes les vicissituds derivades de la celebració i aplicació d'un tractat internacional –entrada en vigor, nombre de parts contractants, reserves, suspensió temporal de la seva aplicació, etc.–, és important la institució del *dipositari* que, conforme a l'article 77 del Conveni de Viena de 1969, s'encarrega de la custòdia del tractat internacional, de donar fe de tots els actes relatius a aquest i d'informar a les parts contractants sobre això, i fins i tot als Estats que ho poden ésser en el futur. Segons l'article 76 de l'esmentat Conveni, els dipositaris poden ésser un o diversos Estats, una Organització internacional o un alt funcionari d'una organització internacional; per exemple, el Secretari General de les Nacions Unides. Entre les funcions dels dipositaris es troba la de registrar els tractats internacionals. El registre suposa la seva inscripció i arxiu dins d'una relació; el registre es realitzarà davant de la Secretaria de les Nacions Unides, conforme a l'article 80 del Conveni de Viena de 1969, ja que l'article 102 de la Carta de les Nacions Unides obliga que tots els tractats celebrats entre estats membres siguin registrats. La tasca de registre es complementa amb la de la *publicació*.

Bibliografia sumària

HUESA VINAIXA, R. «Algunas consideraciones sobre el Convenio de Viena de 1986 sobre tratados celebrados entre estados y organizaciones internacionales o entre organizaciones internacionales», *Revista Española de Derecho Internacional*, 1989.1, p. 43-68.

MANGAS MARTÍN, A. «Cuestiones de Derecho Internacional Público en la Constitución Española de 1978», *Revista de la Facultad de Derecho de la Universidad Complutense*, núm. 61, 1980, p. 143-184.

MINISTERIO DE ASUNTOS EXTERIORES. *La celebración de tratados internacionales por España: problemas actuales*, Secretaría General Técnica del Ministerio de Asuntos Exteriores, Madrid 1990.

REMIRO BROTONS, A. *Derecho Internacional Público. 2. Derecho de los tratados*, Tecnos, Madrid, 1987.

TRUYOL Y SERRA, A. «Los tratados internacionales como factor del desarrollo histórico del Derecho Internacional», *Cursos de Derecho Internacional Vitoria-Gasteiz 1988*, Servicio Editorial de la Universidad del País Vasco, Bilbao 1989, p. 15-44.

5. ELS ACTES UNILATERALS INTERNACIONALS*

I. Idees generals

Fins ara, en parlar del naixement de drets i d'obligacions i de la creació de les normes de Dret Internacional, hem fet referència sempre a la necessitat que concorrin en la seva formació la voluntat o consentiment de dos o més subjectes de Dret Internacional. Així, en parlar del costum internacional dèiem que es tracta d'una pràctica entre Estats, acceptada com a dret; i en parlar dels tractats fèiem referència a un acord exprés de voluntats dels subjectes del Dret Internacional.

El que podem preguntar-nos ara és si les declaracions unilaterals dels Estats, o les manifestacions i actes propis d'un Estat o d'un subjecte de Dret Internacional, tenen caràcter obligatori per a qui els emet; o bé, si no tenen cap mena de força obligatòria i es poden modificar, canviar o anul·lar quan l'Estat ho cregui convenient.

Si ho mirem des d'una altra vessant, cal preguntar-nos si, en el Dret Internacional Públic, la teoria dels actes propis pot aplicar-se, i si obliga els qui els han dut a terme.

És evident que aquests problemes que ara plantegem, els hem de situar dins el context de quina força té el consentiment donat per l'Estat quan no hi està obligat, i com pot arribar a vincular-lo enfront d'altres subjectes del Dret Internacional.

En l'article 38 de l'Estatut del Tribunal Internacional de Justícia no es parla dels actes unilaterals dels Estats ni com a font principal de dret ni com a font auxiliar, però és ben cert que cada vegada més el Tribunal Internacional de Justícia, en examinar els casos que els Estats l'hi presenten, ha dictat sentències en virtut de les actuacions unilaterals dels Estats.

És per això que podem afirmar que el Dret Internacional Públic atorga a certs actes unilaterals dels Estats una transcendència jurídica que es tradueix en el naixement, per a aquell Estat que els realitza, d'una obligació jurídica internacional que li és exigi-

---

* Elaborat pel Dr. Eduard SAGARRA I TRIAS i pel Dr. DAVID BONDIA GARCÍA

ble pels altres Estats; així, la pròpia actuació de l'Estat és determinant de l'assumpció d'obligacions jurídiques regides pel Dret Internacional Públic. Les situacions de les quals es poden derivar aquestes conseqüències jurídiques són prou variades, però es pot destacar, per exemple, el fet que la no actuació de l'Estat davant d'una determinada situació –omissió– o fins i tot el seu silenci, poden tenir com a resultat la vinculació dels efectes jurídics esmentats.

II. Concepte i característiques dels actes unilaterals. Classes

1. Concepte d'acte unilateral

Els actes unilaterals són declaracions unilaterals d'un o diversos subjectes del Dret Internacional, amb independència d'altres actes jurídics internacionals i de la conducta d'altres subjectes interessats, mitjançant les quals expressa o expressen la seva voluntat de considerar-se vinculats jurídicament respecte d'una situació determinada, de tal forma que queden obligats a comportar-se, en el futur, d'acord amb els termes de la seva declaració.

Com molts altres conceptes, el concepte d'acte unilateral ha sorgit i s'ha definit en discutir-se algun cas polèmic davant del Tribunal Internacional de Justícia. Partint dels elements que va tenir en compte l'esmentat Tribunal en l'assumpte dels assaigs nuclears de França en la Sentència de 1974, podem definir els actes jurídics unilaterals com la *manifestació pública del consentiment de l'Estat en relació amb una situació concreta de fet o de dret, feta per una persona facultada per representar l'Estat, sigui quina sigui la seva forma, amb la intenció de produir efectes obligatoris, amb independència de la conducta d'altre o altres subjectes.*

La consolidació de l'evolució doctrinal i jurisprudencial dels actes unilaterals dels Estats ha provocat que la Comissió de Dret Internacional de les Nacions Unides hagi considerat oportú procedir al seu intent de codificació, tot nomenant relator especial el Sr. Rodríguez Cedeño.

L'obligatorietat de l'acte unilateral és conseqüència directa de la «bona fe» que ha de presidir les relacions internacionals entre els Estats (criteri objectiu) i la voluntat del declarant (criteri subjectiu). En altres paraules, qui es compromet voluntàriament i de bona fe, ha de complir amb el seu compromís.

2. Característiques o elements dels actes unilaterals

Els elements o característiques que fan que un acte unilateral es pugui considerar plenament eficaç i obligatori per al seu autor són la manifestació de voluntat amb intenció de produir efectes jurídics, la publicitat i forma de l'acte, l'autoritat que pot obligar l'Estat i la independència del comportament d'altres subjectes. Examinem tot seguit, i una per una, aquestes característiques.

A) Manifestació de la voluntat

Allò més important és que l'Estat manifesti la seva voluntat i el seu consentiment, amb la intenció de produir efectes jurídics que li siguin obligatoris. És a dir, que de la manifestació de la voluntat, interpretada correctament, es desprengui que l'Estat ha volgut obligar-se i adquirir un compromís jurídic. No totes les declaracions dels Estats tenen aquest caràcter, sinó que moltes d'elles són simples declaracions polítiques sense ànim d'obligar l'Estat. Cada dia llegim en els diaris i sentim en els mitjans de comunicació grans manifestacions o declaracions davant de fets o situacions internacionals que, com és evident, no obliguen; que tenen un caire polític i d'oportunitat, però sense intenció de produir efectes jurídics[1].

En aquest sentit, cal assenyalar el que va dir el Tribunal Internacional de Justícia en l'assumpte que va enfrontar França amb Austràlia i Nova Zelanda a causa dels assaigs nuclears a l'atol de Mururoa, al Pacífic Sud. El Tribunal afirmava que «s'admet que les declaracions que revesteixen la forma d'actes unilaterals i que afecten situacions de fet o de dret poden tenir per efecte la creació d'obligacions jurídiques. Declaracions d'aquesta naturalesa poden tenir i tenen sovint un objecte molt precís. Quan l'Estat autor de la declaració té intenció de restar obligat, de conformitat amb els seus termes, aquesta intenció confereix a la declaració el caràcter d'un compromís jurídic i l'Estat interessat queda, per tant, jurídicament obligat a seguir, en el futur, una línia de conducta ajustada a la seva declaració. Un compromís d'aquesta naturalesa, expressat públicament i amb la intenció d'obligar-se, àdhuc fora del marc de les negociacions internacionals, té un efecte obligatori. En aquestes condicions, no és necessària cap contrapartida perquè la declaració produeixi efecte ni tampoc és necessària una acceptació ulterior, ni tan sols una rèplica o reacció de la resta d'Estats, atès que aquests requisits serien incompatibles amb la naturalesa estrictament unilateral de l'acte jurídic en virtut del qual l'Estat s'ha pronunciat»[2].

B) Publicitat i forma de l'acte

La manifestació de voluntat feta per l'Estat ha de tenir suficient publicitat i ésser coneguda, amb independència de la forma que tingui la declaració, ja que el Dret Internacional Públic –que essencialment és no formalista– no imposa una forma especial o estricta perquè un acte unilateral sigui obligatori.

---

1. Es pot assenyalar al respecte la falta d'intenció, apreciada pel Tribunal Internacional de Justícia, del cap d'Estat de Burkina Faso en referir-se a la frontera amb Mali (*Affaire du différend frontalier* [*Burkina Faso c. Mali*], *CIJ Recueil 1986*, p. 573).

2. *Nuclear Test Case (Australia/France), ICJ Reports*, 1974, paràgraf 43.

Això vol dir que la declaració o manifestació de voluntat pública pot ésser feta oralment o per escrit. En l'actualitat, i atesa la immediatesa dels mitjans de comunicació, els representants dels Estats que tinguin responsabilitats internacionals han de mesurar les seves declaracions davant la premsa, ràdio i sobretot la televisió, ja que una simple declaració en un moment o en un context determinat, pot obligar l'Estat.

En aquest sentit, el Tribunal Internacional de Justícia va considerar que les declaracions públiques d'autoritats franceses anunciant el cessament de les proves nuclears atmosfèriques al Pacífic Sud, obligaven l'Estat francès amb independència de la forma com s'havien formulat. El Tribunal indicava que, «pel que fa a la forma, convé subratllar que no és un àmbit en què el Dret Internacional imposi regles estrictes o especials. El fet que una declaració sigui verbal o escrita no suposa cap diferència essencial, atès que aquests pronunciaments, fets en circumstàncies específiques, poden crear compromisos en Dret Internacional, sense que necessàriament hagin de consignar-se per escrit. La forma, doncs, no és decisiva...»[3].

C) Autoritat que pot obligar l'Estat

És evident que no tothom pot, amb la seva manifestació de voluntat, obligar un Estat, sinó que aquesta declaració de voluntat ha d'ésser feta per una autoritat competent i que pugui, per les seves funcions en les relacions internacionals o pels seus poders específics, obligar l'Estat.

Poden considerar-se que són autoritats competents i, per tant, que poden obligar l'Estat a través dels seus actes, el cap d'Estat, el cap de Govern i el ministre d'Afers Estrangers. En la mateixa sentència a la qual ens estem referint, el Tribunal va afirmar que «d'entre totes les declaracions del Govern francès que té la Cort, resulta clar que les més importants són les realitzades pel president de la República. Ateses les seves funcions, no hi ha dubte que les comunicacions o declaracions públiques, verbals o escrites, per ell pronunciades, com a cap de l'Estat, representen, en l'àmbit de les relacions internacionals, actes de l'Estat francès. Les seves declaracions i les dels membres del Govern francès realitzades sota la seva autoritat, inclosa l'última declaració del ministre de Defensa d'11 d'octubre de 1974, han de considerar-se com un tot. Amb independència de quina sigui la forma que revestissin, s'ha de considerar que constitueixen un compromís de l'Estat, tenint en compte les seves intencions i les circumstàncies en què es van realitzar»[4].

En un altre conegut cas que va succeir entre Noruega i Dinamarca sobre l'estatut jurídic de Grenlàndia Oriental, el Tribunal Permanent de Justícia Internacional va considerar que la declaració del ministre noruec d'Afers Estrangers, Sr. Ihlen, que deia que «el seu Govern no s'oposava a arranjar aquest assumpte» obligava l'Estat. El Tribunal va dir que trobava «fora de tot dubte que una resposta d'aquesta naturalesa, donada pel

---

3. *Ibid.* paràgraf 45.
4. *Ibid.* paràgraf 49.

ministre d'Afers Estrangers, en nom d'un govern, a la petició del representant diplomàtic d'una potència estrangera, en relació amb una qüestió de la seva competència, és obligatòria per al país al qual pertany el ministre»[5].

D) Independència del comportament d'altres subjectes

La intenció i voluntat d'obligar-se no depèn del comportament d'altres subjectes. Aquesta característica o element vol dir que no cal que els altres Estats donin o no el seu consentiment o que manifestin la seva oposició a l'acte unilateral perquè aquest generi obligacions per al seu autor.

L'acte unilateral és autònom, i obliga l'Estat que l'ha produït en virtut del principi general que regeix totes les obligacions jurídiques en l'àmbit del Dret Internacional Públic, com és el principi de la bona fe. Així ho va indicar també el Tribunal Internacional de Justícia quan, en el cas dels assaigs nuclears, va dir: «Les declaracions unilaterals de les autoritats franceses foren fetes públicament fora de la Cort i *erga omnes*, encara que la primera fos comunicada al Govern australià. Com es va indicar anteriorment, perquè les dites declaracions tinguessin efectes jurídics, no és necessari que s'adrecin a un Estat concret, encara que qualsevol altre Estat les accepti. Les característiques generals d'aquestes declaracions i la seva naturalesa constitueixen els elements decisius per apreciar els seus efectes jurídics»[6].

La resta d'Estats han de vigilar, però, que el seu silenci davant un acte unilateral no pugui suposar una aquiescència o reconeixement tàcit que l'altra part pot considerar com un consentiment, i del qual es derivarien obligacions també per als altres Estats.

3. Classes d'actes unilaterals

D'entre els diferents tipus o classes d'actes unilaterals, podem establir la classificació següent, que no és exhaustiva: *a*) Notificació; *b*) Reconeixement; *c*) Protesta; *d*) Renúncia; *e*) Promesa.

A) Notificació

És aquell acte a través del qual i de forma solemne i oficial es declara i es comunica a la resta de subjectes de Dret Internacional un fet determinat, del qual expressament es vol que es derivin unes conseqüències jurídiques que afecten altres subjectes. Pot considerar-se la notificació com un acte-condició. En si mateix, no és un acte unilateral sinó la forma de donar a conèixer a un subjecte del Dret Internacional el contingut d'una declaració unilateral realitzada per un Estat.

---

5. *Statut juridique du Groënland oriental, arrêt 1933, CPJI* Série A/B núm. 53, p. 51.
6. *Nuclear Test Case (Australia/Francia), CIJ Recueil* 1974, paràgraf 50.

B) Reconeixement

És un acte que genera obligacions per a qui fa la declaració, i que es pot definir com una manifestació unilateral de voluntat d'un subjecte de Dret Internacional en la qual reconeix com a legítima una situació de fet, una pretensió o una activitat en què ell no ha participat.

El reconeixement pot ser analitzat com una manifestació autònoma de voluntat que pretén considerar com a legítim un estat de coses o una pretensió determinada i donar naixement a l'obligació de no contestar la legitimitat de l'estat de coses o de la pretensió.

La seva aplicació se cenyeix a una multitud de situacions com, per exemple, el naixement d'un Estat, el canvi no constitucional d'un govern, l'estatut dels bel·ligerants o dels moviments d'alliberament nacional, els canvis territorials i les modificacions de fronteres, etc.

C) Protesta

La protesta és un acte confirmatori de drets i es pot considerar que és la declaració de voluntat amb què un subjecte de Dret Internacional no reconeix com a legítima una pretensió o una conducta d'un altre Estat, o una situació de fet que s'ha produït sense la seva participació.

Al contrari del que passa amb el reconeixement, el que es pretén amb la protesta és, precisament, que no es consolidi una situació no volguda ni acceptada pel subjecte que fa la declaració. En aquest sentit, la protesta és una prova molt important per demostrar que un Estat no ha acceptat, per exemple, el naixement o la consolidació d'un costum internacional.

La jurisprudència del Tribunal Internacional de Justícia ha declarat que, perquè no neixi un costum, la protesta ha d'ésser permanent; altrament podria pensar-se, per part de l'Estat que exercita una pretensió, que s'està generant un costum en abstenir-se qui resulta perjudicat de fer una protesta. La manca d'una protesta podria induir a pensar que hi ha una aquiescència per part de l'Estat, és a dir, un consentiment tàcit.

D) Renúncia

És aquell acte a través del qual un subjecte dimiteix unilateralment d'un dret que fins llavors tenia i que exercia. La renúncia pot presentar dues formes, l'anomenada *renúncia abdicativa* que suposa la renúncia pura i simple d'un dret sense que afavoreixi cap altre subjecte; i la *renúncia translativa*, en el cas que la renúncia afavoreixi un altre Estat, el qual, a partir de la renúncia, gaudirà i serà titular d'aquest dret.

En el cas de renúncia a un dret, un Estat manifesta la seva voluntat, enfront d'un tercer o més, de no presentar en el futur l'exigència que se li respecti aquest dret subjectiu, del qual era fins aleshores titular. Des de la formulació de la renúncia, els actes que eren obligatoris envers el renunciant, deixen de ser-ho. Lògicament, no es pot renunciar a una obligació.

E) Promesa

És una declaració de voluntat d'un subjecte a través de la qual es compromet i obliga a actuar d'una determinada forma. La promesa, perquè sigui plenament eficaç, ha d'ésser pública i fer-se davant d'altres subjectes. La promesa no és una simple declaració de voluntat o una simple notificació, sinó que té el caràcter de compromís formal i, per tant, l'incompliment d'aquesta promesa generarà responsabilitat internacional per a l'Estat que la incompleixi.

III. Efectes jurídics dels actes unilaterals

Els actes unilaterals, tal com han quedat definits, vinculen l'Estat autor de l'acte; és a dir, li són oposables i la resta d'Estats interessats estan facultats per exigir de l'autor de l'acte unilateral que es comporti en el sentit de l'obligació assumida. Oposabilitat que, com dèiem, es fonamenta en el principi de bona fe i en la confiança recíproca que han d'inspirar, per raons de seguretat jurídica, les relacions internacionals.

Així, els efectes jurídics dels actes unilaterals es produeixen des de la seva formulació per l'Estat autor, no exigint-se cap pronunciament per part dels destinataris. D'aquesta forma, l'acte unilateral produirà efectes per a l'Estat autor i per als tercers destinataris. L'Estat autor estarà vinculat per l'obligació que ha assumit i haurà d'adoptar una conducta coherent amb la seva declaració. Els destinataris es podran beneficiar, a partir d'aquell moment, dels drets generats per aquelles manifestacions de voluntat.

L'oposabilitat dels actes unilaterals al seu autor s'ha explicat, de vegades, a partir de la institució de *l'estoppel*[7]. L'estoppel és una figura o institució molt típica del dret anglosaxó, i és una aplicació al dret internacional del principi, més genèric, que ningú no pot anar en contra dels seus propis actes. L'aplicació de la teoria de *l'estoppel* suposa que un Estat no pot anar en contra de les seves manifestacions o conductes anteriors si, sobre la base d'aquestes, altres Estats de bona fe han actuat d'una determinada manera o han exercitat determinats drets o s'han abstingut de fer-ho.

Les condicions que s'han de donar perquè pugui ésser apreciada la doctrina de *l'estoppel* són, doncs:

– Una situació jurídica creada per l'activitat d'un Estat. Així quan davant d'un fet concret un Estat es manifesta o adopta una actitud inequívoca d'acceptació que es reflecteix en la seva actitud activa o passiva.

---

7. Aquesta institució és considerada com un efecte dels actes unilaterals o també com un principi modulador d'aquest efectes.

– Que una altra part interessada, davant del que ha fet el primer subjecte, actuï o es comporti d'una determinada manera, de bona fe.

Aquestes condicions comporten la impossibilitat del primer subjecte d'anar o manifestar-se contra els seus propis actes inicials, ja que perjudicaria aquells subjectes que havien actuat o s'havien abstingut, de bona fe, davant de la conducta inicial del primer subjecte, i hi aniria en detriment.

El Tribunal Internacional de Justícia ha fixat i reconegut, en diversos casos que ha jutjat, la doctrina de *l'estoppel* en el Dret Internacional. Concretament, en el cas de la plataforma continental del mar del Nord, que enfrontava la República Federal d'Alemanya amb Dinamarca i Holanda. Aquests dos països sostenien que, encara que la República Federal d'Alemanya no havia signat el Conveni sobre la Plataforma Continental de 1958, hi quedava obligada pel seu comportament. El Tribunal va dir que «només l'existència d'una situació *d'estoppel* podria avalar aquesta tesi: seria necessari que la República Federal d'Alemanya no pogués rebutjar l'aplicació del règim convencional per raó del seu comportament, de declaracions, etc., que no solament haguessin testimoniat d'una manera clara i constant la seva acceptació d'aquest règim, sinó que haguessin portat Dinamarca o els Països Baixos, basant-se en aquesta actitud, a modificar la seva posició...»[8].

Val a dir que, inicialment, doncs, els actes jurídics unilaterals no poden produir efectes jurídics per a altres Estats diferents de l'Estat autor, ja que només vinculen l'Estat autor. Ara bé, del comportament d'aquests tercers Estats, que –com dèiem– poden acceptar expressament l'acte (reconeixent-lo, és a dir, mitjançant un altre acte unilateral) o que poden mantenir una actitud de silenci o aquiescència (de no protesta amb la qual, tàcitament, estan consentint), se'n pot derivar també que l'acte unilateral sigui oposable a altres Estats diferents de l'Estat autor.

Bibliografia sumària

BARBERIS, J. A. «Los actos jurídicos unilaterales como fuente del Derecho Internacional Público», *Hacia un nuevo orden internacional y europeo. Homenaje al Profesor Don Manuel Díez de Velasco*, Tecnos, Madrid 1993, p. 101-116.

BONDIA GARCÍA, D. *Régimen jurídico de los actos unilaterales de los Estados*, Cuadernos de Cátedra, 10, J. M. Bosch Editor, Barcelona, 2004.

FIEDLER, W.: «Unilateral Acts in International Law». A: BERNHARDT, R. (ed.): *Enciclopedia of Public International Law*, vol. IV, Elsevier, Amsterdam, 2000, p. 517-522.

MIAJA DE LA MUELA, A. «Los actos unilaterales en las relaciones internacionales», *Revista Española de Derecho Internacional*, 1967, p. 429-464.

PECOURT GARCÍA, E. «El principio de *estoppel* en Derecho Internacional Público», *Revista Española de Derecho Internacional*, 1962.1, p. 97-139.

SUY, E. *Les actes juridiques unilateraux en Droit International Public*, París, 1962.

---

8. *Plateau continental de la mer du Nord, arrêt, CIJ Recueil*, 1969, p. 3.

6. ELS SUBJECTES DE DRET INTERNACIONAL*

Com dèiem en el capítol 1, existeixen multitud de grups, organismes i entitats que desenvolupen alguna funció en el si de la societat internacional contemporània: són els actors de les relacions internacionals que es caracteritzen, doncs, pel fet de poder jugar algun paper en el sistema internacional[1]. Els Estats, com les Organitzacions internacionals, però també les organitzacions no governamentals o l'opinió pública internacional formarien part d'aquesta categoria social. Ara bé, des del punt de vista del Dret Internacional Públic, ens interessa reduir aquest ampli grup al dels subjectes internacionals que són, en la nostra societat internacional descentralitzada i inorgànica, els únics creadors i destinataris directes de les normes jurídiques internacionals.

I. La subjectivitat internacional

La noció de personalitat o subjectivitat jurídica és comuna als diferents sistemes jurídics existents i consisteix en la capacitat d'ésser titular directe i immediat de drets i deures reconeguts per aquest ordenament jurídic. Pel que fa al Dret Internacional Públic, doncs, un subjecte de Dret Internacional és aquella entitat destinatària directa de les normes internacionals en el sentit de ser beneficiària dels drets i estar subjecta a les obligacions, atorgats i imposades, respectivament, per l'ordenament jurídic internacional. Aquesta afirmació requereix les precisions següents:

a) Cal que els drets i els deures siguin reconeguts pel Dret Internacional i no per qualsevol altre ordenament jurídic; els ens que gaudeixen de personalitat jurídica d'acord amb un o diversos drets interns no necessàriament n'han de gaudir en el pla internacional. I el mateix pot succeir a la inversa: un subjecte de Dret Internacional

---

* Elaborat pel Dr. Jaume Saura i Estapà.

1. Vid. Merle, M. *Sociología de las relaciones internacionales*, Alianza Universidad, Madrid 1991, p. 341.

pot veure negada la seva personalitat per actuar a l'interior d'un Estat. En definitiva, seran exclusivament les normes de Dret Internacional Públic les que determinaran quins requisits s'han de complir perquè una entitat pugui considerar-se dotada de personalitat en l'àmbit d'aquest ordenament.

b) Cal que el subjecte sigui el destinatari directe i veritable dels drets o deures jurídics. Efectivament, és freqüent que les normes jurídiques es formulin de tal manera que semblen atorgar drets o deures a ens que, en realitat, no en són els veritables destinataris. Així, per exemple, quan l'article 17 de la Convenció de Nacions Unides sobre Dret del Mar estableix que «Els vaixells de tots els Estats frueixen del dret de pas innocent a través del mar territorial» no està concedint un dret als vaixells, sinó als Estats: tots els Estats tenen el dret que els vaixells que ostenten el seu pavelló puguin travessar el mar territorial dels altres Estats d'acord amb les condicions previstes per l'article citat. Paral·lelament, existeix un deure de tots els Estats amb mar territorial de permetre aquest *pas innocent* als vaixells dels altres Estats. L'Estat és, doncs, en aquest article, l'únic destinatari de drets i deures internacionals.

Aquesta primera aproximació a la noció de subjectivitat internacional ha de ser ampliada. El Tribunal Internacional de Justícia, en la seva opinió consultiva de 1949, va dir que un subjecte de Dret Internacional és una entitat capaç de «ser titular de drets i deures internacionals i que té capacitat per mantenir els seus drets a través de reclamacions internacionals»[2]. A la titularitat de drets, s'hi afegeix, doncs, un aspecte processal de singular importància: la legitimació activa per reclamar, en el pla internacional, el compliment dels drets garantits pel Dret Internacional Públic. A aquest aspecte actiu de la capacitat d'obrar internacional caldria afegir-n'hi, igualment, un de negatiu: el subjecte de Dret Internacional també ha de tenir capacitat per incórrer en responsabilitat internacional en cas d'infringir una obligació imposada pel Dret Internacional. No tots els ens beneficiats per una norma, ni aquells a qui una norma imposa una conducta, són necessàriament subjectes de Dret Internacional, perquè no sempre comporta capacitat d'obrar en el pla internacional: per exemple, la protecció de les minories que garanteix el Dret Internacional no atorga a aquests grups estatut de persones internacionals. Legitimació activa i passiva en l'àmbit internacional, juntament amb la titularitat de drets i deures jurídics internacionals són, doncs, les pautes que permeten determinar la subjectivitat en el pla del Dret Internacional.

II. Classificació dels subjectes de Dret Internacional

Fetes aquestes primeres consideracions, cal assenyalar que el primer i principal subjecte de Dret Internacional és l'Estat, que durant segles ha estat l'únic subjecte

---

2. *Reparations des dommages subis au service des Nations Unies, avis consultatif, CIJ Recueil* 1949, p. 179.

rellevant de Dret Internacional. En l'actualitat, tot i que ha perdut el monopoli de la subjectivitat, l'Estat és el subjecte primari de la societat internacional i l'únic que gaudeix de plenitud de drets i deures reconeguts pel Dret Internacional Públic. La seva subjectivitat, a més, s'atribueix d'acord amb el principi d'*efectivitat*: des del moment en què un ens està dotat dels elements previstos pel Dret Internacional general com a necessaris per a l'estatalitat –que examinarem en el proper capítol–, és un Estat i, per tant, gaudeix de plena subjectivitat internacional. No cal, per tant, cap acte suplementari de reconeixement per part dels altres subjectes preexistents.

La resta de subjectes de Dret Internacional ho són només de forma limitada; només són destinataris d'algun sector (més o menys ampli, segons el cas) de l'ordenament internacional, d'algunes normes internacionals i, per tant, dels drets i deures que se'n deriven. Com va assenyalar el Tribunal Internacional de Justícia en l'opinió consultiva del 1949, ja citada, «els subjectes de Dret, en un sistema jurídic, no són necessàriament idèntics ni quant a la seva naturalesa ni quant a l'extensió dels seus drets; i la seva naturalesa depèn de les necessitats de la comunitat». Les necessitats de la comunitat justifiquen, doncs, l'existència d'altres subjectes de Dret Internacional. Subjectes, però, diferents de l'Estat quant a l'extensió dels seus drets i deures; diferents, en definitiva, quant a l'extensió de la seva subjectivitat. A més, en última instància, l'atribució d'aquesta subjectivitat descansa en el criteri del *reconeixement*: cal que, de forma expressa o tàcita, l'Estat reconegui la subjectivitat d'aquestes entitats. O, en altres paraules, la seva subjectivitat és només de Dret Internacional particular: només s'és subjecte en el marc concret d'un conveni o davant dels Estats que han reconegut, per activa o per passiva, la personalitat internacional.

Entre els subjectes internacionals no estatals mereixen una especial atenció les Organitzacions internacionals (capítol 10); ens dotats de subjectivitat derivada dels Estats, que són qui les creen a través de tractats internacionals. En aquests instruments es fan constar els objectius de cooperació que s'han perseguit amb la seva creació; i és en funció d'aquests objectius, i de les competències que se'n deriven, que es pot determinar l'abast de la subjectivitat internacional de les Organitzacions internacionals.

Altres subjectes amb una personalitat encara més limitada són els moviments d'alliberament nacional, els bel·ligerants i la Santa Seu, que examinem a continuació.

Pel que fa als *moviments d'alliberament nacional*, es tracta de grups humans organitzats, que representen un poble sotmès a dominació colonial, racista o estrangera; mancat, doncs, d'autogovern i titular, per tant, del dret a la lliure determinació[3]. La personalitat d'aquest grup pot ser reconeguda de forma particular, per part de cada Estat, o col·lectivament, mitjançant una decisió de l'Organització regional corresponent al territori on actua el moviment; reconeixement que pot ser el pas previ per a la concessió d'un estatut d'observador a l'Assemblea General de les Nacions Unides

3. Dret reconegut per l'Assemblea General de les Nacions Unides a les resolucions 1514 (XV), de 15 de desembre de 1960 i 2625 (XXV), de 24 d'octubre de 1970, entre d'altres (vegeu capítol 11).

(com ha estat el cas de l'Organització per a l'Alliberament de Palestina). En definitiva, la subjectivitat d'aquests ens els permet actuar jurídicament en l'àmbit de les relacions diplomàtiques, del dret internacional humanitari i en el del dret dels tractats (per a matèries relacionades amb els àmbits anteriors).

Quan parlem de *bel·ligerants*, ens estem referint a entitats paraestatals que controlen i exerceixen la seva autoritat, *de facto*, sobre una part del territori d'un estat, del qual volen, bé derrocar el govern, bé obtenir-ne la secessió. En aquest darrer cas, l'estatut dels bel·ligerants es pot confondre amb el dels moviments d'alliberament nacional, dels quals, però, es diferencien perquè, de fet, la població del territori no té reconegut el dret a la lliure determinació, o bé (si el té), el grup no és representatiu del poble sencer. En qualsevol cas, la vocació del grup bel·ligerant d'esdevenir govern o Estat, i el control efectiu que exerceix «com si fos un Estat» sobre un cert territori, li permet entrar en relacions amb d'altres Estats, àdhuc la celebració de tractats internacionals, en les mateixes matèries que dèiem per als moviments d'alliberament nacional. El moviment *zapatista* a la regió mexicana de Chiapas, durant la segona meitat dels noranta, o les Forces Armades Revolucionàries de Colòmbia (FARC), en particular durant el mandat del president Andrés Pastrana, que en el marc d'un fracassat procés de pau va desallotjar una àmplia zona del país en benefici d'aquest grup, en podrien ser exemples.

A l'últim, cal fer esment de la *Santa Seu*, òrgan rector de l'Església catòlica que té reconeguda una àmplia subjectivitat internacional per raons històriques. Tradicionalment posseïdor d'un territori estatal –els Estats Pontificis–, la definitiva unificació italiana (1870) va privar la Santa Seu d'aquesta base territorial fins que els Pactes de Letran de 1929 li van reconèixer sobirania sobre el petit territori de l'Estat de la Ciutat del Vaticà. Mentrestant, la Santa Seu va poder continuar actuant en el pla internacional com a subjecte i avui continua mantenint aquest estatut amb independència del caràcter estatal del territori on està assentada. Així doncs, la Santa Seu manté relacions diplomàtiques amb molts Estats (a Espanya, el nunci del Vaticà és sempre el degà del cos diplomàtic acreditat a Madrid), conclou tractats bilaterals relatius a l'estatut de l'Església en els diferents Estats de tradició catòlica (els *concordats*), té estatut d'observador permanent en Organitzacions internacionals com les Nacions Unides, l'Organització Mundial del Comerç o l'Organització per la Seguretat i la Cooperació a Europa i participa activament en trobades internacionals com ara la Conferència del Caire sobre Població (1994), la Conferència de Beijing sobre la Dona (1995) o la Conferència de Johannesburg sobre Desenvolupament Sostenible (2002).

III. Consideració especial de l'individu i les empreses transnacionals

A banda de les entitats que hem examinat en l'apartat anterior, la subjectivitat de les quals, més o menys àmplia, no és discutida, existeixen altres actors que, malgrat la seva inqüestionable rellevància en l'àmbit de les relacions internacionals, no gaudeixen, almenys en principi, de personalitat internacional. Són, entre d'altres, la persona humana i les empreses transnacionals.

1. Individu

Durant segles, el caràcter interestatal de la societat internacional ha fet que el Dret Internacional Públic prescindís de l'individu fins al punt de considerar-lo un mer objecte de l'ordenament: fins i tot la «protecció diplomàtica» que el seu Estat li brindava quan era víctima d'una violació del Dret Internacional per part d'un tercer Estat era, en realitat, un dret de l'Estat del qual era nacional i no un dret propi de l'individu; per tant, el seu exercici depenia –i depèn–, en última instància, únicament de la voluntat estatal.

La situació de l'individu davant del Dret Internacional ha canviat després de la Segona Guerra Mundial. A la Carta de les Nacions Unides i, sobretot, a la Declaració universal de drets humans de 1948 i instruments posteriors[4], s'eleva al pla internacional la protecció dels drets humans i les llibertats fonamentals com a drets subjectius de l'individu. L'individu és, doncs, titular de drets reconeguts pel Dret Internacional Públic, però això no vol dir que tingui capacitat per reclamar el seu compliment en el pla internacional i, per tant, pel que fa al Dret Internacional general, podem afirmar plenament la seva manca de subjectivitat.

Ara bé, a nivell convencional, i de forma encara molt limitada, sí que se li reconeix certa subjectivitat internacional activa. Tant pel que fa a instàncies judicials [Tribunal Europeu de Drets Humans; Tribunal de Justícia de la Unió Europea; tribunals administratius de les Nacions Unides i de l'Organització Internacional del Treball (OIT)] com a instàncies no judicials (Comitè de Drets Humans del Pacte Internacional de Drets Civils i Polítics; Comitè de Llibertat Sindical de l'OIT), diverses Organitzacions internacionals reconeixen individus concrets (ciutadans sota la jurisdicció dels Estats part, funcionaris de l'organització) el dret de reclamar en el pla internacional per al compliment dels drets reconeguts en algun instrument jurídic internacional específic (com pot ser el Conveni de Roma de 1950 per a la salvaguarda dels drets humans i llibertats fonamentals, en el cas del Tribunal Europeu de Drets Humans).

A més, i pel que fa a la vessant passiva de la subjectivitat, l'individu també pot incórrer en responsabilitat internacional; és a dir, se li pot imputar directament la violació de certes normes, especialment importants, de Dret Internacional. Així doncs, amb independència que la seva actuació faci incórrer en responsabilitat l'Estat que representa (com a persona governant, funcionari, etc.), la persona humana com a tal és responsable dels crims de genocidi i d'agressió, així com dels crims de guerra i

---

4. «Declaració universal de drets humans», Resolució de l'Assemblea General de les Nacions Unides 217 (III), de 1948; «Pacte internacional de drets econòmics, socials i culturals» i «Pacte internacional de drets civils i polítics», Resolució 2200 (XX), de 1966.

contra la humanitat que pugui cometre. Aquests crims, perfectament coneguts pel Dret Internacional general, no havien estat però codificats en un únic tractat internacional, ni existia una jurisdicció internacional que els pogués conèixer. Així doncs, només podien ésser jutjats pels òrgans judicials interns dels Estats, com va estar a punt de succeir en l'afer Pinochet, davant la jurisdicció espanyola. En canvi, sí que havien existit tribunals penals encarregats de jutjar crims comesos en un temps i un espai delimitats, com ara els de Nuremberg i Tòquio (1946), després de la Segona Guerra Mundial i, més recentment, els de l'ex-Iugoslàvia (1993) i Rwanda (1994), creats pel Consell de Seguretat de les Nacions Unides. Arran de les tragèdies humanes que motivaren la creació d'aquests darrers tribunals *ad hoc*, les Nacions Unides acceleraren la negociació de l'Estatut de la Cort Penal Internacional, adoptat a Roma el 17 de juliol de 1998 i que entrà en vigor l'any 2002. Aquest tribunal pot conèixer dels crims abans esmentats, que l'Estatut defineix amb precisió, comesos per qualsevol persona major d'edat, amb independència del càrrec que ocupi, que sigui nacional d'un Estat part o que hagi comès el crim en el territori d'un Estat part.

Per tant, només en el marc convencional restringit de protecció de certs drets subjectius, i en l'àmbit igualment estret de la responsabilitat per crims internacionals, es pot parlar d'una certa subjectivitat internacional de l'individu.

2. *Empreses transnacionals*[5]

Són aquelles societats propietàries o que controlen instal·lacions de producció o serveis fora del país on tenen la seva matriu; per tant, constitueixen grups de societats sobre les quals cap Estat té un control complet –només la possibilitat de controlar la filial instal·lada en el seu territori–, llevat, en alguns casos, de l'Estat on té la seva seu la societat mare. La seva rellevància per al Dret Internacional rau en el fet que, des del punt de vista econòmic, el seu pes és sovint superior al de molts Estats del Tercer Món amb els quals, d'altra banda, sovint conclouen acords relatius a l'explotació de recursos naturals i a la regulació de determinats intercanvis econòmics. Això fa que siguin objecte de regulació a través d'instruments internacionals com ara la Carta de drets i deures econòmics dels Estats[6], que preveu el dret dels Estats, en l'exercici de la seva sobirania, de reglamentar l'activitat de les empreses transnacionals en el seu territori, i d'impedir que aquestes societats interfereixin en els afers interns de l'Estat.

Ara bé, és evident que el fet que una empresa mantingui relacions amb diversos Estats no la converteix automàticament en subjecte de Dret Internacional. De fet, segons la jurisprudència més clàssica[7], els «contractes internacionals» fets entre Estats i empreses estrangeres no estarien regulats pel Dret Internacional, sinó per un dret intern

5. Vegeu també l'apartat II.3 del capítol 19, relatiu als agents econòmics internacionals.
6. Aprovada per la Resolució de l'Assemblea General 3281 (XXIX), de 1974.
7. Sentències en els afers *Mavrommatis, CPJI Série A* (1927), i *Anglo-Iranian Co., CIJ Recueil* 1952.

(el que les parts decideixin). No és fins a la Sentència arbitral de 19 de gener de 1977, en l'*afer Texaco-Calasiatic*, on s'estableix el caràcter internacional de l'ordenament que regula aquesta mena d'acords, tot reconeixent d'aquesta manera una certa personalitat internacional a les empreses que en són part, en el sentit de poder reclamar, en el pla internacional, el compliment dels drets derivats d'un contracte amb un determinat Estat. En aquest sentit, i en el marc del grup del Banc Mundial, l'Organisme Multilateral de Garantia d'Inversions ha establert un mecanisme institucionalitzat de solució de controvèrsies entre Estats i societats transnacionals en el camp de les inversions estrangeres (vegeu el capítol 20). La possible subjectivitat de les empreses transnacionals estaria pràcticament limitada, per tant, a l'estret marc dels mitjans de solució de controvèrsies previstos al si d'aquesta Organització internacional. En canvi, la més recent Organització Mundial del Comerç, establerta el 1994, no preveu la possibilitat que les empreses litiguin directament en el seu mecanisme d'arranjament de controvèrsies, sinó que només els Estats hi tenen *ius standi*; i això malgrat que, en la pràctica, molts d'aquests litigis entre Estats responen realment a diferències entre empreses transnacionals (Kodak – Fuji; Boeing – Airbus; Bacardí – Ricard, etc.). Així mateix, la possibilitat que ofereix l'OMC de participar en els procediments de solució de controvèrsies a través de la figura dels *amicus curiae*, tot trametent informes als *panels* o a l'òrgan d'apel·lació, ha estat més utilitzada per organitzacions no governamentals que no pas per empreses transnacionals.

Bibliografia sumària

AGUILAR NAVARRO, M. «La crisis del Derecho internacional y la teoría de los sujetos», *Revista Española de Derecho Internacional*, 1954.1, p. 11-57.

BARBERIS, J. *Los sujetos de Derecho internacional actual*, Tecnos, Madrid 1984.

MIAJA DE LA MUELA, A. «Problemática permanente y realidades actuales acerca de la personalidad en Derecho internacional», *Anales de la Universidad de La Laguna* III, 1965-66, fasc. 2, p. 7-43.

TRUYOL Y SERRA, A. *La sociedad internacional*, nova edició, Alianza Editorial, Madrid 1993, especialment p. 99-172.

7. L'ESTAT COM A SUBJECTE DE DRET INTERNACIONAL*

I. Idees generals

L'Estat, subjecte primari i principal del Dret Internacional Públic, es pot conceptualitzar com una organització de poder independent assentada sobre un territori i que controla una determinada població. Si el Dret Internacional necessita, per a la seva existència, la presència d'entitats de base territorial jurídicament independents i que no reconeixen cap superior jeràrquic, aquestes entitats són, en la societat internacional que neix amb la Pau de Westfàlia de 1648, i que –amb totes les transformacions– perdura fins als nostres dies, els Estats sobirans.

De la configuració de l'Estat com a subjecte de Dret Internacional examinarem, en aquest capítol, els elements que el constitueixen i les competències que li reconeix el Dret Internacional Públic, així com la seva immunitat jurisdiccional.

II. Els elements de l'Estat

Són quatre els elements que el Dret Internacional Públic exigeix a qualsevol entitat per poder-la considerar un Estat: territori determinat, població estable, organització política i sobirania. Quan aquests elements conflueixen de forma efectiva a la realitat, l'Estat existeix i forma part de la societat internacional. Això no impedeix que, freqüentment, els Estats preexistents emetin un acte, exprés o tàcit, de reconeixement d'aquest nou Estat. Però aquest reconeixement no és un requisit necessari per a la configuració de l'Estat; és un acte discrecional, de caràcter *declaratiu*, no constitutiu, amb efectes eminentment polítics, tot i que també en té de jurídics com ara la capacitat de l'Estat reconegut d'actuar com a subjecte

---

* Elaborat pel Dr. Jaume SAURA I ESTAPÀ.

de dret davant dels tribunals interns de l'Estat que el reconeix. Ens ocuparem en aquest apartat dels tres primers elements esmentats (territori, població i organització política); la sobirania, darrer element, té un caràcter global que incorpora els anteriors, i serà examinada juntament amb les competències que el Dret Internacional Públic atribueix a l'Estat.

1. Territori

El territori estatal es pot definir com l'àmbit espacial sobre el qual l'Estat exerceix, de forma plena i exclusiva, les seves competències sobiranes. Aquest espai físic, delimitat per fronteres, comprèn diversos elements:

– El sòl i subsòl terrestres.

– Les aigües interiors i el mar territorial (en el cas d'Estats amb litoral marítim): és a dir, una franja de mar adjacent a les costes de l'Estat fins a una amplada màxima de 12 milles nàutiques; així com el sòl i el subsòl marins corresponents a aquest espai.

– L'espai aeri suprajacent a l'espai terrestre i marí.

Per tant, el territori de l'Estat inclou espais terrestres, marins i aeris; i sobre tots ells l'Estat exerceix de forma plena i exclusiva la seva sobirania. A més, pel que fa a l'espai marítim, l'Estat pot exercir algunes competències sobiranes concretes sobre espais que van més enllà de les 12 milles, sense que això permeti equiparar aquests espais al territori estatal. Per exemple, els Estats poden reclamar una «zona econòmica exclusiva» de 200 milles sobre la qual gaudiran de drets exclusius pel que fa a la utilització dels recursos naturals (però en relació a la qual, en canvi, regirà la llibertat de navegació típica de l'alta mar).

El territori de l'Estat ve delimitat per fronteres més enllà de les quals, en principi, l'Estat no pot exercir competències territorials. Les fronteres són plans verticals que separen l'exercici de les competències d'un Estat de les d'un altre Estat o en relació amb espais sotmesos a competències internacionals (és a dir, que no pertanyen a cap Estat com, per exemple, l'Antàrtida). La determinació d'una frontera constitueix un fenomen essencialment bilateral. Certament, en alguns casos conflictius, hi pot intervenir un tercer (Estat, Organització internacional); de vegades, la frontera pot provenir d'un acte estrictament unilateral però conforme amb el Dret Internacional (per exemple, el límit exterior del mar territorial). Però el supòsit més freqüent és que la frontera sigui traçada com a fruit d'una negociació de caràcter bilateral, entre els Estats estrictament interessats; negociació que passa tres etapes:

a) Elecció dels principis generals del traçat. Les parts són lliures d'escollir qualsevol criteri, tant de tipus natural (cims successius d'unes muntanyes; el centre del canal navegable d'un riu, etc.) com tècnics (línies rectes que uneixen punts determinats mitjançant coordenades de longitud i latitud). El Dret Internacional no imposa cap criteri, llevat del cas dels Estats de recent independència en què cal aplicar, a falta d'acord contrari, el principi d'*uti possidetis*: en accedir a la independència, els nous Estats respectaran les fronteres administratives internes establertes per la potència colonial, així com les internacionals, entre territoris colonials administrats per Estats diferents[1].

b) Delimitació de la frontera. És l'operació jurídica consistent a traçar la línia fronterera sobre el mapa en aplicació dels principis o criteris prèviament elegits. Se sol encarregar a una comissió mixta de caràcter tècnic i paritària.

c) Demarcació de la frontera. És l'operació tècnica per la qual la comissió mixta assenyala sobre el terreny, mitjançant fites o altres elements, el traçat de la frontera. Per la seva pròpia naturalesa, aquesta operació només és possible en el traçat de la frontera terrestre.

Tot i que l'existència de l'Estat requereix la presència d'un territori determinat, això no vol dir que totes les fronteres de l'estat hagin de ser perfectament delimitades des del mateix moment del seu naixement: la presència de conflictes fronterers (d'altra banda, força freqüents) no posa en dubte la mateixa existència de l'Estat, sempre que hi hagi un territori indiscutit sobre el qual l'Estat pugui exercir les seves competències. Tampoc no és rellevant, des del punt de vista de la subjectivitat, la mida de la base territorial de l'Estat, que pot anar des d'alguns centenars de metres quadrats fins a abraçar un subcontinent.

2. Població

La població de l'Estat és el conjunt d'individus, persones físiques i jurídiques, sobre els quals l'organització política estatal pot exercir les competències sobiranes (competències personals) reconegudes pel Dret Internacional Públic. Com a regla general, aquestes competències s'exerceixen en el marc del territori estatal tot i que, de vegades, poden tenir un abast extraterritorial (per exemple, l'exercici de funcions de registre civil per part dels cònsols allà on es troben destinats). La població de l'Estat inclou, en definitiva, els individus nacionals de l'Estat i aquells estrangers que hi resideixen.

La nacionalitat és el vincle jurídic que uneix una persona a un Estat. L'estrangeria és un concepte negatiu: és estranger aquell que no és nacional de l'Estat on es troba. Aquesta noció pot incloure els apàtrides, persones a les quals cap Estat atorga la seva nacionalitat i que, per tant, es poden considerar estrangeres arreu del món; en realitat, però, la seva situació és molt més negativa que la de l'estranger/nacional d'un tercer Estat, perquè no poden disposar de la protecció de cap Estat.

La determinació de qui són els nacionals d'un Estat és una competència exclusiva de cada Estat, que pot emprar qualsevol criteri. Els més freqüents fan referència a l'adquisició de la nacionalitat per naixement, bé tenint en compte la nacionalitat dels

---

1. Vegeu, en aquest sentit, la sentència del Tribunal Internacional de Justícia, *Différend frontalier (Burkina Faso/Mali), CIJ Recueil* 1986.

pares (criteri del *ius sanguinis*), bé tenint en compte el lloc de naixement (criteri del *ius soli*). També es pot adquirir la nacionalitat després del naixement, per naturalització, matrimoni, etc. En qualsevol cas, la competència exclusiva de l'Estat en aquest camp no garanteix l'oposabilitat de la nacionalitat a la resta de la societat internacional, ja que si el criteri escollit no respon a l'existència d'un lligam efectiu entre l'individu i l'Estat, la resta d'Estats no estan obligats a reconèixer aquesta nacionalitat (que, malgrat tot, continuarà essent perfectament vàlida en dret intern)[2].

A més de les persones físiques, la nacionalitat de l'Estat es pot estendre a persones jurídiques i a objectes. En el primer cas, se segueixen els criteris combinats de lloc de constitució i domicili social, que habitualment coincideixen. Pel que fa als objectes (vaixells i aeronaus), el vincle es produeix pel fet de la matriculació, per part del propietari, en un o altre estat, i queda reflectit per la necessitat d'emprar-ne el pavelló.

3. Organització política

El fet que un determinat grup d'individus estigui assentat sobre un territori no suposa l'estatalitat si no existeix una organització de poder que garanteixi de forma efectiva el compliment de les funcions que el Dret Internacional Públic assigna a l'Estat, tant pel que fa al control del territori i la població, com pel que fa a la capacitat de relacionar-se amb d'altres subjectes de Dret Internacional. L'organització política o govern, doncs, comprèn tot l'entramat institucional (legislatiu, executiu i judicial; central i perifèric, etc.) que controla efectivament la situació a l'interior de les fronteres estatals i que està dotat d'òrgans que representen l'Estat en les seves relacions exteriors.

L'efectivitat en l'exercici de les competències que atorga el Dret Internacional és la dada determinant per constatar l'existència d'una organització política com a element constitutiu de l'Estat. És irrellevant, des del punt de vista de la subjectivitat, la forma com es faci la distribució del poder entre les diferents institucions estatals i, en definitiva, la pròpia forma de govern que pugui adoptar l'Estat. Per aquesta raó, tot i que existeix la pràctica internacional del «*reconeixement de governs*» quan aquests són el producte d'un canvi no previst per l'ordenament intern de l'Estat (producte d'una revolució o d'un cop d'estat), el cert és que el criteri més utilitzat per fer aquest reconeixement és precisament el de l'efectivitat; és a dir, els Estats tendeixen a reconèixer el nou govern quan demostra que, sobre el terreny, està exercint la seva autoritat sobre el territori i la població estatals[3]. El reconeixement de governs és un acte unilateral de caràcter discrecional, que es pot fer

---

2. En aquest sentit es va pronunciar el Tribunal Internacional de Justícia en la seva sentència en l'afer *Nottebohm*, *CIJ Recueil* 1955. És, a més, un principi recollit per l'Assemblea General de les Nacions Unides en la seva Declaració sobre els efectes de la successió d'Estats en la nacionalitat de les persones físiques (1999).

3. L'altra posició doctrinal (doctrina de la legitimitat) defensa fer el reconeixement només quan el nou govern demostra que compta amb el suport de la població de l'Estat.

de forma expressa o tàcita, i que té com a principal efecte jurídic l'afirmació de la capacitat del govern reconegut per representar el seu Estat en les relacions que mantingui, a nivell extern i intern, amb l'Estat que l'ha reconegut.

III. Sobirania i competències de l'Estat

Sobirania i competències estatals són conceptes íntimament vinculats. La sobirania es defineix precisament com el conjunt de competències atribuïdes a l'Estat pel Dret Internacional Públic en un pla d'igualtat i d'independència respecte dels altres Estats[4]. Aquestes competències, que s'adjectiven com a «sobiranes», es caracteritzen per les notes d'exclusivitat (ja que les exerceix cada Estat amb exclusió de la resta), inviolabilitat (atès que estan protegides pel Dret Internacional) i de plenitud (perquè els seus límits no es presumeixen, sinó que han de venir en cada cas determinats pel Dret Internacional).

La sobirania implica la capacitat de l'Estat per exercir tota mena d'activitats pel seu propi poder, des de dos punts de vista: cap a l'interior, és a dir, sobre la resta dels elements que el componen (territori, població i organització política); i, simultàniament, cap a l'exterior, en les seves relacions amb d'altres subjectes.

En aquest darrer sentit, la sobirania s'equipara a la independència i comporta la llibertat de l'estat per decidir el destí i l'abast de les seves relacions internacionals, en un pla d'igualtat jurídica enfront de la resta d'Estats, ja que no existeix cap estructura orgànica supraestatal a la qual l'Estat s'hagi de sotmetre de forma obligatòria. Això no vol dir que sobirania i competències sobiranes es puguin equiparar a poder absolut, perquè l'Estat sí que està sotmès al Dret Internacional, que és qui distribueix les competències entre els Estats, tot limitant d'aquesta manera l'abast potencial de la sobirania. Tampoc no cal oblidar que l'Estat pot, en l'exercici de la seva sobirania, autolimitar les seves competències, o fins i tot situar-se voluntàriament en una posició de desigualtat enfront d'altres Estats. Efectivament, el fet de concloure un tractat obliga l'Estat, d'acord amb el Dret Internacional, a complir determinada conducta; l'Estat restringeix així els seus drets sobirans tot emprant un atribut de la seva sobirania: la manifestació de voluntat. De la mateixa manera, en esdevenir membres de les Nacions Unides i signar la seva Carta constitutiva, els Estats accepten que cinc dels membres originaris ocupin un escó permanent en l'òrgan encarregat del manteniment de la pau i la seguretat internacionals, i que hi tinguin dret de vet en la presa de decisions.

A banda d'aquesta manifestació externa de la sobirania, la sobirania té importants manifestacions internes, com ara el dret que té tot Estat a escollir i a desenvolupar lliurement el seu sistema polític, social, econòmic i cultural[5]. Ara, però, ens inte-

---

4. Vid. Remiro Brotons, A. *Derecho internacional público. I. Principios fundamentales*, Tecnos, Madrid 1982, p. 82.

5. Vegeu la Resolució de l'Assemblea General de les Nacions Unides 2625 (XXV), de 24 d'octubre de 1970.

ressa aprofundir en les dues principals manifestacions d'aquesta vessant interna de la sobirania: les competències territorials i les competències personals.

1. Competències territorials

L'exercici de la sobirania estatal sobre el territori ve definit, com dèiem en començar, per les notes de plenitud, inviolabilitat i exclusivitat. Les competències territorials són plenes perquè el Dret Internacional és l'únic que pot limitar les funcions atribuïdes a l'Estat en el si del seu marc territorial. Aquestes funcions inclouen tota mena d'actes de caràcter legislatiu, executiu i jurisdiccional que siguin necessaris per protegir i desenvolupar les activitats humanes que tinguin lloc a l'interior del territori. Són exclusives perquè l'Estat té el dret de monopolitzar l'exercici d'aquestes funcions, i d'impedir que cap altre Estat intenti exercir aquests poders en el seu territori. Això porta implícit, en definitiva, un altre atribut de la sobirania territorial: la seva inviolabilitat. El Dret Internacional Públic obliga tots els Estats a respectar la sobirania i la integritat territorials dels altres Estats.

La sobirania territorial té, a més, una dimensió econòmica que ha estat posada en relleu molt especialment pels Estats de recent independència. Es tracta del principi de sobirania permanent dels Estats sobre els seus recursos naturals, que la Resolució 1803 (XVII) de 1962, de l'Assemblea General de les Nacions Unides, defineix com «el dret inalienable de tot Estat a disposar lliurement de les seves riqueses i recursos naturals de conformitat amb el seu interès nacional; i el respecte a la independència econòmica dels Estats». El territori és, per tant, el lloc on es desenvolupa principalment l'activitat econòmica de l'Estat i tots els recursos que s'hi localitzen li pertanyen amb exclusivitat.

Ara bé, les competències territorials de l'Estat no són il·limitades. El Dret Internacional Públic hi imposa restriccions tant pel que fa a la seva plenitud com a la seva exclusivitat. Així, per exemple, en l'àmbit espacial del mar territorial, es reconeix el dret dels vaixells de tots els Estats de navegar de forma ràpida i ininterrompuda, sense posar en perill la pau, el bon ordre o la seguretat de l'Estat riberenc (dret de *pas innocent*). D'altra banda, l'exclusivitat de les competències estatals es veu exceptuada en el cas dels agents diplomàtics i consulars acreditats en el seu territori i que poden exercir activitats de tipus polític, administratiu i de gestió relatives als nacionals de l'Estat acreditant.

També cal tenir en compte que la sobirania territorial no és només font de drets per a l'Estat, sinó també d'obligacions. Efectivament, l'Estat pot incórrer en responsabilitat internacional pels actes que tenen lloc en el seu territori i que siguin il·lícits o tinguin efectes perjudicials sobre el territori, les persones o els béns d'altres Estats. En definitiva, la garantia dels drets sobirans dels Estats sobre els seus respectius territoris passa precisament per la necessitat de limitar mútuament l'abast d'aquests mateixos drets; o, com va assenyalar l'àrbitre Max Huber en l'*afer de l'Illa de Palmas*[6],

6. *Island of Palmas Case* (1982), *Reports of International Arbitral Awards*, vol. II.

la sobirania territorial implica el deure de tot Estat de protegir, dins del seu territori, els drets dels altres estats.

2. Competències personals

Competències personals de l'Estat són aquell conjunt de poders que el Dret Internacional li atorga en relació amb la població que en forma part, tant pel que fa a nacionals (dins i fora del territori estatal) com a estrangers (només en l'interior de l'Estat).

Com dèiem abans, la primera competència exclusiva de l'Estat és, precisament, la de determinar quines persones tenen la seva nacionalitat i quines són, per exclusió, estrangeres. Fet això, cal distingir tres supòsits de competències personals.

A) Nacionals en territori estatal

El poder de l'Estat sobre els seus nacionals quan es troben dins del territori estatal ha estat tradicionalment considerat una competència exclusiva sobre la qual ni la resta d'estats ni el Dret Internacional podien intervenir. Efectivament, els poders estatals en aquest àmbit són plens, però no il·limitats, ja que el Dret Internacional obliga els Estats a respectar els drets humans i les llibertats fonamentals de tots en la persona dels seus nacionals.

B) Nacionals en tercers Estats

En aquest cas, les competències estatals es veuen molt reduïdes, perquè prima el dret de l'Estat on es troba l'individu. Tot i això, l'Estat gaudeix d'algunes competències extraterritorials sobre els seus nacionals com, per exemple, la capacitat per sancionar-lo per la comissió de certs delictes especialment greus per a la seguretat de l'Estat i que constin expressament en el seu Codi penal.

C) Estrangers en territori nacional

La competència de l'Estat comença en la determinació de les condicions exigibles per a l'admissió d'estrangers en el seu territori; a banda de possibles obligacions convencionals adquirides i de situacions excepcionals com la dels refugiats, cap Estat té el deure, conforme al Dret Internacional general, d'acceptar l'entrada d'estrangers en el seu territori. Ara bé, un cop admesos, les competències de l'Estat sobre la persona dels estrangers no és il·limitada. A banda de l'existència de nombrosos tractats bilaterals relatius al tractament recíproc dels nacionals, es reconeix en Dret Internacional l'existència d'un «*estàndard mínim internacional*» que tots els Estats han de respectar en la persona dels estrangers que resideixin en el seu territori i amb independència del tracte atorgat per l'Estat als seus nacionals. Aquest *estàndard mínim* inclou, sens dubte, els drets humans fonamentals, però també el dret a no ser detingut ni empresonat arbitràriament, el lliure accés als tribunals de justícia i la possibilitat d'exercir els drets civils bàsics (matrimoni o filiació). Això no vol dir de cap manera que es pretengui igualar l'estranger al nacional: res no impedeix a l'estat reservar certs drets exclusivament als seus nacionals, especialment els de caire polític (sufragi actiu i passiu) o l'accés a la funció pública. Dit això, cal constatar que la vigent legislació espanyola sobre estrangeria, adoptada l'any 2000 i successivament modificada el mateix any i el 2003, sembla restringir els drets dels immigrants, en particular d'aquells que no es troben a Espanya de manera regular, de forma incompatible amb els compromisos internacionals en matèria de drets humans assumits per l'estat[7].

IV. La immunitat jurisdiccional dels Estats

El Dret Internacional general reconeix la regla de la immunitat jurisdiccional dels Estats; és a dir, el dret que té tot Estat a no ésser sotmès, contra la seva voluntat, als òrgans judicials o administratius interns d'un altre Estat. Aquest dret es basa en el principi d'igualtat sobirana dels Estats, que té com a conseqüència, des del punt de vista processal, la impossibilitat que pugui existir jurisdicció entre ens jurídicament iguals («*par in parem non habet imperium*»). Però la immunitat jurisdiccional constitueix, a la vegada, un límit a la sobirania territorial dels Estats, en la mesura que exclou del coneixement dels tribunals interns una sèrie de fets ocorreguts en el seu territori o en relació amb els seus nacionals. El dret, que com és lògic, és renunciable, inclou l'Estat com a persona jurídica i els seus òrgans i béns; altra cosa són les immunitats específiques de què poden gaudir els seus representants, com ara els agents diplomàtics.

El dret dels Estats a gaudir d'immunitat jurisdiccional, que té com a corol·lari, la immunitat d'execució (procediments de constrenyiment, embargaments, execucions), està plenament assentat en l'ordenament jurídic internacional i ha estat regulat per diversos convenis de caire regional, entre els quals destaca la Convenció elaborada pel Consell d'Europa l'any 1972[8]. En l'actualitat, a més, existeix una Convenció de les Nacions Unides sobre les immunitats jurisdiccionals dels Estats i dels seus béns, adoptada per l'Assemblea General el 2 de desembre de 2004 sobre la base d'un projecte d'articles preparat per la Comissió de Dret Internacional, i que encara no està en vigor[9]. En gran manera, per tant, aquest dret pertany encara a l'esfera del costum internacional, amb caràcter universal; ara bé, l'abast que li donen els Estats no és unívoc.

---

7. Allà on els tractats signats per Espanya reconeixen drets a «totes les persones», la legislació d'estrangeria els limita al «residents». D'aquesta manera, la llei no respecta les llibertats de reunió, associació i sindicació dels immigrants, el dret de vaga, el dret al treball i a la seguretat social, el dret a l'educació, el dret a la vida familiar dels immigrants, etc.

8. Convenció europea sobre immunitat dels Estats, feta a Basilea el 16 de maig de 1972.

9. Adoptada per Resolució 59/39 de l'Assemblea General de les Nacions Unides.

De fet, es poden distingir dues tendències divergents en relació amb l'abast de la immunitat de jurisdicció de l'Estat: la primera, més clàssica, encara troba Estats que la practiquen; la segona, més adequada als nous àmbits d'actuacions assumits pels Estats, s'ha anat estenent fins a assolir una aplicació quasi universal i és, de fet, la doctrina que segueixen els instruments internacionals abans esmentats. Es tracta de la doctrina de la immunitat absoluta i la de la immunitat restringida.

a) Doctrina de la immunitat absoluta. Segons aquesta doctrina, els estats no seran sotmesos a la jurisdicció interna en cap cas i sota cap circumstància, qualsevol que sigui el tipus d'activitat que hagin dut a terme i que, en definitiva, els ha fet susceptibles de ser duts davant dels tribunals; tribunals que, en els països que segueixen aquesta doctrina, no podran entrar a conèixer de l'afer.

b) Doctrina de la immunitat restringida. Aquesta tendència, que és la seguida per la jurisprudència espanyola[10], parteix de la separació dels actes de l'Estat entre aquells que realitza en l'exercici de la seva sobirania (actes *jure imperii*) i aquells que, tot i que n'és l'autor un Estat, els podria haver dut a terme qualsevol particular (persona física o jurídica); és a dir, actes civils, mercantils, etc. (actes *jure gestionis*). En aquest sentit, només el primer tipus d'actes gaudirien de la immunitat de jurisdicció, mentre que els segons serien susceptibles de ser coneguts pels tribunals de justícia. D'aquesta manera, l'Estat del fur protegeix els seus nacionals quan aquests entren en relacions amb tercers Estats dins del territori del primer, tot evitant que l'Estat forà faci un ús abusiu de la seva sobirania per tal d'escapolir-se de la justícia en afers que no tenen res a veure amb el seu caràcter estatal.

Cal assenyalar que la classificació dels actes que s'inclouen en una o altra categoria s'ha de fer d'acord amb la seva naturalesa jurídica i no segons la seva finalitat pública o privada; en cas contrari, s'estendria enormement la immunitat de l'Estat, i es faria difícil diferenciar aquest criteri del de la immunitat absoluta, ja que un Estat sempre podria al·legar que, tot i que va realitzar una activitat típicament privada, l'objectiu que perseguia amb ella era de caràcter públic (per exemple, lloguer d'un immoble –activitat privada– per instal·lar-hi l'ambaixada –objectiu públic–). En aquest sentit, la Convenció Europea de 1972 exceptua de la immunitat de jurisdicció aquelles controvèrsies que tinguin per objecte, entre d'altres, els contractes de treball, els drets reals sobre immobles, les participacions socials en persones jurídiques i la reparació per danys ocorreguts en el territori de l'Estat. No és rellevant la raó per la qual l'Estat va fer, per exemple, un contracte de treball (si tenia una finalitat pública o no), sinó el fet que és un acte que, per la seva naturalesa, el podria haver realitzat un particular.

En la mateixa línia, la Convenció de les Nacions Unides de 2004 enumera,

---

10. L'article 21.2 de la Llei orgànica del poder judicial es limita a constatar l'existència de la immunitat de jurisdicció en assenyalar que els tribunals espanyols no podran conèixer dels supòsits d'immunitat «reconeguts per les normes de Dret Internacional Públic», però no aclareix l'orientació que cal donar a aquesta immunitat. El Tribunal Suprem, però, ha adoptat de forma clara la tesi de la immunitat restringida.

com a activitats de l'Estat i dels seus òrgans que podrien ser conegudes pels tribunals d'altres Estats, sempre que altrament en poguessin ser competents: les transaccions mercantils amb persones naturals o jurídiques; els contractes de treball amb persones naturals que s'hagin d'executar totalment o parcial en el territori de l'Estat del fur; les accions d'indemnització per mort o lesions a una persona, o els danys materials tangibles, causats per accions o omissions atribuïbles a l'Estat; les accions relatives a successions, donacions o ocupacions de béns mobles o immobles; la determinació dels drets de propietat intel·lectual o industrial d'un Estat; la participació de l'Estat en societats que incloguin socis que no siguin altres Estats o organitzacions internacionals i que s'hagin constituït conforme a la llei de l'Estat del fur, etc.

La immunitat de jurisdicció va acompanyada de la immunitat d'execució de l'Estat. En el cas dels països que segueixen la doctrina de la immunitat absoluta, aquesta connexió és evident perquè la mateixa immunitat de jurisdicció fa impossible que hi hagi cap mena d'acte judicial o administratiu que pugui ser executat contra l'Estat. En el cas dels seguidors de la doctrina de la immunitat relativa (o quan un Estat simplement renuncia a la seva immunitat), la possibilitat de jutjar un Estat no comporta necessàriament la capacitat d'executar una sentència que li sigui desfavorable. En aquest sentit, doncs, la immunitat d'execució és sempre més àmplia que la de jurisdicció, però tampoc no és absoluta, sinó que ve determinada per la destinació o la utilitat dels béns de l'Estat tercer que es trobin localitzats en el territori de l'Estat del fur. D'aquesta manera, s'exclouen de tota mesura d'execució els béns i els diners de l'Estat destinats a finalitats públiques (per exemple, els locals de les missions diplomàtiques o consulars; els comptes corrents destinats al pagament del sou dels funcionaris acreditats en l'Estat del fur, etc.) i només podrien ser executats aquells amb una destinació privada, bàsicament de tipus comercial. En aquest sentit, la Convenció de 2004 només exceptua de la immunitat d'execució els supòsits en què l'Estat hagi consentit a renunciar-hi, abans o després de la sentència condemnatòria, així com els béns destinats a finalitats no oficials i que es trobin en territori de l'Estat del fur, tot exceptuant expressament els comptes bancaris amb fins diplomàtics, els béns militars, els béns del banc central o autoritat monetària de l'Estat i el patrimoni cultural o d'interès científic o històric de l'Estat.

Bibliografia sumària

BARBERIS, J. *El territorio del Estado y la soberanía territorial*, editorial Ábaco de Rodolfo Depalma, Buenos Aires, 2003.

CRAWFORD, J. *The Creation of States in International Law*, Clarendon Press, Londres, 1979.

REMIRO BROTONS, A. *Territorio nacional y Constitución-1978*, Madrid, 1978.

SÁNCHEZ RODRÍGUEZ, L. I. *Las inmunidades de los Estados extranjeros ante los Tribunales españoles*, Civitas, Madrid, 1990.

TRUYOL Y SERRA, A. «Soberanía del Estado y Derecho internacional», *Anuario de Filosofía del Derecho*, Vol. VI, 1958-59, p. 49-70.

8. ELS ÒRGANS PER A LES RELACIONS INTERNACIONALS: REFERÈNCIA ESPECÍFICA A ESPANYA*

I. Els òrgans per a les relacions internacionals: idees generals

De la mateixa manera que passa en dret intern respecte de les persones jurídiques, els Estats i altres subjectes de Dret Internacional es relacionen entre si a través d'individus que actuen com els seus representants i agents i que expressen la seva voluntat. Pel que fa al règim jurídic d'aquests individus i dels òrgans dels quals formen part, és evident que correspon al Dret Internacional determinar qui són els individus o els grups d'individus que actuen com a òrgans de l'Estat i que tenen, per tant, la facultat d'expressar una voluntat que és imputable a l'Estat; però també és evident que correspon a cada subjecte de Dret Internacional reglamentar en el seu propi ordenament intern quins són els seus òrgans i quina serà la distribució de competències entre ells. I aquestes dues evidències pel que fa a les normes reguladores són també l'expressió d'un problema cabdal: en una societat internacional d'Estats sobirans, fortament descentralitzada i sense òrgans propis, correspon als òrgans nacionals realitzar no sols funcions estatals, sinó també funcions internacionals.

La reglamentació internacional de les relacions entre els subjectes de Dret Internacional –tradicionalment d'origen consuetudinari– ha estat objecte de recent codificació i s'ha centrat especialment en la regulació dels òrgans perifèrics per a les relacions internacionals: missions diplomàtiques (Conveni de 1961 sobre relacions diplomàtiques) i oficines consulars (Conveni de 1963 sobre relacions consulars). Però també han estat objecte de reglamentació internacional altres modalitats de diplomàcia, com ara les missions especials (Conveni de 1969 sobre missions especials) i les que han anat apareixent de manera més contemporània, com les representacions dels Estats davant les Organitzacions internacionals i les conferències internacionals

---

* Elaborat pel Dr. Xavier PONS RÀFOLS i el Dr. Jordi SELLARÉS SERRA.

(Conveni de 1975 sobre la representació dels Estats davant les Organitzacions internacionals de caràcter universal).

Ara bé, ja que l'objecte d'aquest capítol és analitzar específicament l'estatut jurídic dels òrgans de l'Estat espanyol encarregats de les relacions internacionals, ens haurem de referir tant a normes jurídiques internacionals com a normes de dret intern espanyol.

Tenint en compte que en Dret Internacional és usual la classificació dels òrgans per a les relacions internacionals entre òrgans interns o centrals i òrgans externs o perifèrics, utilitzarem aquesta classificació com a criteri sistematitzador dels apartats següents, afegint-hi en tot cas i atesa la particular estructura de l'Estat espanyol, un apartat relatiu a la projecció exterior de les Comunitats Autònomes.

II. Els òrgans centrals per a les relacions internacionals

Entre els òrgans centrals ens hauríem d'ocupar dels poders legislatiu i judicial en la mesura que participen també de les relacions internacionals –contribuint, en un Estat democràtic com el nostre, a la formulació de la política exterior de l'Estat i autoritzant la realització de tractats internacionals o aplicant les normes jurídiques internacionals–, però ens centrarem només en aquells òrgans –cap d'Estat, cap de Govern i ministre d'Afers Estrangers– que tenen capacitat per comprometre l'Estat en el pla internacional i que veuen reconeguts, per l'ordenament internacional, uns determinats privilegis i immunitats. Pel que fa a la seva capacitat per comprometre internacionalment l'Estat ens remetem, en part, al que vàrem veure en el capítol 5 respecte dels actes unilaterals, si bé en aquest capítol ens limitarem a la capacitat de compromís convencional.

No s'ha d'oblidar, però, que –encara que siguin òrgans que representen l'Estat i que, en conseqüència, poden comprometre la responsabilitat internacional de l'Estat, ja que els seus actes li seran atribuïbles–, l'ordenament jurídic internacional ha anat acceptant que els individus que realitzin crims especialment greus poden ser susceptibles d'imputació i de responsabilitat individual. En aquest sentit, podem recordar l'establiment del Tribunal Militar Internacional de Nuremberg o les disposicions dels estatuts dels tribunals internacionals per a Iugoslàvia i per a Ruanda que disposen que el càrrec oficial de l'inculpat, ja sigui cap d'Estat o de Govern o funcionari responsable del Govern «no els eximirà de responsabilitat penal ni atenuarà la pena»[1].

---

1. Vegeu les resolucions del Consell de Seguretat 827 (1993) i 955 (1994) que estableixen aquests dos tribunals. Més recentment, el Tribunal Internacional de Justícia, en una sentència de 14 de febrer de 2002 que resolia una demanda de la República Democràtica del Congo contra Bèlgica per l'ordre d'arrest internacional emesa l'onze d'abril de 2000 per un jutge belga contra el llavors ministre d'Afers Estrangers per unes incitacions al genocidi fetes quan aquest alt càrrec era el cap de Gabinet del president del país, va decidir que en aquest cas el tribunal belga –que actuava sota el principi de jurisdicció universal recollit per una llei belga– no podia jutjar el ministre per la immunitat d'aquest en el moment de l'inici de la demanda.

1. El cap d'Estat

És l'òrgan suprem de l'Estat i, en determinats països i de conformitat amb el seu ordenament constitucional, pot ser també, al mateix temps, el cap de Govern. En qualsevol cas, el Dret Internacional general li reconeix un *ius repraesentationis omnimodae*, és a dir, la màxima i completa representació de l'Estat. En aquest sentit, l'article 56, apartat 1, de la Constitució espanyola, després d'afirmar que el rei és el cap de l'Estat, estableix amb absoluta claredat que «assumeix la més alta representació de l'Estat espanyol en les relacions internacionals, especialment amb les nacions de la seva comunitat històrica».

Aquesta més alta representació de l'Estat es concreta fonamentalment en l'article 63 del text constitucional que estableix com a funcions del cap de l'Estat les següents: acreditar els ambaixadors i altres representants diplomàtics i rebre els representants estrangers; manifestar el consentiment de l'Estat per obligar-se internacionalment mitjançant tractats, de conformitat amb la Constitució i les lleis, i la de, prèvia autorització de les Corts Generals, declarar la guerra i de fer la pau. Al marge d'aquesta última disposició, absolutament passada de moda i molt criticada per la doctrina iusinternacionalista atenent al principi bàsic en l'ordenament internacional de prohibició de l'ús o amenaça de la força, ens interessa destacar particularment el fet que el cap de l'Estat pot comprometre internacionalment l'Estat.

Sota aquesta perspectiva, podem recordar també –com vàrem veure en el capítol 4– que l'article 7 de la Convenció de Viena sobre el dret dels tractats disposa que, en virtut de les seves funcions i sense haver de presentar plens poders, es considera que els caps d'Estat representen al seu Estat per a l'execució de tots els actes relatius a la realització d'un tractat. Ara bé, en el nostre sistema constitucional, al cap d'Estat només li correspon una funció en l'última fase del procés de celebració d'un tractat: la manifestació del consentiment. Així, a Espanya, al rei li correspon manifestar una voluntat en la formació de la qual no ha participat perquè constitucionalment no li pertoca. La pràctica postconstitucional ha limitat aquesta funció del cap d'Estat als supòsits que requereixen autorització parlamentària o s'hagi de dipositar instrument de ratificació o d'adhesió.

D'altra banda, s'ha de subratllar també que els caps d'Estat gaudeixen de certs privilegis i immunitats reconeguts pel Dret Internacional general tal com s'esmenta, de manera genèrica, en l'article 21 de la Convenció de Nova York de 1969 sobre missions especials[2] quan disposa que el cap d'Estat, si encapçala una missió especial, «gaudirà en l'Estat receptor o en un tercer Estat de les facilitats i dels privilegis i immunitats reconeguts pel Dret Internacional als caps d'Estat en visita oficial». Sense

---

2. I en l'article 50.1 de la Convenció de Viena de 1975 sobre la representació dels Estats en les seves relacions amb les Organitzacions internacionals de caràcter universal que encara no ha entrat en vigor.

que s'expliciti quins són, s'ha d'entendre que gaudeixen, entre d'altres privilegis, d'inviolabilitat personal i completa immunitat[3].

Finalment, l'especial rellevància del cap d'Estat comporta uns deures de protecció a càrrec de l'Estat en el territori del qual es troba. En aquest sentit, es consideren «persones internacionalment protegides» a l'empara del que estableix la Convenció de Nova York de 1973 sobre la prevenció i el càstig de delictes contra persones internacionalment protegides, àdhuc els agents diplomàtics, que obliga els Estats a tipificar i sancionar penalment els actes comesos contra aquestes persones.

2. El cap de Govern

Com hem indicat abans, hi ha ordenaments on no es distingeix aquesta figura de la de cap d'Estat, raó per la qual en Dret Internacional no es distingeix tampoc entre ambdues institucions, que s'assimilen quant a la seva regulació internacional tant pel que fa a la capacitat per comprometre internacionalment l'Estat com als privilegis i immunitats.

Ara bé, el nostre ordenament constitucional sí que distingeix clarament les dues figures i el cap de Govern –o president del Govern en la terminologia constitucional– és qui dirigeix «l'acció de Govern i coordina les funcions dels altres membres d'aquest» (article 98 de la Constitució) i, en aquest sentit, de manera col·legiada, és el Govern qui «dirigeix la política interior i l'exterior» de l'Estat (article 97). Malgrat que, com ja hem indicat, en un Estat democràtic com el nostre no s'ha d'oblidar que el Govern respon políticament davant les Corts Generals.

Pel que fa a la capacitat de comprometre internacionalment l'Estat, hem de referir-nos també a l'article 7 de la Convenció de Viena sobre el dret dels tractats que estableix que el cap de Govern pot representar el seu Estat en l'execució de tots els actes relatius a la celebració d'un tractat. En aquest sentit, i encara que normalment sigui competència del ministre d'Afers Estrangers o dels serveis dependents d'aquest Ministeri, el president del Govern espanyol pot participar també en la negociació, adopció i autenticació d'un tractat internacional.

---

3. Aquesta qüestió ha generat molta pràctica en els darrers anys. Els casos Milosevic o Pinochet són prou coneguts. Tots dos van ser processats, però quan ja no eren caps d'Estat. Un per una jurisdicció nacional (l'espanyola, en el cas Pinochet). Després de dues sentències de la Cambra dels Lords britànica, es va considerar correcta l'extradició per les tortures comeses al final del seu mandat, una vegada Xile havia ratificat el Conveni contra la tortura, però el ministre britànic de l'Interior no va concedir-la per motius humanitaris atesa l'edat de l'imputat. L'altre, Slobodan Milosevic, és jutjat pel Tribunal Penal Internacional per l'antiga Iugoslàvia. A més, el Tribunal Internacional de Justícia té en curs una demanda de la República del Congo (Brazzaville) contra França, perquè un jutge de Meux, aplicant el principi de jurisdicció universal, ha processat el president congolès per tortures i per crims contra la humanitat. El Congo nega que el Dret Internacional faci excepcions a la immunitat en aquests casos i considera que no hi ha jurisdicció universal –i, per tant, França no podria jutjar el cas– si el Congo no és part dels tractats que la preveuen, i si se l'està jutjant al mateix Congo.

Igualment, el cap de Govern gaudirà dels privilegis i immunitats reconeguts pel Dret Internacional general. Així ho reconeix, de manera similar als caps d'Estat, l'article 21 de la Convenció sobre missions especials[4]. A l'últim, també forma part de les «persones internacionalment protegides» a efectes del que disposa la Convenció de 1973 ja esmentada.

3. El ministre d'Afers Estrangers

El ministre d'Afers Estrangers forma part del Govern d'un Estat, però la seva especialització material[5] comporta un tractament específic en el Dret Internacional tant en el pla de comprometre internacionalment l'Estat com en el pla dels privilegis i immunitats.

En aquest sentit, l'article 7 de la Convenció de Viena sobre el dret dels tractats també és refereix als ministres d'Afers Estrangers com a òrgans que, sense necessitat de plens poders, poden executar tots els actes relatius a la celebració d'un tractat. A Espanya, l'específica competència del ministre d'Afers Estrangers en matèria de tractats internacionals ve regida encara pel Decret 801/1972, de 23 de març de 1972, sobre ordenació de l'activitat administrativa en matèria de tractats internacionals. En virtut d'aquest Decret –les disposicions del qual estan vigents en la mesura que la Constitució no hagi implicat la seva derogació– correspon al ministre sol·licitar al Govern l'autorització per a la negociació d'un tractat internacional, nomenar els representants de l'Estat espanyol per als actes d'un tractat internacional i estendre els oportuns plens poders; firmar o autoritzar la firma *ad referendum* d'un tractat demanant-ne la posterior aprovació; proposar la remissió a les Corts del tractat per a l'oportuna autorització parlamentària de la manifestació del consentiment, i avalar els corresponents instruments de ratificació o d'adhesió firmats pel cap de l'Estat.

Pel que fa als seus privilegis i immunitats i a la seva protecció, ens hem de remetre igualment als privilegis i immunitats que el Dret Internacional li hagi reconegut, tal com estableix la Convenció sobre missions especials i la Convenció sobre la representació dels Estats en les seves relacions amb les organitzacions internacionals de caràcter universal; i a la seva consideració com a persona internacionalment protegida de conformitat amb la Convenció de 1973[6].

---

4. I l'article 50.2 de la ja esmentada Convenció de Viena de 1975 sobre la representació dels Estats.

5. Com indica l'article 98 de la Constitució, la direcció i la coordinació que porta a terme el president del Govern es fa «sense perjudici de la competència ni de la responsabilitat directa» de cada membre del Govern.

6. Ja hem esmentat la sentència del Tribunal Internacional de Justícia que decideix que no hi ha prou pràctica perquè es consideri que els crims de guerra o contra la humanitat siguin una excepció a la immunitat. Aquesta immunitat cobreix el que es va fer abans de ser ministre, i que ja no ho sigui no afecta el cas, si ho era en el moment de presentar la demanda.

4. L'organització del Ministeri d'Afers Estrangers

El Ministeri d'Afers Estrangers ha constituït de sempre una de les grans branques del govern dels Estats. A Espanya, és el més antic dels departaments ministerials: els seus antecedents poden remuntar-se a la designació d'un secretari per als negocis que s'ofereixin fora del regne feta per Felip II el 1556. Més endavant, Felip V va establir el que s'anomenava «Secretaries de Despatx», una de les quals, sota el nom de Secretaria d'Estat, s'encarregava de la vessant exterior de l'activitat estatal. Posteriorment, les Secretaries es convertirien en els ministeris i, en conseqüència, sorgiria el Ministeri d'Estat. De fet, aquesta denominació –Secretaria d'Estat o Ministeri d'Estat– es manté encara en alguns països. A Espanya, és a partir del 1938 i en el règim que sorgeix de la Guerra Civil que passa a denominar-se Ministeri d'Afers Estrangers. Actualment s'anomena Ministeri d'Afers Estrangers i de Cooperació.

Les funcions del Ministeri d'Afers Estrangers vénen definides en el Reial decret 1416/2004 d'onze de juny, pel qual s'estableix l'estructura orgànica del Ministeri, de la manera següent: «En aplicació del principi d'unitat d'acció en l'exterior i de conformitat amb les directrius del Govern, competeixen al Ministeri d'Afers Estrangers les funcions de promoure, projectar, dirigir i executar la política exterior de l'Estat; concertar les seves relacions amb altres Estats i ens internacionals; defensar i fomentar els interessos espanyols a l'exterior, i portar a terme una adequada i eficaç política de protecció dels ciutadans espanyols a l'estranger»[7].

Per portar a terme aquestes funcions, el Ministeri d'Afers Estrangers disposa de l'aparell administratiu central del mateix Ministeri -que expliquem tot seguit- i dels òrgans perifèrics, és a dir, de l'administració exterior de l'Estat que estudiarem en l'apartat següent.

Pel que fa a la seva estructura orgànica, val a dir que, de conformitat amb el ja esmentat Reial decret 1416/2004, el Ministeri d'Afers Estrangers desenvoluparà les funcions que hem indicat a través dels següents òrgans superiors: la Secretaria d'Estat d'Afers Estrangers i per a Iberoamèrica, la Secretaria d'Estat per a la Unió Europea, la Secretaria d'Estat de Cooperació Internacional, la Sotssecretaria d'Afers Estrangers i de Cooperació i, com veurem, de molts d'aquests òrgans en depenen altres.

Abans de res, però, s'ha d'indicar que, a més de l'òrgan d'assistència immediata al ministre, que és el seu Gabinet, depenen directament del titular del Departament la Direcció General de Comunicació Exterior i el Consell Superior d'Afers Estrangers.

---

7. Art. 1.1 del Reial decret 1416/2004 de 12 de juny. Aquest text és idèntic al que ja hi havia al Reial decret 1485/1985, de 28 d'agost.

Organigrama del Ministeri d'Afers Estrangers i de Cooperació

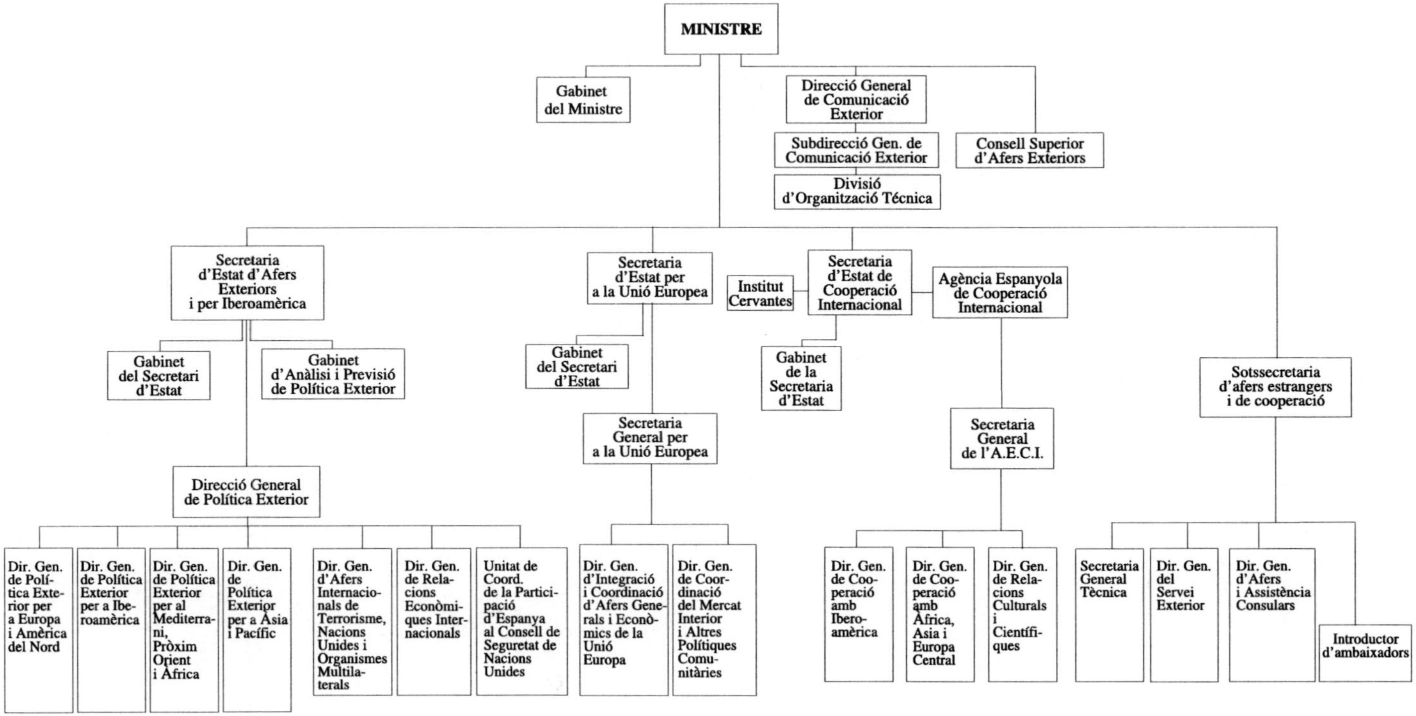

A) Secretaria d'Estat d'Afers Estrangers i per a Iberoamèrica

Aquesta Secretaria d'Estat ha d'ajudar el ministre en la formulació i execució de la política exterior, en especial, en els àmbits de la política exterior i de seguretat comuna de la Unió Europea i la política europea comuna de seguretat i defensa; el sistema de Nacions Unides, els afers internacionals de terrorisme, seguretat internacional i desarmament, els drets humans i les operacions de manteniment de la pau, les relacions econòmiques internacionals i de cooperació internacional aèria, marítima i terrestre i la política exterior d'Espanya a Europa, Amèrica del Nord, Iberoamèrica, Mediterrània, Pròxim Orient, Àfrica, Àsia i Pacífic.

S'estructura en set centres directius: la Direcció General de Política Exterior, la Direcció General de Política Exterior per a Europa i Amèrica del Nord, la Direcció General de Política Exterior per a Iberoamèrica, la Direcció General de Política Exterior per a la Mediterrània, Pròxim Orient i Àsia, la Direcció General de Política Exterior per a Àsia i Pacífic, la Direcció General d'Afers Internacionals de Terrorisme, Nacions Unides i Organismes Multilaterals i, finalment, la Direcció General de Relacions Econòmiques Internacionals.

B) Secretaria d'Estat per a la Unió Europea

La funció principal de la Secretaria d'Estat, sense perjudici de les competències d'altres departaments ministerials, és la de coordinar l'acció de l'Administració de l'Estat en les institucions comunitàries. Amb anterioritat a la reorganització de 1985 –és a dir, abans de l'adhesió espanyola a les Comunitats Europees–, s'anomenava Secretaria d'Estat per a les Relacions amb les Comunitats Europees. Després es va dir Secretaria d'Estat per a les Comunitats Europees. De la Secretaria d'Estat depèn, amb rang de sotssecretaria, la Secretaria General per a la Unió Europea a qui correspon la direcció, l'impuls i la coordinació de les unitats que en depenen. Es tracta fonamentalment de dos centres directius dels quals depenen, al seu torn, diferents sotsdireccions generals: la Direcció General d'Integració i Coordinació d'Afers Generals i Econòmics de la Unió Europea i la Direcció General de Coordinació del Mercat Interior i altres Polítiques Comunitàries.

C) Secretaria d'Estat de Cooperació Internacional

Aquest òrgan exerceix les competències del ministre sobre la direcció, formulació, execució de la política de cooperació per al desenvolupament; la seva planificació i coordinació; administra els recursos, avalua els programes i projectes finançats amb fons de l'Estat; assegura la participació espanyola a les organitzacions internacionals d'ajuda al desenvolupament definint la posició espanyola en la política comunitària d'aquest camp. Té dues sotsdireccions generals. Una de Planificació i Avaluació de Polítiques de Desenvolupament, i una altra de Programes i Convenis Culturals i Científics.

D) Sotssecretaria d'Afers Estrangers i Cooperació

A la Sotssecretaria d'Afers Estrangers competeix la direcció, l'impuls i la supervisió de l'activitat dels centres directius que en depenen i la inspecció superior del personal i dels serveis, així com l'atenció i el despatx d'afers que no pertanyen a la competència d'altres òrgans superiors. Depenen de la Sotssecretaria, amb nivell orgànic de direcció general, les unitats següents: Secretaria General Tècnica, Direcció General del Servei Exterior i Direcció General d'Afers i Assistència Consulars, així com l'Escola Diplomàtica. Directament de la Sotssecretaria depenen el Gabinet Tècnic, l'Oficina Pressupostària, l'Assessoria Jurídica Internacional, la Inspecció General de Serveis, l'Advocacia de l'Estat en el Ministeri d'Afers Estrangers i la Intervenció Delegada.

Correspon a la Direcció General del Servei Exterior l'exercici de les funcions relatives al règim interior, informació administrativa, gestió patrimonial i obres, gestió econòmica i financera i gestió de personal. A la Direcció General d'Afers i Assistència Consulars correspon l'estudi, proposta i aplicació de la política que es desenvolupi en matèria de protecció dels ciutadans espanyols a l'estranger i les relacions internacionals en matèria d'emigració, estrangeria i refugiats.

E) Agència Espanyola de Cooperació Internacional (AECI)

Com ja hem assenyalat, l'Agència és un organisme autònom de l'Administració de l'Estat adscrit al Ministeri d'Afers Estrangers a través de la Secretaria d'Estat de Cooperació Internacional. La seva finalitat és la de propiciar el creixement econòmic i el progrés social, cultural, institucional i polític dels països en vies de desenvolupament, en especial els d'ascendent hispànic, així com la d'afavorir els vincles d'entesa i de cooperació entre els països desenvolupats, especialment els integrats en les Comunitats Europees, i els suara esmentats. Per a la realització d'aquestes finalitats, l'Agència està expressament facultada per exercir les funcions següents: fomentar, coordinar i executar programes i projectes de cooperació per al desenvolupament en el camp econòmic, cultural, científic i tècnic; promoure i assistir els programes que, amb objectius coincidents, puguin establir altres organismes públics nacionals i internacionals; realitzar i difondre estudis rellevants per al progrés dels països menys desenvolupats, i participar en la defensa i difusió de la llengua espanyola i de les altres llengües hispàniques.

Els òrgans de govern de l'Agència són el Consell Rector presidit pel ministre d'Afers Estrangers i el president de l'Agència, que és qui n'assumeix la direcció, orientant i impulsant l'activitat dels seus centres directius i serveis. En aquest sentit, l'estructura orgànica bàsica de l'Agència està formada per la Direcció General de Cooperació amb Iberoamèrica i la Direcció General de Cooperació amb Àfrica, Àsia i Europa Oriental, i la Direcció General de Relacions Culturals i Científiques.

IV. Els òrgans perifèrics per a les relacions internacionals

1. Introducció i principis rectors

Els òrgans que permeten el manteniment de relacions internacionals entre els Estats tenen un llunyà origen històric[8], raó per la qual venien fonamentalment regulats en normes de caràcter consuetudinari. Normes consuetudinàries que, com dèiem, han estat objecte de codificació en dos tractats multilaterals àmpliament acceptats: la Convenció de Viena de 1961 sobre relacions diplomàtiques i la Convenció de Viena de 1963 sobre relacions consulars. S'ha configurat, d'aquesta manera, un sector de l'ordenament internacional que podem anomenar Dret Diplomàtic i Consular.

Pel que fa al valor de les normes que regulen les relacions diplomàtiques i consulars, n'hi ha prou amb assenyalar l'afirmació del Tribunal Internacional de Justícia en l'*afer dels hostatges dels Estats Units a Teheran,* quan va afirmar que «les obligacions que imposen als Estats les dues convencions de Viena tenen una importància capital per al manteniment de bones relacions entre els Estats en el món interdependent dels nostres dies»[9].

Si les institucions diplomàtiques i consulars són antigues, en els últims anys hem assistit a un doble procés de multilateralització i de tecnificació i especialització de les relacions internacionals que, sens dubte, ha hagut d'influir en l'estructura i en les capacitats dels òrgans perifèrics dels Estats per a les relacions internacionals. Així, és un lloc comú parlar de noves formes de diplomàcia com la diplomàcia *ad hoc* (fonamentalment missions especials) i el que s'ha anomenat diplomàcia «parlamentària» (al si d'organismes i conferències internacionals). Això ha comportat també –com assenyalàvem al principi– l'adopció de normes convencionals reguladores d'aquests nous marcs de les relacions internacionals com la Convenció de Nova York de 1969 sobre les missions especials i la Convenció de Viena de 1975 sobre la representació dels Estats en les seves relacions amb Organitzacions internacionals de caràcter universal.

Pel que fa a l'administració exterior de l'Estat espanyol, s'ha d'indicar que la progressiva complexitat de les relacions internacionals i la multiplicitat de funcions que corresponen al Ministeri d'Afers Estrangers i als seus òrgans dependents, ha significat, també, una proliferació d'òrgans i actuacions procedents d'altres departaments ministerials que tenen projecció exterior fora de l'Estat espanyol. Això ha comportat certes dificultats de traducció a l'Administració exte-

---

8. La institució consular s'estén àmpliament durant l'edat medieval amb el desenvolupament del comerç. Pel que fa als antecedents de la diplomàcia, n'hi ha prou amb fer esment de les «legacions permanents» que s'institucionalitzen en la República de Venècia a la segona meitat del segle XV.

9. *Personnel diplomatique et consulaire des États-Unis à Téhéran, arrêt, CIJ Recueil*, 1980, paràgraf 91.

rior del principi d'unitat d'acció que deriva implícitament de l'article 97 de la Constitució, en donar un caràcter unitari, a nivell de direcció pel Govern, a la política exterior.

El problema rau a harmonitzar i fer possibles els principis d'unitat d'acció en l'exterior i d'especialització en la gestió. En aquest sentit, el *Llibre blanc de l'Administració exterior* i el Reial decret 632/1987 de 8 de maig sobre organització de l'Administració de l'Estat en l'exterior han pretès reforçar el paper del Ministeri d'Afers Estrangers com a executor de la política exterior, delimitant les competències i funcions dels diferents òrgans de l'Administració exterior per aconseguir una major coordinació i eficàcia del servei exterior, sense que això signifiqués oblidar la coordinació amb el principi d'especialització en la gestió.

2. L'Administració exterior de l'Estat espanyol

Sota aquests principis d'unitat d'acció en l'exterior i d'especialització en la gestió, podem definir l'Administració de l'Estat en l'exterior com la constituïda pels òrgans, serveis i institucions de l'Estat que desenvolupen les seves funcions a l'estranger o davant d'una Organització internacional que tingui la seva seu en el territori espanyol. Aquest conjunt s'articula en missions diplomàtiques, representacions permanents i delegacions, oficines consulars i institucions i serveis de l'Administració de l'Estat a l'estranger.

De fet, i tenint en compte que el tret específic de l'actuació de l'Administració exterior de l'Estat és que desenvolupa la seva activitat en el marc de tres ordenaments jurídics diferents -l'ordenament jurídic espanyol, l'ordenament jurídic internacional i l'ordenament jurídic intern de cada un dels Estats on exerceixen la seva activitat-, l'objectiu del Reial decret 632/1987 era el de regular en l'ordenament intern les institucions que ja han estat objecte de regulació jurídica internacional.

A) Missions diplomàtiques

Les missions diplomàtiques estan orientades al desenvolupament de les relacions diplomàtiques bilaterals i poden tenir caràcter permanent o especial: les missions diplomàtiques permanents són les establertes amb caràcter representatiu per l'Estat espanyol davant un altre Estat o altres Estats; les missions especials són aquelles que, amb caràcter representatiu i temporal, envia l'Estat espanyol davant d'un altre Estat o altres estats per tractar d'afers determinats o realitzar una activitat concreta.

A l'hora de determinar les funcions de les missions diplomàtiques, el Reial decret 632/1987 recull literalment, adaptant-les a l'Estat espanyol, les funcions que defineix l'article 3 de la Convenció sobre relacions diplomàtiques i que són: representar l'Estat espanyol davant l'Estat receptor; protegir en l'Estat receptor els interessos de l'Estat espanyol i els dels seus nacionals en els límits permesos pel Dret Internacional; negociar amb el Govern de l'Estat receptor; assabentar-se per tots els mitjans lícits de les condicions i de l'evolució dels esdeveniments en l'Estat receptor i informar sobre ells al Govern espanyol; i fomentar les relacions amistoses i desenvolupar les relacions econòmiques, culturals i científiques entre els dos Estats.

Al cap de la missió diplomàtica –ambaixador o encarregat de negocis amb cartes de gabinet– correspon la coordinació de tots els òrgans de l'Administració de l'Estat en l'exterior, amb l'objecte de garantir, de conformitat amb el principi d'unitat d'acció, que les seves actuacions en l'exterior siguin conformes amb les directrius de política exterior definides pel Govern.

Finalment, convé assenyalar que les missions diplomàtiques permanents s'estructuren en oficines diplomàtiques que són: les cancelleries diplomàtiques i les conselleries i agregadories sectorials. La cancelleria diplomàtica exerceix fonamentalment funcions de naturalesa política i de representació en l'Estat receptor, mentre que les conselleries i agregadories sectorials desenvolupen tasques especialitzades de caràcter tècnic. Val a dir també que, sense menystenir el principi d'unitat d'acció i les responsabilitats del cap de la missió diplomàtica, les conselleries i agregadories sectorials mantenen la seva dependència funcional dels ministeris amb competència sectorial a qui correspon la seva organització interna, dotació pressupostària i inspecció tècnica i control.

B) Representacions permanents i delegacions

Les representacions permanents i delegacions es conceben específicament per al desenvolupament de les relacions diplomàtiques multilaterals en la vessant, relativament recent, que abans anomenàvem diplomàcia «parlamentària». Així, les representacions permanents són les enviades amb caràcter permanent i representatiu per l'Estat espanyol davant d'una Organització internacional de la qual en sigui membre. Si l'Estat espanyol no en fos membre, la representació seria d'observació.

Al seu torn, les delegacions són enviades per participar en un òrgan d'una Organització internacional o en una conferència internacional convocada per una Organització internacional o sota el seu patronatge, si bé també es pot tractar de delegacions d'observació.

Aquestes categories són les mateixes que estableix la Convenció de Viena de 1975 sobre la representació dels Estats en les seves relacions amb les Organitzacions internacionals de caràcter universal, el que ens pot portar a considerar que, malgrat que aquesta Convenció no estigui encara en vigor i Espanya no l'hagi ni tan sols firmat, estem davant d'un procés de formació de normes de caràcter consuetudinari sobre aquesta matèria.

Encapçalen les representacions permanents els representants permanents que tindran, en l'àmbit de la seva competència, la representació d'Espanya en les Organitzacions internacionals davant de les quals estiguin acreditats i n'exerciran la direcció de la representació i de tot el personal.

En canvi, i pel seu mateix caràcter, quan s'estableixi una delegació davant d'òrgans d'una Organització internacional o d'una conferència internacional s'hauran de determinar, en la corresponent ordre ministerial, els objectius i l'abast de la delegació.

Espanya té representacions permanents davant les Organitzacions internacionals següents: l'Organització de les Nacions Unides; la Unió Europea; el Consell d'Europa; la Unió Europea Occidental; l'Organització del Tractat de l'Atlàntic Nord; l'Organització de Cooperació i Desenvolupament Econòmic; l'Organització de les Nacions Unides per a l'Educació, la Ciència i la Cultura; l'Organització de les Nacions Unides per a l'Agricultura i l'Alimentació; davant les Organitzacions internacionals amb seu a Ginebra; i davant les Organitzacions internacionals amb seu a Viena. A més, manté una representació permanent d'observació davant l'Organització d'Estats Americans. També hi ha una representació permanent davant l'Organització per a la Seguretat i la Cooperació a Europa amb seu a Viena i representacions espanyoles a Londres (davant la Comissió Internacional de la Balena, el Consell Internacional de Cereals i el Comitè d'Ajuda Alimentària, el Fons Internacional d'Indemnització de Danys Deguts a la Contaminació per Hidrocarburs, el Grup Internacional d'Estudi sobre el Plom i el Zinc, l'Organització Internacional de Satèl·lits Mòbils, l'Organització Internacional del Sucre, l'Organització Internacional del Cacau, l'Organització Internacional del Cafè i l'Organització Marítima Internacional), Nairobi (el Centre de les Nacions Unides sobre Assentaments Humans i el Programa de Nacions Unides sobre Medi Ambient), Montreal (Organització de l'Aviació Civil Internacional), Berna (la Unió Postal Universal), La Haia (Organització per a la Prohibició de les Armes Químiques), Kuala Lumpur (Organització Internacional del Cautxú Natural), Montevideo (Associació Llatinoamericana d'Integració) i Panamà (Centre Interamericà d'Administradors Tributaris).

C) Oficines consulars

Les oficines consulars s'estableixen per exercir les funcions consulars establertes amb aquest caràcter pel dret espanyol –admeses per l'Estat receptor–, les atribuïdes pels acords internacionals subscrits entre l'Estat espanyol i l'Estat receptor i, de manera general, les relacionades en l'article 5 de la Convenció de Viena sobre relacions consulars. Aquest article fa una enumeració bastant extensa però, a més, deixa oberta la consideració a d'altres funcions confiades per l'Estat a la seva oficina consular. Perquè, efectivament, en gran part, les funcions consulars depenen de disposicions de dret intern.

Excloses les funcions de representació de l'Estat i de negociació que corresponen a les missions diplomàtiques, les principals funcions de les oficines consulars –que, si escau, poden ser exercides per les seccions consulars de les missions diplomàtiques– són funcions generals d'informació i de protecció dels interessos de l'Estat acreditant i dels seus nacionals, competències d'ordre administratiu sobre les persones, competències respecte dels béns i qüestions successòries, competències d'ordre notarial i registral, competències d'ordre judicial i processal i en qüestions marítimes i aeronàutiques.

Els caps de les oficines consulars s'han d'ajustar a les instruccions que rebin del Ministeri d'Afers Estrangers i del cap de la missió diplomàtica permanent, llevat en allò referent a les seves funcions relatives a la fe pública, al registre civil o a l'àmbit jurisdiccional a les quals estaran sotmesos segons el que disposi la legislació notarial, registral civil i processal que regulen l'exercici d'aquestes funcions.

D) Institucions i serveis de l'Administració de l'Estat a l'estranger

Com a reforç del principi d'unitat d'acció en l'exterior, el Reial decret 632/1987 regula per primer cop la possibilitat que l'Administració de l'Estat pugui establir institucions i serveis a l'estranger per al desenvolupament d'activitats sectorials i que, en cap cas, tindran caràcter representatiu. El seu establiment l'haurà d'autoritzar el Consell de Ministres, previ informe del Ministeri d'Afers Estrangers. En tot cas, també, i en la mesura que formen part de l'Administració de l'Estat en l'exterior, estaran subjectes al principi d'unitat d'acció i sotmesos a la dependència del cap de la missió diplomàtica a efectes de coordinació.

Es tracta, per exemple, de les oficines espanyoles de turisme en aquells països on les autoritats no admetin que constitueixin una agregadoria de la missió diplomàtica; d'oficines comercials i de promoció (lligades a l'ICEX, Institut Espanyol de Comerç Exterior); d'òrgans de cooperació tècnica; i d'instituts de cultura com l'Institut Cervantes establert per la Llei 7/1991 de 21 de març i que, per a la consecució de les seves finalitats, actuarà en el marc general de l'acció exterior de l'Estat.

V. La projecció exterior de les Comunitats Autònomes

Al marge de la participació de les Comunitats Autònomes en el procés de formació de normes internacionals –capítol 4– i en la fase d'aplicació de les normes internacionals –capítol 9–, ens interessa subratllar ara altres actuacions de projecció exterior de les Comunitats Autònomes o activitats de rellevància internacional. I, com que estem davant d'un problema de distribució competencial entre Estat i Comunitats Autònomes, hem d'assenyalar, en primer lloc, la dificultat de poder concebre les «relacions internacionals» com una matèria aïllada, diferent de la resta de les matèries que formen part de les llistes dels articles 148 i 149 de la Constitució; perquè qualsevol matèria, ja sigui competència de l'Estat o de les Comunitats Autònomes, pot tenir –en un món tan interdependent– una projecció exterior i necessitar una actuació exterior.

En aquest sentit, les Comunitats Autònomes han anat desenvolupant un seguit d'activitats com les de promoció del comerç, el turisme i la indústria[10], de cooperació cultural, d'agermanament, de cooperació transfronterera, d'establiment de vincles interregionals, de realització de viatges oficials per part de les autoritats autonòmiques i, fins i tot, d'establiment de delegacions en altres països. És cert, però, que moltes d'aquestes activitats han comportat conflictes que s'han substanciat davant del Tribunal Constitucional que, en nombroses ocasions, ha hagut de definir-se sobre l'abast de la disposició de l'article 149.1.3 que estableix la competència exclusiva de l'Estat sobre les «relacions internacionals».

Una de les més destacades aportacions del Tribunal Constitucional fa referència precisament a l'establiment d'oficines a l'estranger d'una Comunitat Autònoma. Es tractava d'un conflicte de competències en relació amb un decret del Govern basc que establia, dins de l'estructura del Departament de Presidència, Justícia i Desenvolupament Autonòmic, una oficina a Brussel·les. El Tribunal Constitucional[11] va declarar que corresponia al Govern basc la competència controvertida perquè l'existència de l'oficina a Brussel·les no prejutja les seves activitats ni determina necessàriament que hagin d'incidir en l'exercici de la competència estatal sobre relacions internacionals. Per al Tribunal, no es pot identificar el títol «relacions internacionals» de l'article 149.1.3 amb qualsevol tipus d'activitat que tingui un abast o una projecció exterior. Sí que s'ha d'excloure, però, que ens subestatals com les Comunitats Autònomes «puguin relacionar-se amb les institucions comunitàries adoptant pactes o acords o comprometent d'altra manera la responsabilitat estatal».

La pràctica posterior ha estat molt rica i no sempre sense desavinences entre administracions. Destaca la voluntat de la Generalitat de Catalunya per projectar-se a l'exterior, buscant aquells àmbits on les seves competències permeten bastir oficines a l'exterior que sense tenir representació política, volen simbolitzar una personalitat singular al marge de la xarxa de l'Estat a l'exterior. A part de les oficines comercials, que quasi totes les altres Comunitats Autònomes també han creat –en el cas de Catalunya sota el Consorci de Promoció Comercial de Catalunya, COPCA– i que normalment estan ben relacionades amb les ambaixades d'Espanya i les seves oficines comercials, destaquen les seus obertes per Catalunya a Casablanca, Varsòvia o Roma, que es van presentar com a «consolats cívics», pensades per buscar treballadors en origen o promoure la cultura catalana. El Govern central s'hi va oposar i el nou Govern autonòmic, després de les eleccions del 2003, les ha tancat totes. Paral·lelament, el Govern central sorgit de les eleccions del 2004 ha començat a incorporar consellers dels governs autonòmics a les delegacions espanyoles que participen al Consell de la Unió Europea en afers de la seva competència, donant un pas endavant sobre la ja existent Conselleria

---

10. Malgrat que l'article 149.1.10 de la Constitució estableix com a competència exclusiva de l'Estat el «comerç exterior».

11. Sentència 165/1994, de 26 de maig, *BOE* de 25 de juny de 1994.

d'Afers Autonòmics que des de 1996 existeix a la Representació Permanent d'Espanya davant les Comunitats Europees[12].

Bibliografia sumària

NÚÑEZ HERNÁNDEZ, J.; RIPOL CARULLA, S. «La Administración exterior española en la actualidad: problemática y vías de solución», *Anuario de Derecho Internacional*, 1995, p. 203-235.

PÉREZ GONZÁLEZ, M. «La 'onda regional' en Bruselas y el ámbito del poder exterior», *Revista de Instituciones Europeas*, 1994.3, p. 899-915.

REMIRO BROTONS, A. *La acción exterior del Estado*, editorial Tecnos, Madrid 1984.

VILARIÑO PINTOS, E. *Curso de Derecho Diplomático y Consular*, editorial Tecnos, Madrid 1987, especialment capítols VII, VIII i IX.

Documentación Administrativa, núm. 205, 1985, monogràfic «El Servicio Exterior del Estado».

Relaciones Internacionales y Comunidades Autónomas, Institut d'Estudis Autonòmics de la Generalitat de Catalunya, Barcelona 1990.

12. Resolució de 28 de febrer de 2005, de la Secretaria d'Estat de Cooperació Territorial, que ordena la publicació dels acords de 9 de desembre de 2004 de la Conferència d'Afers relacionats amb les Comunitats Europees, sobre la Conselleria d'Afers Autonòmics de la Representació Permanent d'Espanya davant la Unió Europea i sobre la participació de les Comunitats Autònomes en els grups de treball del Consell de la Unió Europea i sobre el sistema de representació autonòmica en les formacions del Consell de la Unió Europea, BOE de 16 de març de 2005.

9. L'APLICACIÓ DEL DRET INTERNACIONAL*

I. Idees generals

Com ja hem vist, en un ordenament internacional tan poc institucionalitzat, on el poder està descentralitzat a les mans dels Estats sobirans, es fa més difícil -per comparació amb el que passa amb els ordenaments interns- garantir institucionalment l'aplicació del Dret Internacional. D'aquí, les posicions negadores del caràcter jurídic del Dret Internacional Públic i l'escepticisme entorn de l'eficàcia del Dret Internacional. Ara bé, malgrat que els supòsits greus d'incompliment d'obligacions jurídiques internacionals cridin poderosament l'atenció de l'opinió pública, en la pràctica, els Estats accepten l'obligatorietat del Dret Internacional i s'hi conformen en els seus comportaments.

En altres paraules, en la societat internacional l'aplicació de les normes jurídiques reposa fonamentalment en l'autocompliment per part dels destinataris de les normes. L'anàlisi d'aquests aspectes de l'aplicació espontània del Dret Internacional, la completarem amb l'estudi específic de l'aplicació de les normes jurídiques internacionals en l'ordenament jurídic espanyol. D'altra banda, i encara que siguin diferents i més precaris que en els ordenaments interns, hi ha mecanismes de control i d'aplicació forçosa del Dret Internacional, així com mecanismes per fer valer la responsabilitat per les violacions de les obligacions internacionals.

II. L'aplicacio espontània del Dret Internacional

Com acabem d'indicar, en la majoria dels supòsits, el Dret Internacional es compleix espontàniament i automàticament per part dels Estats. Aquesta aplicació espontània

---

* Elaborat pel Dr. Xavier PONS RÀFOLS.

es veu facilitada pel fet que les normes internacionals són, en general, fruit de l'acord i consens entre els Estats. En definitiva, els Estats apliquen el Dret Internacional perquè també han participat en la seva elaboració, i el seu consentiment en la creació de les normes jurídiques internacional té, com vèiem en el capítol 2, una rellevància essencial.

Doncs bé, si diem que el Dret Internacional l'apliquen els Estats, és a dir, els òrgans dels Estats, es fa necessari, com a procediment usual d'aplicació, la recepció del Dret Internacional. Aquesta recepció o incorporació del Dret Internacional en els ordenaments interns té característiques específiques i ha estat objecte de diferents posicionaments doctrinals.

1. Les relacions entre l'ordenament jurídic internacional i el dels Estats

Com ja ha quedat palès, l'ordenament jurídic internacional es caracteritza per la seva juridicitat en la mesura que les normes internacionals s'articulen entre si i amb els ordenaments interns dels Estats. En aquest sentit, el Dret Internacional Públic estableix els seus propis mecanismes de formació de normes i també –encara que menys evolucionats– d'aplicació de les normes jurídiques internacionals.

En un i altre sentit –ascendent i descendent–, el subjecte essencial és l'Estat, ja que participa en els processos de formació de les normes internacionals i és a qui correspon la seva aplicació. D'aquesta manera, les normes de dret intern estableixen quins són els òrgans i quins són els procediments interns que s'han de seguir per participar en la formació de les normes internacionals i també estableixen com s'integra l'ordenament internacional en els ordenaments interns. Però malgrat que correspongui als ordenaments interns establir com s'integra l'ordenament internacional, està clar que un Estat que ha contret obligacions internacionals està obligat a assegurar l'execució dels compromisos adquirits.

En altres paraules, els Estats han de complir de bona fe les obligacions derivades de normes i principis de Dret Internacional general, així com les obligacions assumides convencionalment; i no poden invocar disposicions del seu propi ordenament intern per justificar l'incompliment d'aquestes obligacions. Principi de preeminència del Dret Internacional sobre el dret intern plenament consolidat en l'ordenament internacional i reiteradament avalat per la jurisprudència internacional.

2. Posicionaments doctrinals

Tota aquesta qüestió de les relacions entre l'ordenament internacional i els drets interns va suscitar un ampli debat doctrinal paral·lel al progressiu desenvolupament del constitucionalisme contemporani, principalment al final del segle XIX i el principi del segle XX. El debat es va centrar fonamentalment entorn de dues posicions doctrinals: la concepció dualista o pluralista i la concepció monista.

La concepció *dualista* considerava que el sistema jurídic internacional i els diferents sistemes interns són ordres jurídics separats i autònoms, tant perquè les seves fonts formals són diferents i independents entre si, com perquè els subjectes i les relacions socials a les quals s'apliquen les normes són també diferents. Això comportaria la necessitat que les normes internacionals s'haguessin de transformar mitjançant un acte especial de recepció en norma estatal interna per poder ser aplicades.

Per la seva banda, la concepció *monista* considerava que el Dret Internacional i el dret intern constitueixen un sol sistema unitari. L'únic problema és saber llavors quin és el rang jeràrquic de les diferents normes i, en la concepció monista, acaba havent-hi una subordinació del dret intern. En aquest sentit, la norma internacional s'integra en el sistema estatal sense necessitat de cap acte exprés de transformació i no hi ha conflicte possible entre els dos sistemes, ja que es tractaria, en tot cas, d'una eventual contradicció entre una norma superior i una norma inferior que es resol per la nul·litat de la norma inferior.

L'evolució doctrinal més contemporània ha posat de manifest l'atenuació de l'oposició radical entre dualisme i monisme i el sorgiment de concepcions conciliadores –monisme moderat i dualisme moderat–. La polèmica ha acabat perdent, doncs, pràcticament tot el seu significat. De fet, més que l'elaboració de teories doctrinals, el que interessa és analitzar els problemes concrets de relació entre el Dret Internacional i els drets interns i les solucions que els diferents ordenaments interns hagin donat[1]. Perquè, malgrat que la pràctica internacional hagi consagrat, com dèiem, la primacia de l'ordenament internacional, val a dir que el Dret Internacional positiu no pren partit per cap posició, i deixa la qüestió a les mans dels ordenaments interns que seran els que determinaran si el compliment del Dret Internacional precisa o no d'un acte exprés de recepció i de quina mena.

III. L'aplicació de les normes jurídiques internacionals i el dret espanyol

Ens correspon ara analitzar detingudament i en un ordenament concret l'aplicació espontània del Dret Internacional. És a dir, què disposen les normes internes espanyoles en relació amb els procediments i els òrgans encarregats de l'aplicació de les normes internacionals. Evidentment, l'aplicació pels òrgans de l'Estat pressuposa la recepció del Dret Internacional per l'ordenament intern. Tot seguit, doncs, abordarem l'examen de l'aplicació de les normes internacionals a Espanya distingint entre els diferents procediments de producció jurídica internacional i parlarem així de l'aplicació de les normes de

---

1. El sistema de l'ordenament espanyol, de caràcter monista moderat, el veurem infra en l'apartat III. Serveixi d'exemple de sistema dualista la Constitució italiana de 1947, que estableix l'exigència de la transformació dels tractats internacionals en normes jurídiques internes.

caràcter consuetudinari, de les normes de caràcter convencional i de les normes adoptades per les Organitzacions internacionals. Finalment, farem una breu referència a l'estructura autonòmica de l'Estat espanyol i a l'aplicació del Dret Internacional.

1. L'aplicació del Dret Internacional consuetudinari

A diferència del que va fer la Constitució republicana de 1931[2] i malgrat alguns intents portats a terme durant el debat constitucional, la Constitució espanyola no fa cap referència expressa al Dret Internacional general. És obvi, però, i això és una norma internacional tàcita, que les normes de Dret Internacional general s'incorporen automàticament. En realitat, per la seva mateixa naturalesa, les normes consuetudinàries passen a formar part del dret intern des del moment de la seva formació, encara que només sigui pel principi de coherència entre l'activitat de l'Estat en l'ordre internacional i en l'ordre intern.

Malgrat l'absència de referències expresses, podem trobar en la Constitució tres referències indirectes relatives a l'aplicació del Dret Internacional general[3]. La primera d'elles està continguda al preàmbul de la Constitució i, d'alguna manera, constitueix un reconeixement del Dret Internacional general en enunciar com a principi orientador de l'activitat exterior de l'Estat la voluntat de la nació espanyola de «col·laborar a l'enfortiment d'unes relacions pacífiques i de cooperació eficaç entre tots els pobles de la Terra». Formulació extremament genèrica i que hagués estat bé acompanyar d'una referència expressa als principis continguts en la Carta de les Nacions Unides i en la Declaració sobre els principis que han de regir les relacions d'amistat i cooperació entre els Estats de conformitat amb la Carta de les Nacions Unides [Resolució 2625 (XXV)], que estudiarem en el capítol 11.

La segona referència està continguda a l'article 10.2 de la Constitució en la mesura que estableix que, per a la interpretació de les normes relatives als drets fonamentals i a les llibertats reconegudes per la Constitució, s'estarà a les normes internacionals sobre drets humans ratificades per Espanya i es fa una referència específica a la Declaració universal dels drets humans. Al marge que les normes internacionals sobre drets humans de caràcter convencional s'hagin incorporat com a tals normes convencionals en l'ordenament intern, la referència a la Declaració universal dels drets humans és especialment significativa en la mesura que no és un tractat, sinó una resolució de l'Assemblea General de les Nacions Unides, com a tal no obligatòria, i que el seu valor jurídic es pot fonamentar en la seva naturalesa de Dret Internacional general.

---

2. La Constitució de 1931 establia en el seu article 7 una formulació certament avançada per a l'època: «L'Estat espanyol acatarà les normes universals del dret internacional, incorporant-les al seu dret positiu».

3. Vegeu al respecte, PONS RÀFOLS, X: «Constitución española y principios del Derecho Internacional», en *La Constitución y el ordenamiento jurídico,* ed. Atelier, Barcelona 2005, p. 75 i ss.

D'altra banda, de la disposició de l'article 10.2 s'ha de destacar el que comporta d'eficàcia interpretativa en el sentit que els tractats internacionals sobre drets humans i la Declaració universal dels drets humans subministraran criteris d'interpretació de la mateixa Constitució. Aquesta dimensió comporta que també s'hagin de tenir en compte, a aquests efectes, els criteris que puguin discernir els mecanismes internacionals establerts en els tractats sobre drets humans com, per exemple, la jurisprudència del Tribunal Europeu de Drets Humans establert en la Convenció europea per a la salvaguarda dels drets humans i de les llibertats fonamentals de Roma, del 4 de novembre de 1950.

La tercera referència, també indirecta, està en l'article 96.1, quan s'estableix que un tractat internacional no podrà ser derogat, modificat o suspès si no és de conformitat amb les normes del tractat «o d'acord amb les normes generals del Dret Internacional». Es pot dir, doncs, d'aquesta manera indirecta, que hi ha una recepció automàtica de les normes de Dret Internacional general encara que només sigui en la matèria o en l'àmbit específic del dret dels tractats internacionals.

2. L'aplicació del Dret Internacional convencional

La Constitució sí que es refereix de manera expressa a l'aplicació del Dret Internacional convencional, hi estableix un mecanisme de recepció automàtica, un control de constitucionalitat dels tractats, alhora que hi fixa indirectament la primacia del Dret Internacional convencional en l'ordenament intern.

A) La recepció dels tractats internacionals

La recepció del Dret Internacional convencional ve regulada constitucionalment en l'article 96.1, paràgraf primer, quan s'estableix que «Els tractats internacionals celebrats vàlidament formaran part de l'ordenament intern, una vegada hagin estat publicats oficialment a Espanya.» Disposició que s'ha de posar en connexió amb el que disposa l'article 1.5 del Codi civil en relació que «Les normes jurídiques contingudes en els tractats internacionals no seran d'aplicació directa a Espanya fins que no hagin passat a formar part de l'ordenament intern mitjançant la seva publicació íntegra en el Butlletí Oficial de l'Estat.»

Cal subratllar, en primer lloc, que no estem davant d'un acte de transformació de les normes internacionals en normes internes, com correspondria a la posició dualista, ja que, a l'igual que l'autorització parlamentària, la publicació en el BOE no les converteix en lleis o normes internes. El nostre, a parer de la doctrina majoritària, és un sistema de «recepció automàtica» que requereix tan sols la publicació oficial. És a dir, que les normes jurídiques internacionals de caràcter convencional s'incorporen en l'ordenament intern espanyol i obliguen l'Estat espanyol des que el tractat internacional que les conté entra en vigor internacionalment.

Altra cosa és que no puguin desplegar plenament els seus efectes i puguin ser aplicables als particulars i invocables davant dels òrgans judicials fins que s'hagin publicat oficialment a Espanya. S'ha de distingir, doncs, entre validesa internacional del tractat i eficàcia del tractat en el nostre ordenament. En definitiva, la publicació és, simplement, una «condició d'aplicabilitat» o si es vol «d'oposabilitat». I la falta de publicació, i, per tant, d'aplicació directa, pot comportar l'incompliment del tractat i la consegüent responsabilitat de l'Estat enfront dels altres Estats parts en el tractat i, si escau, la responsabilitat patrimonial de l'Administració per l'anormal funcionament dels serveis públics.

Tal com s'estableix en el Decret 801/72, de 23 de març, sobre ordenació de l'activitat administrativa en matèria de tractats internacionals, la publicació es farà del text íntegre del tractat –és a dir, de tots els actes relatius al tractat–, ja consti en un instrument únic o en dos o més instruments connexos, així com, si escau, de les reserves o declaracions formulades. En la publicació es farà constar també la data d'entrada en vigor del tractat, és a dir, des de quan obliga Espanya.

B) El control de constitucionalitat dels tractats internacionals

El control de constitucionalitat dels tractats internacionals ve dissenyat en la Constitució de manera doble: d'una banda, un control *a priori* i, de l'altra, un control *a posteriori*. El control *a priori* o previ ve regulat en l'article 95.2 de la Constitució quan estableix la possibilitat que el Govern o qualsevol de les cambres puguin demanar al Tribunal Constitucional que declari si existeix o no una contradicció entre la Constitució i un tractat internacional en relació amb el qual es pretén manifestar el consentiment a obligar-se. En el cas que el Tribunal Constitucional declarés aquesta incompatibilitat, o bé no es prestarà el consentiment a obligar-se pel tractat, o bé –si són possibles– es formularan les reserves oportunes, o bé s'haurà de revisar la Constitució de conformitat amb el procediment de reforma constitucional establert en el títol X del mateix text constitucional.

Convé subratllar que aquesta disposició de l'article 95 té per objecte evitar la pertorbació que per a la política exterior i les relacions internacionals de l'Estat implicaria l'eventual declaració d'inconstitucionalitat d'una norma ja pactada i obligatòria en relació amb la qual ja s'ha manifestat el consentiment.

A l'empara del que estableix aquest article 95.2 de la Constitució i, en connexió amb aquest, l'article 78.1 de la Llei orgànica del Tribunal Constitucional, s'ha demanat en dos ocasions al Tribunal Constitucional que declarés l'existència o no de contradicció entre la Constitució i un tractat internacional. La primera declaració del Tribunal Constitucional d'1 de juliol de 1992 va establir clarament que una disposició del Tractat de la Unió Europea –aleshores en procés de ratificació– que reconeixia a tot ciutadà de la Unió Europea el dret de ser elector i elegible en les eleccions municipals era contradictòria amb el que disposava l'article 13.2 de la Constitució, que sols preveia, amb criteris de reciprocitat i per via de tractat o de llei, la possibilitat que els estrangers gaudissin del dret de sufragi actiu en les eleccions municipals. En conseqüència, i abans que l'Estat espanyol manifestés el seu consentiment a obligar-se pel Tractat de la Unió Europea, fou necessari modificar l'article 13.2 de la Constitució de conformitat amb el procediment establert en l'article 167 del mateix text constitucional. En la segona declaració, de 13 de desembre de 2004, el Tribunal Constitucional va afirmar que no existia contradicció entre la Constitució i el Projecte de tractat pel qual s'estableix una Constitució per a Europa signat el 29 d'octubre de 2004 i que l'article 93 de la Constitució –al qual ja ens hem referit en el capítol 4– era suficient per a la prestació del consentiment de l'Estat. Com és sabut, posteriorment, el tractat pel qual s'estableix una Constitució per a Europa seria objecte de referèndum el 20 de febrer de 2005.

Doncs bé, a més d'aquest control –d'indubtables avantatges per a la seguretat de les relacions convencionals–, també un tractat que ja formi part de l'ordenament intern espanyol podrà ser objecte d'un control de constitucionalitat *a posteriori* per part del Tribunal Constitucional mitjançant el recurs d'inconstitucionalitat (article 161.1.*a*) i la qüestió d'inconstitucionalitat promoguda pels òrgans judicials (article 163). Si en aquest supòsit el Tribunal Constitucional declarés la inconstitucionalitat del tractat, això no significa que pugui declarar-ne la nul·litat: el que faria és declarar-lo «inaplicable» en l'ordre jurídic espanyol, exclusivament a nivell intern, ja que la nul·litat en el pla internacional d'un tractat només es pot fonamentar en les causes previstes pel Dret Internacional. Ara bé, com és obvi, la inaplicació interna del tractat comportaria una violació d'una obligació internacional i la conseqüent responsabilitat internacional de l'Estat espanyol.

C) La jerarquia normativa dels tractats internacionals

Com a norma internacional, la seva primacia sobre l'ordenament intern es fonamenta en el mateix Dret Internacional i no depèn d'un reconeixement exprés per part de la Constitució. Com dèiem al principi, tot Estat està obligat a respectar els seus compromisos internacionals i a acceptar la superior jerarquia del Dret Internacional. Es pot afirmar clarament que un Estat no pot al·legar el seu dret intern per justificar l'incompliment de les seves obligacions internacionals, tal com es desprèn del que disposen els articles 27 i 46 de la Convenció de Viena de 1969 sobre el dret dels tractats. És més, quan un Estat no aplica un tractat al qual s'ha obligat, està cometent un fet il·lícit internacional i està incorrent en responsabilitat internacional enfront de les altres parts en el tractat.

A més d'aquest principi general, la Constitució espanyola, de manera indirecta però inequívoca, reconeix aquesta primacia. El paràgraf final de l'article 96.1 estableix, com ja hem vist, que les disposicions dels tractats internacionals «només podran ser derogades, modificades o suspeses en la forma prevista pels mateixos tractats internacionals o d'acord amb les normes generals del Dret Internacional». Està clar, doncs, *a sensu contrario*, que un tractat no podrà ser derogat, modificat o suspès per mitjà d'un acte de dret intern, del rang que sigui. Només ho podrà ser segons que ho disposi el mateix tractat o de conformitat amb les normes generals sobre el dret dels tractats. Aquesta força de resistència del tractat enfront de les lleis és la garantia de la primacia del tractat sobre les lleis anteriors o posteriors que hi siguin contràries.

En definitiva, doncs, rang supralegal dels tractats; però rang infraconstitucional. Aquest últim es dedueix clarament de la disposició de l'article 95.1 de la Constitució. En obligar a reformar la Constitució per tal que Espanya pugui ser part en un tractat que hi fos contradictori, s'està evidenciant que l'ordenament constitucional cedeix davant l'interès tutelat per la norma de Dret Internacional a la qual encara no s'ha manifestat el consentiment a obligar-se; però també s'està evidenciant que els tractats tenen una posició infraconstitucional: han de respectar i conformar-se a la Constitució.

3. L'aplicació del Dret institucional de les Organitzacions internacionals

Com sabem, algunes Organitzacions internacionals tenen competència normativa externa, és a dir, potestat per crear normes jurídiques que s'adrecen als Estats membres. En cada supòsit s'ha d'examinar acuradament el tractat constitutiu de cada Organització internacional per deduir aquesta competència i la força obligatòria que pugui tenir el dret emanat de l'Organització internacional. En aquest sentit, un òrgan d'una Organització internacional pot crear normes jurídiques obligatòries per als Estats membres o, fins i tot, per a les persones físiques i jurídiques que resideixin en el territori d'aquests Estats.

Malgrat que les Organitzacions internacionals facultades per adoptar normes obligatòries són escasses, el dret emanat d'aquestes està adquirint unes proporcions cada cop més àmplies. Resulta, doncs, lamentable que la Constitució espanyola no hagi regulat expressament la qüestió –més enllà del que ja sabem que disposa l'article 93– i que haguem d'estar, per analogia, a l'aplicació dels articles 96.1 de la Constitució i 1.5 del Codi civil. De tal manera que els actes normatius de les Organitzacions internacionals obligaran Espanya des de la seva entrada en vigor internacional i hauran de ser publicats oficialment a Espanya o bé, segons les seves característiques, podran executar-se directament. Segons la doctrina majoritària, serà necessària la seva publicació en el BOE per permetre'n l'eficàcia directa sobre els particulars.

Com a exemple d'actes obligatoris de les Organitzacions internacionals podem assenyalar que, en el marc de les seves competències per al manteniment de la pau i la seguretat internacionals, les resolucions del Consell de Seguretat de les Nacions Unides són obligatòries per als Estats membres. En conseqüència, Espanya està obligada a complir-les, i així ho va fer, escrupolosament, tant en relació amb les sancions imposades a Iraq arran de la invasió de Kuwait com pel que fa a les mesures econòmiques adoptades en relació amb la situació existent en l'antiga Iugoslàvia, entre altres supòsits.

Però, com és evident, el supòsit d'actes normatius d'una Organització internacional de més rellevància és el que fa referència al dret emanat de les Comunitats Europees, en la mesura que nombroses disposicions d'aquest tenen "eficàcia directa" per als particulars que les poden invocar en les seves relacions entre si i davant dels òrgans de l'Estat. El fonament d'això rau en el fet que estem davant de l'atribució de l'exercici de competències sobiranes a les institucions comunitàries, de tal manera que les normes que aquestes adopten s'introdueixen automàticament en el dret intern. La disposició pertinent és l'article 93 de la Constitució, elaborat precisament amb la perspectiva de la futura adhesió d'Espanya a les Comunitats Europees i que, com vàrem assenyalar en el capítol 4, preveu l'autorització, mitjançant llei orgànica, dels tractats pels quals «s'atribueixi a una Organització internacional o a una institució internacional l'exercici de competències derivades de la Constitució.»

En relació amb el dret comunitari, però, i com indica la professora MANGAS, hem d'afirmar que l'exigència de publicació oficial que estableix l'article 96.1 de la Constitució i que hem considerat extensible anàlogament als actes de les Organitzacions internacionals, queda exceptuada per l'article 93 de la Constitució. En efecte, quant als actes adoptats per les institucions comunitàries, n'hi ha prou amb la publicació oficial en el *Diari Oficial de la Unió Europea (DOUE)* com, d'altra banda, estableixen els tractats constitutius de les Comunitats Europees.

4. L'aplicació del Dret Internacional en un Estat d'estructura complexa

Com ja sabem, correspon als òrgans de l'Estat l'aplicació de les normes internacionals. En haver establert la Constitució espanyola un sistema d'articulació de competències entre Estat i Comunitats Autònomes, també les Comunitats Autònomes poden –i moltes ho han fet– assumir expressament en els seus estatuts d'autonomia les competències d'execució de tractats internacionals o actes normatius d'Organitzacions internacionals que afectin matèries de la seva competència. Així ho ha fet, per exemple, l'Estatut d'autonomia de Catalunya en el seu article 27.3, quan disposa que «La Generalitat de Catalunya adoptarà les mesures necessàries per a l'execució dels tractats i convenis internacionals en allò que afectin les matèries atribuïdes a la seva competència, segons el present Estatut.»

I ha de quedar clar que aquesta execució no és contradictòria amb la reserva a l'Estat de la competència exclusiva en les relacions internacionals (article 149.1.3), ja que, com ha interpretat el Tribunal Constitucional, aquest precepte té una projecció exterior clarament estatal (essencialment la conclusió de tractats, representació de l'Estat, direcció de la política exterior i responsabilitat internacional) i una projecció interior. En la projecció interior, aquesta actuació de l'Estat en les relacions internacionals està sotmesa a la Constitució[4], que reconeix i garanteix el dret a l'autonomia

---

4. Que ha anat evolucionant des d'una interpretació rígida del terme «relacions internacionals» de l'article 149.1.1 en les seves primeres sentències sobre aquestes qüestions fins a una afirmació rotunda que el dret derivat de les Comunitats Europees no pot afectar l'ordre competencial intern fixat per la Constitució i els estatuts d'autonomia com s'afirma en la Sentència 252/1988, de 20 de desembre, amb la qual s'inicia la deriva en aquest últim sentit.

de les nacionalitats i regions i preveu un mecanisme de distribució de competències que, evidentment, ha de ser respectat en aplicar-se un tractat internacional o dret derivat de les Organitzacions internacionals.

Finalment, és pertinent fer esment també de la disposició constitucional que preveu el control de l'aplicació del dret derivat de les Organitzacions internacionals. L'article 93, en el paràgraf segon, estableix que «la garantia del compliment d'aquests tractats i de les resolucions emanades dels Organismes internacionals o supranacionals titulars de la cessió correspon, segons els casos, a les Corts Generals o al Govern». No es pot considerar massa encertada la redacció d'aquesta disposició ja que a qui competeix l'aplicació del Dret Internacional, i també dels actes normatius de les Organitzacions internacionals, és als òrgans de l'Estat que en siguin competents per raó de la matèria amb independència del seu caràcter central o autonòmic; i que poden ser, perfectament, els poders executius o legislatius de les Comunitats Autònomes.

Cal, a més, ubicar aquesta disposició en el context general que la responsabilitat internacional per a l'aplicació del Dret Internacional correspon a l'Estat, sigui quin sigui l'òrgan «materialment» competent. En aquest sentit també, i pel que fa a les Comunitats Autònomes, no podem oblidar les disposicions dels articles 153.*b*) i 155 de la Constitució, que estableixen mecanismes per garantir el compliment per part de les comunitats autònomes de les obligacions que la Constitució i altres lleis els imposin.

IV. Les conseqüències de la inaplicació: la responsabilitat internacional

De la mateixa existència de l'ordenament jurídic internacional i del seu caràcter «jurídic» es desprèn una regla fonamental, profundament arrelada en la doctrina i confirmada per la pràctica dels Estats i per la jurisprudència internacional: la regla que tot fet internacionalment il·lícit comporta una responsabilitat de l'Estat autor del fet. És evident que si neguéssim la responsabilitat –per considerar-la atemptatòria a la sobirania estatal– estaríem negant l'existència del mateix ordre jurídic internacional. És en aquest sentit que l'antic Tribunal Permanent de Justícia Internacional va afirmar el 1928 que «constitueix un principi de dret internacional, fins i tot un concepte jurídic de caràcter general, que qualsevol violació d'una obligació implica el deure de reparar»[5].

Perquè la funció essencial de la responsabilitat és fonamentalment la de reparar els danys causats per un Estat en violació del Dret Internacional. Així, la responsabilitat internacional es configura com una nova relació jurídica entre l'Estat autor del fet internacionalment il·lícit i l'Estat o els Estats lesionats pel fet il·lícit, per la qual el primer té l'obligació de reparar i el segon o segons, el dret d'exigir-ne la reparació.

5. *Usine de Chorzów, fond, arrêt núm. 13*, 1928, *CPJI*, série A, nº. 17.

Si l'origen de la responsabilitat internacional està en el fet internacionalment il·lícit i tot Estat està subjecte que es consideri que ha realitzat un fet il·lícit que doni lloc a responsabilitat, ens hem de referir als elements del fet internacionalment il·lícit. La doctrina, i així ho recull també la Comissió de Dret Internacional en el seu projecte d'articles sobre la responsabilitat internacional dels Estats[6], ha considerat la concurrència de dos elements: un element subjectiu que ve constituït per l'existència d'un comportament que es pugui atribuir a l'Estat; i un element objectiu en la mesura que aquest comportament constitueixi una violació d'una obligació internacional de l'Estat amb independència de quin sigui l'origen, convencional o consuetudinari, de l'obligació.

D'altra banda, s'ha d'indicar també que, darrerament, s'ha estès la consideració que les violacions de determinades obligacions que emanen de normes imperatives de Dret Internacional general poden generar conseqüències particulars i que davant d'elles, tots els Estats se'n podrien considerar lesionats. En general, les conseqüències de la responsabilitat internacional es configuren a partir de l'obligació de cessament i no repetició i de l'obligació de reparar el perjudici. Val a dir, finalment, que, entre les formes de reparació, la Comissió de Dret Internacional ha identificat la restitució íntegra, la indemnització i la satisfacció, la conceptualització de les quals no ofereix excessius problemes.

V. L'aplicació forçosa del Dret Internacional

Com dèiem al principi, han anat apareixent, en el Dret Internacional contemporani, mecanismes amb un cert grau d'institucionalització que contribueixen a garantir l'aplicació del Dret Internacional, tot i que no siguin mecanismes d'abast general i que, en gran manera, s'hagin d'emmarcar dins del fenomen de les Organitzacions internacionals. Es tracta, fonamentalment, de diferents tècniques de vigilància i control que, per la seva mateixa existència, més que forçar, faciliten l'aplicació del Dret Internacional per part dels Estats. Igualment, a més de les tècniques descentralitzades que tradicionalment permeten a un Estat forçar un altre Estat al compliment del Dret Internacional, s'han anat desenvolupant mesures coactives de caràcter col·lectiu per part d'Organitzacions internacionals.

1. Mecanismes de vigilància i control

Es tracta d'un conjunt de tècniques, acceptades pels Estats, que tenen com a objecte verificar si el seu comportament s'adequa o no al que ve exigit per les normes internacionals. Amb la presència d'aquests mecanismes s'està facilitant i promovent l'efectiu

6. Aprovat per la Comissió de Dret Internacional en el seu període de sessions de 2001 (vegeu resolució 56/83 de l'Assemblea General de 12 de desembre de 2001).

compliment per part dels Estats de les seves obligacions internacionals. Aquestes tècniques de garantia de l'aplicació del Dret Internacional són relativament freqüents en el sector de la protecció internacional dels drets humans i així podem parlar, per exemple, dels mecanismes de protecció establerts en el Conveni europeu per a la salvaguarda dels drets humans i llibertats fonamentals i en el Pacte internacional de drets civils i polítics.

Es tracta, a vegades, de mecanismes de verificació purament interestatals establerts i acceptats pels Estats en un tractat internacional tot i que, darrerament, destaquen significativament els mitjans de control institucionalitzats, és a dir, establerts en el marc d'Organitzacions internacionals. Evidentment, aquests mecanismes de control del comportament dels Estats deriven també del que prevegi el tractat fundacional de l'Organització internacional en qüestió, però el seu desenvolupament en una diversitat d'àmbits materials és indicatiu de la progressiva institucionalització de la societat internacional i del Dret Internacional contemporani.

2. Mesures de caràcter unilateral

Les mesures unilaterals o d'autotutela són conseqüència necessària de la premissa de partida a l'hora de parlar de l'aplicació del Dret Internacional: en no estar els procediments d'aplicació institucionalitzats –per les mateixes característiques de la societat internacional–, correspon, de manera descentralitzada, a l'Estat que consideri els seus drets lesionats recórrer a les mesures d'autotutela que estimi més adequades per assegurar el respecte dels seus drets. Es tracta de formes de repressió que utilitzen els Estats davant l'absència d'un poder superior que asseguri per altres mitjans l'aplicació del Dret Internacional. En la mesura que s'estan operant canvis en l'estructura social internacional, amb una tendència a l'aparició d'òrgans i d'institucions pròpiament internacionals, les mesures d'autotutela estarien adquirint una importància residual.

Entre les mesures d'autotutela podem mencionar la ruptura de relacions diplomàtiques quan estigui fundada en la violació d'un dret i no en motius estrictament polítics; les anomenades *mesures de retorsió* que són tot un seguit d'actes perjudicials o inamistosos –però lícits des del punt de vista del Dret Internacional– que un Estat adopta contra un altre Estat en resposta a actes de caire similar[7]; i les contramesures, que sí que són actes il·lícits des del punt de vista del Dret Internacional, però que es justifiquen com a reacció contra un previ fet il·lícit internacional per part de l'altre Estat. Les contramesures en cap cas poden comportar l'ús de la força en virtut de la prohibició que estableix l'article 2.4 de la Carta de les Nacions Unides i, en general, tampoc poden afectar altres obligacions emanades de normes imperatives, per la qual cosa tenen, com en general també les altres mesures d'autotutela, un caràcter marcadament econòmic.

---

7. Es tractaria, per exemple, de l'expulsió de ciutadans estrangers, de l'expulsió de personal diplomàtic, de la imposició de l'obligació de visats, d'altres restriccions d'accés o residència, d'imposició de drets duaners suplementaris, etc.

3. Mesures coactives de caràcter col·lectiu

Aquest tipus de mesures coactives només esdevenen possibles en una societat cada cop més institucionalitzada on, de manera col·lectiva i a través d'Organitzacions internacionals, es pugui operar mitjançant sancions per assegurar l'aplicació del Dret Internacional. En altres paraules, estem parlant de la reacció institucional d'una Organització internacional que adopta mesures amb l'objecte de restaurar el respecte del Dret Internacional. Aquesta reacció institucional pot revestir diverses modalitats, des de l'aïllament de l'Estat infractor fins a l'ús de la força, passant per les sancions econòmiques.

En aquest sentit, l'Organització internacional que disposa del repertori complet de mesures coactives és l'Organització de les Nacions Unides, especialment en el marc del que disposa el Capítol VII de la Carta de les Nacions Unides pel que fa a l'actuació del Consell de Seguretat en cas d'amenaces a la pau, de ruptures de la pau i d'actes d'agressió. Les mesures que pot adoptar el Consell de Seguretat són fonamentalment de dos tipus: les que no impliquen ús de la força armada com la interrupció de relacions econòmiques i de les comunicacions, així com la ruptura de relacions diplomàtiques (article 41 de la Carta); les que sí impliquen l'ús de la força armada (article 42). En relació amb aquesta qüestió ens remetem al capítol 13, i assenyalem tan sols que, malgrat no haver-se posat en marxa els mecanismes previstos per la Carta (articles del 43 al 48), la situació ha canviat de manera molt significativa a partir de la pràctica recent del Consell de Seguretat iniciada el 1990 amb l'adopció de mesures sancionadores arran de la invasió de Kuwait per part d'Iraq. Mesures que varen significar, inicialment, l'adopció de sancions econòmiques però que també han comportat, en aquell i en d'altres casos, l'autorització per adoptar «les mesures necessàries» –expressió que inclou l'ús de la força– per al compliment de les decisions del Consell de Seguretat.

Bibliografia sumària

GARZÓN CLARIANA, G. «El control internacional. Contribución al estudio de los controles jurídicos», *Revista Española de Derecho Internacional*, 1983.1, p. 9-28.

MANGAS MARTÍN, A. «Las relaciones entre el Derecho Internacional y el derecho español», *Cuestiones prácticas de Derecho Internacional Público y Cooperación Jurídica Internacional*, Consejo General del Poder Judicial, Madrid 1994, p. 9-37.

PANIAGUA REDONDO, R. «La recepción, publicación y rango normativo de los tratados internacionales en el ordenamiento jurídico español», *Revista Jurídica de Catalunya* 1991.4, p. 9-39.

PÉREZ GONZÁLEZ, M. «La acción exterior del Estado y las autonomías: desarrollos en la práctica estatutaria», *Cursos de Derecho Internacional de Vitoria-Gasteiz 1986*, Universidad del País Vasco, Bilbao 1987, p. 257-362.

DIVERSOS AUTORS. *La responsabilidad internacional*, XII Jornadas de la Asociación de Profesores de Derecho Internacional y Relaciones Internacionales, Alacant, 1989.

SEGONA PART
LES ORGANITZACIONS INTERNACIONALS

10. LES ORGANITZACIONS INTERNACIONALS: ASPECTES GENERALS*

I. Idees generals

L'objecte d'estudi en aquest capítol són les Organitzacions internacionals integrades per Estats.

La qualificació de les Organitzacions internacionals com a «actor» en les relacions internacionals, i com a «subjecte» en l'ordenament jurídic internacional és un dels trets característics de la societat internacional contemporània.

Efectivament, la implantació, sense precedents a nivell universal i regional, que han tingut les Organitzacions internacionals després de la Segona Guerra Mundial, ha incidit directament en el desenvolupament de les relacions de cooperació entre els Estats. Així mateix, des de la perspectiva jurídica internacional es pot afirmar que han incidit tant en la formulació de normes com en els mecanismes d'aplicació; fet que ha donat una nova dimensió a aquest ordenament.

La incidència i la repercussió actuals són el resultat d'un procés evolutiu que s'inicia en el segle XIX, i que continua obert, procés en el qual, seguint el professor GONZÁLEZ CAMPOS[1], es poden distingir quatre etapes:

–La primera comprendria des de les primeres manifestacions que provenen del Congrés de Viena de 1815, amb les anomenades «comissions fluvials», previstes per organitzar la navegació pel Rin i el Danubi; passant per les unions administratives, concebudes com un mitjà auxiliar del comerç internacional –amb aquesta idea es crea, per exemple, la Unió Internacional de Telègrafs (1865)–; fins a arribar a l'enfocament de la Societat de Nacions, etapa en la qual s'inclou un assaig d'organització del poder polític, amb l'establiment del conegut com a *concert europeu*, que consistia fonamentalment en un sistema de consultes en els afers generals, com a mitjà per garantir la pau a Europa.

---

* Elaborat per la Dra. Anna BADIA MARTÍ.

1. González Campos, J. D., *Derecho de las organizaciones internacionales*, Escuela de Funcionarios Internacionales, Madrid, Curso 1996-1967 (policopiat), pp. 4-7.

–La segona etapa correspon al període ginebrí (1919-1945). En aquesta es consolida l'experiència de l'etapa anterior, i es pot parlar pròpiament d'Organitzacions internacionals, d'acord amb la noció de l'epígraf següent. En l'àmbit de «l'organització del poder polític», es crea la Societat de Nacions (1919) i, juntament amb aquesta i dirigida a la institucionalització de la cooperació en matèria de treball i seguretat social, l'Organització Internacional del Treball (OIT).

En aquest període sorgeixen els primers intents d'Organitzacions internacionals amb vocació d'operar en una àrea geogràfica determinada. En concret, a Europa s'inicia el fenomen de l'«entesa» i en el continent americà es consolida el panamericanisme.

–La tercera etapa respon a l'era de les Nacions Unides, en la qual estem immersos, caracteritzada per: consolidació de l'organització general de pau i seguretat (ONU); desenvolupament del regionalisme; i extensió de la cooperació institucionalitzada que comprèn totes les esferes. Etapa que està imbuïda, així mateix, des de la perspectiva política, per la divisió ideològica i política entre els països d'economia de mercat i els països d'economia planificada.

–La quarta etapa, la caracteritza l'esmentat autor a partir de 1960, data sobre la qual hi ha coincidència en considerar-la determinant en la incidència de la fi del colonialisme; fenomen que significarà l'inici de l'*universalisme*, en el sentit que es deslegitimen les relacions de dominació conseqüència del colonialisme, i es dóna lloc al naixement de nous Estats amb valors i prioritats diferents de les dels Estats preexistents, qüestió que condicionarà, no tant els paràmetres de les Organitzacions internacionals, sinó llurs activitats i opinions.

En aquest procés evolutiu, el final de la divisió entre els blocs socialista i capitalista, amb el triomf dels idearis polítics i econòmics d'aquest últim, determinarà una nova etapa que, de moment, a l'igual que l'anterior, no ha significat un canvi en les estructures organitzatives. Canvis que han generat el naixement d'un conjunt de nous Estats, amb incidència en la composició de les organitzacions, tant regionals com universals, i en la redefinició d'algunes organitzacions regionals, especialment les de naturalesa política i de defensa a Europa.

II. Noció i característiques

Malgrat la diversitat d'Organitzacions internacionals existents en la societat internacional, d'acord amb el conjunt de característiques que les defineixen a totes elles, es pot formular un concepte general en els termes següents: «Són associacions voluntàries d'Estats establertes per acord internacional, dotades d'òrgans permanents, propis i independents, encarregats de gestionar uns interessos col·lectius i capaces d'expressar una voluntat jurídicament independent de la dels seus membres»[2].

---

2. Sobrino Heredia, J. M., a Díez de Velasco, M. *Las organizaciones internacionales*, 13a edició, Madrid, 2003, p. 43.

D'acord amb la noció empírica proposada, s'identifiquen quatre característiques específiques, útils, a més, per distingir-les de figures afins.

A) *Creades per Estats*. Les organitzacions internacionals objecte d'estudi en aquest capítol són aquelles que són creades per Estats, en la mesura en què són aquests els que tenen la capacitat *per se* de concloure tractats, afirmació que no ha d'induir a la confusió que únicament els Estats poden ser membres d'Organitzacions internacionals. S'ha de diferenciar, per tant, entre el subjecte creador de l'Organització, que és l'Estat, de la composició de l'Organització, que dependrà del que acordin els Estats. De totes maneres, la capacitat de crear Organitzacions internacionals no és exclusiva dels Estats, sinó que, en la mesura que aquests ho permetin, també les Organitzacions internacionals podrien participar en aquesta creació.

Aquesta característica permet diferenciar les Organitzacions internacionals intergovernamentals d'altres Organitzacions internacionals, en concret d'aquelles integrades per particulars, anomenades *no governamentals* com són, per exemple, Amnistia Internacional, Intermón o Greenpeace. Aquestes organitzacions actuen dins dels Estats i d'acord amb el dret intern, i la seva dimensió internacional és sobre la base dels objectius que pretenen.

B) *Base convencional*. Les Organitzacions internacionals les creen els Estats a través de tractats. És a dir, que la voluntat dels Estats de crear una Organització internacional es formalitza a través de la tècnica específica del Dret Internacional Públic que és el tractat internacional. Això significa, per tant, que aquest tractat haurà de celebrar-se d'acord amb les normes internacionals relatives a la matèria dels tractats internacionals.

El tractat constitutiu de l'Organització internacional és un tractat molt particular ja que crea un nou subjecte de Dret Internacional. Especificitat que permet comparar-lo amb una «constitució» en relació amb el dret intern; el que s'estipuli en el tractat constitutiu regirà tota la vida de l'organització.

La base convencional de les Organitzacions internacionals determina el caràcter de la seva subjectivitat, que és derivada, ja que per crear-les es precisa que prèviament existeixi un subjecte amb capacitat per concloure tractats.

C) *Estructura orgànica*. El tractat constitutiu de l'Organització internacional crea uns òrgans permanents que donaran vida a l'Organització, permanència que no ha de concórrer forçosament en tots els òrgans, sinó que és suficient amb el fet que es doni en alguns d'ells, que permeti el funcionament de l'Organització.

La seva existència és l'element diferenciador entre les Organitzacions internacionals i les conferències internacionals. Aquestes no es creen per un tractat constitutiu, sinó que la reunió d'Estats respon a una convocatòria en dia, hora i lloc determinat per tractar un afer en concret i, un cop superat l'objectiu de la convocatòria, la conferència internacional finalitza. En la pràctica recent, algunes conferències internacionals tenen una tendència a la institucionalització que fa difícil la diferenciació entre ambdues figures.

D) *Autonomia jurídica*. El caràcter de l'autonomia jurídica indica que les Organitzacions internacionals són subjectes diferents dels subjectes estatals que les integren. No únicament es tracta d'un nou subjecte, sinó que, a més, és de diferent naturalesa.

La personalitat jurídica internacional específica de les Organitzacions internacionals, la va afirmar el Tribunal Internacional de Justícia en una opinió consultiva de 1949 respecte a l'Organització de les Nacions Unides en els termes següents: «...el Tribunal arriba a la conclusió que l'Organització és una persona internacional. Això no equival a dir que l'Organització sigui un Estat, el que certament no és, o que la seva personalitat jurídica, els seus drets i deures siguin els mateixos que els d'un Estat, qualsevol que sigui el sentit d'aquesta expressió. Ni tan sols implica que tots els drets i deures de l'Organització hagin de trobar-se en el pla internacional, de la mateixa manera que no tots els drets i deures dels Estats s'hi han de trobar. Això significa que l'Organització és un subjecte de Dret Internacional, que té capacitat per ser titular de drets i deures internacionals i que té capacitat per prevaler-se d'aquests drets per via de reclamació internacional.»[3]

El conjunt de drets i d'obligacions que es reconeixeran a cadascuna de les Organitzacions internacionals dependrà de les funcions que realitzarà cadascuna d'elles. En tot cas, la seva personalitat jurídica serà rellevant tant en el dret intern dels Estats com en l'ordenament internacional.

–Respecte al dret intern, s'ha d'assenyalar que les Organitzacions internacionals realitzen funcions per a les quals han estat creades en el territori dels Estats, situació que exigeix que l'ordenament intern del país en què opera li reconegui la capacitat d'actuar-hi, li reconegui els privilegis i immunitats necessàries per complir les seves funcions, així com la capacitat contractual per poder satisfer les seves necessitats materials.

–Respecte a l'ordenament jurídic internacional, el reconeixement de la personalitat jurídica internacional significa la capacitat per crear, aplicar i exigir el conjunt normatiu internacional en les esferes que afecten la competència de l'Organització; dimensió que ens situa davant el seu estatut jurídic internacional.

III. Criteris de classificació

Existeixen una pluralitat de criteris per classificar les Organitzacions internacionals, que s'han anat formulant a mesura que progressivament s'amplien les tipologies d'Organitzacions internacionals.

Les Organitzacions internacionals poden classificar-se a l'entorn de dues categories: per la seva composició i per les funcions que realitzen.

---

3. *Réparation des dommages subis au service des Nations Unies (Avis consultatif de 11 d'avril de 1949). CIJ Recueil*, 1949, p. 278.

1. Classificació de les Organitzacions internacionals per la seva composició

A) Universals i regionals

Les Organitzacions universals són aquelles Organitzacions que tenen vocació d'universalitat; és a dir, independentment del nombre d'Estats que han adoptat el tractat constitutiu, pels objectius que persegueixen estan cridades a participar-hi totes les entitats estatals existents.

Les Organitzacions regionals estan restringides a un nombre determinat d'Estats. Els Estats cridats a pertànyer a l'Organització responen tots ells a un criteri d'afinitat, ja sigui la proximitat geogràfica, l'afinitat política, l'econòmica o la religiosa.

Aquesta classificació és l'exponent dels dos fenòmens associatius que representen: l'universalisme i el regionalisme, que, en cap cas, s'han de qualificar d'excloents.

B) Per la manera d'adquirir la condició de membre

Existeixen les Organitzacions d'admissió automàtica, cas en què depèn exclusivament de la voluntat de l'Estat pertànyer a l'Organització, sense necessitat de reunir requisits objectius addicionals al de ser Estat, com és el cas d'alguns Organismes especialitzats del sistema de les Nacions Unides.

Enfront d'aquesta absència de requisits, s'estableix normalment un procediment d'admissió reglamentat en el tractat constitutiu. Usualment es parteix de la sol·licitud de l'Estat aspirant i en el procediment participen els òrgans competents de l'Organització.

2. Classificació de les Organitzacions internacionals per les seves funcions

A) Organitzacions de caràcter general i Organitzacions especialitzades

Classificació que respon als fins de l'Organització segons que aquests siguin generals o bé específics.

Les Organitzacions de caràcter general són aquelles que poden tractar de qualsevol afer, sigui quina en sigui la matèria, sense restriccions. L'Organització de caràcter general per excel·lència en l'àmbit universal és l'Organització de les Nacions Unides. Així mateix, també poden crear-se Organitzacions regionals de competència general, com poden ser l'Organització d'Estats Americans (OEA) o l'Organització per a la Unitat Africana (OUA), avui Unió Africana (UA).

Les Organitzacions especialitzades són aquelles que s'han creat amb finalitats específiques, com per exemple l'Organització Mundial de la Salut (OMS), en el pla universal, o la Unió Europea Occidental (UEO), en el pla regional.

B) Organitzacions deliberants, executives i supranacionals

Aquesta classificació adopta com a criteri diferenciador les diferents competències que acostumen a tenir les Organitzacions internacionals.

Les de caràcter deliberant són aquelles, les competències de les quals són les d'establir directives a través de resolucions i recomanacions. L'aplicació de la directriu de l'Organització depèn totalment del comportament dels Estats membres. Dintre d'aquest grup s'inclouen les Organitzacions de finalitats generals.

Les executives són aquelles que assumeixen responsabilitats administratives per elles mateixes. Els delegats governamentals participen en el disseny de les normes, però és l'Organització la que té el poder necessari per aplicar-les. Tenen el seu propi poder, que poden exercir sense substituir els poders o les competències estatals; les seves funcions més usuals són administratives i de control. Formen part d'aquesta categoria la majoria dels Organismes especialitzats del sistema de les Nacions Unides com, per exemple, l'Organització Mundial del Treball (OIT) o el Banc Internacional per a la Reconstrucció i el Desenvolupament (BIRD).

Les organitzacions internacionals supranacionals ja no requereixen un alt nivell de cooperació amb les anteriors, sinó que exigeixen la integració entre els seus Estats membres. Es tracta d'Organitzacions que reemplacen els governs en l'exercici de poders sobirans. L'Organització supranacional per excel·lència és la Comunitat Europea.

IV. La posició dels Estats en les Organitzacions internacionals

En l'apartat anterior s'utilitzava com a criteri de classificació de les Organitzacions internacionals el de la seva composició en atenció a la formulació o no de requisits per assolir la condició de membre de l'Organització; forma, potser la més important, de participar en la vida de l'Organització.

Juntament amb la condició de membre de l'Organització, s'ha d'assenyalar que en la formació de la voluntat de les Organitzacions internacionals existeixen altres formes de participació més limitades que l'anterior, així com la possibilitat que actuïn altres ens que no siguin els Estats. Analitzem breument a continuació aquestes situacions sota dos enunciats: l'estatut de membre i altres formes de participació.

1. L'estatut de membre

L'estatut de membre normalment recau en els Estats, però també poden tenir aquesta condició les organitzacions internacionals –com és el cas de la Comunitat Europea en la FAO–. Nosaltres ens referirem al supòsit estatal.

L'adquisició de la condició de membre està reglamentada pel tractat constitutiu, en què es distingeix entre els membres originaris i els admesos.

Els primers són els que han participat en el procés de conclusió del tractat constitutiu de l'organització. Els admesos són els que reuneixen els requisits objectius per poder ser membres i segueixen el procés previst per assolir aquesta condició.

L'entrada de nous membres en l'Organització modifica o pot modificar l'equilibri ideològic, polític i econòmic existent entre els membres, fet que ha de repercutir en els actes futurs de l'organització.

Respecte dels drets i de les obligacions derivats de la condició de membre (vot, quotes, representació...) no hi ha diferències entre els membres originaris i els admesos un cop l'Organització ja està funcionant.

De la mateixa manera que, si es reuneixen un seguit de requisits i existeix la voluntat per fer-ho, un Estat pot adquirir la condició de membre, aquesta condició també es pot perdre o finalitzar.

La pèrdua de la condició de membre pot ser voluntària per part de l'Estat, i adoptar la forma de retirada. En el supòsit de ser forçosa -l'altra modalitat- ho ha de decidir l'Organització i adopta la forma o de suspensió o bé d'expulsió.

La representació dels Estats en les Organitzacions internacionals acostuma a correspondre als integrants dels respectius ministeris d'afers estrangers. No obstant això, la composició de la delegació estatal dependrà de si s'està davant d'una Organització de fins generals o es tracta d'una matèria que requereix un alt nivell d'especialització, supòsit en el qual la composició serà mixta, és a dir, de membres del cos diplomàtic i d'altres cossos de l'administració de l'Estat o especialistes en la matèria.

2. Altres formes de participació en les Organitzacions internacionals

La pràctica de les Organitzacions internacionals revela que, juntament amb la condició de membre de ple dret, que correspon als Estats originaris i admesos –i excepcionalment pot tenir aquesta condició una Organització internacional–, hi ha altres formes de participació més restringida i que poden recaure en subjectes no estatals. Aquesta participació pot estar prevista pels tractats constitutius o bé s'ha anat desenvolupant per la pràctica. Entre les formes més comunes es pot identificar les de membres associats, parcials, afiliats, estatut d'observador, estatut consultiu, peticionaris, etc.

Aquestes formes de participació poden tenir un caràcter transitori, que acabarà en una participació plena –com, per exemple, respecte a la participació dels territoris colonials fins que no assoleixin la condició d'Estats–; o bé pot tractar-se d'una participació definitiva perquè la condició del subjecte no permet altra forma de participació, si no fos que es canviés el tractat constitutiu.

Aquestes «altres formes» de participació han contribuït directament, d'una banda, a l'universalisme i, de l'altra, faciliten la participació d'ens no estatals en estructures eminentment estatals.

V. Els òrgans de les Organitzacions internacionals

Els òrgans de cadascuna de les Organitzacions internacionals no poden estudiar-se aïlladament. Al si de cada Organització es configura el que es coneix com a estructura orgànica, dintre de la qual es genera un entramat de relacions entre aquests que poden ser de subordinació o de coordinació.

Com a criteri general es pot afirmar que en el tractat constitutiu s'estableixen quins seran els òrgans principals i les funcions que hauran de desenvolupar, així com els mitjans de què disposa per fer-ho. Aquest marc competencial està sotmès a reinterpretacions sobre la base de la pràctica, ja que s'encaren amb noves necessitats que han de superar per complir els propòsits de l'Organització.

Sense perjudici de la diversitat, l'estructura mínima de tota Organització respon als paràmetres següents: *a*) un òrgan administratiu, encapçalat per la secretaria, que tindrà el caràcter de permanent i representarà l'Organització; *b*) un òrgan executiu, de composició reduïda i intergovernamental, amb un ampli marge competencial; *c*) un òrgan deliberant en què participen tots els membres de l'Organització, amb capacitat per tractar tots els temes d'interès per a l'Organització.

Els òrgans de les Organitzacions internacionals poden classificar-se sobre la base de la seva composició i de les seves competències.

A) *Composició*. Per la composició de l'òrgan s'ha de distingir entre intergovernamentals (integrats per representants dels governs), tècnics, agents internacionals, mixtos (representants governamentals i agents internacionals).

B) *Competències*. Per les competències específiques de l'òrgan es pot distingir entre administratius, jurisdiccionals, consultius, de coordinació, deliberants, legislatius i executius.

Bibliografia sumària

SOBRINO HEREDIA, J. M. a DÍEZ DE VELASCO, M. *Las organizaciones internacionales*, 13a edició, editorial Tecnos, Madrid 2003, pp. 37-54.

DUPUY, R. J. (dir.) *Manuel sur les organisations internationales*, Martinus Nijhoff Publishers, Dordrecht 1988, pp. 1-178.

MARIÑO MENÉNDEZ, F. «Organismos internacionales», *Nueva Enciclopedia Jurídica*, Tomo XVIII, Seix, Barcelona 1986, pàg. 593-638.

GONZÁLEZ CAMPOS, J. D. *Derecho de las organizaciones internacionales*, Escuela de Funcionarios Internacionales, Madrid, Curso 1966-1967 (policopiat).

PASTOR RIDRUEJO, J. A. *Curso de Derecho Internacional Público y organizaciones internacionales*, 9a edició, editorial Tecnos, Madrid 2003, pp. 643-674.

RODRÍGUEZ CARRIÓN, J. A. *Lecciones de Derecho Internacional Público*, 5a edició, editorial Tecnos, Madrid 2004, pp.114-137.

11. L'ORGANITZACIÓ DE LES NACIONS UNIDES*

I. Introducció. Els antecedents de l'Organització

L'Organització de les Nacions Unides és una Organització internacional de caràcter universal creada l'any 1945 pels Estats aliats en la Segona Guerra Mundial amb la finalitat principal de constituir un ens permanent capaç de mantenir la pau i la seguretat internacionals; finalitat que no amagava l'existència d'altres objectius que, amb el pas del temps, s'han anat desenvolupant i consolidant, i que poden considerar-se els pressupòsits d'una veritable pau universal: la protecció dels drets humans i dels pobles, la cooperació internacional en tots els àmbits, la protecció del medi ambient, el respecte al Dret Internacional, etc.

L'antecedent immediat de l'Organització de les Nacions Unides, com a Organització internacional amb vocació d'universalitat i dirigida al manteniment de la pau internacional, és la Societat de Nacions, creada l'any 1919 mitjançant el Tractat de Versalles que posava fi a la Primera Guerra Mundial. El fracàs de la Societat de Nacions en el seu objectiu central és evident, ja que no va poder impedir la Segona Guerra Mundial. Per aquesta raó, en cap moment és esmentada en el tractat constitutiu de l'ONU. Això no impedeix afirmar que els redactors de la Carta de les Nacions Unides tingueren molt en compte les causes del fracàs de la Societat de Nacions a l'hora de dissenyar la nova organització. Entre aquestes causes podem destacar-ne dues:

–Absència de les grans potències. Els Estats Units mai no van participar en la Societat de Nacions, tot i que el president Wilson en va ser un dels màxims promotors; la Unió Soviètica, d'altra banda, en va ser expulsada arran de l'agressió a Finlàndia. La nova Organització, si volia gaudir d'efectivitat en el pla internacional, havia d'assegurar la presència activa de les grans potències (guanyadores de la Segona Guerra Mundial) i per això calia atorgar-los un paper preeminent.

–Ús preferent de la regla de la unanimitat per a l'adopció de decisions. El

---

* Elaborat pel Dr. Jaume SAURA I ESTAPÀ.

mètode de la unanimitat, formalment respectuós amb el principi de sobirania dels Estats, paralitzava sovint les iniciatives de la Societat de Nacions, en la mesura que qualsevol vot negatiu constituïa un autèntic vet a l'acció de l'Organització. Calia, doncs, limitar aquesta exigència a aquells supòsits en què estigués en joc la pau i la seguretat internacionals, tot permetent que les altres matèries fossin decidides a través d'un mecanisme de majoria.

Les Nacions Unides varen néixer durant la Segona Guerra Mundial; primer, com una aliança per a la guerra, però ben aviat es convertiren en un projecte de pau. Durant l'any 1941, trobem diversos textos elaborats per les potències aliades («Declaració dels aliats», de 12 de juny; «Carta de l'Atlàntic», de 14 d'agost) que preveuen la manera com caldrà organitzar la pau una vegada superat el tràngol de la guerra mundial. En aquesta línia, i emprant per primer cop l'expressió «Nacions Unides», la Declaració de Washington (o de les Nacions Unides), d'1 de gener de 1942, firmada per 26 Estats, recull i reafirma les directrius del nou ordre mundial expressades en els documents anteriors.

Ara bé, la idea de crear una Organització permanent encarregada del manteniment de la pau no cristal·litza fins a la Declaració de Moscou, de 30 d'octubre de 1943, en la qual només participen les grans potències: Estats Units, Regne Unit, Unió Soviètica i Xina. Per tal de desenvolupar aquesta previsió, cada un d'aquests Estats crea un comitè d'experts governamentals que treballen en els primers esborranys del que serà el tractat fundacional de la nova Organització. La culminació d'aquests treballs té lloc a la Conferència de Dumbarton Oaks (EUA), celebrada entre l'agost i l'octubre de 1944. Les conclusions d'aquesta conferència d'experts constitueixen la base de l'actual Organització de les Nacions Unides, però no resolen tots els problemes plantejats per al futur funcionament de l'organització. En concret, restava per determinar el sistema de vot en el si del Consell de Seguretat, òrgan específicament encarregat del manteniment de la pau. Caldrà esperar a la Conferència de Ialta (febrer de 1945) perquè els dirigents dels Estats Units, Regne Unit i Unió Soviètica es posin d'acord sobre aquest punt, i dotin les potències que seran membres permanents d'aquest òrgan (França i Xina, a més de les anteriors) d'un dret de vet que examinarem en el proper capítol. Des de Ialta es fa la convocatòria de la Conferència de San Francisco (de 25 d'abril a 26 de juny de 1945), encarregada d'aprovar la Carta de les Nacions Unides i en la qual participen 50 Estats expressament convidats per les grans potències. Fruit dels seus treballs, el 26 de juny de 1945 es va aprovar la Carta de les Nacions Unides i l'Estatut del Tribunal Internacional de Justícia, que és annex a la Carta i de la qual en forma part integrant. L'entrada en vigor de la Carta i l'Estatut es va produir el 24 d'octubre de 1945.

II. La Carta de les Nacions Unides: característiques

La Carta de les Nacions Unides és, formalment, un tractat internacional mitjançant el qual es constitueix una Organització internacional d'àmbit universal i fins generals. Podem reiterar aquí, doncs, tot el que hem assenyalat en relació amb els tractats internacionals i, especialment, els tractats constitutius d'Organitzacions internacionals.

Més enllà d'aquesta visió purament formal de la Carta, s'ha dit que aquest instrument constitueix una mena de «Constitució mundial» o, com a mínim, un tractat *sui generis*. En efecte, diversos aspectes del seu contingut permeten afirmar que la Carta no és un tractat qualsevol, ja que, a banda de previsions orgàniques tendents a la creació d'una entitat supraestatal permanent, conté disposicions d'abast més general. En aquest sentit, podem citar:

1. La presència, en els articles 1 i 2 de la Carta, dels propòsits i principis de l'Organització; és a dir, dels seus objectius i de les pautes a seguir per assolir-los. Propòsits i principis que examinarem immediatament i que majoritàriament han assolit un abast universal com a valors de la societat internacional actual i un caire estructural o constitucional en el si del Dret Internacional contemporani. Uns propòsits i uns principis, en definitiva, que en gran part escapen del marc estrictament convencional i de funcionament intern de l'Organització per abraçar les relacions internacionals de tots els Estats del món.

2. L'article 2.6 de la Carta estableix que «L'Organització farà per manera que els Estats que no són membres de les Nacions Unides actuïn d'acord amb aquests principis en la mesura que sigui necessària per al manteniment de la pau i de la seguretat internacionals.» Es tracta, doncs, d'un principi d'autoritat que trenca de forma excepcional amb una regla clàssica de la sobirania conforme a la qual cap Estat no es pot veure obligat a acceptar obligacions sobre les quals no hagi expressat, per activa o per passiva, el seu consentiment. L'excepció, com es pot veure, només afecta aquelles decisions de l'Organització relatives al manteniment de la pau i la seguretat internacionals, que n'és el principal objectiu. En aquest àmbit, doncs, l'autoritat de les Nacions Unides abasta tota la societat internacional.

3. L'article 103 de la Carta preveu que «En cas de conflicte entre les obligacions dels membres de les Nacions Unides en virtut de la present Carta i de les seves obligacions en virtut de qualsevol altre acord internacional, prevaldran les seves obligacions respecte a la present Carta». Per tant, la Carta de les Nacions Unides és jurídicament superior a qualsevol altre tractat del qual en siguin part els Estats membres, ja sigui anterior o posterior a la pròpia Carta, amb la qual cosa es trenca l'adagi clàssic que «la llei posterior deroga l'anterior». La superioritat de la Carta es justifica precisament per la universalitat dels seus propòsits i principis; però no és una qüestió que plantegi excessius problemes doctrinals en la mesura que es pot considerar com un compromís a futur que han adquirit voluntàriament els membres de l'Organització.

4. Com en el cas de les constitucions internes, tant l'entrada en vigor del Tractat, com la possibilitat de la seva reforma està fortament qualificada per l'exigència d'una àmplia majoria dels Estats membres, tot incloent-hi la participació de les grans potències, membres permanents del Consell de Seguretat.

Efectivament, l'article 110 de la Carta preveu la seva entrada en vigor en el moment en què s'hagin dipositat les ratificacions de Xina, França, Unió Soviètica,

Regne Unit i Estats Units, i de «la majoria dels altres Estats signataris». D'altra banda, els mecanismes de reforma previstos en els articles 108 i 109 de la Carta es caracteritzen per exigir, juntament amb els vots i les ratificacions de dos terços dels Estats membres de l'Assemblea General, les ratificacions dels membres permanents del Consell de Seguretat. En la pràctica de l'Organització només s'ha emprat el mecanisme de reforma de l'article 108, mitjançant el qual s'ha permès l'augment en el nombre de membres d'alguns òrgans principals (Consell de Seguretat que passa d'11 a 15 membres; Consell Econòmic i Social que passa, en dues modificacions, de 18 a 54 membres) amb la consegüent modificació, pel que fa al Consell de Seguretat, de la majoria necessària per a l'adopció de decisions.

III. Propòsits i principis de les Nacions Unides

La Carta de les Nacions Unides, immediatament després del seu preàmbul, enumera els propòsits i els principis que inspiren l'Organització. Els propòsits, continguts a l'article 1, són els objectius o finalitats que pretenen assolir les Nacions Unides. Els principis, previstos per l'article 2, constitueixen les regles de conducta que han de complir els Estats membres (paràgrafs 2, 3, 4 i 5) i la mateixa Organització (paràgrafs 1, 6 i 7) per tal d'aconseguir aquells objectius. Juntament amb els set principis establerts l'any 1945 a la Carta, cal fer també esment dels continguts a la Resolució 2625 (XXV), de 24 d'octubre de 1970, de l'Assemblea General, titulada «Declaració sobre els principis de Dret Internacional referents a les relacions d'amistat i a la cooperació entre els Estats, de conformitat amb la Carta de les Nacions Unides», que recull i reformula els quatre primers principis de l'article 2 i n'afegeix tres de nous, com a fruit de l'evolució de la societat internacional des del final de la Segona Guerra Mundial.

1. Propòsits de la Carta de les Nacions Unides

Els quatre paràgrafs de l'article primer de la Carta enumeren successivament els propòsits de l'Organització. Tres d'ells tenen caràcter estructural. Són el manteniment de la pau i la seguretat internacionals (el propòsit central, que inspira tots els altres); el foment entre les nacions de relacions d'amistat basades en el respecte al principi d'igualtat de drets i de lliure determinació dels pobles, i la realització de la cooperació internacional en la solució dels problemes internacionals. Aquests propòsits constitueixen, a la vegada, les funcions que desenvoluparan les Nacions Unides i que estudiarem en el capítol 13. El quart propòsit de l'Organització té un caràcter merament instrumental: servir de centre que harmonitzi els esforços de les nacions per assolir els anteriors propòsits.

1. *Manteniment de la pau i la seguretat internacionals.* Les Nacions Unides

són conseqüència directa del conflicte armat més tràgic de tota la història de la humanitat (en què varen morir més de 50 milions de persones), cosa que explica l'èmfasi posat en la consecució de la pau com a objectiu primordial. De fet, aquest objectiu ja s'anuncia en el preàmbul, quan els signants de la Carta es declaren resolts «a preservar les generacions venidores del flagell de la guerra» i, en conseqüència, «a unir les nostres forces per mantenir la pau i la seguretat internacionals, a acceptar els principis i adoptar els mètodes que assegurin que no es farà ús de la força armada si no és en l'interès comú».

Així doncs, el paràgraf primer de l'article 1 estableix el propòsit de manteniment de la pau i les línies d'actuació que emprendrà l'Organització per obtenir-lo. Cal aclarir que l'objectiu de les Nacions Unides és mantenir la pau «internacional»; és a dir, entre els Estats: no intervindrà en els conflictes interns llevat que siguin susceptibles de posar en perill la pau internacional.

Quant a les mesures a adoptar, se'n preveuen de dos tipus:

–Mesures col·lectives eficaces per prevenir i eliminar amenaces a la pau, i suprimir actes d'agressió o altres ruptures de la pau; mesures que es desenvolupen al Capítol VII de la Carta.

–Aconseguir per mitjans pacífics l'arranjament de les controvèrsies o situacions internacionals susceptibles de conduir a ruptures de la pau; intervenció de les Nacions Unides que es preveu amb més detall al Capítol VI de la Carta.

2. *Foment de les relacions d'amistat entre les nacions*. Davant d'una noció de pau conjuntural, com a mera absència de conflicte armat, que conté el primer propòsit de la Carta, el segon paràgraf de l'article 1 estableix un objectiu més ampli i ambiciós: enfortir la pau universal tot evitant les causes que, en última instància, fan possible la guerra com són les crisis i tensions entre els Estats. Aquest propòsit aspira, en definitiva, a canviar la pròpia societat internacional, fent-la més justa i democràtica, i en aquest sentit cal situar l'acció de l'Organització en pro de la codificació del Dret Internacional i en pro del desarmament. Quant a la base jurídica per a la realització d'aquest propòsit, està constituïda pel principi d'igualtat de drets i la lliure determinació dels pobles que, tot i no estar previst com a tal principi per l'article 2 de la Carta, ha conegut després de 1945 un ampli desenvolupament teòric i pràctic que ha fet de la descolonització l'eix vertebrador d'aquest segon propòsit de l'Organització.

3. *Cooperació per a la solució dels problemes internacionals*. El tercer propòsit de l'Organització fa referència, en la seva concepció original, a l'increment del benestar de la població de cada estat membre, des de dos punts de vista diferents: la solució de problemes de caràcter econòmic, social, cultural i humanitari, d'una banda; i el respecte als drets humans i a les llibertats fonamentals de tots, de l'altra. L'article 55 de la Carta reitera aquests objectius i n'afegeix un que pot ser el resum de tots ells: «les Nacions Unides promouran [...] uns nivells de vida més alts, feina per a tothom i condicions de progrés i desenvolupament econòmic i social».

Es tracta, en definitiva, de continuar aprofundint en els pressupòsits que permeten una pau duradora en relació, en aquest cas, amb la situació de la població a l'interior dels Estats. Aquest fet (la referència a problemes que, en última instància, són competència interna dels Estats) requereix el manteniment d'un delicat equilibri entre l'acció internacional i la sobirania dels Estats, que comporta una formulació més feble d'aquest propòsit en relació amb els anteriors: no es parla de solucionar els problemes econòmics i socials o de desenvolupar i estimular el respecte als drets humans, sinó de *cooperar* en la solució d'aquests problemes i en el desenvolupament d'aquests drets. Existeix un ampli marge de discrecionalitat en l'actuació estatal; marge que ha anat minvant com a conseqüència de l'evolució del Dret Internacional, tal com demostra l'extensa pràctica de l'Organització tant pel que fa a la protecció dels drets humans com, en menor mesura, a la cooperació per al desenvolupament.

4. *Centre harmonitzador*. Com hem dit, es tracta d'un propòsit instrumental, que només afecta les Nacions Unides com a Organització internacional. Efectivament, mitjançant aquest quart propòsit, l'Organització es proclama a si mateixa com l'instrument que utilitzaran els Estats membres per realitzar els anteriors.

2. Principis de la Carta de les Nacions Unides

L'article 2 de la Carta estableix set principis «per a la consecució dels propòsits enunciats a l'article 1»; principis que tenen, però, un valor i una significació molt diferents. D'una banda, els quatre primers (igualtat sobirana, bona fe, solució pacífica de les controvèrsies i prohibició de l'amenaça i l'ús de la força), que també han estat recollits per la Resolució 2625 (XXV), constitueixen, segons la mateixa Resolució, principis bàsics de l'ordenament jurídic internacional. Els altres tres, en canvi, fan referència exclusivament al funcionament intern i extern de l'Organització, del qual no es poden extrapolar. Passem, doncs, a examinar cadascun d'aquests principis.

1. *Principi d'igualtat sobirana dels Estats*. Com ja hem vist en parlar de l'Estat, la sobirania estatal constitueix el fonament sobre el qual descansa el Dret Internacional i la societat internacional. En la societat internacional no existeix cap entitat o autoritat superior als Estats, que són jurídicament iguals entre si «malgrat les diferències d'ordre econòmic, social, polític o d'altra naturalesa» que es poden constatar. La igualtat jurídica no amaga en cap cas les desigualtats fàctiques; significa simplement que tots els Estats, pel fet de ser-ho, formen part de la societat internacional i, davant d'ella, frueixen dels mateixos drets i assumeixen els mateixos deures. En aquest sentit, per la Resolució 2625, la igualtat sobirana comporta els següents drets i obligacions internacionals:

a) Els drets inherents a la plena sobirania.

b) El dret d'escollir i de desenvolupar lliurement el sistema polític, social, econòmic i cultural.

c) El deure de respectar la personalitat, la integritat territorial i la independència política dels altres Estats.

d) El deure de complir plenament i de bona fe les obligacions internacionals i de viure en pau amb els altres Estats.

Aquest darrer deure permet reiterar que la sobirania no és sinònim de poder absolut o arbitrari, ja que els Estats estan sempre sotmesos al Dret Internacional, i que la igualtat sobirana no impedeix l'assumpció de drets i obligacions desiguals entre els Estats; en aquest sentit, el dret de les potències que són membres permanents del Consell de Seguretat a vetar les seves decisions no contradiu el principi d'igualtat sobirana, en la mesura que tots els membres de l'Organització, pel fet d'haver ratificat la Carta, han acceptat aquest tractament discriminatori.

2. *Principi de bona fe*. Aquest principi fa referència al tipus de conducta que han de desenvolupar els Estats en les seves relacions internacionals tot limitant-ne la discrecionalitat. L'article 2.2 de la Carta esmenta simplement el compliment de bona fe de les obligacions contretes pels estats membres en virtut de la mateixa Carta. L'abast d'aquest principi, però, ha Estat generalitzat gràcies a la Resolució 2625, que l'amplia a tots els Estats (amb independència de la seva condició de membres o no de l'Organització) en el compliment de les obligacions contretes en virtut dels:

a) Principis i normes de Dret Internacional generalment reconeguts; és a dir, del Dret Internacional general consuetudinari.

b) Acords internacionals vàlids; és a dir, dels tractats internacionals[1]. Amb el benentès que si aquests acords estan en contradicció amb les obligacions dimanants de la Carta, preval la Carta.

Ara bé, el principi de bona fe no esgota la seva eficàcia en el compliment del Dret Internacional, convencional o consuetudinari; en realitat, és aplicable a qualsevol conducta estatal en l'àmbit de les seves relacions exteriors, de manera que, com vèiem en el capítol 5, el fonament últim de la doctrina dels actes propis i de la figura de l'*estoppel* no és altre que el principi de bona fe.

3. *Principi de solució pacífica de les controvèrsies*. Es tracta d'un principi d'aplicació universal íntimament vinculat al principi següent de la Carta (prohibició de l'amenaça i l'ús de la força), del qual en constitueix el corol·lari lògic. Els Estats no poden recórrer a l'ús de la força armada per solucionar les seves diferències; per tant, les han de resoldre de forma pacífica.

Ara bé, l'obligació que es deriva d'aquest principi és només de comportament, no de resultat. El Dret Internacional no pot imposar que les parts en un conflicte arribin efectivament a solucionar-lo; només pot establir que, en la seva solució, emprin exclusivament mitjans pacífics. De fet, aquesta obligació de comportament es desglossa, en la Resolució 2625, en dues actituds paral·leles:

– Una, de tipus positiu o actiu, consistent a cercar «una solució ràpida i justa».

---

1. Efectivament, trobem diverses manifestacions del principi de bona fe en el dret dels tractats: obligació d'interpretarlos de bona fe, segons, el sentit habitual dels seus termes (article 31 de la Convenció de Viena sobre el dret dels tractats, de 23 de maig de 1969); efectes d'un tractat nul per part de l'Estat que l'hagi aplicat de bona fe (article 69), etc.

– L'altra, de tipus negatiu o passiu, consistent a abstenir-se de «tot acte que pugui agreujar la situació fins al punt de posar en perill la pau i la seguretat internacionals».

Aquesta doble obligació de comportament es veu facilitada per l'enumeració que fan l'article 33 de la Carta i la Resolució 2625 d'una sèrie de mitjans pacífics per a la solució de les controvèrsies: la negociació, l'enquesta, la mediació, la conciliació, l'arbitratge, l'arranjament judicial i el recurs a organismes o acords regionals. Tenint en compte, però, les dades següents:

– Aquesta relació és merament exemplificativa, ja que sempre hi ha la possibilitat d'escollir altres mitjans no expressament previstos.

– En virtut del principi de lliure elecció dels mitjans, els Estats no estan obligats a utilitzar cap d'aquests mitjans en concret, entre els quals no existeix cap tipus de jerarquia o prelació; els Estats, com a conseqüència de la seva igualtat sobirana, determinen lliurement, per acord exprés o tàcit, el mitjà de solució que estimin oportú, amb l'únic límit (relatiu) que el mitjà escollit sigui adequat a les circumstàncies i a la naturalesa de la controvèrsia.

– Llevat l'arbitratge i l'arranjament judicial, aquests mitjans proporcionen solucions que no són obligatòries per a les parts en la controvèrsia.

Les obligacions de comportament previstes pel principi de solució pacífica de controvèrsies no s'esgoten amb l'elecció d'un mitjà de solució, sinó que continuen fins a l'efectiva solució del conflicte. Si el mitjà escollit es revela ineficaç per obtenir una solució, les parts tenen l'obligació de «seguir tractant de solucionar la controvèrsia per altres mitjans pacífics acordats per elles».

4. *Principi de prohibició de l'amenaça o l'ús de la força.* La utilització de la força armada per part dels Estats havia estat considerada, fins al començament del segle XX, com un mitjà lícit de fer política exterior; es tractava, doncs, d'un dret sobirà de l'Estat que no coneixia límits més que en la manera de conduir les hostilitats (*ius in bello*), però no en el fet mateix d'utilitzar la força (*ius ad bellum*). Durant aquest segle, diverses disposicions convencionals, entre les quals destaca el Pacte Briand-Kellogg de 27 d'agost de 1928, van limitant el dret de l'Estat a fer ús de la força, que queda definitivament prohibit per l'article 2.4 de la Carta de les Nacions Unides; prohibició que el Tribunal Internacional de Justícia ha qualificat com a norma de *ius cogens*[2].

Tant la Carta com la Resolució 2625 (XXV) fan referència a l'«amenaça o ús de la força» tot evitant expressament el concepte de «guerra», de caràcter formal (la guerra ha de ser declarada); això sí, s'entén que la «força» establerta per aquest principi és la «força armada», ja que qualsevol altre tipus de coacció (política o econòmica) està incorporada al principi de no-intervenció. Així doncs, la prohibició prevista per aquest principi inclou des de la guerra d'agressió, que és la modalitat d'ús de la força més greu, qualificada com a crim internacional; fins a un *ultimatum* que consti-

2. Vegeu, per exemple, la sentència del Tribunal Internacional de Justícia de 27 de juny de 1986: *Military and Paramilitary activities in and against Nicaragua.*

tueixi una amenaça d'ús de la força. Entre tots dos extrems cal incloure com a activitats il·lícites la violació de fronteres internacionals o línies de demarcació, els actes de represàlia que impliquin l'ús de la força, l'organització o foment de forces irregulars o bandes armades per fer incursions en el territori d'un altre Estat, la participació en actes de terrorisme internacional, etc. A la Resolució 2625 s'inclou expressament la prohibició de recórrer a l'ús de la força per impedir el dret dels pobles a la lliure determinació.

Entre les conseqüències de l'ús de la força hi ha, a banda de la responsabilitat internacional de l'Estat infractor, la prohibició de reconèixer qualsevol adquisició territorial derivada de la violació d'aquest principi.

El principi de prohibició de l'amenaça o l'ús de la força coneix, però, algunes excepcions:

a) L'ús de la força autoritzat pel Consell de Seguretat de conformitat amb el Capítol VII de la Carta.

b) La legítima defensa, reconeguda a l'article 51 de la Carta, que es pot exercir de forma individual o col·lectiva (en aquest cas, a petició expressa del govern agredit), de forma proporcional a l'atac rebut i només fins que el Consell de Seguretat prengui les mesures oportunes.

c) L'exercici del principi de lliure determinació dels pobles; com a supòsit específic de legítima defensa (però en aquest cas, no exercida per un Estat, sinó per un poble), quan els Estats colonials utilitzin la repressió per impedir-ne l'exercici.

5. *Principi d'assistència a les Nacions Unides.* Es tracta d'una obligació que només afecta els membres de l'Organització pel fet de ser-ho. D'una banda, els Estats membres han de posar a disposició de l'Organització «tota classe d'assistència en qualsevol acció que s'emprengui de conformitat amb aquesta Carta»; és a dir, es tracta d'un ajut genèric que només ve limitat per les funcions –prou àmplies– de què es dota les Nacions Unides al seu tractat constitutiu. D'altra banda, aquesta obligació es concreta, per la via negativa, en l'obligació dels membres d'abstenir-se «de prestar ajuda a cap Estat contra el qual les Nacions Unides hagin emprès una acció preventiva o coercitiva»; és a dir, els Estats no poden auxiliar un Estat que sigui objecte d'una sanció per part del Consell de Seguretat.

6. *Principi d'autoritat de les Nacions Unides sobre els Estats no membres.* En una primera lectura, la formulació d'aquest precepte pot veure's com una obligació que la Carta de les Nacions Unides imposa a l'Organització: «L'Organització *farà per manera que* els Estats que no són membres de les Nacions Unides actuïn d'acord amb aquests principis...». Indirectament, però, és evident que s'imposen obligacions a tercers Estats cosa que, com vèiem anteriorment, fonamenta el caràcter quasi constitucional de la Carta. D'altra banda, cal reiterar que aquest principi només fa referència al propòsit de manteniment de la pau, que es confirma així com el principal de l'Organització.

En realitat, el fonament jurídic del principi d'autoritat rau en la universalitat de dos principis continguts a la Carta i que ja hem estudiat (solució pacífica i prohibició de l'ús de la força), mentre que el seu fonament polític es podria situar en la configuració dels membres de les Nacions Unides, i molt especialment dels cinc membres permanents del Consell de Seguretat, com a garants de la pau mundial.

7. *Principi d'excepció de la jurisdicció interna dels Estats.* L'objectiu d'aquest principi és sostreure de l'acció de les Nacions Unides aquelles qüestions compreses dins la sobirania interna dels Estats; és a dir, matèries que són de la seva exclusiva competència. En la pràctica de l'Organització ha prevalgut una interpretació restrictiva d'aquesta clàusula, paral·lela amb la tendència expansiva de l'àmbit material del Dret Internacional Públic, que ha fet que moltes matèries que l'any 1945 tenien una transcendència merament interna hagin passat al pla internacional (per exemple, la protecció dels drets humans). D'altra banda, la prohibició que fa el paràgraf setè de l'article 2 en el sentit de no sotmetre els assumptes interns a mitjans de solució internacional, no impedeix que la determinació de si un afer és o no de caire intern pugui ser sotmesa, per exemple, al Tribunal Internacional de Justícia, atès que aquesta determinació correspon fer-la al Dret Internacional.

3. Principis específics de la resolució 2625 (XXV)

Es tracta de tres principis que, si bé no són estrictament nous, sí que reben un impuls considerable com a conseqüència de l'aparició d'Estats de recent independència en l'escena internacional. Són principis, doncs, que responen eminentment a l'ideari i a les aspiracions dels Estats del Tercer Món, però que, gràcies a la seva formulació i desenvolupament a la Resolució 2625, han estat acceptats per tota la societat internacional, com a principis estructurals del Dret Internacional Públic.

1. *Principi de no-intervenció.* S'ha definit com «l'ús d'una coacció objectivament capaç de limitar el lliure exercici dels drets sobirans d'un Estat sense el seu consentiment»[3], amb el benentès que aquesta coacció no arriba a un grau tal que es pugui qualificar com a amenaça o ús de la força. Es tracta d'un principi tradicionalment defensat pels Estats llatinoamericans, però que fou reconegut pel Tribunal Internacional de Justícia en un àmbit exclusivament europeu, en la seva sentència de 1949 relativa a l'*afer de l'estret de Corfú*[4]. El mateix Tribunal n'ha confirmat el caràcter consuetudinari i l'abast universal en la sentència de 1986 (*activitats militars i paramilitars a i contra Nicaragua*) ja citada.

El nucli d'aquest principi pot trobar-se a la Resolució 2625 quan prohibeix als Estats «d'usar o encoratjar l'ús de mesures econòmiques, polítiques o de cap altra mena per coaccionar un altre Estat a fi d'obtenir-ne la subordinació de l'exercici dels seus drets sobirans i per aconseguir-ne avantatges de la mena que siguin». Però el

---

3. Per PIÑOL RULL, J. L., recollit a DÍEZ DE VELASCO, M. *Las organizaciones internacionales*, 13a edició, editorial Tecnos, Madrid 2003, p. 174.

4. *Affaire du détroit de Corfu (Regne Unit/Albània), CIJ, Recueil*, 1949.

marc de la figura és massa imprecís, ja que inclou elements que fàcilment poden inscriure's en d'altres principis continguts a la mateixa Resolució, com ara la prohibició de l'ús de la força (es refereix a la prohibició d'activitats armades subversives o terroristes) o la lliure determinació dels pobles (inclou la privació als pobles de la seva identitat nacional).

2. *Principi de la igualtat de drets i la lliure determinació dels pobles.* Principi esmentat de passada a la Carta de les Nacions Unides, fou consagrat per la Resolució de l'Assemblea General 1514 (XV) de 14 de desembre de 1960, on apareix una condemna enèrgica del colonialisme (inexistent a la Carta) i una definició d'aquest principi com «el dret dels pobles a determinar lliurement el seu estatut polític i a perseguir lliurement el seu desenvolupament econòmic, social i cultural». La Resolució 1541 (XV), del mateix any, enumera les vies per exercir aquest principi: la conversió en estat independent, l'associació a un altre Estat o la integració en un Estat independent. La Resolució 2625 reprodueix la definició del principi i les vies d'exercici, tot aclarint que, de fet, qualsevol condició política lliurement decidida per un poble constitueix un exercici del dret a la lliure determinació.

Sens dubte, un dels aspectes més complexos d'aquest principi és la determinació dels «pobles» que es poden beneficiar del principi de lliure determinació. La Resolució 1514 (XV) feia referència exclusivament als pobles colonials, en general fàcilment identificables per la seva pertinença a un territori separat físicament de la metròpoli; la Resolució 2625 dóna un abast universal al principi, en referir-se a «tots els pobles». La qüestió es complica per l'existència d'una clàusula de salvaguarda en ambdues resolucions, en el sentit que aquest principi no pot emprar-se per trencar la integritat territorial i la unitat nacional dels Estats sobirans. Ara bé, la mateixa Resolució 2625 matisa que un Estat només pot al·legar aquesta clàusula quan està «dotat d'un govern que representi la totalitat del poble pertanyent al territori, sense distinció per motius de raça, creences o color». En altres paraules, pot interpretar-se que el dret de lliure determinació correspon a aquell conjunt de la població d'un Estat que no està representada pel govern a què està sotmès. D'aquí el caràcter de dret humà que es reconeix a aquest principi (article 1 dels pactes de drets humans de 1966) i la interpretació que se li dóna recentment en el sentit d'equiparar-lo a un principi de democràcia interna dels Estats.

3. *Principi de cooperació.* L'objectiu contingut en el tercer propòsit de la Carta esdevé aquí un deure dels Estats de cooperar entre si, amb un abast universal (tots els Estats) i un contingut general: la cooperació entre els Estats inclou «les diverses esferes de les relacions internacionals», si bé es fa referència específica al manteniment de la pau i la seguretat internacionals, la promoció del respecte universal dels drets humans, les esferes econòmiques, social, cultural, tècnica i comercial, etc. Es reitera l'obligació de cooperar amb les Nacions Unides (referida només als Estats membres) i es fa una referència a la cooperació per al desenvolupament, dins d'un principi que, en definitiva, incorpora una obligació de comportament generalment reconeguda (la interdependència del món actual fa impensable qualsevol possibilitat

d'autarquia o de mera coexistència passiva), però que resulta d'un contingut massa vague per poder extreure'n drets i deures concrets per als Estats.

Bibliografia sumària

CARRILLO SALCEDO, J. A., *Soberanía del Estado y Derecho Internacional*, editorial Tecnos, 2a edició, Madrid, 1976.

CARRILLO SALCEDO, J. A., *El Derecho internacional en perspectiva histórica*, editorial Tecnos, Madrid 1991, especialment els capítols IV i V.

COT, J. P.; PELLET, A., *La Charte des Nations Unies*, Economica, 2a edició, París 1991, pp. 23-160.

GARZÓN CLARIANA, G. – CARDONA LLORENS, J.: «Los propósitos y los principios de las Naciones Unidas», a DÍEZ DE VELASCO, M. *Las Organizaciones internacionales*, editorial Tecnos, 13a edició, Madrid 2003, p. 157-190.

PÉREZ VERA, E. *Naciones Unidas y los principios de la coexistencia pacífica*, editorial Tecnos, Madrid 1973.

12. MEMBRES I ÒRGANS DE LES NACIONS UNIDES*

I. Els membres de les Nacions Unides

L'Organització de les Nacions Unides té en l'actualitat 191 Estats membres, cosa que la fa pràcticament universal; aquesta vocació d'universalitat, tot i que existeix des del 1945, no es desprèn de la redacció de la Carta, que preveu uns requisits substantius i un procediment complex d'admissió, ni dels primers anys de la pràctica de l'Organització, en què la rivalitat entre les grans potències féu que, de les 31 sol·licituds d'ingrés a les Nacions Unides, només 9 fossin acceptades. Superat aquest escull per la via del compromís polític, les Nacions Unides han pogut veure com creixia de forma espectacular el seu nombre de membres.

1. Condicions i procediment d'admissió

La Carta de les Nacions Unides distingeix, en els seus articles 3 i 4, entre els membres originaris de l'Organització i els admesos amb posterioritat. La distinció només té rellevància quant als requisits i al procediment d'ingrés, sense que afecti l'estatut de membre; és a dir, als drets i deures derivats de la condició de membre de l'Organització.

Els 51 membres originaris de les Nacions Unides són els Estats que van participar a la Conferència de San Francisco, en què es va aprovar la Carta, o van firmar prèviament la Declaració de Washington o de les Nacions Unides, d'1 de gener de 1942. Aquests Estats, doncs, tenen en comú el fet d'haver declarat la guerra, ni que fos en l'últim moment, a les potències de l'Eix. Per adquirir la condició de membres de les Nacions Unides només van haver de ratificar la Carta.

La resta de membres de l'Organització han estat admesos amb posterioritat. Per ser admesos, cal que els candidats reuneixin cinc condicions de fons, que seran

---

* Elaborat pel Dr. Jaume SAURA I ESTAPÀ.

valorades per l'Assemblea General i el Consell de Seguretat en el curs d'un procediment formal d'admissió.

Els requisits que preveu l'article 4.1 de la Carta són:

a) Ser un Estat. A falta d'una definició donada per la mateixa Carta, cal entendre que l'Estat és aquell ens que reuneix els quatre elements que hem examinat al capítol 7: un territori determinat, una població estable, sobirania i un govern capaç d'exercir-la amb independència. L'exigència de l'estatalitat resulta una condició absolutament raonable per a una Organització internacional de caràcter intergovernamental com les Nacions Unides, però cal assenyalar que aquest requisit no es va exigir als membres originaris, entre els quals trobem entitats territorials com Ucraïna i Bielorússia, integrades fins al 1991 a la Unió Soviètica, o l'Índia, que no va assolir la total independència de la Gran Bretanya fins el 1947.

Per tant, només els Estats poden arribar a ser membres de ple dret de les Nacions Unides. Això no impedeix que l'Organització pugui atorgar l'estatut d'observador a certs ens no estatals, com és el cas d'organitzacions no governamentals, la Santa Seu o moviments d'alliberament nacional.

b) Ser «amant de la pau». Es tracta d'un requisit que s'explica pel context històric en què es va redactar la Carta i pel propòsit principal de l'Organització. El seu contingut polític va permetre, durant 10 anys, que les grans potències paralitzessin l'ingrés d'Estats pertanyents al bloc contrari sota el pretext de no ser Estats amants de la pau. Després de l'any 1955, quan van poder ingressar a l'Organització Estats que havien format part de l'Eix (Japó) o que li havien donat suport (Espanya), no s'ha tornat a utilitzar per impedir l'ingrés d'un Estat, per la qual cosa cal entendre que s'ha convertit en un requisit formal, en el sentit que tot Estat, pel fet de ser-ho, és amant de la pau.

c) Acceptar les obligacions consignades a la Carta i, a judici de l'Organització, estar capacitat per complir aquestes obligacions i estar disposats a fer-ho. L'íntima vinculació d'aquests tres requisits ens porta a tractar-los conjuntament. En efecte, trobem una primera condició per la qual l'Estat que vol ingressar a les Nacions Unides ha d'estar disposat a acceptar el contingut del seu tractat constitutiu; requisit superflu, en la mesura que l'adhesió a qualsevol tractat suposa l'acceptació del seu contingut, que en la pràctica s'ha resolt mitjançant una declaració oficial en la qual l'Estat sol·licitant accepta formalment aquestes obligacions i es compromet a complir-les. Però no n'hi ha prou amb aquesta actitud de l'Estat sol·licitant. La Carta afegeix dos requisits subjectius: que a parer de l'Organització, l'Estat realment pugui complir aquestes obligacions i que estigui disposat a fer-ho. A falta de criteris mínimament fiables per determinar la capacitat i la disposició dels Estats per complir les obligacions de la Carta, cal presumir ambdues. De fet, la qüestió s'ha plantejat quant a la capacitat dels anomenats «microestats» (Maldives, San Marino o Andorra, per exemple), pel caràcter exigu del seu territori, o dels estats neutralitzats (Àustria), per la prohibició constitucional d'entrar en un conflicte armat, resolent-se en tots dos casos a favor de l'admissió.

Pel que fa al procediment d'admissió, la decisió correspon a l'Assemblea General, a recomanació del Consell de Seguretat. Els dos òrgans es troben, en aquesta qüestió, en situació de plena igualtat: fan falta els actes positius de tots dos, ja que, segons va establir el Tribunal Internacional de Justícia[1], un candidat no pot ser admès sense la prèvia recomanació del Consell de Seguretat (recomanació que, pel fet de ser una qüestió de fons, permet l'exercici del dret de vet per part dels membres permanents); però, d'altra banda, aquesta recomanació no vincula l'Assemblea, en el sentit que, en última instància, és aquesta qui decideix sobre l'admissió o no d'un Estat candidat.

2. Suspensió i pèrdua de la qualitat de membre

La condició de membre de l'Organització de les Nacions Unides pot patir diverses vicissituds previstes pels articles 5 i 6 de la Carta; són la suspensió en l'exercici dels drets i privilegis inherents a la qualitat de membre, i la pèrdua d'aquesta condició per la via de l'expulsió. La Carta no preveu explícitament la possibilitat de perdre la qualitat de membre per una retirada voluntària, però la doctrina és unànime a l'hora de reconèixer la capacitat de qualsevol Estat membre de retirar-se de l'Organització.

L'article 5 de la Carta preveu la possibilitat de suspendre de l'exercici dels drets i privilegis inherents a la qualitat de membre qualsevol Estat que hagi estat objecte d'una sanció preventiva o coercitiva del Consell de Seguretat. La suspensió, per tant, es configura com una sanció suplementària o addicional a l'acció del Consell de Seguretat i en cap cas es pot plantejar de forma autònoma, al marge d'aquesta acció. Ara bé, aquesta sanció addicional no és automàtica com, a banda del tenor literal de l'article, prova la pràctica de l'Organització, que mai no ha fet ús d'aquesta possibilitat.

Cal assenyalar igualment que la suspensió fa referència exclusivament als «drets i privilegis» inherents a l'estatut de membre, com ara la possibilitat de votar en tots els òrgans, de participar en els òrgans restringits o ser-ne elegit membre, de beneficiar-se dels serveis de l'Organització, etc. Però no se suspenen les obligacions que té el membre envers l'Organització, molt especialment el deure de contribuir al seu finançament, que continuen plenament vigents.

La decisió de suspendre un membre, l'ha d'adoptar l'Assemblea General a recomanació del Consell de Seguretat. En canvi, la restitució de l'Estat membre en els seus drets i privilegis la farà directament el Consell de Seguretat.

La possibilitat d'expulsar un membre de l'Organització és prevista per l'article 6 de la Carta, seguint el mateix procediment que per a la suspensió, quan aquest membre «hagi violat de manera persistent els principis continguts en aquesta Carta». Es tracta, per tant, d'una sanció autònoma, independent d'altres mesures que es puguin haver

1. *Compétence de l'Assemblée Générale pour l'admission d'un Etat aux Nations Unies, avis consultatif, CIJ Recueil*, 1950.

pres –o no– contra aquest infractor que, de forma reiterada, ha vulnerat les obligacions derivades de la Carta de les Nacions Unides. Tampoc no se n'ha fet mai ús en la història de l'Organització.

II. Estructura orgànica de les Nacions Unides

1. Òrgans principals i òrgans subsidiaris de les Nacions Unides

La Carta de les Nacions Unides proporciona una llista de sis òrgans que ella mateixa qualifica com a «principals». Són l'Assemblea General, el Consell de Seguretat, el Consell Econòmic i Social, el Consell d'Administració Fiduciària, el Tribunal Internacional de Justícia i la Secretaria. Malgrat que tots ells són qualificats com a principals, la seva situació en el si de l'Organització, quant a autonomia de funcionament i competències, és molt diferent. D'una banda, trobem òrgans com l'Assemblea General, que ocupa un lloc preeminent per raó del seu caràcter plenari, l'amplitud de les seves competències i el seu paper en la composició dels altres òrgans; i el Consell de Seguretat, amb competències més limitades, però fonamentals en relació amb el propòsit central de l'Organització. De l'altra, el Consell d'Administració Fiduciària es veu dotat d'una funció marginal en relació amb uns quants territoris colonials i la Secretaria té una funció de servei i d'infraestructura per al funcionament de tots els altres òrgans. La constatació de les profundes diferències entre els òrgans principals justifica fer-ne una doble classificació prèvia a l'anàlisi detallada de cada un d'ells:

1. En relació amb la composició d'aquests òrgans, l'Assemblea i els tres consells tenen caràcter governamental; és a dir, estan compostos per persones que actuen en nom i en representació d'un Estat. En canvi, les persones físiques que formen part del Tribunal Internacional de Justícia i la Secretaria són escollides en funció de les seves capacitats personals i no representen ni poden rebre instruccions de cap govern; sense que això sigui obstacle perquè, en la seva elecció, calgui respectar un criteri de repartiment geogràfic equitatiu entre tots els Estats membres de l'Organització.

2. En relació amb l'autonomia de l'òrgan principal, només l'Assemblea, el Consell de Seguretat i el Tribunal Internacional de Justícia en frueixen. La resta d'òrgans actuen sota l'autoritat d'un altre: el Consell Econòmic i Social depèn de l'Assemblea; el Consell d'Administració Fiduciària, de l'Assemblea i del Consell de Seguretat, i la Secretaria, de l'Assemblea i dels tres consells.

A banda dels òrgans principals, que són expressament citats per la Carta, l'article 7.2 permet a aquests òrgans d'establir tots els òrgans subsidiaris que estimin necessaris per al desenvolupament de les seves funcions. Els òrgans subsidiaris es poden definir, per tant, com aquells creats mitjançant una manifestació de voluntat d'un òrgan principal (tot i que a la pràctica també s'ha permès la seva creació per altres òrgans subsidiaris), del qual depenen orgànicament i funcionalment. Les competències que poden arribar a assumir aquests òrgans només estan limitades, genèricament, per les funcions de les Nacions Unides i, específicament, per les de l'òrgan creador.

Els òrgans de les Nacions Unides han fet un ús amplíssim d'aquest precepte, que ha provocat la creació d'una estructura orgànica de gran complexitat, en la qual la tasca i rellevància internacional d'alguns òrgans subsidiaris superen clarament la d'alguns òrgans principals: per exemple, la Comissió de Dret Internacional, dependent de l'Assemblea; o el Fons de les Nacions Unides per a la Infància (UNICEF), subsidiari del Consell Econòmic i Social; o les Operacions de Manteniment de la Pau, que depenen del Consell de Seguretat. No podem oblidar que la mateixa complexitat orgànica d'alguns d'aquests òrgans subsidiaris permetrien qualificar-los com a autèntiques Organitzacions internacionals en el si d'una Organització internacional: és el cas del Programa de Nacions Unides per al Desenvolupament (PNUD) i la Conferència de les Nacions Unides sobre el Comerç i el Desenvolupament (UNCTAD), tots ells subsidiaris de l'Assemblea General.

2. Examen dels òrgans principals de les Nacions Unides

A) Assemblea General

És l'òrgan plenari de l'Organització; és a dir, en formen part tots els Estats membres, pel mer fet de ser-ho.

El caràcter plenari d'aquest òrgan justifica que estigui dotat per l'article 10 de la Carta d'una competència general per «discutir qualsevol qüestió o matèria dintre dels límits d'aquesta Carta»; i que pugui fer recomanacions sobre aquests assumptes als membres de l'Organització o als seus òrgans, amb una sola excepció: no podrà fer cap mena de recomanació referent a una controvèrsia o situació al Consell de Seguretat quan aquest estigui exercint les seves funcions en relació amb aquesta controvèrsia o situació, llevat que el mateix Consell li ho demani (article 12).

Juntament amb aquesta competència genèrica, la Carta enumera una llarga llista de competències específiques de l'Assemblea, com ara: considerar els principis relatius al desarmament i la regulació d'armaments; discutir qüestions relatives al manteniment de la pau; cridar l'atenció al Consell de Seguretat sobre situacions que poden posar-la en perill; promoure estudis i fer recomanacions en matèria de cooperació internacional i codificació del Dret Internacional; discutir i aprovar el pressupost de l'Organització, etc. Igualment, l'Assemblea és l'encarregada (de vegades amb la concurrència del Consell de Seguretat) d'omplir les vacants de membres dels altres òrgans (Secretari General, jutges del Tribunal, membres del Consell Econòmic i Social, i del mateix Consell de Seguretat) i de l'admissió, suspensió i expulsió dels Estats membres de l'Organització.

L'adopció de decisions en el si de l'Assemblea General es fa per votació, en la qual cada Estat membre disposa d'un vot. Les qüestions de procediment es decideixen per majoria dels vots dels membres presents i votants; les qüestions de fons, enumerades de forma expressa a l'article 18.2 de la Carta, per majoria de dos terços dels presents i votants. Les resolucions de l'Assemblea General, que tenen caràcter de recomanació, no són obligatòries per als Estats membres, llevat quan fan referència al funcionament de l'Organització (pressupost, admissió, suspensió i expulsió, etc.).

En supòsits excepcionals, però, el contingut d'una resolució pot recollir normes de Dret Internacional general ja consolidades o en fase de consolidació; en aquests casos, el contingut normatiu de la resolució i la seva aprovació per consens o per una àmplia majoria (sense vots en contra) poden convertir-la en una font de Dret Internacional Públic. És el cas de la Declaració universal de drets humans [Resolució 217 (III)] o de la mateixa Resolució 2625 (XXV).

L'Assemblea es reuneix, en període ordinari, un cop l'any (de setembre a desembre), tot i que el Secretari General, a petició de la majoria de membres o del Consell de Seguretat, pot convocar sessions extraordinàries. Pel que fa a l'organització dels seus treballs, l'Assemblea es divideix en sis grans comissions plenàries, que no són òrgans subsidiaris, relatives a: qüestions de desarmament i de seguretat internacional connexes (Primera Comissió); afers econòmics i financers (Segona Comissió); afers socials, humanitaris i culturals (Tercera Comissió); Comissió Política Especial i de Descolonització (Quarta Comissió); afers administratius i de pressupost (Quinta Comissió); i afers jurídics (Sisena Comissió).

B) Consell de Seguretat

Està compost, després de la reforma de la Carta de 1965, per 15 Estats membres de les Nacions Unides. Cinc d'ells, amb caràcter permanent: Xina, França, Federació Russa (en substitució de la Unió Soviètica), Regne Unit i Estats Units. Els altres deu membres són elegits per l'Assemblea General seguint un criteri de distribució geogràfica equitativa per un període de dos anys i no poden ser escollits per a dos mandats consecutius. Espanya ha estat membre del Consell de Seguretat quatre cops, la darrera vegada en el bienni 2003-2004.

La funció principal del Consell de Seguretat és el manteniment de la pau i la seguretat internacionals, per la qual cosa les seves competències van des de la investigació de qualsevol situació que pugui conduir a una fricció internacional i la determinació de l'existència d'una amenaça a la pau, una ruptura de la pau o un acte d'agressió, fins a la posada en marxa de tot tipus de mesures per mantenir i/o restablir la pau, incloent-hi l'acció militar. A banda d'aquesta funció principal, té també la facultat de dictar mesures per fer complir les sentències del Tribunal Internacional de Justícia, recomanar a l'Assemblea General l'admissió de nous Estats, la seva suspensió o expulsió, l'elecció del Secretari General i la dels jutges del Tribunal.

Quant a l'adopció de decisions, cada membre del Consell té un vot i en són necessaris nou d'afirmatius per prendre una decisió. Ara bé, cal distingir:

– En les qüestions de procediment, aquests vots poden provenir de qualsevol dels Estats membres del Consell.

– En les qüestions de fons, a banda d'assolir un mínim de nou vots, la Carta exigeix que els membres permanents votin a favor de la resolució, tot i que la pràctica (avalada pel Tribunal Internacional de Justícia[2]) permet considerar que l'abstenció o la inassistència d'un membre permanent no suposen un vet a la decisió.

D'altra banda, com que ni la Carta ni el Reglament intern del Consell de Seguretat determinen quines matèries són de procediment i quines són de fons, aquesta decisió cal prendre-la també per votació i es considera, a aquests efectes, com una qüestió de fons.

El Consell de Seguretat és un òrgan de funcionament permanent: no té períodes de sessions, sinó que es pot reunir en qualsevol moment, quan la situació ho requereixi.

C) Consell Econòmic i Social

Després de dues ampliacions successives els anys 1965 i 1973, el componen 54 membres elegits per l'Assemblea General d'acord amb un criteri de distribució geogràfica equitativa per a un període de tres anys i són reelegibles.

Entre les matèries que pot tractar el Consell Econòmic i Social, sempre sota l'autoritat de l'Assemblea General, hi ha les de caràcter econòmic, social, cultural, educatiu, sanitari i, molt especialment, la promoció del respecte als drets humans i les llibertats fonamentals de tothom. En relació amb aquestes qüestions, el Consell Econòmic i Social pot fer recomanacions, aprovar projectes de convenció i convocar conferències internacionals. A més, és l'òrgan encarregat de concertar els acords de coordinació amb els Organismes especialitzats, als quals també està autoritzat a adreçar-hi recomanacions i rebre'n informes periòdics.

L'adopció de decisions en el si del Consell Econòmic i Social es fa per majoria dels membres presents i votants, cada un dels quals disposa d'un vot.

El Consell Econòmic i Social es reuneix, en sessió ordinària, dos cops l'any, però també pot fer-ho de forma extraordinària a sol·licitud de la majoria dels seus membres. En aquestes sessions poden participar sense dret a vot els membres de les Nacions Unides que tinguin interès en algun assumpte debatut, els Organismes especialitzats i altres Organitzacions internacionals, i les organitzacions no governamentals que s'ocupin d'afers que siguin competència del Consell.

D) Consell d'Administració Fiduciària

L'article 75 de la Carta preveu la creació d'un règim internacional d'administració fiduciària per a l'administració i vigilància dels territoris que es puguin col·locar sota

---

2. *Conséquences juridiques pour les Etats de la présence continue de l'Afrique du Sud en Namibie (Sud-Ouest Africain) nonobstant la Résolution 276 (1976) du Conseil de Securité, avis consultatif, CIJ Recueil*, 1971.

aquest règim en virtut d'acords especials entre la potència administradora i les Nacions Unides. En aquest context, la funció del Consell d'Administració Fiduciària era la supervisió d'aquest règim, al qual es van sotmetre els antics mandats de la Societat de Nacions i el territori de Líbia. Així doncs, el Consell podia considerar informes elaborats per l'autoritat administradora en relació amb l'avenç polític, econòmic, social i educatiu dels habitants de cada territori en fideïcomís, disposar visites als territoris, etc. Amb el pas del temps, però, tots aquests territoris han anat assolint la independència (l'últim va ser l'illa de Palau, l'octubre de 1994), per la qual cosa aquest Consell s'ha quedat sense una funció específica.

En l'actualitat el componen simplement els cinc membres permanents del Consell de Seguretat. Efectivament, la Carta preveu que aquest Consell el formin, a més, els Estats administradors de territoris en fideïcomís i un nombre igual d'altres Estats elegits per l'Assemblea per a un període de tres anys. Però atès que ja no queda cap territori en fideïcomís, aquesta previsió no és aplicable i la composició s'ha reduït als cinc permanents.

Malgrat tot, el Consell d'Administració Fiduciària no ha estat formalment suprimit. Senzillament s'ha modificat el seu reglament intern en el sentit que les seves reunions ja no es faran de forma periòdica (anual), sinó només per decisió pròpia o del seu president, o a sol·licitud de l'Assemblea General o del Consell de Seguretat. Pel que fa a l'adopció de decisions, s'utilitza el sistema de majoria, en què cada membre disposa d'un vot.

E) Tribunal Internacional de Justícia

És l'òrgan judicial principal de les Nacions Unides, successor del Tribunal Permanent de Justícia Internacional que va existir en temps de la Societat de Nacions. La seva composició, competències i funcionament està regulada en l'Estatut que és annex a la Carta i de la qual en forma part integrant. Per tant, tots els Estats membres de Nacions Unides són automàticament part en aquest Estatut. A més, però, es preveu la possibilitat que puguin ser-ne part Estats no membres de l'Organització (ha estat el cas durant molts anys, per exemple, de Suïssa, que finalment va ingressar a l'ONU l'any 2001).

El Tribunal està compost per 15 magistrats independents, elegits per l'Assemblea General i el Consell de Seguretat per a un període de 9 anys i reelegibles. Cada tres anys es renova una tercera part del Tribunal. Els magistrats són elegits per la seva competència personal, ja que han de ser persones que, a banda d'una alta consideració moral, reuneixin les condicions per exercir les funcions judicials més altes en el seu país d'origen, o bé ser experts en Dret Internacional. Ara bé, la seva nacionalitat no és intranscendent: d'una banda cal que, globalment, representin les principals civilitzacions i sistemes jurídics del món; de l'altra, no pot haver-hi dos jutges de la mateixa nacionalitat. En la pràctica, a més, es respecta que hi hagi sempre un magistrat de la nacionalitat de cadascun dels membres permanents del Consell de Seguretat. Es preveu també la figura del jutge *ad hoc*: quan no hi hagi un magistrat de la nacionalitat d'un Estat litigant, aquest podrà nomenar-ne un, només per a aquell litigi concret.

La funció genèrica del Tribunal és resoldre controvèrsies jurídiques sobre qüestions que li plantegin els Estats membres o certs òrgans i Organismes especialitzats. Les seves competències concretes, però, són de dos tipus:

a) Competències contencioses. Es tracta de resoldre els conflictes que els Estats li sotmetin, sobre la base del Dret Internacional, mitjançant una sentència obligatòria per a les parts. Efectivament, la jurisdicció del Tribunal és voluntària i, per tant, cal que els Estats s'hi sotmetin de forma voluntària (mitjançant un tractat, una declaració unilateral, etc.). A més, només els Estats poden accedir al Tribunal per la via contenciosa; via que culmina en una sentència obligatòria per a les parts contra la qual no hi ha recurs ordinari possible. La funció del Tribunal és resoldre les controvèrsies conforme al Dret Internacional, però pot fer-ho recorrent a l'equitat si totes les parts en el litigi li ho demanen (cosa que mai no ha succeït).

b) Competències consultives. Es tracta de donar una opinió jurídica a una qüestió plantejada per l'Assemblea General, el Consell de Seguretat o qualsevol altre òrgan o Organisme especialitzat que estigui autoritzat per l'Assemblea General a fer-ho. En aquest supòsit, només els òrgans i Organitzacions autoritzats poden accedir al Tribunal, que emetrà un dictamen o opinió consultiva sense caràcter vinculant per a l'ens que l'ha sol·licitat. En aquest marc, el Tribunal s'ha pronunciat, per exemple, sobre la legalitat de les armes nuclears (1996) o sobre les conseqüències de la construcció d'un mur en els territoris palestins ocupats (2004).

El Tribunal té autonomia per elegir el seu president i vicepresident, amb un mandat de tres anys. El seu funcionament habitual és en plenari, però des de la reforma del seu Reglament, feta l'any 1978, es permet que, a sol·licitud de les parts, es constitueixi una sala de composició reduïda (5 magistrats). Tant les sentències com els dictàmens s'adopten per majoria de vots dels membres del Tribunal i, en cas d'empat, el vot del president és diriment. Tots els magistrats, hagin votat a favor o en contra, tenen dret a adjuntar a la sentència o al dictamen una opinió explicativa del seu vot.

F) Secretaria

La Secretaria és l'òrgan administratiu de les Nacions Unides. La componen un Secretari General i tot «el personal que requereixi l'Organització». El Secretari General, que la Carta defineix com «el més alt funcionari administratiu de l'Organització» (article 97), és escollit per l'Assemblea General a recomanació del Consell de Seguretat per a un període de cinc anys, renovable. La resta del personal funcionari de l'Organització és designat pel Secretari General, seguint les directrius que li marqui l'Assemblea General, però tenint sempre en compte el criteri de distribució geogràfica equitativa i la necessitat d'assegurar el més alt grau d'eficiència, competència i integritat. En qualsevol cas, el personal de la Secretaria no representa l'Estat del qual és nacional ni pot rebre'n instruccions. Els funcionaris internacionals només poden retre comptes de la seva actuació davant la mateixa Organització.

Les competències del Secretari i la Secretaria són, en principi, de caràcter tècnic i administratiu, en suport al correcte funcionament de la resta d'òrgans de l'Organització. A més, el Secretari és el màxim representant de l'Organització en les seves relacions exteriors. La Carta, però, també preveu una funció del Secretari en matèria de manteniment de la pau: pot cridar l'atenció del Consell de Seguretat sobre qualsevol situació que, en opinió seva, pugui posar-la en perill. En la pràctica, l'activitat del Secretari en aquesta àrea s'ha estès enormement, de manera que sovint exerceix funcions de caràcter diplomàtic per tractar de solucionar de forma pacífica les controvèrsies entre Estats (bons oficis, mediació) i és l'encarregat d'organitzar i comandar, sota el mandat del Consell de Seguretat, els contingents armats que formen part de les operacions de manteniment de la pau de les Nacions Unides.

III. Els Organismes especialitzats del sistema de les Nacions Unides

Per acabar aquest capítol eminentment institucional, cal fer esment d'unes entitats, els Organismes especialitzats, que no formen part de l'estructura orgànica de l'Organització de les Nacions Unides, però sí del que s'anomena el *sistema de les Nacions Unides*; que no és altra cosa que una mena d'associació d'Organitzacions internacionals que tenen com a centre director l'Organització de les Nacions Unides.

Efectivament, els Organismes especialitzats són autèntiques Organitzacions internacionals, amb subjectivitat internacional pròpia, caracteritzades per tenir un abast universal com l'ONU; estar dotades de funcions àmplies, però sectorials, de caràcter tècnic, i estar vinculades amb les Nacions Unides a través d'un tractat internacional que, per part de les Nacions Unides, negocia el Consell Econòmic i Social, i aprova l'Assemblea General. Aquest tractat estableix les condicions de coordinació i cooperació de l'Organisme especialitzat amb les Nacions Unides. La raó de ser, doncs, d'aquests Organismes, és la descentralització de les funcions de l'Organització, especialment en l'àmbit econòmic i social, cosa que justifica que la coordinació de tots ells sigui atribuïda al Consell Econòmic i Social. Cal dir que, tot i que la majoria d'aquests Organismes han estat creats després de la Segona Guerra Mundial, alguns d'ells es van crear de forma paral·lela a les Nacions Unides (Banc Mundial, Fons Monetari Internacional), mentre que d'altres existien des de molt abans (Unió Postal Universal, Organització Internacional del Treball). Des de l'any 2003, l'Organització Mundial del Turisme (OMT) també és un Organisme especialitzat.

Seguint el professor Díez de Velasco[3], podem classificar els organismes especialitzats segons l'àmbit de cooperació preferent que tenen assignat:

a) Organismes de cooperació social, cultural i humanitària: Organització Inter-

3. Díez de Velasco, M., *Las organizaciones internacionales*, 13a edició, Tecnos, Madrid, 2003, p. 341.

nacional del Treball (OIT), Organització de les Nacions Unides per a l'Educació, la Ciència i la Cultura (UNESCO), Organització Mundial de la Propietat Intel·lectual (OMPI), Organització Mundial de la Salut (OMS).

b) Organismes de cooperació econòmica i financera: Banc Internacional per a la Reconstrucció i el Desenvolupament (BIRD), Fons Monetari Internacional (FMI), Organització de les Nacions Unides per a l'Agricultura i l'Alimentació (FAO), Fons Internacional de Desenvolupament Agrícola (FIDA) i Organització de les Nacions Unides per al Desenvolupament Industrial (ONUDI)[4].

c) Organismes de cooperació en el camp de les comunicacions: Unió Postal Universal (UPU), Unió Internacional de Telecomunicacions (UIT), Organització de l'Aviació Civil Internacional (OACI) i Organització Marítima Internacional (OMI).

d) Organismes de cooperació tècnica en sentit estricte: Organització Meteorològica Mundial (OMM), Agència Internacional de l'Energia Atòmica (AIEA).

Bibliografia sumària

COT, J. P.; PELLET, A. *La Charte des Nations Unies*, 2a edició, Economica, París 1991, p. 161-236.

DÍEZ DE VELASCO, M. «Estructura orgánica de la Organización de las Naciones Unidas», a *ONU: Año XX*, Madrid 1966, pàg. 11-48.

DÍEZ DE VELASCO, M. *Las organizaciones internacionales*, 13a edició, editorial Tecnos, Madrid 2003, p. 191-215 i 341-400.

SIMMA, B. (ed.) *The Charter of the United Nations. A Commentary*, Oxford University Press 1994, especialment p. 155-469.

4. Que seran objecte d'estudi específic al capítol 14.

13. FUNCIONS DE LES NACIONS UNIDES*

I. Introducció

L'Organització de les Nacions Unides va ser creada per assolir els objectius o propòsits continguts en l'article 1 de la Carta de les Nacions Unides, que ja hem examinat; per fer-ho, es dicten uns principis i es dota els òrgans de l'Organització d'unes competències apropiades als objectius cercats. En aquest context, podem dir que les funcions de les Nacions Unides són els àmbits d'actuació i les tasques desenvolupades per l'Organització per a la consecució d'aquelles finalitats, atenent d'una banda els principis d'actuació continguts en l'article 2 de la Carta, i de l'altra, les competències atorgades per la mateixa Carta als diferents òrgans de l'Organització.

Per tant, dividim les funcions de les Nacions Unides seguint l'esquema dels seus propòsits fundacionals, però tenint en compte dues dades:

– L'amplitud dels àmbits d'actuació en què, en la pràctica, ha intervingut l'Organització durant els darrers cinquanta anys fa impossible una menció ni tan sols nominal de totes les tasques que les Nacions Unides han dut a terme; per tant, la nostra anàlisi serà, necessàriament, limitada i selectiva.

– L'evolució de la societat internacional en aquest període ha provocat una reinterpretació dels propòsits de l'Organització per fer-hi incloure funcions noves o que l'any 1945 tenien una importància marginal; l'anàlisi de les funcions de les Nacions Unides es farà, per tant, des d'una perspectiva dinàmica, que tingui en compte aquesta evolució.

II. Manteniment de la pau i de la seguretat internacionals

Com a objectiu central de les Nacions Unides, el manteniment de la pau i de la seguretat internacionals ocupa un lloc preeminent en l'articulat de la Carta i en

---

* Elaborat pel Dr. Jaume SAURA I ESTAPÀ i la Dra. HELENA TORROJA MATEU.

l'activitat de l'Organització. Tot i que el balanç dels primers 60 anys d'existència de les Nacions Unides en aquest àmbit no és del tot satisfactori, perquè és evident que s'han produït moltes i molt greus ruptures de la pau a totes les regions del món, resulten inqüestionables els èxits de l'Organització en la prevenció i pacificació de conflictes o, com a mínim, en l'atenuació de la seva virulència.

L'òrgan de les Nacions Unides especialment encarregat d'aconseguir el manteniment de la pau mundial és el Consell de Seguretat, tot i que l'Assemblea General i el Secretari General hi juguen papers gens menyspreables. La Carta preveu dos mecanismes diferents, però connexos, per assegurar la pau, que cal emprar en funció de la gravetat del conflicte, tot i que el grau de discrecionalitat del Consell de Seguretat en aquesta qualificació és força elevat. En principi, però, cal distingir entre les controvèrsies que posen en perill la pau i la seguretat internacionals, que reben tractament al Capítol VI, i aquelles que suposen una amenaça a la pau, una ruptura de la pau o un acte d'agressió, regulades en el Capítol VII. La clau serà, doncs, la delimitació del contingut de la noció de «pau i seguretat internacionals». Des de la caiguda del Mur de Berlín, en 1989, aquest contingut ha entrat en un permanent procés d'ampliació: ja no es fa una lectura únicament en termes d'absència de conflictes armats, sinó que es considera que són tot un seguit de circumstàncies les que afecten el manteniment de la pau i seguretat internacionals (com ara, els nacionalismes exacerbats, la discriminació por motius ètnics, religiosos, socials, culturals o lingüístics, el terrorisme, la proliferació d'armes de destrucció en massa, els danys ecològics, la destrucció de la vida i de la família, la major intrusió en els drets dels individus, la pobresa, la fam, la sequera i les malalties...)[1].

En la pràctica de l'Organització, i com a conseqüència de la inactivitat del Consell de Seguretat durant molts anys a causa del constant exercici del dret de vet per part dels seus membres permanents, s'ha generat un tercer mecanisme, híbrid dels dos anteriors, les operacions de manteniment de la pau.

1. Solució pacífica de les controvèrsies

L'obligació de solucionar de forma pacífica les controvèrsies que sorgeixen entre els estats és un deure que correspon, abans de res, als mateixos estats, a qui va adreçat no només el principi de l'article 2.3, que ja hem estudiat, sinó també l'article 33.1 de la Carta (que enceta el Capítol VI), conforme al qual «les parts en qualsevol

1. Vegeu l'informe del Secretari General, «Un programa de pau. Diplomàcia preventiva, establiment de la pau i manteniment de la pau. Informe del secretari general presentat de conformitat amb la Declaració aprovada el 31 de gener de 1992 en la Reunió cimera del Consell de Seguretat», 17 de juny de 1992 (A/47/277-S/24111). I l'informe «Suplement d'un programa de pau, document de posició del Secretari General presentat amb ocasió del cinquantè aniversari de les Nacions Unides», de 3 de gener de 1995 (A/50/60-S/1995/1).

controvèrsia la continuació de la qual sigui susceptible de posar en perill el manteniment de la pau i la seguretat internacionals hauran de cercar-hi solució, en primer lloc, mitjançant negociació, enquesta, mediació, conciliació, arbitratge, arranjament judicial, recurs a organismes o acords regionals o qualsevol altre mitjà pacífic que escullin».

Però aquest deure de solució pacífica de les controvèrsies, que és una obligació de tots els Estats, constitueix també una de les bases del sistema de pau que ha volgut instaurar l'Organització de les Nacions Unides. Per tant, com que pot molt ben ser que els estats no aconsegueixin resoldre les seves diferències immediatament, la Carta permet la intervenció del Consell de Seguretat i de l'Assemblea General.

La competència de l'Assemblea és prou àmplia, ja que pot discutir i recomanar «mesures per a la solució pacífica de tota situació, qualsevol que en sigui l'origen, que consideri que podria perjudicar el benestar general o les relacions amistoses entre les nacions», tot i que té el límit de l'article 12 de la Carta, que dóna preferència al Consell de Seguretat si aquest s'ocupa de la matèria; així com el límit de l'article 11.2 de la Carta que l'obliga a remetre al Consell de Seguretat totes les situacions que requereixin l'adopció d'una «acció» (coercitiva, s'ha d'entendre). En principi, però, el tipus de controvèrsia de què pot conèixer el Consell de Seguretat és només aquella la continuació de la qual pot posar en perill la pau i la seguretat internacionals. Ara bé, la determinació de si una diferència és o no perillosa per a la pau internacional és competència del mateix Consell de Seguretat, que frueix d'una àmplia discrecionalitat per prendre aquesta decisió. La inclusió, doncs, d'una determinada diferència en l'agenda del Consell de Seguretat pertoca, en tot cas, a aquest òrgan, que pot actuar d'ofici o bé per iniciativa del Secretari General, de l'Assemblea General o d'un Estat, sigui o no membre de l'Organització. En aquest darrer cas, avui purament teòric, cal que l'Estat no membre sigui part interessada en el conflicte i que es comprometi prèviament a acceptar, per a aquella controvèrsia, les obligacions de solució pacífica contingudes a la Carta. A més, els Estats que són pròpiament part de la controvèrsia tenen el deure de sotmetre-la al Consell de Seguretat quan no puguin resoldre-la amb els mitjans que indica l'article 33.

Un cop el Consell de Seguretat s'ha decidit competent en l'assumpte, convidarà els estats part en la controvèrsia o que es considerin especialment afectats per ella a participar en les seves deliberacions, sense dret de vot. A més, el Consell de Seguretat sempre té la possibilitat d'investigar la disputa tant com calgui per conèixer-ne els fets de forma imparcial. Un cop investigats els fets i debatuda la qüestió, el Consell pot fer diferents tipus de recomanacions:

a) Convidar les parts que escullin el mitjà o els mitjans que considerin adequats per a la solució del conflicte (article 33.2); és a dir, reiterar a les parts un dret que ja coneixen, el de lliure elecció dels mitjans. Per tant, és una decisió genèrica que no aporta res a la solució de la controvèrsia i que només s'explicaria en cas de conflictes incipients o bé quan, essent part en la controvèrsia un membre permanent, sigui l'única mesura políticament possible.

b) Recomanar el mitjà de solució concret que li sembli més apropiat per a la solució d'aquella controvèrsia (article 36). La Carta no dóna gaires indicacions sobre els criteris que haurà de tenir en compte el Consell de Seguretat a l'hora de fer la recomanació de tal o tal altre mitjà. Només assenyala que caldrà tenir en compte els mitjans que les parts ja han utilitzat fins a aquell moment (i que, evidentment, han fracassat) i, el que sembla més rellevant, que en cas de controvèrsies d'ordre jurídic, el Consell de Seguretat haurà de recomanar, per regla general, el recurs al Tribunal Internacional de Justícia.

c) Finalment, el Consell de Seguretat pot pronunciar-se sobre el fons de la qüestió, tot recomanant a les parts una solució concreta i detallada per a la diferència que les enfronta. Aquesta possibilitat sembla prevista només per a aquelles controvèrsies que es troben en un estat més avançat pel que fa al risc de posar en perill la pau i seguretat internacionals (article 37.2), o bé quan totes les parts en la controvèrsia li ho demanen expressament (article 38).

Com hem dit, en aquesta matèria les resolucions del Consell de Seguretat no tenen caràcter obligatori, sinó que són meres recomanacions. Cal no oblidar, però, que si una o totes les parts ignoren les recomanacions formulades, el Consell sempre té la possibilitat de considerar que, amb aquesta actitud, es produeix una amenaça a la pau, amb la qual cosa automàticament se situa en el Capítol VII de la Carta, on les seves resolucions sí que són vinculants.

2. Acció en cas d'amenaça a la pau, ruptura de la pau o actes d'agressió

Un altre cop, és el Consell de Seguretat l'òrgan específicament cridat per dur a terme aquesta funció, tot i que l'Assemblea General també hi pot jugar algun paper. Cal dir, però, que el Consell de Seguretat té la competència en exclusiva per determinar la mateixa existència d'una amenaça a la pau, una ruptura de la pau o un acte d'agressió (article 39). Només el Consell de Seguretat pot decidir que una situació determinada entra dins d'alguns dels tres supòsits esmentats i ho fa amb tota discrecionalitat política, tal com prova la pràctica de l'Organització, en què s'han pogut considerar com a amenaces a la pau internacional la negativa d'extradir uns presumptes terroristes internacionals (Líbia), el manteniment d'un règim sorgit d'un cop d'estat (Haití) o la situació de fam endèmica d'un determinat país sense govern efectiu (Somàlia).

Una vegada el Consell de Seguretat s'ha declarat competent en virtut del Capítol VII de la Carta, pot prendre tres tipus de mesures en funció de la gravetat de la situació: mesures provisionals, mesures que no impliquen l'ús de la força i mesures que impliquen l'ús de la força. La coercibilitat d'aquestes mesures és, doncs, creixent, però no necessàriament cal prendre-les de forma progressiva: de fet, res no impedeix al Consell de Seguretat recórrer directament a les mesures més coercitives, si ho creu necessari.

a) Pel que fa a les mesures provisionals (article 40), es caracteritzen perquè les pren el Consell de Seguretat amb rapidesa, a fi d'evitar un agreujament de la situació, i no prejutgen la posició de les parts en el conflicte: el Consell de Seguretat no es pronuncia encara sobre el fons de l'assumpte i es limita a adreçar-se a «les parts interessades» (concepte més ampli que el de parts en conflicte) per demanar, per exemple, el cessament de les hostilitats, la retirada de les tropes o la desmilitarització d'una determinada zona (la Carta no inclou una enumeració de les mesures possibles). Ara bé, siguin quines siguin les mesures provisionals decidides, el seu acatament és obligatori per a les parts, per la qual cosa poden comportar, en cas d'infracció, una sanció ulterior del mateix Consell de Seguretat.

b) Mesures que no impliquen l'ús de la força. Es diferencien de l'anterior supòsit en dos punts: d'una banda, impliquen un pronunciament sobre el fons de l'assumpte per part del Consell de Seguretat, que d'aquesta manera està sancionant el que considera Estat o Estats culpables; d'altra banda, l'article 41 sí que enumera una llista exemplificativa d'aquestes mesures, que inclou la interrupció de les relacions econòmiques i de tota mena de comunicacions, o la ruptura de les relacions diplomàtiques. El Consell de Seguretat pot escollir alguna o diverses d'aquestes mesures, que hauran de ser aplicades pels membres de l'Organització. Tal és el cas de les sancions contra Rodhèsia del Sud i Àfrica del Sud als anys seixanta i setanta i, més recentment, els casos de les sancions contra Iraq, Líbia, la República de Sèrbia i Montenegro, Somàlia, Libèria, Haití, Angola, Rwanda, Sudan, Sierra Leona, Kosovo, Afganistan o Costa d'Ivori. Aquestes sancions podrien provocar alguns perjudicis als Estats que mantinguessin unes relacions més estretes, especialment de tipus comercial, amb el sancionat. En previsió d'això, la Carta estableix que els Estats afectats poden «consultar el Consell de Seguretat respecte a la solució d'aquests problemes» (article 50); com s'ha fet en els casos d'Iraq, l'antiga Iugoslàvia o Angola.

Per aplicar aquest article 41 de la Carta, el Consell de Seguretat ha fet servir un ampli catàleg de mesures, més enllà de la lletra de l'article. En alguns casos, això ha suscitat crítiques dels Estats i la doctrina, sobre la manca de competència per fer-ho, com és el cas de la creació dels tribunals internacionals penals per a l'antiga Iugoslàvia (1993) i per a Rwanda (1994), la demarcació de la frontera entre Kuwait i Iraq (1991), o l'obligació d'adoptar una determinada legislació interna en la lluita contra el terrorisme (2001, 2002, 2003).

c) Mesures que impliquen l'ús de la força. Són, evidentment, les mesures de major gravetat, atès que constitueixen una excepció a la norma imperativa de Dret Internacional que prohibeix l'ús de la força en les relacions internacionals. Efectivament, el Consell de Seguretat està autoritzat a emprendre, si les mesures anteriors són inadequades o han demostrat ser-ho, «l'acció que sigui necessària per restablir la pau i la seguretat internacionals». Per assistir militarment el Consell de Seguretat i dirigir les forces armades posades a la seva disposició, la Carta preveu la creació d'un Comitè d'Estat Major compost pels caps d'Estat Major dels membres permanents del Consell de Seguretat. Ara bé, l'aplicació del sistema previst pels articles del 42 al 47 de la Carta exigeix, a banda de l'absència de vet dels membres permanents, la celebració prèvia d'acords internacionals entre els Estats membres de l'Organització i el Consell de Seguretat relatius a les forces armades, l'assistència i les facilitats (incloent-hi el dret de pas) que els primers posarien a disposició del segon. I el cert és que, a causa de la Guerra Freda, aquests acords no s'han arribat a celebrar mai, per la qual cosa ni el Comitè d'Estat Major ha tingut cap mena d'efectivitat, ni es pot dir que les Nacions Unides hagin executat directament amb els seus mitjans -el seu exèrcit- mesures de tipus militar contra un Estat.

Ara bé, gràcies a una interpretació forçada dels articles 48 (que preveu l'execució de les decisions del Consell, en el marc del Capítol VII, «per tots els membres de les Nacions Unides o per alguns d'ells, segons ho determini el Consell de Seguretat») i 51 (quan fa referència a la legítima defensa col·lectiva), s'ha pogut utilitzar la força armada com a sanció internacional imposada per les Nacions Unides però amb els mitjans –els exèrcits– dels Estats «autoritzats» pel Consell de Seguretat. D'aquesta manera, es permet a un grup d'Estats d'emprar la força armada contra l'Estat sancionat, amb el greu inconvenient que aquesta actuació no pot ser dirigida ni controlada per les Nacions Unides, que es limiten a assenyalar l'inici i el final de les operacions, així com els objectius a assolir i les condicions que ha de complir el sancionat per tal que acabin les hostilitats dirigides contra ell. Efectivament, s'ha utilitzat la figura de l'«autorització» de l'ús de la força per part del Consell de Seguretat en múltiples casos i de diverses formes, com ara en el cas de l'agressió d'Iraq a Kuwait o en el del règim il·legal d'Haití[2].

Amb tot, s'ha de fer esment que en l'estat actual de les relacions internacionals, el sistema de seguretat col·lectiva ha mostrat les seves limitacions, cosa que ha dut en alguns casos a un ús de la força armada sense la prèvia autorització del Consell de Seguretat, contràriament a la Carta de les Nacions Unides i als principis estructurals de l'ordenament jurídic internacional. Tal és el cas de la intervenció a Kosovo per part de l'OTAN en 1999, o de la més recent intervenció i posterior ocupació d'Iraq per la coalició liderada pels Estats Units en 2003. De tota manera, en ambdós casos es pot parlar d'una posterior acceptació de la situació sobre el terreny per part del Consell de Seguretat que, sense validar l'il·lícit previ, procura pal·liar de manera pragmàtica els seus efectes.

Finalment, la competència de l'Assemblea General en els supòsits d'amenaça a la pau, ruptura de la pau o actes d'agressió és la de discutir qualsevol qüestió que li sigui sotmesa per un Estat o pel mateix Consell de Seguretat, amb el límit de l'article 12 que ja coneixem. Ara bé, mitjançant la Resolució 377 (V) («Unió per la pau»), de 1950, l'Assemblea es va dotar a si mateixa dels poders que la Carta atorga al Consell de Seguretat quan aquest no pogués actuar a causa de la manca d'unanimitat dels seus membres permanents. Aquesta Resolució, utilitzada en el conflicte de Corea, va ser

---

2. Per a una classificació més detallada, vegeu CARDONA LLORENS, J.: «La aplicación de medidas que implican el uso de la fuerza armada por el Consejo de Seguridad para hacer efectivas sus decisiones», *REDI*, 1995, núm. 1, p. 9-32.

posteriorment titllada d'inconstitucional pel fet de contravenir la lletra i l'esperit de la Carta (ja que si es va preveure un dret de vet era precisament per paralitzar l'acció de l'Organització en els supòsits en què estiguessin implicades les grans potències), per la qual cosa no ha tornat a ser utilitzada per l'Assemblea General per suplantar el Consell de Seguretat, tot i que ha servit de base per a la creació d'una figura no prevista per la Carta: les operacions de manteniment de la pau.

3. Operacions de manteniment de la pau

Consisteixen en l'enviament que fa l'Organització, al lloc on es produeix un conflicte armat, de contingents armats (els anomenats *cascos blaus*), acompanyats de vegades de personal civil, subministrats voluntàriament pels Estats membres i amb el consentiment de l'Estat o del govern que controli efectivament el territori on es desplegaran les tropes. Originàriament, la funció de l'operació de manteniment de la pau no és solucionar per si mateixa el conflicte en curs, sinó separar els exèrcits de les parts, tot esperant que la congelació de la disputa i el cessament de les hostilitats facilitin una entesa entre les parts i condueixin a la solució definitiva de la diferència. A aquesta funció tradicional de separació de les forces armades i vigilància de la pau s'hi han afegit darrerament, fonamentalment a partir de 1989, altres missions. La cooperació de les parts enfrontades és, en tot cas, vital per a l'èxit de l'operació, que té sempre vocació de transitorietat.

Com hem assenyalat, les primeres operacions d'aquesta mena es fonamentaren (Suez, 1956; Congo, 1960; Xipre, 1964) en l'aplicació de la Resolució «Unió per la pau» i el protagonisme de l'Assemblea General, cosa que va provocar dubtes sobre la seva conformitat amb la Carta de les Nacions Unides. El Tribunal Internacional de Justícia, en una opinió consultiva de 1962[3], es va pronunciar a favor de la seva legalitat en assenyalar que el cost de les operacions de manteniment de la pau s'havia de considerar una «despesa de l'Organització» i que, per tant, havia de ser sufragat per tots els seus Estats membres. Per poder donar continuïtat a les operacions de manteniment de la pau ha calgut, però, tornar a l'equilibri polític establert a la Carta, tot restaurant el paper principal del Consell de Seguretat en matèria de manteniment de la pau. El Consell, doncs, és qui té en l'actualitat l'autoritat per a l'establiment (incloent-hi el mandat de la missió, la duració, etc.), la direcció i el control de les operacions, de manera que, orgànicament, cada una d'elles en constitueix un òrgan subsidiari. També juga un paper important el Secretari General, comandant en cap de totes les operacions i encarregat de seleccionar els països i els contingents que integraran cada missió.

Es pot dir que des del final de la Guerra Freda s'ha entrat en una segona etapa de les operacions de manteniment de la pau, no sols perquè augmenten considerablement

---

3. *Certaines dépenses des Nations Unies (article 17, paragraph 2, de la Charte), avis consultatif, CIJ Recueil*, 1962.

en nombre, sinó també per una ampliació de les finalitats i funcions que compleixen. Així, com dèiem, entre les noves funcions cal esmentar les funcions humanitàries (cas de l'antiga Iugoslàvia), la preparació i/o control de la celebració d'eleccions democràtiques (Angola, El Salvador, Cambotja, Timor Est...), la verificació del compliment d'acords de drets humans (El Salvador), el desminatge, la desmobilització i reinserció dels soldats, etc. En general (i llevat d'alguns casos), quan aquestes activitats es desenvolupen un cop finalitzat el conflicte armat se sol dir que estem davant de funcions de «consolidació de la pau», moltes vegades assignades a l'ONU en el marc dels acords de pau que posen fi al conflicte armat, sobretot en el cas de conflictes de tipus intern. Fins i tot, les operacions de manteniment de la pau en ocasions han arribat a dur a terme funcions pròpies de l'administració estatal, el que s'anomena «funcions d'administració territorial de l'Estat» o de «reconstrucció de l'Estat» (Cambotja, Kosovo, Timor Est). En tot cas, els principis fonamentals que han de complir aquestes operacions continuen sent els tradicionals, tot i que amb algunes matisacions a la pràctica: consentiment de l'estat, imparcialitat (no participar al conflicte ni decantar-se per cap de les parts enfrontades) i no-utilització de la força armada.

III. Foment de les relacions d'amistat entre les nacions basades en la lliure determinació dels pobles

Tot i que el tractament que fa la Carta del problema colonial és força discret, el cert és que les Nacions Unides tenen, entre els seus actius més preuats, el d'haver contribuït a condemnar el fenomen del colonialisme i haver accelerat el procés de descolonització. Ja hem examinat en el seu moment el contingut jurídic del principi de lliure determinació, per la qual cosa ens limitarem a continuació a examinar la tasca duta a terme per l'Organització. En aquest sentit, cal distingir, com fa la Carta, dos règims diferents (administració fiduciària i territoris no autònoms), amb el benentès que la lliure determinació els és igualment aplicable a tots dos.

A) Règim d'administració fiduciària

El Capítol XII de la Carta preveu l'establiment d'un règim d'administració fiduciària o de tutela, que serà controlat pel Consell d'Administració Fiduciària, per a diferents tipus de territoris: els sotmesos als mandats de la Societat de Nacions (antigues colònies dels perdedors de la Primera Guerra Mundial); els que poguessin ser separats dels estats perdedors de la Segona Guerra Mundial; i els voluntàriament col·locats sota aquest règim pels estats responsables d'administrar-los. L'any 1946 es trobaren en aquesta situació onze territoris que foren col·locats sota l'administració (no la sobirania) de diferents Estats membres mitjançant acords especials entre aquests membres i l'Organització.

Els objectius de l'administració vénen consignats de forma molt genèrica a l'article 76, on es parla, entre d'altres, de «consolidar la pau i seguretat internacionals» o «d'encoratjar el respecte als drets humans". L'objectiu que aquests territoris obtinguin la independència política hi apareix molt tímidament: «promoure el progrés polític, econòmic, social i educatiu de les poblacions dels territoris sota tutela i el seu desenvolupament progressiu per obtenir la capacitat de governar-se per ells mateixos o la independència, *segons sigui apropiat a les circumstàncies particulars de cada territori i dels seus pobles* i a les aspiracions lliurement expressades dels pobles interessats i segons el que estigui previst per cada acord de tutela». A partir d'aquesta disposició, i gràcies a l'impuls que va donar la Resolució 1514 (XV), durant els anys seixanta es van anar celebrant plebiscits i referèndums en la majoria de territoris en fideïcomís, tot exercint així el seu dret a la lliure determinació, amb la conseqüent sortida del règim de tutela internacional. Només els territoris de Namíbia (ocupat il·legalment per Àfrica del Sud) i de les Illes del Pacífic (sota administració nordamericana) han hagut d'esperar fins al final dels anys vuitanta i el principi dels noranta, respectivament, per assolir la independència, de manera que, en l'actualitat, ja no resta cap territori en situació d'administració fiduciària.

B) Territoris no autònoms

L'article 73 de la Carta defineix els territoris no autònoms com aquells «la població dels quals encara no ha aconseguit la plena capacitat de governar-se per ells mateixos»; no es diu qui determina si un territori és o no autònom i, de fet, el 1946, les principals potències colonials van establir una llista tancada de 74 territoris en relació amb els quals es comprometien a assumir les obligacions que imposa l'article 73. Amb el temps, però, l'Assemblea General va anar afirmant la seva pròpia competència per decidir si un territori realment s'administrava a si mateix o no, fins que l'any 1960, mitjançant la Resolució 1541 (XV), arriba a establir els criteris objectius per fer aquesta determinació: la separació geogràfica d'un territori del país que l'administra; les diferències ètniques i culturals entre les seves poblacions; la subordinació del territori en relació amb l'Estat metropolità, etc. D'aquesta manera, es van incloure territoris que les potències administradores havien qualificat com a *províncies*, però que realment estaven sotmesos a un règim colonial. En definitiva, cal entendre que territoris no autònoms són tots aquells territoris colonials no sotmesos al règim d'administració fiduciària.

Les obligacions que l'article 73 imposa a les potències administradores responen, com en el cas del règim de tutela, a un equilibri entre els interessos dels Estats colonials i els partidaris d'una ràpida descolonització. Així doncs, juntament amb deures derivats dels mateixos propòsits de la Carta, com «consolidar la pau i la seguretat internacionals» o «promoure mesures constructives de desenvolupament», s'esmenta dèbilment l'objectiu polític: «desenvolupar la capacitat de governar-se per ells mateixos» i «ajudar-los en el desenvolupament progressiu de les seves lliures institucions polítiques», amb el límit de «les circumstàncies particulars de cada territori i dels seus habitants i dels seus diferents graus d'avenç». Entre aquests deures cal destacar també el de transmetre regularment al secretari general, a títol d'informació, els informes estadístics o de caràcter tècnic relatius a les condicions econòmiques, socials i educatives dels territoris. Però tots aquests deures són superats per l'obligació que imposa el paràgraf cinquè de la «Declaració sobre la concessió de la independència als països i pobles colonials» [Resolució 1514 (XV)], conforme al qual en tots els territoris que no han aconseguit encara la seva independència «caldrà prendre immediatament mesures per traspassar tots els poders als pobles d'aquests territoris, sense condicions ni reserves, de conformitat amb la seva voluntat i els seus desigs lliurement expressats».

La necessitat de controlar el compliment d'aquestes obligacions ha fet que, des de bon començament, l'Assemblea General hagi anat creant diferents òrgans subsidiaris: primer, amb la funció de rebre la informació que demana l'article 73; després, a més, per aplicar les disposicions de la Resolució 1514 (XV). El darrer en ser creat, l'anomenat *Comitè dels vint-i-quatre*[4], ha estat encarregat d'examinar l'aplicació de la Declaració, formular suggeriments i recomanacions sobre els progressos realitzats i l'abast de la seva aplicació, i d'informar-ne a l'Assemblea General; però el Comitè ha dut a terme, a més, una important tasca de pressió sobre els Estats que encara posseïen territoris colonials, cosa que ha contribuït, sens dubte, a l'acceleració del procés de descolonització en molts d'aquests territoris. La llista de territoris no autònoms sotmesos en l'actualitat al control del Comitè dels vint-i-quatre s'ha reduït a menys d'una vintena; es tracta majoritàriament d'illes poc habitades que no tenen pressa per assolir la independència (per exemple, Bermudes la va rebutjar als anys noranta per una majoria aclaparadora), tot i que encara resten qüestions realment problemàtiques com les del Sàhara Occidental, Gibraltar o Nova Caledònia.

IV. La cooperació per a la solució dels problemes internacionals de caràcter econòmic, social, cultural o humanitari: la cooperació internacional en l'àmbit humanitari i la protecció dels drets humans

La cooperació a què fan referència tant l'article 1.3 de la Carta, com la Resolució 2625 (XXV) respon a una noció àmplia d'aquest terme: es tracta que els Estats col·laborin mútuament per tal de resoldre els múltiples conflictes i problemes en què puguin veure's immersos. A grans trets, però, podem dir que aquests textos distingeixen dos finalitats generals de la cooperació de l'Organització:

---

4. «Comité especial encarregat d'examinar la situació en relació amb l'aplicació de la Declaració sobre la concessió de la independència als països i pobles colonials», creat per l'Assemblea General mitjançant la Resolució 1654 (XVI), de 1961.

1. La *solució dels problemes internacionals* de diversos tipus: caràcter econòmic, social, cultural o humanitari. Objectiu reprès en les lletres *a* i *b* de l'article 55 i en diferents passatges de la Resolució 2625 (XXV). Destaca de manera especial d'aquest primer aspecte de l'acció de les Nacions Unides en matèria de cooperació, la cooperació per al desenvolupament, que per la seva entitat serà objecte del capítol 23. Aquí farem una petita referència a la cooperació en l'àmbit humanitari que, encara que hagi assolit més rellevància mediàtica en els últims anys, és un àmbit d'acció de l'Organització des dels seus primers anys de funcionament

2. *El desenvolupament i l'estímul de la protecció dels drets humans i les llibertats fonamentals de tothom, sense fer distincions per motius de raça, sexe, idioma o religió.* Objectiu reprès en l'article 55, lletra *c*, de la mateixa Carta i que la Resolució 2625 (XXV) torna a formular com a «cooperació per a la promoció del respecte universal i l'observança dels drets humans i de les llibertats fonamentals per a tothom, i en l'eliminació de tota forma de discriminació racial i d'intolerància religiosa». Formulació considerada massa vaga, tenint en compte que l'any 1970 l'acció de l'Organització en aquest àmbit havia estat prou significativa com per poder formular un principi autònom de Dret Internacional relatiu a l'obligació de tots els Estats de respectar i protegir els drets humans i les llibertats fonamentals.

1. La cooperació internacional en l'àmbit humanitari

L'ONU disposa avui d'un sistema per prestar i coordinar l'assistència humanitària a les víctimes d'emergències humanitàries. El fonament jurídic d'aquest sistema es pot trobar en l'article 1.3 de la Carta si considerem que aquestes emergències són «problemes internacionals de caràcter (...) humanitari». Les crisis o emergències humanitàries tenen múltiples causes (desastres naturals, conflictes armats, accidents industrials...) i es caracteritzen per afectar un grup de persones de forma col·lectiva, a les quals es causa un patiment extrem que fa necessària una assistència humanitària urgent o altres serveis, per a la seva supervivència. Alhora, hi ha situacions que en si mateixes són problemes humanitaris, com ara la situació de refugiats i desplaçats interns, o de les víctimes de la guerra. Les Nacions Unides tenen competència sobre aquells problemes humanitaris que adquireixin una dimensió internacional; és a dir, quan l'Estat on es produeix el fet no pot o no vol fer-se'n càrrec. L'acció de l'Organització en aquest sector es pot analitzar tot distingint entre el *sistema institucional* per prestar i coordinar l'assistència humanitària, d'una banda, i *l'orientació normativa* de les polítiques i comportaments dels estats i dels òrgans humanitaris de la pròpia ONU, de l'altra.

El *sistema institucional* actual per fer front a les crisis humanitàries es basa en dos pilars: la prestació de serveis humanitaris i la coordinació dels actors humanitaris. Aquest sistema s'ha anat formant progressivament des de 1946 fins als nostres dies, i les bases de la seva configuració actual es troben en la Resolució 46/182 de l'Assemblea General adoptada en 1991[5]. Amb competències per prestar serveis humanitaris amb caràcter general (socors o assistència humanitària en sentit estricte, rescat d'individus, repatriació i reinstal·lació de refugiats, assistència a desplaçats interns, etc.) s'han establert tres òrgans operacionals subsidiaris de l'Assemblea General. Cadascun d'ells està especialitzat en algun d'aquests serveis i pot desenvolupar altres funcions no humanitàries, com ara programes d'ajut al desenvolupament. Es crearen en els primers anys de funcionament de l'Organització tot i que han evolucionat notablement en les seves capacitats i funcions. Es tracta del Fons de les Nacions Unides per a la Infància (UNICEF) creat el 1946, l'Alt Comissionat de les Nacions Unides per als Refugiats (ACNUR) creat el 1950 i el Programa Mundial d'Aliments (PMA), aquest darrer creat juntament amb l'Organització per a l'Agricultura i l'Alimentació (FAO) el 1961. Són trets comuns de tots tres el fet de comptar amb una doble composició orgànica interna: una secretaria molt desenvolupada que executa els programes i un òrgan governamental de composició restringida que dirigeix la política i aprova els programes i els pressupostos. Gran part de les seves activitats estan finançades amb contribucions voluntàries i només en el cas de l'ACNUR, les despeses de secretaria es financen amb càrrec al pressupost general de l'ONU. Finalment, tots tres tendeixen a recórrer a organitzacions no governamentals com a associades en l'execució dels seus programes.

Amb competència per coordinar i mobilitzar activitats humanitàries de l'Organització, existeix des de 1997 l'Oficina del Coordinador d'Afers Humanitaris (OCHA), que és una dependència de la Secretaria, no un òrgan subsidiari. Aquesta Oficina, dirigida pel Coordinador d'Afers Humanitaris, substitueix l'antic Departament d'Afers Humanitaris (DAH) creat el 1991, que, al seu torn, havia substituït l'Oficina del coordinador de les Nacions Unides per al Socors en Cas de Desastre (UNDRO), establerta el 1971. Té competència davant tota mena d'emergències, tant provocades per desastres naturals com per conflictes armats o altres, i la seva funció és fomentar la prestació de socors per part dels Estats, canalitzar el diàleg entre els Estats receptors i la comunitat de donants, especialment en situacions de crisis polítiques difícils, i prestar serveis i facilitar instruments de coordinació de l'assistència, tant en la seu de l'Organització com sobre el terreny. A més, l'ONU disposa del Dipòsit de Resposta Humanitària de les Nacions Unides a Brindisi (Itàlia), del qual participen els diferents òrgans (OCHA, PMA), així com l'Organització Mundial de la Salut (OMS).

L'*orientació normativa* de les polítiques i comportaments dels Estats i actors humanitaris en relació amb qui ha de prestar l'assistència humanitària i com ho ha de fer, la decideix l'Assemblea General a través de les seves resolucions i, de vegades, també el Consell Econòmic i Social. Cal assenyalar que en alguns sectors existeixen convenis internacionals específics, que tenen primacia en la seva aplicació pels Estats

---

5. Resolució 46/182, «Enfortiment de la coordinació de l'assistència humanitària d'emergència del sistema de les Nacions Unides», de 19 de desembre de 1991.

que en són part. Tal és el cas, entre d'altres, de l'assistència en casos de conflictes armats[6], o d'alguns tractats bilaterals d'assistència mútua en casos de desastres naturals, o àdhuc de tractats internacionals que regulen comunicacions internacionals (aèries o terrestres) o el control de duanes i que contemplen excepcions en disposicions particulars a fi d'agilitar la prestació d'assistència humanitària. No s'ha pogut adoptat, malgrat els intents, una convenció general universal sobre assistència humanitària, cosa que provoca un buit jurídic, especialment en el cas d'emergències provocades per desastres naturals. Això posa de manifest les reticències dels Estats a quedar vinculats internacionalment en aquest àmbit. De tota manera, de la pràctica de les resolucions de l'Assemblea General[7] es poden extreure els principis següents: hi ha consens en relació amb el deure de l'Estat de prestar assistència humanitària a les víctimes que es trobin sota la seva jurisdicció; pel que fa a tercers Estats, no sembla que hi hagi consens respecte d'un deure de prestar aquesta assistència, o de deixar pas a tercers que vulguin fer-ho, almenys en el pla universal. En aquest sentit, i malgrat la insistència d'alguns, les resolucions de l'Assemblea General es refereixen a aquests supòsits en termes de *recomanació*. Pel que fa a la pròpia ONU, podria dir-se que sí està obligada a l'exercici de les seves funcions en aquest àmbit. En tots aquests casos, l'assistència humanitària ha de prestar-se tot respectant el consentiment de l'Estat receptor, així com els principis d'humanitat, neutralitat i imparcialitat, tal com reconeix tradicionalment el Moviment Internacional de la Creu Roja.

2. La cooperació per a la promoció i protecció dels drets humans i les llibertats fonamentals

Cal assenyalar, de bell antuvi, que la Carta és el primer instrument que *internacionalitza* la protecció dels drets humans, fins aleshores patrimoni exclusiu de les constitucions internes d'alguns països. A partir de la Carta, «el tractament que un estat doni a les persones que es troben sota la seva jurisdicció, siguin nacionals o estrangeres, estarà regulat per principis i normes jurídiques internacionals»[8]. Els drets humans deixen de ser una qüestió de la jurisdicció interna dels Estats. La tasca de les Nacions Unides en aquesta matèria ha estat prou important, tant des del punt de vista orgànic com normatiu, i comença a desenvolupar-se des de la seva creació. Així, en el seu primer període de sessions, el Consell Econòmic i Social creà la Comissió de

6. Regula pels quatre Convenis de Ginebra de 1949 i els seus dos Protocols Addicionals de 1977.

7. Les resolucions recents més importants són, a més de l'esmentada, la Resolució 43/131, «Assistència humanitària a les víctimes de desastres naturals i situacions d'emergència similars», de 8 de desembre de 1988, i la Resolució 45/100, «Assistència humanitària a les víctimes de desastres naturals i situacions d'emergència similars», de 14 de desembre de 1990.

8. Vegeu CARRILLO SALCEDO, J. A. *Soberanía de los Estados y derechos humanos en derecho internacional contemporáneo*, Tecnos, Madrid, 1995, p. 24.

Drets Humans, òrgan subsidiari compost en l'actualitat per 53 estats membres, i, en el seu si, la Subcomissió de Prevenció de les Discriminacions i Protecció de les Minories, avui denominada Subcomissió per a la Promoció i la Protecció dels Drets Humans, composta per 26 experts independents. Aquests òrgans han estat els encarregats de preparar la major part dels textos relatius a drets humans que ha produït l'Organització en els seus seixanta anys d'existència.

Per apropar-nos a la tasca de l'Organització podem distingir entre les funcions de promoció i les de protecció dels drets humans i llibertats fonamentals, tot i que ambdues estan estretament relacionades. Per la *funció de promoció dels drets humans i llibertats fonamentals* s'entén el conjunt de totes les activitats dirigides a fomentar l'assumpció i aplicació per part dels Estats d'obligacions internacionals en matèria de drets humans. Aquestes activitats inclouen la informació i divulgació, les campanyes, la celebració de conferències internacionals (com ara la Conferència Mundial de Drets Humans celebrada a Viena el 1993), l'assistència tècnica als Estats en la matèria[9], etc. També la codificació i desenvolupament progressiu dels drets humans, que és la tasca més destacada de promoció dels drets humans.

L'activitat de codificació s'inicia amb la Declaració universal dels drets humans, aprovada mitjançant la Resolució de l'Assemblea General 217 (III), de 10 de desembre de 1948, a partir dels treballs de la Comissió de Drets Humans. La Declaració no va ser considerada com un text formalment vinculant en els seus orígens, però sí amb un gran valor polític moral, fonament de tot l'edifici jurídic construït per l'Organització des d'aleshores. Avui, s'ha afirmat que gran part del seu contingut ha esdevingut Dret Internacional general, de caràcter consuetudinari.

A partir de la Declaració universal, la tasca normativa de les Nacions Unides té una doble vessant: d'una banda, anirà dirigida a adoptar un tractat general que doni precisió a les obligacions jurídiques derivades de la Declaració; de l'altra, consistirà en l'aprovació de resolucions i la preparació de tractats sectorials, relatius a la protecció i sanció per violació de drets humans específics. En el primer sentit, l'enfrontament Est-Oest féu impossible adoptar un únic text convencional que desenvolupés les disposicions de la Declaració universal, per la qual cosa s'aproven simultàniament, el 1966, dos tractats: el Pacte internacional de drets civils i polítics i el Pacte internacional de drets econòmics, socials i culturals, tractats que entren en vigor l'any 1976 i dels quals en l'actualitat en formen part més de 150 Estats. Malgrat la seva separació formal, ambdós grups de drets humans estan, de fet, íntimament vinculats entre si i són igualment irrenunciables.

Pel que fa a qüestions específiques, s'han adoptat, sobre la base dels treballs dels òrgans subsidiaris del Consell Econòmic i Social esmentats, resolucions i convenis relatius a la prohibició i sanció del genocidi; prohibició de l'esclavitud i treballs

9. A través de l'Oficina de l'alt comissionat de les Nacions Unides per als Drets Humans, establerta en 1993 per l'Assemblea General seguint una recomanació adoptada per la Conferència Mundial de Drets Humans del mateix any.

forçosos; prohibició de la discriminació racial en general i de l'*apartheid* en particular; prohibició de la tortura i pràctiques anàlogues; protecció dels refugiats, els apàtrides, els immigrants, les minories, les dones, els nens, etc. Tot i la claredat dels drets humans regulats, els instruments convencionals sectorials adoptats estan molt lluny d'haver assolit una acceptació universal, amb participacions que s'acosten en general als cent Estats part. La promoció de la participació en aquests convenis i el control del seu compliment són les tasques que prioritàriament ha de desenvolupar en el futur l'Organització.

En relació amb la *funció de protecció dels drets humans i llibertats fonamentals*, aquesta comprèn el conjunt d'activitats dirigides a controlar l'aplicació pels Estats de les seves obligacions internacionals en la matèria. En general, els mecanismes de control directe que pot exercir l'Organització són bastant febles, ja que no existeix un tribunal internacional de drets humans de caràcter universal. Bàsicament, es pot distingir entre mecanismes de control convencionals –que han estat establerts per tractats internacionals–, i mecanismes extraconvencionals, creats directament pel Consell Econòmic i Social. Els primers –que solen requerir d'un òrgan de control específic– consisteixen en diferents instruments com ara la presentació periòdica d'informes estatals sobre l'estat de la seva pràctica en un àmbit concret, la presentació de queixes interestatals, i fins i tot la presentació de queixes individuals (avui reconegut en el marc del Comitè de Drets Humans, el Comitè contra la Tortura, el Comitè per a l'Eliminació de la Discriminació Racial i el Comitè per a l'Eliminació de la Discriminació contra la Dona). En qualsevol cas, els resultats són força limitats perquè el comitè d'experts no pot anar més enllà de la formulació d'observacions a l'Estat, o bé, als particulars afectats. D'altra banda, entre els mecanismes extraconvencionals es poden distingir dos sistemes: el *procediment públic especial* i el *procediment confidencial* (coneguts respectivament com a procediment 1503 i procediment 1235, pel nom de la resolució de l'ECOSOC que els estableix). Ambdós són diferents en el seu àmbit d'aplicació i el seu funcionament, però en tot cas el resultat és bastant mediocre, perquè no pot passar d'una certa pressió política sobre els Estats.

Així doncs, el nivell de control assolit per l'Organització és molt inferior al de la codificació internacional dels drets humans. Ara bé, aquesta situació ha començat a canviar a partir dels anys noranta amb la creació de tribunals internacionals penals, com els tribunals *ad hoc* per a l'antiga Iugoslàvia (1993) i per a Rwanda (1994), i especialment amb la creació de la Cort Penal Internacional en 1998. En aquest cas no estem estrictament davant de mecanismes de protecció internacional dels drets humans, sinó davant de mecanismes judicials que permeten exigir la responsabilitat internacional dels individus presumptament autors de crims de guerra, crims contra la humanitat o de genocidi. Però per aquesta via, sens dubte, es contribueix a garantir el respecte dels drets humans més elementals.

Bibliografia sumària

ABELLÁN HONRUBIA, V. «La ampliación del concepto de mantenimiento de la paz y seguridad internacionales por el Consejo de Seguridad de las Naciones Unidas», *Hacia un nuevo orden internacional y europeo. Estudios en homenaje al profesor Manuel Díez de Velasco*, Tecnos, Madrid 1993, p. 3-18.

BADIA MARTÍ, A. *El arreglo pacífico de controversias en la Organización de las Naciones Unidas*, J. M. Bosch, Barcelona, 1994.

BONET PÉREZ, J. «Las Naciones Unidas y los derechos humanos», *Cuadernos Jurídicos*, núm. 11, p. 39-57.

CARDONA LLORENS, J.: «La aplicación de medidas que implican el uso de la fuerza armada por el Consejo de Seguridad para hacer efectivas sus decisiones», *REDI*, 1995, núm.1, p. 9-32.

CARRILLO SALCEDO, J. A. *Soberanía de los Estados y derechos humanos en derecho internacional contemporáneo*, Tecnos, Madrid, 2001

MIAJA DE LA MUELA, A. *La emancipación de los pueblos coloniales y el Derecho internacional*, 2a edició, Tecnos, Madrid 1968.

TORROJA MATEU, H., *La asistencia humanitaria en la Organización de las Naciones Unidas. Fundamentos y perspectivas actuales*, Barcelona, Atelier, 2004.

14. ELS ORGANISMES ESPECIALITZATS DE COOPERACIÓ ECONÒMICA I FINANCERA*

I. Introducció

Tal com ja ha estat objecte d'estudi, els Organismes especialitzats són Organitzacions internacionals universals que mantenen una especial vinculació amb l'Organització de les Nacions Unides mitjançant un acord internacional (articles 57 i 63 de la Carta de les Nacions Unides). D'entre tots els organismes especialitzats, ens centrem en l'estudi dels de cooperació econòmica i financera. En altres paraules, analitzarem les Organitzacions econòmiques internacionals vinculades al sistema de les Nacions Unides.

Seguint BELANGER, podem parlar de diferents generacions d'Organismes especialitzats i, simplificant, podem parlar d'una primera generació d'Organismes especialitzats de cooperació econòmica i financera de la qual en formarien part el Fons Monetari Internacional (FMI), el Banc Internacional per a la Reconstrucció i el Desenvolupament (BIRD) i l'Organització de les Nacions Unides per a l'Agricultura i l'Alimentació (FAO), i d'una nova generació d'aquests Organismes especialitzats que estaria configurada per l'Organització de les Nacions Unides per al Desenvolupament Industrial (ONUDI) i el Fons Internacional per al Desenvolupament Agrícola (FIDA).

Els de la primera generació són Organismes especialitzats creats a la fi de la Segona Guerra Mundial –alguns d'ells fins i tot abans de les Nacions Unides–, però que es caracteritzen fonamentalment pel seu posicionament en el manteniment de l'estructura de les relacions econòmiques internacionals i pel control que sobre ells exerceixen els països industrialitzats.

Això és especialment remarcable en el cas de l'FMI i el BIRD, que foren establerts en la Conferència de Bretton Woods. En aquesta Conferència, celebrada el juliol de 1944, es va dissenyar quin havia de ser –com veurem en el capítol 19– l'ordre econòmic internacional que regiria el món després de la Segona Guerra Mundial. Pel que fa a les vessants monetària i financera es va decidir l'establiment de l'FMI i del

---

* Elaborat pel Dr. Xavier PONS RÀFOLS i el Dr. DAVID BONDIA GARCÍA.

BIRD. El tercer pilar de l'esquema dissenyat, referit a la liberalització del comerç internacional, vindria constituït per la fallida Organització Internacional del Comerç i, en definitiva, per l'Acord General sobre Aranzels Duaners i Comerç (GATT) i per l'actual Organització Mundial del Comerç (OMC) –vegeu el capítol 21–.

En aquesta mateixa línia i malgrat que són Organismes especialitzats com els altres, s'ha de fer esment de les reticències per part de l'FMI i del BIRD a la concertació de l'acord de vinculació amb l'ONU, les dificultats de la seva negociació, i les significatives peculiaritats dels acords amb l'FMI i el BIRD respecte dels acords amb altres Organismes especialitzats que es tradueixen en importants restriccions a la funció de coordinació que competeix a l'ONU i, en concret, al Consell Econòmic i Social.

II. La primera generació d'Organismes especialitzats de cooperació econòmica i financera

1. El Fons Monetari Internacional (FMI)

Com ja hem dit, l'FMI fou establert, a l'igual que el BIRD, en la Conferència de Bretton Woods el juliol de 1944. La seva seu es va fixar a Washington i en són membres fundadors aquells països participants a la Conferència que hagin acceptat la pertinença al Fons; els altres membres, admesos amb posterioritat, ho seran en el moment i en les condicions que determini la Junta de Governadors del Fons. Per al seu estudi, analitzarem tot seguit els objectius, el funcionament i l'estructura orgànica de l'FMI.

A) Objectius

Els seus objectius fonamentals són els d'afavorir els intercanvis internacionals sobre una base monetària multilateral i ajudar els seus Estats membres a acotar la duració i minorar el grau de desequilibri de les seves balances de pagaments[1].

Aquests grans objectius es concreten, tal com disposa l'article I del seu Conveni constitutiu, en els següents: d'una banda, promoure l'expansió i el creixement equilibrat del comerç internacional i contribuir a establir un sistema multilateral de pagaments per a les transaccions entre els països membres, eliminant-ne les restriccions canviàries que dificultin l'expansió del comerç mundial; de l'altra, fomentar la cooperació monetària internacional i l'estabilitat canviària procurant que els països membres mantinguin règims de canvi ordenats i evitar així depreciacions canviàries competitives; finalment, ajudar a equilibrar les balances de pagaments posant a dis-

1. L'any 2005 hi havia 184 Estats membres.

posició dels Estats membres, temporalment i amb les garanties adequades, els recursos generals del Fons.

Per a la consecució d'aquests objectius, l'FMI exerceix funcions de reglamentació i control en relació amb les polítiques sobre els tipus de canvi i les restriccions als pagaments i transferències derivades del comerç internacional; i, a més, subministra als seus membres recursos financers perquè puguin afrontar els desequilibris de les seves balances de pagaments.

Per al compliment dels seus objectius, l'FMI ha d'administrar una certa disciplina monetària amb l'objecte de crear i mantenir un sistema monetari estable i, paral·lelament, ajudar financerament els Estats per controlar els desequilibris temporals de les seves balances de pagaments. Però l'intent d'articular un sistema basat en l'estabilitat dels tipus de canvi i la convertibilitat exterior de les monedes va resultar molt aviat inviable. La decisió dels Estats Units el 1971 d'abandonar la paritat del dòlar amb l'or, les crisis del petroli i les taxes elevades d'inflació conduïren a l'adopció de la segona esmena del Conveni constitutiu en el sentit d'establir un sistema de determinació lliure dels tipus de canvi[2]. D'aquesta manera, es va acabar imposant la flexibilitat i, d'alguna manera, hem acabat assistint a un autèntic desordre monetari. En altres paraules, l'FMI no ha estat capaç d'assolir un dels seus objectius principals: l'estabilització del sistema monetari.

Val a dir també que, amb els anys, l'FMI, de ser la institució del sistema monetari internacional capitalista, s'ha anat convertint en una institució d'assistència al desenvolupament controlada pels països industrialitzats -com es veurà tot seguit en el mecanisme d'adopció de decisions i en la seva estructura orgànica-. En aquest sentit, opera com una institució reguladora del sistema creditici mundial, fent tot el possible per garantir el pagament del deute extern i evitant insolvències dels països deutors que poguessin repercutir en les economies dels països industrialitzats. Ara bé, en convertir-se en garant del deute extern, l'FMI ha renunciat al seu caràcter multilateral i ha establert una estratègia amb mesures incompatibles amb el desenvolupament dels seus objectius. Perquè els objectius declarats en l'article I tenen un rerefons social que es concreta en la recerca d'uns alts nivells d'ocupació i d'ingressos reals i en el desenvolupament dels recursos productius de tots els Estats membres.

B) Funcionament

Els recursos per a l'assistència monetària de l'FMI provenen de les quotes amb les quals els seus Estats membres hi contribueixen. Aquestes quotes són determinades en funció de diversos indicadors com ara la renda nacional, les reserves de divises i el volum del seu comerç exterior; i són revisades periòdicament.

Però la quota és essencial no sols perquè configura els recursos del Fons sinó també perquè, a més de fixar el nombre de vots de cada Estat membre, determina tam-

2. S'ha d'assenyalar que hi ha una tercera esmena que va entrar en vigor en 1992.

bé la quantitat monetària màxima[3] de què pot disposar cada Estat membre. Cal afegir que a partir de determinats percentatges, el crèdit que pugui atorgar l'FMI està condicionat a un conjunt de requisits referits a la política que ha d'aplicar l'Estat beneficiat a l'hora d'utilitzar aquests recursos[4]. De tal manera que es configura un cercle viciós on s'encadenen els indicadors que serveixen per determinar la quota, els màxims d'accés als recursos i la condicionalitat per a la seva obtenció; el resultat, en definitiva, és que, com menys ingressos té un país, menor serà la seva quota, però menor també el volum de recursos als quals podrà accedir i també més severes les condicions per obtenir-los; i a la inversa, com més riquesa major quota, però més possibilitat d'accés a volums superiors de finançament, evitant normalment la condicionalitat.

I a tots aquests elements se n'afegeix un altre de fonamental: el sistema de vot ponderat que regeix el mecanisme d'adopció de decisions en l'FMI. Vot ponderat que té com a únic factor en compte per a la ponderació el de la quota de cada Estat. Cada Estat membre disposa de 250 vots més un vot addicional per cada porció de la seva quota, és a dir, del capital subscrit, equivalent a cent mil drets especials de gir; i les decisions de l'FMI, llevat de disposició expressa contrària[5], s'adoptaran per majoria dels vots emesos. Això fa que, per exemple, l'any 2005, després de la novena revisió de les quotes i sobre 184 Estats membres, els Estats Units disposessin ells sols del 17,1 % dels vots. Afegim a tot això que el pes relatiu dels vots bàsics ha anat disminuint; és a dir, que cada cop és més reduït el percentatge que representen, sobre el total de vots, els 250 vots que com a mínim té cada Estat en nom de la igualtat formal entre tots els Estats.

C) Estructura orgànica

Pel que fa a la seva estructura orgànica, l'FMI té una Junta de Governadors, un Directori Executiu i un director gerent amb el personal corresponent. La Junta de Governadors està formada per un governador, amb un governador suplent, nomenats per cada Estat membre. Es tracta, per tant, d'un òrgan plenari. És també el màxim òrgan deliberant de l'FMI.

El Directori Executiu està integrat pels vint-i-dos directors executius o administradors, dels quals cinc seran designats pels cinc Estats membres que tinguin el major nombre d'accions (Estats Units, Japó, República Federal d'Alemanya, Regne Unit i França) i els disset restants elegits pels governadors dels altres Estats membres. Les eleccions a directors executius es fan cada dos anys i cada director executiu nomenarà un suplent amb plens poders en la seva absència, a causa del caràcter permanent de les seves funcions. Al Directori Executiu li correspon la gestió de les opera-

---

3. En drets especials de gir (DEG), que és la unitat comptable del Fons.

4. Polítiques d'ajustament que l'FMI obliga a aplicar.

5. I el Conveni constitutiu estableix que determinades decisions especialment importants s'adoptaran per majories més elevades, del 70 % o del 85 % dels vots emesos.

cions generals del Fons i l'exercici de totes les facultats que li delegui la Junta de Governadors.

El director gerent o president és elegit pel Directori Executiu i no podrà ser ni governador, ni director executiu, ni suplent de cap d'aquests dos càrrecs. Les seves funcions són molt importants, ja que li correspon presidir les reunions del Directori Executiu tot i que, normalment, no té dret a vot, llevat que sigui per dirimir un empat. És també el cap del personal del Fons, i pot organitzar, nomenar i destituir els funcionaris; i, sota l'orientació del Directori Executiu, dirigeix els afers ordinaris del Fons.

2. El Grup del Banc Mundial

Es coneix habitualment com a Grup del Banc Mundial un conjunt institucional format per tres Organismes especialitzats –el mateix Banc Internacional per a la Reconstrucció i el Desenvolupament (BIRD), comunament conegut com Banc Mundial; l'Associació Internacional del Foment (AIF), i la Corporació Financera Internacional (CFI)– i altres institucions vinculades al BIRD –com el Centre Internacional per a la Solució de Diferències Relatives a Inversions i l'Organisme Multilateral de Garantia d'Inversions (vegeu el capítol 20)–. L'objecte d'aquest apartat es limita als tres organismes especialitzats que formen part del Grup i que, com a tals, són Organitzacions internacionals amb personalitat jurídica pròpia i vinculades a les Nacions Unides.

A) El Banc Internacional per a la Reconstrucció i el Desenvolupament (BIRD)

El Banc fou establert, a l'igual que l'FMI, en la Conferència de Bretton Woods, la qual cosa permet parlar, en general, de l'FMI i del BIRD com «les institucions de Bretton Woods». Ambdues tenen la seva seu a Washington i un funcionament de caire molt semblant que ha acabat portant a una certa confusió i a una convergència progressiva de funcions.

L'article I del seu Conveni constitutiu fixa els objectius del BIRD en els termes següents: contribuir a la reconstrucció i al desenvolupament dels territoris dels seus Estats membres i estimular el desenvolupament dels mitjans i fonts de producció en els països poc desenvolupats; fomentar les inversions privades de capital estranger i complementar-les; promoure un creixement equilibrat del comerç internacional i mantenir l'equilibri de les balances de pagaments de tal manera que augmenti la productivitat, elevant el nivell de vida i millorant les condicions de treball; coordinar els préstecs establerts pel BIRD amb altres, establint les prioritats adequades, i facilitar la transició de l'economia de guerra a la de pau.

Com queda palès, les finalitats del Banc s'han d'ubicar en el seu context històric i entendre així que, tal com s'afirma en la seva denominació, tenia inicialment una finalitat fonamentalment de finançament de la reconstrucció i de foment del desenvolupament en el territori dels seus Estats membres destruïts o que havien sofert les conseqüències de la Segona Guerra Mundial. Ara bé, actualment, i de manera similar al que ha passat amb l'FMI, la seva principal activitat és l'assistència als països en desenvolupament.

El BIRD realitza bàsicament activitats operacionals consistents a garantir o concedir préstecs, o participar en la seva concessió, a un Estat membre o a qualsevol empresa industrial, comercial o agrícola que operi en el seu territori i que tingui la garantia del govern. Els préstecs del Banc només es fan amb finalitats productives i tenint en compte les possibilitats d'amortització; a més, els han de garantir els governs interessats; i, a l'últim, els préstecs no han de ser condicionats, com passa tan sovint en els préstecs i en l'ajuda financera bilateral. Ara bé, la decisió relativa a la concessió d'un préstec pot comportar també importants exigències i condicions de caràcter polític.

Per poder realitzar aquestes activitats de préstec, el BIRD disposa d'un capital que ha estat subscrit pels Estats membres i pot també obtenir emprèstits en els mercats financers internacionals.

Pel que fa a la seva estructura orgànica, el BIRD està integrat –de manera similar a l'FMI– per una Junta de Governadors, un Directori Executiu i un director gerent. La Junta de Governadors és l'òrgan plenari on estan representats tots els Estats membres mitjançant un governador designat per cada Estat. També formen part de l'estructura del BIRD, un Tribunal Administratiu, el Consell Assessor, les comissions d'operacions de préstecs, les oficines i els consells regionals.

El Directori Executiu està integrat per vint-i-dos directors executius, cinc dels quals són nomenats pels cinc Estats membres que posseeixen el major nombre d'accions i els disset restants, pels altres governadors. El director gerent o president, elegit per la Junta de Governadors, s'encarrega de la gestió ordinària del Banc i de la direcció del personal.

El mecanisme d'adopció de decisions també és el de la votació ponderada, en què s'assigna a cada Estat un vot addicional per cada acció de 100.000 dòlars del capital del Banc que hagi subscrit; fet que, en definitiva, i a l'igual que hem vist en l'FMI -i en termes numèrics molt semblants-, permet el control de la seva activitat per part dels països més industrialitzats.

B) La Corporació Financera Internacional (CFI)

Tot i que estretament associada al Banc Mundial, la CFI és una entitat jurídica diferent establerta el 1954 que té per objecte ajudar al finançament d'empreses privades productives en els països en desenvolupament. Amb aquesta finalitat, ajuda a mobilitzar capitals, ja sigui en el mateix país o a l'estranger.

Els recursos de la CFI estan constituïts per subscripcions obligatòries dels seus membres i pels beneficis acumulats; així mateix, pot contractar emprèstits en els mercats financers. La seva activitat és complementària de la del Banc, ja que s'adreça a l'expansió de les empreses privades, particularment en els països menys desenvolupats, als quals pot concedir préstecs sense garantia governamental. També en poden ser beneficiàries les societats d'economia mixta i les empreses amb participació estatal.

L'acció de la CFI es caracteritza per una gran flexibilitat, des del moment que pot oferir préstecs a llarg termini sense la garantia governamental del país d'acollida, però no pot prendre participacions majoritàries.

Les inversions de la CFI s'orienten sobretot cap a les indústries manufactureres, les indústries mineres, el turisme, el sector dels serveis i cap a projectes d'interès agrícola.

C) L'Associació Internacional de Foment (AIF)

La creació de l'AIF és el resultat de la constatació que les condicions de préstec del Banc Mundial eren excessivament exigents per a un nombre important de països extremament pobres. Per això, l'AIF fou creada el 1960 per prestar a aquests últims en condicions més avantatjoses i liberals. En altres paraules, exerceix les seves funcions en relació amb els països menys desenvolupats als quals pot concedir préstecs tous, en condicions altament favorables quant a terminis i interessos. Els crèdits que atorga l'AIF poden ser a llarg termini (35-40 anys) amb una carència d'amortització de 10 anys i sense interès.

Els fons de l'AIF provenen essencialment de tres fonts: les subscripcions dels Estats membres repartides en funció de la seva participació al capital social de l'AIF; els rendiments que li transfereix el BIRD i els dels préstecs que ella mateixa atorga, i les contribucions voluntàries. Les condicions tan favorables dels préstecs que atorga l'AIF li impedeixen contreure emprèstits en els mercats financers i s'ha de limitar a recursos públics amb els problemes que comporta la reconstitució dels seus recursos[6].

3. L'Organització de les Nacions Unides per a l'Agricultura i l'Alimentació (FAO)

Creada el 1945 mitjançant una Constitució que fou adoptada al Quebec (Canadà), té la seva seu a Roma i està, des del 1946, vinculada a les Nacions Unides. Els seus objectius són els d'elevar els nivells de nutrició i de vida dels pobles; millorar la producció i l'eficaç distribució d'aliments i productes agropecuaris de granges, boscos i pesqueries; promoure el desenvolupament rural; millorar les condicions de vida de les poblacions rurals, i, en definitiva, lluitar contra la misèria, la malnutrició i la fam en el món.

Les funcions de la FAO per a la consecució d'aquests objectius tenen un doble

---

6. Mecanisme de *reconstitució* pel qual els Estats membres negocien i acorden l'import total al qual haurà d'ascendir el capital i el seu repartiment.

caràcter: operacionals i normatives. Entre les activitats operacionals, la FAO promou inversions en el sector agrícola, promou la conservació i gestió racional dels recursos naturals, presta assistència tècnica als Estats en aquestes esferes i proporciona ajuda en situacions d'emergència alimentària. Algunes d'aquestes activitats configuren la FAO com un organisme d'execució d'activitats de cooperació al desenvolupament finançades pel Programa de les Nacions Unides per al Desenvolupament (PNUD).

En relació amb les seves funcions normatives, al si dels òrgans de la FAO, o en conferències internacionals celebrades sota els auspicis de la FAO, s'han adoptat nombrosos acords i reglamentacions internacionals sobre matèries alimentàries i agrícoles (entenent per agricultura també la gestió i conservació de recursos pesquers i els boscos i els productes primaris forestals), que s'han de sotmetre a l'acceptació per part dels Estats.

La seva estructura orgànica és de caràcter tripartit, amb una Conferència General, un Consell i un director general amb el personal al seu càrrec. La Conferència, que és l'òrgan plenari i on estan representats tots els Estats membres, es reuneix cada dos anys i, entre altres competències, pot adoptar acords d'àmbit general relatius a l'alimentació i a l'agricultura. Les decisions de la Conferència s'adopten per una majoria de dos terceres parts, i cada Estat membre hi disposa d'un vot.

El Consell és un òrgan de caràcter restringit integrat per quaranta-nou representants d'Estats designats per la Conferència per un període de tres anys i sota un criteri de distribució geogràfica. El Consell es configura com l'òrgan executiu i de gestió entre Conferències i en l'exercici dels poders que li hagi delegat la Conferència.

El director general és elegit per la Conferència i té plens poders i autoritat per dirigir l'acció de l'Organització.

A més d'aquests òrgans, la FAO disposa d'una àmplia varietat d'òrgans subsidiaris, alguns de caràcter mixt amb altres organitzacions, com la Comissió FAO/OMS, que va adoptar el 1981 el *Codex Alimentarius* o el Programa Mundial Alimentari (PMA) creat el 1963 per la FAO i l'ONU.

La FAO és un dels Organismes especialitzats que més s'acosta a l'assoliment de la seva vocació d'universalitat. L'any 2005 eren 187 els seus Estats membres i, a més, hi participa com a membre una Organització internacional d'integració econòmica regional (la Comunitat Europea). Aquesta última participació es possibilita després d'una esmena a la Constitució de la FAO adoptada el 1991 que permet l'admissió a la FAO d'Organitzacions d'integració econòmica regional (vegeu el capítol 24) que tinguin capacitat per comprometre's internacionalment i obligar els seus Estats membres; característiques que, ara com ara, sols ostenta la Comunitat Europea. El model de participació d'una Organització internacional com a membre d'un Organisme especialitzat que estem comentant és rellevant perquè també és el primer –i de moment únic– supòsit que es preveu[7].

---

7. Com veurem en el capítol 21, la Comunitat Europea també és membre de l'Organització Mundial del Comerç, però, almenys per ara, aquesta última Organització internacional no s'ha convertir en un Organisme especialitzat de les Nacions Unides i no ha celebrat el corresponent acord de vinculació.

El funcionament de la FAO ha estat objecte de crítiques tant per part dels principals donants de fons com per part dels Estats beneficiaris. Expressat de manera sumària, els uns pretenen transformar el principi d'igualtat en l'adopció de decisions per un mecanisme proporcional que permeti als majors contribuents controlar més rigorosament la utilització dels recursos, així com el seguiment dels projectes sobre el terreny; els altres denuncien la influència i el pes de les empreses multinacionals del sector agroindustrial en l'Organització i l'efecte pervers que té la seva acció sobre les estructures socioeconòmiques dels països en desenvolupament.

Aquestes controvèrsies i les insuficiències que va demostrar la FAO per afrontar les crisis alimentàries dels anys setanta estan, en part, en l'origen de la creació del Fons Internacional per al Desenvolupament Agrícola. La creació del FIDA com a reacció dels països subdesenvolupats al control de la FAO pels països industrialitzats va provocar, al seu torn, la reestructuració de la FAO el 1976 per convertir-la en menys dependent dels majors contribuents i més autònoma en relació amb el PNUD.

III. La nova generació d'Organismes especialitzats de cooperació econòmica i financera

Com ja hem indicat, no fem aquesta distinció d'organismes especialitzats de nova generació sols perquè el seu establiment sigui més recent sinó, fonamentalment, perquè aquests Organismes especialitzats s'inspiren en plantejaments diferents. Són fruit de la descolonització i del rebuig, per part dels nous Estats, del sistema i de l'ordre econòmic fonamentat en principis liberals des del final de la Segona Guerra Mundial. Això s'expressarà amb la creació de l'ONUDI i del FIDA, però ambdues Organitzacions viuen en una profunda i constant crisi –que pot acabar portant a la seva desaparició– fruit de la contradicció de base: són Organitzacions on els majors contribuents, els estats que aporten més recursos financers, no controlen el major nombre de vots i això comporta el retraïment de les seves aportacions.

1. L'Organització de les Nacions Unides per al Desenvolupament Industrial (ONUDI)

Inicialment, i per resolució de l'Assemblea General de les Nacions Unides, fou creada el 1966 com un òrgan subsidiari autònom dependent de l'Assemblea amb l'objectiu de promoure el desenvolupament industrial, en particular dels països en desenvolupament. La seva creació s'ha d'ubicar en el context de l'establiment de la Conferència de les Nacions Unides sobre el Comerç i el Desenvolupament (UNCTAD) i en la reacció dels nous països sorgits de la descolonització a un ordre econòmic internacional establert sense la seva participació i sense vetllar, evidentment, pels seus interessos.

Malgrat el rebuig inicial a concedir a l'ONUDI l'estatut d'Organisme especialitzat, l'ONUDI es va configurar, des dels seus orígens, pràcticament com una veritable Organització internacional seguint, en aquest sentit, l'exemple de l'estructura orgànica de la UNCTAD. Finalment, la Conferència de l'ONUDI, que va tenir lloc a Lima el 1975, va recomanar la transformació de l'òrgan en Organisme especialitzat de les Nacions Unides, és a dir, en una Organització internacional amb personalitat jurídica internacional pròpia[8], amb el que això significa de reforç de les competències i de major autonomia. La conversió de l'ONUDI en aquesta condició es va fer per acord de 8 d'abril de 1979, que no va entrar en vigor fins l'1 de gener de 1986. La seva seu es va fixar a Viena.

Els seus objectius són els de promoure el desenvolupament industrial dels països en desenvolupament. Amb aquesta finalitat, presta assistència tècnica per al desenvolupament i la transmissió de tecnologia industrial. Una altra funció important és la de coordinació de les accions internacionals per al desenvolupament industrial per promoure la instal·lació i redistribució de determinades indústries en els països en desenvolupament.

El tret fonamental que caracteritza l'ONUDI ve esmentat en l'article 1 del seu Conveni constitutiu, quan precisa que aquest objectiu de promoure el desenvolupament industrial tendeix a contribuir a l'establiment d'un nou ordre econòmic internacional. En altres paraules, la nova Organització assumeix l'ideari del «Nou ordre econòmic internacional» –vegeu el capítol 23– i adopta una perspectiva crítica en relació amb l'estructura actual de les relacions econòmiques internacionals. Això ha fet que hagi estat en el centre de molts debats i condiciona també –òbviament– el finançament de les seves activitats en la mesura que les finances de l'ONUDI es basen en quotes obligatòries i contribucions voluntàries. Especialment rellevant ha resultat, en aquest sentit, la retirada dels Estats Units el 1996, amb la conseqüent disminució dels recursos de l'Organització.

Aquest i altres factors, com la reconversió industrial en els països de l'est o el mateix procés de mundialització amb una marcada importància del sector privat, han motivat la necessitat d'una reforma interna en l'àmbit de l'Organització, definint de nou els seus objectius, establint prioritats per a la seva actuació i donant noves orientacions a les seves funcions. Aquestes necessàries reformes s'han plantejat en la Declaració dels objectius de l'ONUDI de 1995 i en el Pla general d'activitats relatiu al paper i a les funcions de l'ONUDI de 1997.

La seva estructura orgànica és de caràcter tripartit: una Conferència General, una Junta de Desenvolupament Industrial i la Secretaria. La Conferència General és l'òrgan plenari on estan representats tots els estats membres i on cada estat disposa d'un vot; les decisions s'hi adopten per majoria dels membres presents i votants. La Junta de Desenvolupament Industrial és un òrgan de caràcter restringit integrat per 53

8. Aquesta tècnica de transformar un òrgan subsidiari en una Organització internacional és la que s'ha plantejat també –sense èxit– en relació amb la UNCTAD, el PNUD o el Programa de les Nacions Unides per al Medi Ambient (PNUMA).

representants dels Estats membres elegits per la Conferència segons criteris de distribució geogràfica equitativa. Cada Estat té un vot i les decisions s'adopten per majoria dels membres presents i votants. La Secretaria està encapçalada pel director general elegit per la Conferència General a recomanació de la Junta de Desenvolupament Industrial.

2. El Fons Internacional per al Desenvolupament Agrícola (FIDA)

El FIDA és un dels últims organismes especialitzats que ha estat creat. Després de la Conferència Mundial de l'Alimentació de 1974, el seu Estatut fou adoptat el 20 de desembre de 1976, i va entrar en vigor el 1977. Té la seu a Roma.

El FIDA –que ja des del primer moment té l'estatut d'Organisme especialitzat– és, com el seu nom indica, una Organització de finançament del desenvolupament agrícola. Els seus objectius són mobilitzar recursos financers addicionals que puguin estar disponibles en condicions favorables a fi de fomentar l'agricultura en els Estats membres en desenvolupament, finançant projectes i programes per millorar els sistemes de producció d'aliments. Es tracta de finançar aquells Estats que no reuneixen ni les condicions mínimes per beneficiar-se de crèdits d'institucions comercials o oficials. Els seus préstecs, fins a 20 anys, poden ser especials (amb una taxa d'interès pràcticament nul·la, de l'1,2 % reemborsable en 50 anys i amb una carència d'amortització de 10 anys), intermedis o ordinaris (amb taxes d'interès superiors però igualment favorables).

El FIDA, com el PNUD, no executa ell mateix cap mena d'activitat operacional. Es limita a finançar els projectes i programes, seleccionats d'acord amb el beneficiari, que puguin dur a terme altres Organismes especialitzats que seran els que administraran els fons rebuts i vetllaran per l'execució del projecte.

El tret fonamental que caracteritza el FIDA són les tres categories de membres que s'estableixen i en les quals s'agrupen els seus 164 Estats membres (el 2005): una categoria comprèn els països industrialitzats de l'Organització de Cooperació i Desenvolupament Econòmic (OCDE); una altra categoria reuneix els països de l'Organització de Països Exportadors de Petroli (OPEP), i la tercera categoria agrupa els països en desenvolupament no exportadors de petroli. El que és interessant –com veurem tot seguit– és que cadascuna d'aquestes categories disposa del mateix nombre de vots tant al si de l'òrgan plenari com de l'òrgan restringit.

La seva estructura orgànica, seguint el patró general, és també tripartida. L'òrgan plenari és el Consell de Governadors. La Junta Executiva està formada per divuit membres elegits de sis en sis per cada categoria de membres. Finalment, el president del Fons, elegit pel Consell de Governadors i que és sempre una personalitat del Tercer Món.

L'adopció de decisions es fa d'acord amb un complex mecanisme de ponderació de vots, on el nombre total de vots es distribueix, a parts iguals, entre les tres categories de membres. Dintre de cada categoria, llevat de la tercera, es prima la distribució en proporció a la contribució.

El finançament del FIDA recau completament, en forma de contribucions voluntàries, en les dues primeres categories de membres (els països de l'OCDE el 60 % i els països de l'OPEP el 40 % restant), i són els països de la tercera categoria els beneficiaris de l'ajuda. Però, com acabem de veure, els països industrialitzats només són una tercera part de la composició dels òrgans i una tercera part del total de vots. En altres paraules, encara que el finançament provingui dels països industrialitzats, el FIDA és un organisme controlat pels països en desenvolupament. I aquest sistema, és clar, té els seus límits, que es posen en relleu en les negociacions per a les successives reconstitucions del capital del fons: a les discussions per al repartiment de la càrrega entre les dues categories d'Estats contribuents, s'hi afegeixen les resistències dels Estats industrialitzats al fet de no poder controlar la destinació dels recursos.

Bibliografia sumària

BELANGER, M., *Institutions Economiques Internationales*, 6a edició, Economia, París 1997, en particular p. 48-75.

BERMEJO GARCÍA, R. *Comercio internacional y sistema monetario: aspectos jurídicos*, Civitas, Madrid 1990, en especial p. 167-256.

DÍEZ DE VELASCO, M., *Las organizaciones internacionales*, 13a edició, Tecnos, Madrid 2003, Capítol XX, pàg. 379-400.

MUNS, J., MILLET, M. *El Grupo del Banco Mundial*, Publicació de la Càtedra d'Organització Econòmica Internacional, núm. 23 (3a edició), Barcelona, 1995.

PIGRAU SOLÉ, A. «Las políticas del FMI y del Banco Mundial y los derechos de los pueblos», *Afers Internacionals*, núm. 29-30, p. 139-175.

15. CREACIÓ I EVOLUCIÓ DE LES COMUNITATS EUROPEES I LA UNIÓ EUROPEA*

La conceptualització d'una Europa unida és present al llarg de la història en els plantejaments de filòsofs, escriptors o polítics, per bé que és en el període d'entreguerres quan apareixen les manifestacions més acurades, probablement originades pels negres presagis derivats de l'onada de nacionalismes que s'estenia per Europa. Per aquesta raó es pot considerar que la idea d'Europa, com a entitat històrica, cultural i política, pertany a l'era moderna. En aquest sentit, l'aproximació a l'estudi dels orígens de les Comunitats Europees, es pot situar en el marc de les iniciatives al marge dels governs o bé des de la perspectiva del fenomen organitzatiu entre Estats que va tenir lloc, especialment, després de la Segona Guerra Mundial.

Des del punt de vista del pensament, el comte Koudenhove-Kalergi, l'any 1924 va fundar el moviment anomenat *Unió Paneuropea*. Aquesta associació defensava la concepció d'una Europa unida com a mitjà de fugir del domini econòmic dels Estats Units d'Amèrica i de la penetració soviètica. Per dur a terme les seves finalitats, es van formar consells nacionals, presidits per personalitats de la política i de la cultura de diferents països europeus. La tasca de la Unió Paneuropea va consistir en la difusió de la idea europea mitjançant publicacions, congressos, etc.

Des del punt de vista governamental, destaca la proposta del ministre d'Afers Estrangers francès, Aristides BRIAND, feta el setembre de 1929, que tenia l'objectiu d'establir una mena de vincle federal entre els Estats europeus i destinada bàsicament a treballar en l'àmbit econòmic. La resposta dels Estats europeus va ser poc favorable, en part a causa del mateix context internacional de l'època que comportava la crisi econòmica.

I. El context històric

La Segona Guerra Mundial va impossibilitar la realització dels projectes que havien sorgit durant el període d'entreguerres. Una vegada acabada la guerra, van

---

* Elaborat pel Dr. Andreu OLESTI RAYO i el Dr. Miquel PALOMARES AMAT.

proliferar, de nou, moviments que defensaven la unitat europea. El desembre de 1947 es va crear el Comitè Internacional de Coordinació dels Moviments per a la Unitat Europea, que es transformaria, l'any 1948, en el Moviment Europeu, amb vigència en l'actualitat. L'esmentat Comitè es va constituir com una organització central de totes les associacions que defensaven la integració europea a nivell intel·lectual. Des d'un punt de vista general, dels diferents moviments que defensaven la unitat europea, es podrien distingir tres concepcions: els federalistes, que propugnaven la creació d'una entitat política a la qual els Estats estiguessin subordinats; els unionistes, que defensaven una cooperació que fos respectuosa amb la sobirania dels Estats, i els funcionalistes, que consideraven la primera opció impossible i la segona insuficient, i per tant proposaven accions comunes dins l'àmbit econòmic, com una primera etapa, que generés, posteriorment, una unió d'interessos i possibilités una integració futura.

Durant la Segona Guerra Mundial, el Regne Unit va proposar a França una unificació d'ambdós països en matèria econòmica i de política exterior i defensa, per fer un front comú enfront d'Alemanya, que no es va dur a terme. Després de la Segona Guerra Mundial, van aparèixer diferents intents governamentals dirigits a possibilitar la integració europea. Les actuals Comunitats Europees són el resultat d'un llarg procés, ple d'èxits i fracassos, per tal d'avançar en la integració europea. Els intents d'integració política o militar, sense una prèvia integració econòmica, van fracassar. Al contrari, els intents d'integració sobre unes bases econòmiques van tenir èxit.

Els inicis de les Comunitats Europees estan íntimament lligats al procés que es desenvolupa a Europa una vegada finalitzada la Segona Guerra Mundial i al sorgiment d'Organitzacions internacionals de caràcter regional. Després de sis anys de lluita, una bona part del continent europeu es trobava en una situació de ruïnes, tant des de la vessant econòmica, per les destrosses que la guerra havia produït en l'estructura econòmica i demogràfica del continent europeu, com també des d'una vessant política. En efecte, immediatament després de la finalització de la conflagració, l'escenari polític europeu estava fragmentat en dues àrees d'influència que resultaven de la creació d'un nou món bipolar al voltant de la Unió Soviètica i dels Estats Units d'Amèrica. A més, la tensió de les relacions entre els dos blocs comportava el risc d'una nova conflagració que tindria com a centre de la seva actuació el continent europeu; en aquest sentit, fets com, per exemple, el bloqueig de Berlín des de juny de 1948 fins al maig de 1949, així com l'explosió de la primera bomba atòmica per part de la Unió Soviètica l'agost de 1949, van incrementar aquesta tensió.

En aquest context, s'han de tenir en compte diferents perspectives o aproximacions a la situació històrica de la postguerra; concretament i a continuació s'examinarà tant la vessant econòmica, com la política i la militar.

Des de la perspectiva econòmica, s'ha de mencionar l'anomenat *Pla Marshall*, que suposava un programa d'ajut financer per a la reconstrucció europea. Així, el juliol de 1947, el general George Marshall, secretari d'Estat dels Estats Units d'Amèrica, va anunciar un pla financer que oferia ajuda econòmica als Estats europeus, amb la condició que portessin a terme un únic programa de reconstrucció econòmica; programa que finalment va quedar reduït a la majoria dels països de l'Europa occidental. Per tal de canalitzar l'ajut financer, es va crear, l'abril de 1948, l'Organització per a la Cooperació Econòmica Europea (OECE), que va representar el primer pas substancial cap a la cooperació econòmica a Europa. Aquesta Organització internacional es va encarregar de coordinar els diferents plans de reconstrucció econòmica portats a terme pels diferents Estats membres i distribuir d'aquesta forma l'ajut financer americà[1].

D'una forma paral·lela, també es va produir una progressiva cooperació en l'àmbit militar. En un primer moment, alguns països occidentals (Bèlgica, Països Baixos, Luxemburg, Regne Unit i França) van crear un sistema de defensa coordinada del seu territori enfront d'un hipotètic atac per part de la Unió Soviètica, en adoptar l'anomenat Tractat de Brussel·les el març de 1948. Al mateix temps, el Senat americà va adoptar el juny de 1948, l'anomenada *Resolució Vanderberg*, mitjançant la qual, el Senat recomanava l'associació dels Estats Units amb altres acords col·lectius que es basessin en la defensa i l'ajuda mútua. La conseqüència més evident d'aquesta recomanació fou la creació de l'Organització de l'Atlàntic Nord (OTAN), l'abril de 1949[2].

Finalment, des de la perspectiva política, també van haver-hi diversos intents per tal d'enfortir les relacions entre els Estats europeus. En aquest sentit, cal destacar que durant l'any 1948 diversos grups que advocaven per una Europa unida es van reunir a la Haia, en l'anomenat Congrés d'Europa. En aquest Congrés, sota la presidència de Winston Churchill, intel·lectuals i polítics europeus formularen i discutiren resolucions relatives a la creació d'una major entesa política i econòmica a l'Europa occidental. En aquest Congrés, convocat per l'abans esmentat Moviment Europeu, es va proposar una Assemblea Constituent, un Tribunal Europeu i una Carta de drets humans. En l'enfrontament entre les teories federalistes i unionistes, es van imposar les que postulaven una cooperació entre els Estats que no suposés una erosió de la sobirania estatal. El resultat d'aquest Congrés va ser el consens que va permetre a determinats Estats occidentals signar, el maig de 1949, l'Estatut del Consell d'Europa[3].

II. La institucionalització de les Comunitats Europees

1. Els tractats constitutius

En aquest context històric, el maig de 1950, el ministre d'Afers Estrangers francès, Robert Schuman, va fer una declaració en la qual deia que una Europa unida

---

1. Als anys seixanta, una vegada finalitzat el programa d'ajut del Pla Marshall, aquesta organització internacional es va transformar en l'Organització per a la Cooperació i el Desenvolupament Econòmic (OCDE).

2. Els membres originaris van ésser, a més dels cinc païssos vinculats ja pel Tractat de Brussel·les, Estats Units, Canadà, Dinamarca, Islàndia, Noruega, Portugal i Itàlia. Ambs posterioritat s'hi han adherit: Grècia i Turquia (1952); la República Federal d'Alemanya (1954) i Espanya (1982).

3. Els membres originaris del Consell d'Europa foren: Regne Unit, França, Bèlgica, Païssos Baixos, Luxemburg, Suècia, Noruega, Dinamarca, Irlanda i Itàlia.

era essencial per tal d'assolir una pau mundial, i en aquest sentit un dels problemes centrals eren les tenses relacions que tradicionalment s'havien establert entre França i Alemanya. Per tal d'eliminar-les i com un primer pas pràctic, va proposar la posada en comú de tota la producció de carbó i acer francoalemany sota la jurisdicció d'una anomenada Alta Autoritat, dins una Organització internacional que romandria oberta a altres països europeus. Aquesta proposta, coneguda com el *Pla Schuman*, va ésser acceptada per la República Federal d'Alemanya, Països Baixos, Bèlgica, Luxemburg i Itàlia i va donar lloc a la conclusió del Tractat fundacional de la Comunitat Europea del Carbó i de l'Acer (CECA), a París, el 18 d'abril de 1951. Davant el fracàs de les concepcions federalistes, es va optar per canviar de mètode. Així, es va considerar que la construcció europea s'havia de realitzar d'una forma progressiva, començant, en una primera etapa, mitjançant una integració sectorial que possibilités una «solidaritat d'interessos».

La CECA tenia com a objectiu la gestió de la producció i la comercialització del carbó i de l'acer dels Estats membres, i la creació d'un mercat comú en aquests sectors econòmics. Per tal de dur a terme aquests objectius, es va dotar d'una estructura orgànica que bàsicament consistia en: l'Alta Autoritat, integrada per personalitats independents; el Consell, compost per representants dels Estats membres; l'Assemblea parlamentària, formada per representants dels parlaments nacionals dels Estats membres i el Tribunal de Justícia, que integra jutges independents que s'encarreguen de la correcta interpretació i aplicació del Tractat. La CECA va expirar el 23 de juliol de 2002, un cop transcorreguts els 50 anys de vigència previstos al seu tractat constitutiu.

Posteriorment, es va elaborar, l'any 1952, un Projecte de Comunitat Europea de Defensa (CED), amb el qual es pretenia la creació d'un exèrcit, sota un únic comandament europeu. Aquest projecte comportava en última instància la creació d'una Comunitat Política Europea, cosa que suposava un aprofundiment de caràcter polític respecte a la integració europea. De totes formes, l'Assemblea Francesa, el 1954, es va pronunciar en contra de la ratificació del Tractat constitutiu de la CED, tot fent fracassar el projecte.

L'any 1955, a la reunió dels ministres d'Afers Estrangers que va tenir lloc a Messina (Itàlia), es van discutir dos mètodes per dur a terme la integració europea. Amb dos plantejaments: d'una banda, una integració progressiva en un altre sector econòmic, l'energia atòmica i, de l'altra, la creació d'un mercat comú de caràcter general. Finalment, es van adoptar, el 27 de març de 1957, el Tractat constitutiu de la Comunitat Econòmica Europea (TCEE) i el Tractat constitutiu de la Comunitat Europea de l'Energia Atòmica (TCEEA), que van entrar en vigor l'1 de gener de 1958. Cadascun dels tractats constitutius creava la seva pròpia estructura orgànica, tal com s'havia constituït a la CECA; així, tant la CEE com la CECA estaven compostes per una Comissió (integrada per personalitats independents com l'Alta Autoritat), un Consell, una Assemblea parlamentària i un Tribunal de Justícia, així com un òrgan comú a les dues organitzacions, el Comitè Econòmic i Social (CES). Ara bé, al mateix moment de celebrar-se els tractats constitutius de la CEE i de la CEEA, es va adoptar un Tractat sobre certes institucions comunes, que també va entrar en vigor l'1 de gener de 1958. Aquest Tractat unificava l'Assemblea parlamentària i el Tribunal de Justícia, de tal forma que aquestes dues institucions restaven comunes a les tres comunitats europees.

El pas següent es produeix amb l'adopció de l'anomenat Tractat de fusió dels executius, de 1965, mitjançant el qual es constitueix una única Comissió i un únic Consell per a les tres Comunitats. Queda així configurada l'estructura institucional de les Comunitats Europees.

Aquests tractats constitutius han estat revisats en diverses ocasions; per les seves repercussions ens centrarem a continuació en les modificacions més rellevants que són: l'Acta Única Europea, i el Tractat de la Unió Europea amb les seves revisions operades pels tractats signats a Amsterdam i a Niça. Finalment, cal esmentar el tractat pel qual s'estableix una Constitució per a Europa, que es va signar el 29 d'octubre del 2004 però que, a hores d'ara, no ha entrat en vigor.

2. L'Acta Única Europea

L'Acta Única Europea (AUE) va ésser signada el febrer de 1986, i va entrar en vigor l'1 de juliol de 1987. Cal situar-la dins el context dels diferents intents d'aprofundiment de la integració europea que es van produir en aquest moment.

L'AUE era un únic tractat internacional que, d'una banda, contenia disposicions que modificaven disposicions dels tres tractats constitutius de les Comunitats Europees i, de l'altra, institucionalitzava una cooperació intergovernamental en l'àmbit de la política exterior (la cooperació política europea) per tal de permetre una millor cooperació i coordinació entre els Estats membres en la formulació i desenvolupament de la seva política exterior. A més, des de la vessant institucional, l'AUE va institucionalitzar el Consell Europeu (reunió periòdica dels caps d'Estat o de Govern dels Estats membres) en l'àmbit de la cooperació política; igualment, es preveia la creació d'un Tribunal de Primera Instància, amb l'objectiu d'alleugerir de feina el Tribunal de Justícia de les Comunitats Europees.

3. El Tractat de la Unió Europea

El Tractat de la Unió Europea (TUE), que va ésser signat el 7 de febrer de 1992 a Maastricht, i va entrar en vigor l'1 de novembre de 1993, és un instrument complex, que crea una entitat anomenada Unió Europea. De fet, la Unió Europea tampoc no és una Organització internacional nova que substitueix d'alguna forma les ja existents Comunitats Europees; no és un nou subjecte de Dret Internacional, sinó que «és una nova etapa en el procés creador d'una unió cada vegada més estreta entre els pobles d'Europa» (article 1 del TUE). I en aquesta nova etapa: "La Unió té el seu fonament en les Comunitats Europees completades amb les polítiques i formes de cooperació establertes pel Tractat" (article 1 del TUE).

Per tal d'il·lustrar l'estructura de la Unió Europea s'acostuma a utilitzar com a imatge gràfica la d'un temple grec que està sustentat per tres pilars. El primer pilar correspon a les Comunitats Europees, i es coneix com el pilar comunitari; en contraposició als altres dos pilars extracomunitaris: la Política exterior i de seguretat comuna i la Cooperació policial i judicial en matèria penal.

Aquest tractat va ser revisat pel tractat celebrat a Amsterdam el 2 d'octubre de 1997 (va entrar en vigor l'1 de maig de 1999) que, al seu torn, va ser modificat pel tractat signat a Niça el 26 de febrer de 2001 (que va entrar en vigor l'1 de febrer de 2003). Cal subratllar que el Tractat d'Amsterdam va aprofundir els objectius de la Unió Europea, i significativament va incorporar dins de la Unió Europea els anomenats acords de Schengen, signats als anys 1985 i 1990 per tots els Estats membres de la UE llevat del Regne Unit i Irlanda. Els esmentats acords preveien l'eliminació gradual de les fronteres entre els signants així com l'establiment de mecanismes de control a les fronteres exteriors. En canvi, les finalitats de la conferència intergovernamental que va preparar el Tractat de Niça eren l'acomodació de les institucions a l'adhesió dels països d'Europa central i oriental a la Unió Europea. Per això, aquest Tractat inclou una sèrie de disposicions per adaptar les institucions: modifica la composició de la Comissió, la ponderació de vots en les decisions per majoria qualificada al si del Consell o el funcionament del Tribunal de Justícia.

4. El Tractat pel qual s'estableix una Constitució per a Europa

La insatisfacció dels resultats produïts al Tractat de Niça va donar lloc que els estats membres es plantegessin un procediment de revisió alternatiu. Així, els dies 14 i 15 de desembre de 2001, al Consell Europeu celebrat a Laeken (Bèlgica) es va considerar pertinent que la propera revisió del TUE es dugués a terme mitjançant una fase prèvia que va ser la creació d'una Convenció. Aquesta estava integrada per representants dels governs dels Estats membres, per diputats dels parlaments nacionals i per representants de les institucions comunitàries, i tenia el mandat de formular propostes per facilitar la conferència intergovernamental que havia de revisar el TUE. Fruit dels treballs de la Convenció es va adoptar els dies 13 de juny i 10 de juliol del 2003, un Projecte de tractat pel qual s'estableix una Constitució per a Europa. Sobre la base d'aquest text, els Estats membres van negociar al si de la conferència intergovernamental, i van signar el Tractat el 29 d'octubre del 2004 (data a partir de la qual s'inicia el procés de manifestació del consentiment per part dels Estats membres).

El Tractat pel qual s'estableix una Constitució per a Europa representa un esforç de racionalització i clarificació, jurídica i institucional, i suposa una refundació estructural: la desaparició de l'estructura en *pilars* i la seva fusió en la Unió Europea, tot codificant, en un sol text, els anteriors tractats celebrats al llarg del procés de construcció europea. La Unió Europea apareix com a successora de les anteriors Comunitats Europees i dotada, ara sí, de personalitat jurídica expressa.

III. Els objectius de la Unió Europea

En la idea subjacent del *Pla Schuman*, malgrat que l'objectiu immediat era la integració econòmica, la finalitat última era la integració política. Així, per bé que les disposicions dels tractats constitutius només establien mesures de caràcter econòmic, el germen polític hi era present. Per això, a l'hora de parlar dels objectius que es persegueixen s'ha de diferenciar entre els objectius de caràcter econòmic i els objectius de caràcter polític.

1. Els objectius de caràcter econòmic

Els objectius econòmics de la Unió Europea coincideixen amb els objectius econòmics de la Comunitat Europea. Essencialment, es concreten en la creació d'un mercat comú que suposa la lliure circulació dels factors productius (mercaderies, persones, serveis i capitals) i l'apropament de les diferents polítiques econòmiques dels Estats membres.

Quan es parla de l'assoliment del mercat comú com a objectiu de la Comunitat s'està fent referència a la necessitat que la lliure circulació de mercaderies, persones, serveis i capitals es pugui realitzar en unes condicions equiparables a les que es produeixen dins el mercat que formen cadascun dels Estats membres. Tanmateix, es pot establir una excepció pel que fa als productes agrícoles i als serveis de transport, que ha donat lloc, ateses les seves peculiaritats, a les anomenades «Política agrícola» i «Política de transports», ambdues amb un règim diferent a la de la lliure circulació de mercaderies i a la lliure prestació de serveis. A més, aquesta liberalització es produeix en el marc d'unes normes sobre lliure competència que han d'ésser respectades pels agents econòmics.

A partir de l'entrada en vigor de l'Acta Única Europea, apareix la noció de mercat interior, que se superposa a la noció de mercat comú. La noció de mercat interior emfatitza la necessitat d'eliminar els obstacles de caràcter físic, tècnic i fiscal a la lliure circulació. De tota manera, s'ha produït una evolució pel que fa als objectius de caràcter econòmic, que ha fet que l'apropament de les polítiques econòmiques dels Estats membres s'hagi anat ampliant i, en l'actualitat, la Comunitat Europea té competències en àmbits com ara: protecció dels consumidors, medi ambient, cultura, política social o cooperació al desenvolupament.

A més, en el Tractat de Maastricht, es va establir com a objectiu econòmic la consecució d'una unió econòmica i monetària. Aquesta va ser assolida l'1 de gener de 1999, per un grup d'estats: França, República Federal d'Alemanya, Itàlia, Bèlgica, Països Baixos, Luxemburg, Espanya, Portugal, Irlanda, Finlàndia, Àustria, al qual s'afegí Grècia l'any 2001. En canvi, la circulació d'una única moneda, l'euro, que substituí les divises nacionals, es va produir l'1 de gener de 2002.

2. *Els objectius de caràcter polític*

Inicialment, els objectius polítics es trobaven latents implícitament en els Tractats constitutius. En l'actualitat, a l'article 2 del TUE s'estableixen tot un seguit d'objectius amb un caràcter marcadament polític, com ara: la creació d'una ciutadania europea; l'afirmació de la identitat europea mitjançant la realització d'una política exterior i de seguretat comuna (PESC) que pogués incloure una política de defensa i, la creació d'un espai de llibertat, seguretat i justícia.

La ciutadania europea s'inclou en l'article 17 del Tractat de la Comunitat Europea mitjançant el Tractat de Maastricht, tot establint que serà ciutadà de la Unió tota persona que ostenti la nacionalitat d'un Estat membre. Aquesta qualitat permet gaudir dels drets següents:

– dret a circular i residir en el territori de qualsevol Estat membre;
– el sufragi actiu i passiu a les eleccions municipals de l'Estat membre on resideixi i a les eleccions al Parlament Europeu;
– si es troba en un tercer Estat on el seu Estat no té representació diplomàtica o consular, es preveu un sistema de protecció especial consistent a acollir-se a la protecció de les autoritats diplomàtiques o consulars de qualsevol Estat membre;
– dret de petició al Parlament Europeu, dret a dirigir-se al defensor del Poble, i dret a dirigir-se a qualsevol institució en un idioma oficial de la Unió Europea i a rebre resposta en la mateixa llengua.

Les primeres passes de la creació d'una política exterior es remunten a l'Acta Única Europea, que va atorgar base jurídica a l'anomenada cooperació política europea, que consistia en pràctiques intergovernamentals que coordinaven les posicions dels Estats membres respecte de les qüestions més rellevants de la política exterior. A partir del Tractat de Maastricht la política exterior i de seguretat comuna (PESC) substitueix la cooperació política europea. D'acord amb l'article 11 del TUE, els objectius de la PESC són els següents:

– defensa dels valors comuns, dels interessos fonamentals i de la independència i integritat de la Unió d'acord amb els principis de la Carta de les Nacions Unides;
– l'enfortiment de la seguretat de la Unió en totes les seves formes;
– el manteniment de la pau i seguretat internacionals de conformitat amb els principis de la Carta de les Nacions Unides, els principis de l'Acta Final d'Hèlsinki, i els objectius de la Carta de París, inclosos els relatius a les fronteres exteriors;

– el foment de la cooperació internacional;

– el desenvolupament i la consolidació de la democràcia i de l'estat de dret, així com el respecte dels drets humans i de les llibertats fonamentals.

La creació d'un espai de seguretat, llibertat i justícia s'incorpora a la Unió Europea arran del Tractat d'Amsterdam. La supressió, en virtut del mercat interior, de les fronteres entre els Estats membres respecte a la lliure circulació de persones feia necessari l'establiment d'una frontera exterior comuna enfront de la immigració procedent de tercers Estats. A més es requeria una major cooperació entre els Estats membres, en tots aquells assumptes de política interna que resultessin afectats per la supressió de les fronteres.

IV. Els membres de la Unió Europea

El TCECA, així com el TCEEA i el TCEE, i actualment la Unió Europea, no són uns acords tancats, sinó que deixen la possibilitat que altres Estats puguin assolir l'estatut de membre, sempre que satisfacin determinades condicions i segueixin un determinat procediment.

1. Condicions i procediment d'adhesió

Per tal d'assolir l'estatut de membre s'exigeix el compliment de determinats requisits per part de l'Estat candidat. Així, s'exigeix, en primer lloc, ésser un Estat europeu. Limitació en principi geogràfica, però que fa també referència a elements històrics i culturals que hagin contribuït a formar la identitat europea.

A més, s'exigeix que l'Estat candidat tingui un règim polític democràtic, en el qual es respectin els drets humans i les llibertats fonamentals. A més, l'Estat sol·licitant ha de tenir la voluntat clara i suficientment expressada de participar en el procés d'integració europea, fins i tot si per tal d'ésser membre es fa necessària la modificació de les seves disposicions constitucionals.

També es requereix l'acceptació per part de l'Estat candidat de l'anomenat *cabal comunitari*. És a dir, l'acceptació per part del nou Estat de tot el conjunt de realitzacions que fins al moment de la seva adhesió s'han adoptat per tal d'assolir la integració europea. Realitzacions que inclouen no només el dret comunitari, entès com els tractats constitutius, els actes adoptats per les institucions comunitàries i els acords internacionals conclosos per les Comunitats Europees, sinó també l'acceptació de les finalitats polítiques dels tractats i les decisions jurisprudencials adoptades pel Tribunal de Justícia de les Comunitats Europees que permeten assegurar la uniformitat de la interpretació i aplicació del dret comunitari.

Finalment, l'adhesió d'un nou Estat membre no pot perjudicar l'essència i el dinamisme de la Unió Europea i això des de dues perspectives. La primera és que el nou Estat no pot suposar un procés que pugui comportar una desintegració o una renegociació dels tractats o dels objectius que s'hi persegueixen. La segona perspectiva respon a la idea que l'adhesió de l'Estat candidat no impliqui excessives divergències i desequilibris pel que fa a l'estructura econòmica de la Unió Europea; és a dir, atès que el marc jurídic, econòmic i polític de la Comunitat es va desenvolupant i, per tant, les obligacions a complir pels Estats candidats són cada vegada més difícils, cal que els nous Estats candidats estiguin dotats d'una economia de mercat eficaç i d'un ordenament jurídic adequat a la nova situació. En definitiva, es tracta que l'adhesió de nous Estats membres no resulti un inconvenient a la seva economia i que tampoc no pertorbi el funcionament de la Unió.

Pel que fa al procediment d'adhesió, amb anterioritat al TUE, els diferents tractats constitutius (CECA, CEEA, CEE), establien un procediment específic d'adhesió per a cadascun. El procediment previst per l'article 49 del TUE introdueix un procediment únic d'adhesió. Així, es preveu una doble fase: una primera, on es posa l'accent en l'actuació de les institucions comunitàries i, una segona, que es podria qualificar com a convencional. L'Estat europeu interessat en l'adhesió ha de sol·licitar-la al Consell, el qual es pronuncia per unanimitat després d'haver consultat la Comissió i previ dictamen conforme del Parlament Europeu. Les condicions d'admissió i les adaptacions oportunes que aquesta suposa, es plasmen jurídicament en un acord i una acta d'adhesió, signats entre els Estats membres i l'Estat sol·licitant. Aquest acord i l'acta d'adhesió se sotmeten a la ratificació de tots els Estats contractants, de conformitat amb les seves normes constitucionals.

2. Les adhesions de nous Estats membres

Els membres originaris de les tres Comunitats Europees foren França, la República Federal d'Alemanya, Itàlia, Bèlgica, Països Baixos i Luxemburg. El juliol de 1961, el Regne Unit va formular la sol·licitud d'adhesió, però França va vetar la seva candidatura; posteriorment, va haver-hi una segona sol·licitud per part del Regne Unit (maig de 1967) a la qual es van associar les d'altres candidats com eren Dinamarca, Irlanda i Noruega. La candidatura del Regne Unit va tornar a ésser vetada pel general De Gaulle, però les negociacions es van reprendre l'any 1970 sobre la base de l'acceptació de tot el contingut dels tractats per part dels Estats candidats. Finalment, després de múltiples negociacions, es va adoptar la primera ampliació de les Comunitats Europees, el gener de 1972 (l'Acta d'Adhesió va entrar en vigor l'1 de gener de 1973), que comportava que el Regne Unit, Irlanda i Dinamarca fossin considerats membres de les Comunitats Europees (Noruega no va ratificar l'Acta d'Adhesió i no va esdevenir membre de les Comunitats Europees).

La segona ampliació va suposar l'adhesió de la República Hel·lènica a les Comunitats Europees, l'Acta d'Adhesió de la qual es va signar el maig de 1979 (va entrar en vigor l'1 de gener de 1981). A continuació, Espanya i Portugal van signar l'Acta d'Adhesió el juny de 1985 (va entrar en vigor l'1 de gener de 1986).

Espanya va sol·licitar, el 1962, l'obertura de negociacions per tal de concloure una «associació que fos susceptible de permetre una plena integració». La resposta comunitària es va limitar a fer constar que havia rebut la sol·licitud. El 1964, Espanya va insistir en aquest sentit, i aconseguí que s'iniciessin converses exploratòries, les quals conclourien l'octubre de 1970, en un Acord que es limitava, exclusivament, a qüestions comercials. La raó del poc abast de l'esmentat Acord s'havia de buscar en la incompatibilitat del règim del general Franco amb els principis democràtics que inspiren els Estats membres de les Comunitats Europees, requisit imprescindible per esdevenir-ne membre. Per tant, no és fins a la realització a Espanya de les eleccions generals democràtiques, el juny de 1977, que no s'inicia el procés que culminaria amb la seva adhesió a les Comunitats Europees.

L'1 de gener de 1995 es va produir l'adhesió d'Àustria, Suècia i Finlàndia. S'ha de destacar que Noruega, tal com va succeir l'any 1972, també va signar l'Acta d'Adhesió, però el referèndum celebrat com a requisit per autoritzar-ne la ratificació també va tenir un resultat negatiu i, per tant, no va ratificar l'Acta d'Adhesió.

La darrera ampliació ha suposat un canvi històric de primera magnitud en la mesura que s'han adherit a la Unió Europea una sèrie d'Estats que, en l'origen de les Comunitats Europees, constituïen el bloc ideològicament oposat tant des d'una òptica econòmica com política. Des de l'1 de maig de 2004, Hongria, Polònia, Eslovàquia, Txèquia, Letònia, Estònia, Lituània i Eslovènia, juntament amb Xipre i Malta, són membres de la Unió Europea. A més, el 25 d'abril de 2005, es va signar el Tractat d'Adhesió de Bulgària i Romania a la Unió Europea, que probablement entrarà en vigor, i per tant esdevindran membres, a partir de l'1 de gener de 2007. Més difícil és l'adhesió de Turquia, pels recels que suscita en alguns Estats membres la seva candidatura, que d'altra banda, amb limitacions, ja ha estat acceptada per les institucions europees.

Bibliografia sumària

ABELLÁN HONRUBIA, V.; VILA COSTA, B. (dir.) *Lecciones de Derecho Comunitario Europeo*, Ariel, 3a edició, Barcelona 1998, p. 13-64.

RODRÍGUEZ IGLESIAS, G.C.; LÓPEZ ESCUDERO, M. «Las Comunidades Europeas y la Unión Europea», a DÍEZ DE VELASCO, M. *Las organizaciones internacionales*, Tecnos, 12a edició, Madrid 2002, Capítol XXV, p. 549-576.

ALDECOA LUZURRAGA, F. *La integración europea. Análisis histórico-institucional con textos y documentos. Vol. II: Génesis y desarrollo de la Unión Europea (1979-2002)*, Tecnos, Madrid, 2002.

TRUYOL Y SERRA, A. *La integración europea. Análisis histórico-institucional con textos y documentos. Vol. I: Génesis y desarrollo de la Comunidad Europea (1951-1979)*, Tecnos, Madrid, 1999.

16. L'ESTRUCTURA ORGÀNICA DE LA UNIÓ EUROPEA*

I. El sistema institucional de la Unió Europea: idees generals

Amb l'expressió «sistema institucional» designem el conjunt format per les institucions que duen a terme els objectius i les tasques encomanades a la Unió Europea. D'acord amb l'article 4 del Tractat de la CE, aquestes són el Parlament Europeu, el Consell, la Comissió, el Tribunal de Justícia i el Tribunal de Comptes. El Tractat pel qual s'estableix una Constitució per a Europa introdueix una modificació important en aquesta relació. Aquest Tractat preveu l'extinció de les Comunitats Europees, la flexibilització dels pilars comunitari i intergovernamentals, i l'atribució de personalitat jurídica a la Unió Europea. Dins el marc institucional, aquesta modificació consistiria en l'eliminació de la menció que ara es fa al Tribunal de Comptes, i la incorporació, com a tal institució, del Consell Europeu a l'article I-19 del Tractat.

Diversos trets defineixen el marc institucional de la Unió Europea, i el diferencien de l'esquema clàssic que podem trobar en les organitzacions internacionals.

a) El primer d'ells és l'especificitat del *sistema de distribució de competències* entre les institucions.

En aquest sentit, val a dir que el model comunitari no coincideix amb la visió organicista d'atribució de poders pròpia de l'Estat modern (legislatiu, executiu, judicial), sinó que s'inclina per una òptica molt més funcional que es caracteritza pel seu «quadripartidisme». Així, el poder legislatiu resideix en el Consell, que l'exerceix conjuntament amb el Parlament Europeu, sota l'impuls de la Comissió; a la vegada, el Consell, com a centre de decisió política, i la Comissió, com a «motor d'integració», comparteixen el poder executiu; el Parlament Europeu té també a les seves mans el control polític; i finalment, el Tribunal de Justícia encarna el poder judicial.

b) Una articulació institucional com la que aquí es presenta, al voltant d'aquests quatre pols, correspon a la institucionalització d'un nou *principi de legitimitat* que té en compte altres forces a més de les estrictament estatals.

---

* Elaborat per la Dra. Mar CAMPINS ERITJA i la Dra. Laura HUICI SANCHO.

Aquest principi de legitimitat es reflecteix de formes diferents. Així, té un caràcter internacional quan es concreta en la institució que agrupa i representa els Estats membres, el Consell. El Tractat pel qual s'estableix una Constitució per a Europa reforça aquesta legitimitat estatal en incorporar, com s'ha dit, el Consell Europeu entre les institucions de la Unió Europea. També té una vessant interna en la mesura que expressa, d'una banda, la legitimitat democràtica de la Unió a través del Parlament Europeu, institució que encarna l'interès dels ciutadans comunitaris; de l'altra, l'interès de la Unió en la prossecució del procés d'integració, que es veu representat en la Comissió, i, finalment, l'interès pel respecte de la legalitat i del compliment del dret que crea l'organització, que resideix en el Tribunal de Justícia.

c) Un altre dels principis que caracteritzen aquest sistema és el de la unitat institucional. D'entrada, les institucions esmentades són comunes a les Comunitats Europees, en virtut del Conveni sobre certes institucions comunes de 25 de març de 1957 i del Tractat de fusió dels executius de 8 d'abril de 1965. Tot i això, subsisteix entre aquestes institucions úniques una diferenciació de caràcter funcional, atès que cadascuna d'elles exerceix les competències d'acord amb el que disposen cadascun dels tractats constitutius.

En aquest sentit, un dels aspectes més significatius ha estat l'establiment, en el Tractat de la Unió Europea de 1992, del principi de la unitat institucional, que respon a la necessitat de dotar d'una certa coherència el sistema institucional articulat sobre la base dels tres pilars de la Unió Europea. Contemplat expressament en l'article 3 del TUE, aquest principi s'aplica essencialment al Consell, a la Comissió, i al Parlament Europeu, i preveu la seva intervenció no només en l'àmbit comunitari, sinó també en els àmbits de la Política exterior i de seguretat comuna, i en el de la Cooperació policial i judicial en matèria penal. Aquesta referència de l'article 3 del TUE desapareix, això no obstant, en el text del Tractat pel qual s'estableix una Constitució per a Europa, ja que la flexibilització dels tres pilars de la Unió i el caràcter unitari de l'estructura institucional que preveu aquest Tractat la fan innecessària.

d) Finalment, tot i la seva especificitat funcional, pot predicar-se del sistema institucional comunitari l'existència d'un *principi d'equilibri institucional*[1], que resulta en part del mecanisme d'atribució de les competències i en part de l'autonomia pròpia de cadascuna de les institucions.

Aquest principi d'equilibri institucional permet establir el marc relacional entre les diferents institucions comunitàries en l'exercici de les seves competències. D'aquesta forma garanteix, d'una banda, el respecte a les atribucions respectives de cada institució i l'exclusivitat del seu poder; de l'altra, el respecte als mecanismes de col·laboració i cooperació lleial entre les institucions, en particular en el marc de l'exercici de les competències legislatives.

---

1. Vegeu, per exemple, la Sentència del Tribunal de Justícia de les Comunitats Europees de 22 de maig de 1990, as. C-70/88, *Parlamento c. Consejo, Recopilación 1990*, p. 2070.

II. Les institucions comunitàries

1. El Parlament Europeu

A) Naturalesa, composició i funcionament

El Parlament Europeu representa en els tres tractats constitutius l'interès «dels pobles dels Estats reunits a la Comunitat» (article 189 del TCE). Els seus representants són elegits directament pels ciutadans comunitaris, cada cinc anys i d'acord amb el procediment fixat en cadascun dels Estats membres. Tot i això, les primeres eleccions per sufragi universal directe no es van celebrar fins el juny de 1979 en virtut de l'Acta Electoral Europea adoptada pel Consell el 20 de setembre de 1976. Fins aleshores, el Parlament Europeu estava compost pels delegats designats pels parlaments nacionals.

D'altra banda, el Parlament Europeu tampoc no està investit dels mateixos poders que habitualment es confereixen als parlaments nacionals. De fet, aquesta institució ha procurat, tant amb la intervenció en el debat interinstitucional sobre l'exercici de les competències legislatives com amb el plantejament d'accions judicials, reforçar les seves competències originals, de deliberació i de control, i estendre la seva autoritat a altres àmbits, en particular al decisori, amb l'objectiu d'anar assolint, progressivament, les mateixes prerrogatives que ostenten els parlaments nacionals.

Des de la darrera adhesió dels Estats d'Europa central i oriental, i per a la legislatura 2004-2009, el Parlament Europeu està compost per 732 europarlamentaris, que es distribueixen en funció de criteris demogràfics, amb el repartiment següent (article 190 del TCE i article 11 de l'Acta d'Adhesió de 2004): Alemanya, 99; Regne Unit, França i Itàlia, 78; Espanya i Polònia, 54; els Països Baixos, 27; Grècia, República Txeca, Bèlgica, Hongria i Portugal, 24; Suècia, 19; Àustria, 18; Eslovàquia, Dinamarca i Finlàndia, 14; Irlanda i Lituània, 13; Letònia, 9; Eslovènia, 7; Estònia, Xipre i Luxemburg, 6; i Malta, 5.

El Parlament Europeu adopta lliurement el seu Reglament intern, on es recull, a més de l'exercici de les seves competències, l'organització i el funcionament de la institució. Per a la realització de les seves tasques, els parlamentaris s'agrupen, en funció de les seves afinitats polítiques, en diferents formacions, que el Tractat de la Unió Europea ja va reconèixer, finalment, com a «partits polítics a escala europea». Quant a la seu, des del 1981, el Parlament es reuneix en sessió plenària a Estrasburg, mentre que les comissions i els grups polítics ho fan a Brussel·les.

B) Competències

Originàriament, el Parlament Europeu disposava només d'un poder de deliberació i de control força limitat que, progressivament, s'ha anat ampliant al camp legislatiu, pressupostari i de control, per la via de la modificació dels tractats i per la mateixa pràctica institucional.

– Competències legislatives: El Parlament Europeu participa actualment, juntament amb el Consell, en l'exercici de les competències legislatives. Les competències del Parlament Europeu en el marc del procés legislatiu s'exerceixen segons cinc procediments, que es diferencien pel grau de participació de la institució: *la consulta*, generalment obligatòria però no vinculant per al Consell; *la concertació*, per a l'adopció dels actes comunitaris amb implicacions financeres importants, i que busca l'acord entre el Consell i el Parlament per mitjà de la institució d'una comissió de concertació; *la cooperació*, aplicable quan el Consell ha de decidir per majoria qualificada en els àmbits determinats pel Tractat; *la codecisió*, actualment el procediment comú, que atorga al Parlament Europeu el poder d'estatuir en situació de quasi igualtat amb el Consell a través d'un sistema de doble lectura, i li permet fins i tot impedir l'adopció de l'acte; i *el dictamen conforme*, que permet al Parlament Europeu refusar o aprovar les decisions del Consell en matèria de conclusió de determinats acords internacionals, o d'uniformització del procés electoral, entre d'altres. D'altra banda, des del Tractat de la Unió Europea, el Parlament Europeu, si bé no gaudeix encara d'un veritable poder d'iniciativa legislativa, pot sol·licitar a la Comissió la presentació de propostes d'actes que, segons el seu parer, requereixin una actuació comunitària.

– Competències de control polític: les tasques de control polític que exerceix el Parlament Europeu afecten, principalment, la Comissió, com a executiu comunitari. En aquesta línia, el Parlament Europeu participa, a través del vot d'investidura, en el nomenament de la Comissió, i també és qui, per mitjà de la presentació d'una moció de censura, pot cessar tot el col·legi de comissaris.

A més, pot plantejar preguntes orals o escrites a la Comissió o al Consell; pot procedir a debats de política general, sobre qüestions d'actualitat, o sobre les comunicacions, informes i declaracions que li presenten les altres institucions, que generalment donen lloc a l'adopció de resolucions, i pot instituir comissions d'investigació. També pot rebre les peticions individuals o col·lectives presentades pels ciutadans comunitaris relatives a qualsevol dels àmbits d'actuació comunitària. Cal recordar, finalment, la introducció, pel Tractat de la Unió, de la figura d'un «defensor del poble», habilitat per rebre les reclamacions sobre casos de mala administració per part de les institucions comunitàries.

– Competències pressupostàries: el Parlament Europeu participa en el procediment pressupostari col·laborant en la seva elaboració i preparació, presentant esmenes, aprovant-lo definitivament, i, finalment, controlant-ne l'execució.

2. El Consell de la Unió

A) Naturalesa, composició i funcionament

El Consell, amb seu a Brussel·les, constitueix el màxim poder de decisió, tant polític com legislatiu, i és la institució que garanteix la plena inserció dels governs dels

Estats membres dins del sistema de la Unió, en la mesura que representa plenament els seus interessos. Està format pels delegats dels Estats membres, amb rang ministerial i, per tant, facultats per comprometre els governs dels Estats membres. Així mateix, disposa d'un òrgan auxiliar, el Comitè de Representants Permanents (COREPER), que prepara els seus treballs i executa els mandats que se li confien, i d'una Secretaria que aporta la infraestructura material.

En l'àmbit internacional i davant les altres institucions, el Consell està representat per la Presidència, que s'exerceix durant un període de sis mesos i per rotació dels estats membres. El Tractat pel que s'estableix una Constitució per a Europa preveu que la formació del Consell d'Afers Exteriors sigui presidida pel ministre d'Afers Exteriors de la Unió Europea, figura de nova creació, que seria nomenat per majoria qualificada del Consell Europeu amb l'aprovació del president de la Comissió. Les altres formacions d'aquesta institució seguiran sent presidides pels representants dels Estats membres al Consell per un sistema de rotació.

B) Competències

D'acord amb el TCE, correspon al Consell assegurar la coordinació de les polítiques econòmiques dels Estats membres, exercir el poder de decisió i delegar en la Comissió competències per executar els actes que adopti. Aquest poder general del Consell es concreta en els àmbits següents:

– Competències legislatives: el Consell és la principal institució que exerceix el poder normatiu, de forma conjunta amb el Parlament Europeu en la majoria dels casos. És qui adopta els actes jurídics per a l'aplicació dels Tractats i per al desenvolupament de les polítiques comunitàries. Per tal de dur a terme aquesta tasca, el Consell pot recórrer a diverses formes de votació: la *majoria simple*, supòsit poc freqüent que exigeix només 13 dels 25 vots; la *unanimitat*, que requereix els vots de tots els Estats membres i que continua aplicant-se als àmbits més sensibles, com l'admissió de nous Estats o certs tipus d'acords internacionals, entre d'altres; la *majoria qualificada*, mecanisme que s'ha vist reforçat amb les successives revisions dels tractats, i que reposa actualment sobre un sistema de ponderació dels vots. Així, Alemanya, Regne Unit, França i Itàlia disposen cada un de 29 vots; Espanya i Polònia, de 27; Països Baixos, de 13; Grècia, República Txeca, Bèlgica, Hongria i Portugal, de 12; Suècia i Àustria, de 10; Eslovàquia, Dinamarca, Finlàndia, Irlanda i Lituània, de 7; Estònia, Letònia, Eslovènia i Luxemburg, de 4; i Malta, de 3. La majoria qualificada es fixa en 232 vots d'un total de 321, i es dóna la possibilitat que els estats membres puguin reclamar que es comprovi que en termes de percentatge la majoria correspon a un 62 % de la població total de la Unió Europea. Aquest sistema es modifica substancialment al Tractat pel qual s'estableix una Constitució per a Europa que elimina la ponderació del vot i preveu un vot per cada Estat membre, determinant-se la majoria qualificada en funció del vot favorable de la majoria d'Estats (55 %) que impliqui una majoria de la població de la Unió Europea que s'hi troba representada (65 %).

– Competències executives: el Consell pot reservar-se, en casos específics, l'exercici directe de les competències d'execució, si bé el més normal és que delegui aquesta facultat en la Comissió.

– Competències en matèria de relacions exteriors: en aquest àmbit, el Consell exerceix una acció típicament governamental: és qui representa internacionalment la Unió Europea i qui conclou definitivament els acords internacionals en nom de les Comunitats Europees. A més, és la institució que garanteix, juntament amb la Comissió, la coherència de l'acció exterior de la Unió en el marc de la política de relacions exteriors, de la seguretat, l'economia i el desenvolupament.

– Competències pressupostàries: el Consell exerceix un poder de decisió en matèria pressupostària, si bé el comparteix amb el Parlament Europeu.

– Competències de coordinació: com ja hem dit, el Consell garanteix la coordinació de les polítiques econòmiques dels estats membres, facultat genèrica que es concreta en l'exercici de competències específiques.

3. La Comissió

A) Naturalesa, composició i funcionament

Enfront del Consell, la Comissió és una institució autònoma i independent dels governs dels Estats membres, i representa, per tant, l'interès propi de les Comunitats Europees en el desenvolupament del procés d'integració. És, de fet, l'autèntica administració pública de la Comunitat.

La Comissió, amb seu a Brussel·les, està composta actualment per un col·legi de comissaris independents, actualment en nombre de 25, un per cada Estat membre. No obstant això, la determinació de la composició de la Comissió és una qüestió difícil, ja que un nombre massa elevat de membres pot arribar a afectar el seu funcionament eficaç. És per aquesta raó que el Tractat de Niça va disposar que una vegada la Unió Europea assolís els vint-i-set membres, el nombre de comissaris fos inferior al nombre d'Estats membres, si bé també es disposa que aleshores el Consell fixi, per unanimitat, el nombre de membres definitius. En la mateixa línia, el Tractat pel qual s'estableix una Constitució per a Europa, disposa que el nombre de comissaris correspondrà a 2/3 dels Estats membres a partir del 2014.

D'altra banda, els membres de la Comissió són nomenats cada cinc anys pel Consell per majoria qualificada (el president de la Comissió és designat pel Consell en la seva formació de caps d'Estat i de Govern, també per majoria qualificada) i el col·legi de comissaris és investit pel Parlament Europeu, que és també qui pot cessar-lo amb la presentació d'una moció de censura.

Tot i que funciona com un cos únic, caracteritzat per la seva independència i la seva col·legialitat, cada membre de la Comissió és responsable d'un sector de l'activitat comunitària i dirigeix una part dels serveis de la Comissió. Els serveis s'estructuren a través de les direccions generals, unes 23, entre les quals es distribueixen els funcionaris i agents d'aquesta institució.

B) Competències

Essencialment, la Comissió posseeix competències d'iniciativa legislativa, de control i d'execució, si bé també participa en l'àmbit de les relacions exteriors.

– Competències legislatives: la Comissió disposa d'un poder d'iniciativa legislativa que es concreta en la presentació de propostes d'actes comunitaris perquè el Consell o el Consell i el Parlament Europeu els adoptin, i que pot exercir per iniciativa pròpia o bé a sol·licitud del Parlament Europeu.

– Competències de control: la doctrina ha qualificat la Comissió de «guardiana dels Tractats», ja que és la institució que, juntament amb el Tribunal de Justícia, vetlla per la correcta aplicació de les seves disposicions. És la Comissió qui examina i decideix iniciar els procediments d'incompliment del dret comunitari contra els Estats membres, i és també qui controla l'aplicació de les clàusules de salvaguarda i qui pot imposar sancions o multes a les persones físiques o jurídiques que vulneren, per exemple, les normes relatives al dret de la competència.

– Competències d'execució: la Comissió exerceix un poder normatiu autònom en aquelles matèries limitades que enumera el Tractat, principalment en l'àmbit de la unió duanera o de l'execució financera. S'ocupa també de l'execució de les normes adoptades pel Consell, sempre que aquest li hagi delegat aquesta competència, fet que actualment ja constitueix la regla general.

– Competències en l'àmbit de les relacions exteriors: la Comissió és la institució que s'encarrega del manteniment de relacions amb l'Organització de les Nacions Unides, els organismes especialitzats i altres organitzacions internacionals. Igualment, té la facultat, bé que sotmesa a l'autorització del Consell, de procedir a les negociacions que han de portar, finalment, a la conclusió d'acords internacionals amb tercers estats o organitzacions internacionals, essent d'especial importància aquells que fan referència a la política comercial.

4. El Tribunal de Justícia

A) Naturalesa, composició i funcionament

El Tribunal de Justícia és la institució que s'encarrega del control jurisdiccional i que garanteix el respecte del dret en la interpretació i l'aplicació del Tractat. En aquest sentit, la jurisprudència del Tribunal de Justícia ha influït de manera notable en el desenvolupament i l'evolució del dret comunitari.

Actualment, està compost per 25 jutges escollits, de comú acord, pels governs dels Estats membres i per un període de sis anys, entre persones d'absoluta independència i reconegut prestigi. Al seu costat tenim la figura dels advocats generals, en nombre de 8 i amb la tasca d'assistir el Tribunal. A més, des de 1988 trobem, dins d'aquesta mateixa estructura jurisdiccional, un nou òrgan judicial, el Tribunal de Primera Instància, que compta actualment amb 25 jutges encarregats de conèixer de determinats assumptes. Ambdós òrgans funcionen en plenari i en sales.

B) Competències

Bàsicament, el Tribunal de Justícia exerceix tres tipus de competències:

– Competències consultives, que el Tribunal exerceix a través dels dictàmens que remet a les institucions comunitàries o als Estats membres en l'àmbit de la conclusió dels acords internacionals que celebra la Comunitat.

– Competències contencioses, en virtut de les quals el Tribunal exerceix el control jurisdiccional que li atribueixen els tractats. En aquest context, el Tribunal pot resoldre els litigis entre els Estats membres, entre aquests i la Comunitat, entre les institucions, o entre aquestes i els particulars. Així, exerceix el control de la validesa dels actes comunitaris i del respecte al dret per part de les institucions (recursos de nul·litat i d'omissió), i pot declarar la il·legalitat de l'actuació dels Estats membres quan és contrària al dret comunitari (recurs d'incompliment) o establir la responsabilitat extracontractual de la Comunitat (recurs de responsabilitat extracontractual).

– Competències prejudicials, de gran importància pel que fa a la interpretació uniforme del dret comunitari. Permeten al Tribunal de Justícia pronunciar-se, a petició d'un jutge nacional, sobre la interpretació dels tractats o dels actes adoptats per les institucions, així com respecte a la validesa d'aquests últims tipus d'actes. El recurs prejudicial constitueix, doncs, el mecanisme que permet enllaçar les jurisdiccions internes i el Tribunal de Justícia.

– Finalment, el Tribunal de Justícia pot actuar també com a òrgan d'apel·lació de les decisions preses pel Tribunal de Primera Instància.

5. El Tribunal de Comptes

A) Naturalesa, composició i funcionament

Tot i el seu nom, el Tribunal del Comptes no constitueix una veritable jurisdicció. Es crea, com a òrgan de control de l'execució del pressupost comunitari, amb el Tractat de 22 de juliol de 1975, i no és fins el Tractat de la Unió Europea de 1992 que s'inclou entre les institucions comunitàries. Està compost per un nacional de cada estat membre, nomenats pel Consell, prèvia consulta amb el Parlament Europeu, per un període de sis anys renovables.

Pel que fa al seu funcionament, el Tribunal de Comptes adopta el seu propi reglament intern, en el qual es tracta de l'elecció i els poders del president, el principi de col·legialitat i el repartiment de funcions, i les modalitats de reunió i vot.

L'adquisició de l'estatut d'institució no va suposar canvis substancials en el funcionament o les competències del Tribunal. Va ser una mesura més aviat simbòlica per reforçar la seva posició davant les altres institucions i per respondre a les crítiques sobre la manca d'eficàcia i de transparència en els ingressos i despeses de les Comunitats Europees. Amb la mateixa perspectiva, el Tractat pel qual s'instituеix una Constitució per a Europa tampoc no modifica substancialment les disposicions relatives al Tribunal de Comptes, si bé el deixa fora del marc institucional de la futura Unió Europea.

B) Competències

Bàsicament, les competències del Tribunal de Comptes són de control i consultives:

– Competències de control, en l'exercici de les quals el Tribunal de Comptes examina els ingressos i les despeses de la Unió, en verifica la legalitat i la regularitat, i controla la bona gestió financera.

– Competències consultives, en virtut de les quals pot presentar en qualsevol moment les seves observacions sobre qüestions particulars i emetre dictàmens a petició de les altres institucions, en particular quan aquestes han d'adoptar actes amb implicacions financeres.

III. Altres òrgans de la Unió Europea

1. El Consell Europeu

A) Naturalesa, composició i funcionament

Pot presentar-se el Consell Europeu com una formació especial del Consell, quan aquest es reuneix al nivell dels caps d'Estat o de Govern dels Estats membres. En aquest sentit, és rellevant que sigui la més alta jerarquia política dels Estats membres qui doni els impulsos necessaris al procés d'integració i qui defineixi les directrius polítiques generals per a les Comunitats Europees i per a la Unió Europea i, en particular, per a la cooperació política i la cooperació judicial, l'execució de les quals s'encarrega al Consell a través dels procediments que s'estableixen als Tractats. Per tant, tot i que el Consell Europeu no constitueixi pròpiament una institució comunitària (no es recull com a tal als Tractats constitutius), s'integra dins del sistema institucional de la Unió Europea i es configura com una institució essencial del procés d'integració. Aquesta és una situació particular, i el Tractat pel qual s'estableix una

Constitució per a Europa introdueix una modificació important en incorporar formalment el Consell Europeu dins del marc institucional de la Unió Europea com a resultat de la flexibilització de l'actual fragmentació entre els pilars de la Unió i el caràcter unitari que el nou text dóna a la Unió Europea.

Pel que fa al seu funcionament, i d'acord amb el Tractat de la Unió Europea, el Consell Europeu es reuneix almenys dos cops l'any, tot i que també pot celebrar sessions extraordinàries. En principi, no sol haver-hi votacions, i el Consell Europeu es pronuncia amb el comú acord dels Estats membres.

B) Competències

Per la seva mateixa naturalesa, la funció que exerceix el Consell Europeu té un caràcter essencialment polític i es concreta, d'acord amb l'article 4 del Tractat de la Unió Europea, en donar a la Unió l'impuls necessari per al seu desenvolupament i definir les seves orientacions polítiques.

En aquest context, el Consell Europeu garanteix, d'una banda, la coherència de l'acció comunitària, en la mesura que dóna l'estímul necessari per al seu desenvolupament i resol els problemes que el Consell no ha pogut solucionar. De l'altra, assegura la cooperació intergovernamental i constitueix un centre d'orientació i d'impulsió política de la Política exterior i de seguretat comuna i de la Cooperació policial i judicial en matèria penal .

2. Els òrgans de caràcter consultiu

A) El Comitè Econòmic i Social

És un òrgan de caràcter consultiu, compost per representants nacionals de les diferents categories socioeconòmiques. Els seus membres són escollits pel Consell, a proposta dels Estats membres, prèvia consulta a la Comissió i, si ho considera necessari, de les organitzacions europees representatives dels diferents sectors econòmics i socials interessats en les activitats de la Unió.

Els membres del Comitè actuen amb plena independència i per a l'interès general de la Comunitat. La seva tasca consisteix en l'elaboració dels dictàmens que sol·licitin la Comissió o el Consell i que seran preceptius en els casos previstos pels Tractats. També pot emetre dictàmens per iniciativa pròpia o a sol·licitud del Parlament Europeu.

B) El Comitè de les Regions

Creat pel Tractat de la Unió Europea de 1992, aquest òrgan consultiu va suposar un avenç important pel que fa a la representativitat dels ens subestatals a nivell comunitari, en estar compost per representants regionals i locals, titulars d'un mandat electoral o políticament responsables davant d'una assemblea elegida democràticament. Com en el cas del Comitè Econòmic i Social, els membres del Comitè de les Regions han d'actuar amb plena independència i per a l'interès general de la Comunitat i són escollits pel Consell, a proposta dels Estats membres. Ara bé, en aquest cas no es preveu cap mena de consulta a les associacions europees o nacionals d'ens subestatals.

A més del poder de pronunciar-se per iniciativa pròpia, la seva consulta és obligatòria quan està prevista explícitament al Tractat. El Consell, la Comissió i el Parlament Europeu també poden demanar el seu dictamen si ho consideren oportú i, particularment, si es tracta de qüestions que afecten la cooperació transfronterera. Finalment, es preveu que el Comitè serà informat sempre que es demani un dictamen al Comitè Econòmic i Social perquè pugui pronunciar-se si estima que estan en joc interessos regionals o locals específics.

El Tractat pel qual s'instituеix una Constitució per a Europa reforça les competències del Comitè de les Regions, reconeixent la seva legitimació activa davant del Tribunal de Justícia per presentar recursos d'anul·lació contra les disposicions que s'hagin adoptat vulnerant les prerrogatives del Comitè o quan consideri que s'ha incomplert el principi de subsidiarietat.

Bibliografia sumària

ABELLÁN HONRUBIA, V.; VILA COSTA, B. (dir.) *Lecciones de derecho comunitario europeo*, Ariel, 3a edició, Barcelona 1998, p. 66-119

MANGAS MARTÍN, A.-LIÑÁN NOGUERAS, D.J., Instituciones y derecho de la Unión Europea, Ed. Tecnos, 4a edición, Madrid, 2004, p. 87-301.

NOËL, E. *Las instituciones de las Comunidades Europeas*, OPOCE, Luxemburg 1993.

RODRÍGUEZ IGLESIAS, G.C.; López Escudero, M. «Estructura institucional de las Comunidades Europeas y de la Unión Europea», a Díez de Velasco, M. *Las organizaciones internacionales*, Tecnos, 13a edició, Madrid 2003, capítol XXVI, p. 556-587.

17. L'ORDENAMENT JURÍDIC COMUNITARI*

I. La creació de l'ordenament jurídic comunitari

Com a dret propi d'una organització internacional, el dret comunitari formaria part, en principi, de l'ordenament jurídic internacional. Ara bé, l'ordenament jurídic comunitari gaudeix de dues característiques que assenyalen la seva especificitat. D'una banda, es tracta d'un ordenament jurídic autònom, en la mesura que no es pot assimilar al dret internacional o al dret intern pel que fa a les seves fonts de creació i als seus mecanismes d'aplicació i d'interpretació. De l'altra, és un ordenament jurídic que s'integra plenament en els drets dels Estats membres de la Unió Europea: els òrgans nacionals vénen obligats al seu compliment, amb el qual es garanteix la seva unitat i uniformitat. D'aquesta manera, l'ordenament jurídic comunitari s'aparta tant del dret internacional clàssic relatiu a les organitzacions internacionals com del dret propi als Estats d'estructura federal.

1. L'atribució de competències a la Comunitat Europea

La Comunitat Europea, com d'altres organitzacions internacionals, ha estat creada per a l'assoliment d'uns objectius determinats, fet que implica la realització de certes funcions que exigeixen l'atribució de competències a les institucions encarregades d'executar-les.

D'entrada, doncs, la Comunitat Europea només gaudeix de les competències que li han estat atribuïdes pels Estats a través dels Tractats i només pot actuar en aquests àmbits concrets. A més, les competències de la Comunitat Europea tenen un caràcter funcional i es regeixen pel principi de l'especialitat, raó per la qual només se les autoritza a desplegar la seva activitat per a la consecució dels fins inscrits en els Tractats.

---

* Elaborat per la Dra. Mar CAMPINS ERITJA i la Dra. Laura HUICI SANCHO.

Ara bé, l'examen d'aquesta atribució de competències, tot i no ser una qüestió pacífica, il·lustra l'especificitat de l'ordenament jurídic comunitari.

En primer lloc, la tasca interpretativa del Tribunal de Justícia ha permès una apreciació molt extensiva de les competències comunitàries. D'aquesta manera, al costat de les competències explícitament enunciades en els Tractats o que es deriven de procediments específics als quals es pot recórrer en supòsits excepcionals, s'admet que les institucions de la Unió puguin exercir determinades competències per a l'assoliment dels objectius de l'organització, tot i l'absència d'una atribució expressa[1]. També cal tenir en compte la previsió d'una clàusula residual d'atribució de competències a l'article 308 del TCE quan no existeixi una altra base jurídica a què recórrer.

En segon lloc, aquesta atribució de competències, si bé és irreversible, no es produeix de manera uniforme: té un caràcter heterogeni i depèn de la matèria que n'és objecte. Es pot donar amb una intensitat variable en funció dels àmbits d'actuació afectats, o bé pot diferir respecte al moment en el temps en què comencen a ser exercides per part de la Comunitat. D'altra banda, això implica que les competències que no han estat atribuïdes, d'una forma o altra, a la Comunitat, resten a les mans dels estats membres.

2. L'exercici de competències per la Comunitat Europea

En relació amb les competències estatals, l'exercici de les competències comunitàries no pot excedir d'allò que és necessari per a l'assoliment dels objectius del Tractat. A la vegada, aquest exercici es pot produir, bàsicament, de dues maneres:

a) En primer lloc, la Comunitat pot exercir les seves competències de forma *exclusiva* (unió duanera, política comercial comuna, conservació dels recursos pesquers). Concentra així tot el poder decisori i els Estats membres només poden assumir una funció executiva. És a dir, són únicament les institucions comunitàries les que «fan» i «actuen».

b) En segon lloc, hi ha altres àmbits on la Comunitat Europea disposa només d'una competència concurrent o compartida amb els Estats membres (per exemple, les accions legislatives relacionades amb les polítiques comunes). En el marc del procés decisori, tant la Comunitat com els Estats membres poden «fer» i «actuar» en virtut d'una competència que els pertany com a pròpia. En aquest àmbit, però, la Comunitat només intervé, d'acord amb l'anomenat *principi de la subsidiarietat* recollit a l'article 5 del TCE, en la mesura que els objectius de l'acció que es pretén no puguin ser assolits de manera suficient pels Estats membres i la seva consecució sigui més viable a nivell comunitari. Aquest principi implica, en el fons, la recerca del nivell d'eficàcia òptima en el compliment dels objectius encomanats a l'organització.

---

1. Per exemple, s'ha fet una aplicació notable d'aquest principi en matèria de relacions exteriors.

Per tant, la Unió Europea constitueix el marc polític, jurídic i institucional on s'exerceixen les competències de la Comunitat Europea, d'una banda, i certes competències dels Estats membres, de l'altra (la Política exterior i de seguretat comuna i la Cooperació policial i judicial en matèria penal). A més, resten blocs competencials a les mans dels Estats membres que s'exerceixen fora de la Unió Europea. En l'exercici d'aquestes competències, els Estats membres hauran de respectar determinades obligacions que imposa el dret comunitari (per exemple, la no-discriminació per raó de la nacionalitat).

II. El sistema de fonts de l'ordenament jurídic comunitari

Fora dels actes l'origen dels quals és extern al mateix dret comunitari, com és el cas del Dret Internacional convencional, les diferents fonts de creació d'aquest particular ordenament jurídic poden sistematitzar-se en: el dret originari, el dret derivat, el dret internacional, i les fonts no escrites, en particular els principis generals. Aquesta menció permet assenyalar dues notes que poden semblar antagòniques: d'una banda, l'ordenament jurídic comunitari disposa d'un sistema de fonts pròpies i autònomes respecte al dret internacional i al dret intern; d'altra banda, aquest sistema es caracteritza per la confluència d'elements internacionals, específicament comunitaris, i interns.

1. El dret originari

Amb aquesta expressió designem el «bloc constitucional» de l'ordenament jurídic comunitari, és a dir, el conjunt de normes que el fonamenten i que són jeràrquicament superiors. Es tracta de normes de dret creades directament pels Estats membres. Comprèn els Tractats constitutius de la Comunitat Europea del Carbó i de l'Acer (1951), de la Comunitat Econòmica Europea (1957) –des de l'1 de novembre de 1993, Comunitat Europea–, i de la Comunitat Europea de l'Energia Atòmica (1957), i els Tractats i altres actes que els han modificat o completat.

Així doncs, cal mencionar aquí:

a) Els tractats que han operat una modificació global dels Tractats constitutius, com són l'Acta Única Europea, signada a Luxemburg i la Haia el 14 i el 28 de febrer de 1986 i en vigor des de l'1 de juliol de 1987; el Tractat de la Unió Europea, signat a Maastricht el 7 de febrer de 1992 i en vigor des de l'1 de novembre de 1993; el Tractat d'Amsterdam signat el 2 d'octubre de 1997 i en vigor des de l'1 de maig de 1999; i el Tractat de Niça signat el 26 de febrer de 2001 i en vigor des de l'1 de febrer de 2003; i el Tractat pel qual s'estableix una Constitució per a Europa, signat a Roma el 29 d'octubre de 2004, actualment en procés de ratificació pels Estats membres i que encara no està en vigor.

b) Els actes que han introduït modificacions puntuals o d'abast més o menys reduït dels Tractats constitutius. Entre d'altres poden referir-se els convenis sobre institucions comunes de 1957 (Assemblea i Tribunal de Justícia) i de 1965 (Comissió i Consell); els convenis i les decisions que modifiquen disposicions pressupostàries, de 1970 i 1975, o l'Acta relativa a l'elecció dels parlamentaris europeus per sufragi universal directe de 1976.

c) El conjunt d'actes que han servit als Estats membres com a instrument d'adhesió a les Comunitats Europees i a la Unió Europea i que per aquest mateix motiu han exigit noves modificacions dels Tractats constitutius. És a dir, les Actes d'adhesió del Regne Unit, d'Irlanda i de Dinamarca (1972); de Grècia (1979); de Portugal i Espanya (1985), i de Suècia, Àustria i Finlàndia (1994); i de Polònia, República Txeca, Eslovènia, Eslovàquia, Estònia, Letònia, Lituània, Hongria, Xipre i Malta (2003).

Tot i que els tres Tractats constitutius conserven el seu caràcter de tractats internacionals, subjectes, per tant, al Dret Internacional Públic, el Tribunal de Justícia ha insistit clarament en l'afirmació de l'especificitat comunitària. Així, ha entès que el Tractat constitutiu de la Comunitat Europea no pot considerar-se un tractat internacional ordinari. En particular ha assenyalat que «el Tractat CEE, tot i que hagi estat celebrat en forma de conveni internacional, no deixa de ser la carta constitucional d'una comunitat de dret. [...] els Tractats comunitaris han creat un nou ordenament jurídic en favor del qual els Estats han limitat, en àmbits cada vegada més amplis, els seus drets de sobirania, i llurs subjectes no són únicament els Estats membres sinó també els seus nacionals»[2].

Això no obstant, no pot parlar-se, actualment, d'una constitucionalització absoluta dels Tractats. Els Tractats constitutius continuen conservant els trets propis que es desprenen del Dret Internacional Públic, afirmació que es fa prou evident, entre d'altres aspectes, quan se n'examinen els procediments de revisió, en la mesura que són els Estats membres qui, en definitiva, continuen disposant del poder últim per modificar i, fins i tot, extingir aquests Tractats.

2. El dret derivat

Per a l'assoliment dels objectius i de les finalitats de l'organització, els Tractats constitutius han conferit a les institucions comunitàries el poder d'adoptar actes jurídics. Aquest conjunt d'actes és el que denominem dret comunitari deivat. L'exercici d'aquesta competència normativa ha de respectar la delimitació que entre les institucions operen els Tractats, així com l'existència de procediments determinats i la fixació en cada cas de l'acte a adoptar.

A la Comunitat Europea aquest poder decisori s'expressa, principalment, a través dels reglaments, les directives i les decisions (article 249 TCE).

a) El reglament comunitari es caracteritza pel seu abast general, en dirigir-se a

---

2. Dictamen del Tribunal de Justícia de les Comunitats Europees, de 14 de desembre de 1991, 1/94, *Proyecto de Acuerdo sobre la creación de un Espacio Económico Europeo, Recopilación 1991*, p. 6079.

una categoria abstracta de subjectes, siguin Estats o particulars, que es troben en la situació determinada que l'acte defineix; per la seva obligatorietat, de manera que no pot executar-se parcialment o selectiva ja que prescriu tant el resultat que es pretén com les modalitats per assolir-lo; i per la seva aplicació directa en tots els Estats membres, en produir els seus efectes dins l'ordenament jurídic intern sense necessitat d'interposició d'un acte de les autoritats nacionals. Finalment, els reglaments han de ser necessàriament publicats en el Diari Oficial de la Unió Europea (DOUE) perquè puguin ser oposables als seus destinataris.

b) La directiva es dirigeix, en principi, a un o diversos Estats membres i només respecte a ells té un caràcter imperatiu. El contingut de la directiva estableix només el resultat que persegueix, però deixa a l'Estat membre la determinació de la forma i els mitjans més pertinents per garantir-ne l'assoliment. En la realització d'aquests actes consisteix pròpiament la tasca de transposició de la directiva, necessària perquè aquesta produeixi efectes sobre els particulars. El Tribunal de Justícia ha admès, però, que en aquells supòsits en què l'Estat membre ignora aquesta obligació, determinades disposicions suficientment clares i precises que es recullen en directives comunitàries puguin produir sobre les persones físiques o jurídiques un efecte similar al dels reglaments. D'altra banda, el Tractat de la Unió Europea de 1992 va instituir la publicació en el Diari Oficial d'aquelles directives que adoptin conjuntament el Consell de la Unió i el Parlament Europeu i de les que s'adrecen a tots els Estats membres, mentre que, per a la resta, és suficient amb la seva notificació.

c) La decisió és un acte obligatori en tots els seus elements, és a dir, estableix l'objectiu i els mitjans i la forma d'assolir-lo. Alhora, és un acte de caràcter individual que vincula els destinataris que designa, siguin Estats membres o particulars. La seva publicació en el Diari Oficial s'exigeix quan ha estat adoptada conjuntament pel Consell de la Unió i el Parlament Europeu.

Cal assenyalar, en darrer terme, que les institucions comunitàries també poden adoptar recomanacions (indicant l'oportunitat d'actuar en determinat sentit) i dictàmens (expressant una opinió sobre una qüestió determinada), que no resulten jurídicament vinculants per als seus destinataris.

Una última consideració té a veure amb la nova articulació que dels actes comunitaris fa el Tractat pel qual s'estableix una Constitució per a Europa. Si entra en vigor aquest text, s'inclouran, dins de la categoria dels actes legislatius, la llei europea (equivalent a l'actual reglament) i la llei marc europea (equivalent a l'actual directiva); i dins de la categoria dels actes no legislatius, el reglament europeu, la decisió, la recomanació i el dictamen.

3. El dret internacional

D'una banda, en aquesta categoria cal incloure els acords internacionals conclosos per la Comunitat Europea amb tercers Estats, grups d'Estats o altres organitzacions internacionals, en l'exercici de les competències que li atribueixen els Tractats, i en la seva qualitat de subjecte del dret internacional.

D'altra banda, ens trobem també que l'adopció de determinats actes no resulta pròpiament de l'exercici de les competències normatives de les institucions, sinó que es tracta d'actes internacionals adoptats pels Estats membres com a prolongació dels objectius definits pels Tractats, i és en aquest sentit que complementen l'ordenament jurídic comunitari. Són convenis conclosos per regular qüestions estretament relacionades amb les activitats de la Comunitat, però respecte a les quals les institucions comunitàries no disposen de competències específiques.

Els mateixos Tractats constitutius preveuen la celebració de determinats acords internacionals que poden celebrar els Estats membres en matèries concretes, generalment relacionades amb el dret internacional privat (per exemple, d'acord amb l'article 293 del TCE, la supressió de la doble imposició dins la Comunitat, el reconeixement recíproc de les societats civils o mercantils, i el reconeixement i execució de sentències judicials). A aquest tipus d'acords, cal afegir-hi les decisions dels representants dels Estats membres reunits en el si del Consell, actes de caràcter quasi convencional que, com els anteriors, també se sotmeten a la ratificació per cadascun dels Estats membres.

4. Els principis generals

Com qualsevol ordenament jurídic, el dret comunitari no es pot limitar a les normes escrites. Com a font de creació del dret no escrit, els principis generals tradueixen les concepcions i les exigències superiors a les quals obeeix el dret. L'aplicació d'aquests principis als casos concrets es realitza mitjançant la jurisprudència dels tribunals.

Dins l'ordenament jurídic comunitari aquests principis generals ocupen també un lloc important. Bàsicament, tenen la funció de permetre al Tribunal de Justícia aclarir el sentit de les nocions del dret comunitari conforme a l'esperit dels Tractats, i també apreciar l'actuació de les institucions i dels Estats membres.

Malgrat que tot intent d'establir una tipologia d'aquests principis resulta una tasca difícil, pot distingir-se entre els principis generals que resulten comuns a la generalitat dels sistemes jurídics (per exemple, la bona fe o la seguretat jurídica); els principis propis i inherents a l'ordenament jurídic comunitari, recollits expressament o implícita en els Tractats (per exemple, la no-discriminació per raó de la nacionalitat o la preferència comunitària), i els principis comuns als drets dels Estats membres que millor s'ajustin a la filosofia, econòmica i política, pròpia dels Tractats (per exemple, la revocabilitat dels actes il·legals o la prohibició de l'enriquiment injust). Cal assenyalar, d'altra banda, que el recurs als principis derivats del Dret Internacional Públic ha estat excepcional, en la mesura que no sempre resulten compatibles amb l'estructura juridicoinstitucional de la Comunitat.

En la pràctica, el recurs per part del Tribunal de Justícia als principis comuns als drets dels Estats membres ha tingut una significació especial en l'àmbit de la protecció dels drets fonamentals de la persona. En aquest sentit, la qüestió es planteja per l'absència d'un catàleg comunitari de drets en el text dels Tractats i les reticències d'alguns Estats membres respecte a l'aplicació del dret comunitari quan podia resultar en la violació de drets fonamentals individuals reconeguts per les constitucions internes. El Tribunal de Justícia, amb la seva jurisprudència[3], n'ha garantit el respecte, tot inspirant-se en les tradicions constitucionals comunes als Estats membres i en els acords internacionals relatius als drets de l'home subscrits per aquests. Aquesta jurisprudència ha estat recollida, finalment, a l'article 6 del Tractat de la Unió Europea. En relació amb aquesta situació, és evident que la incorporació de la Carta de drets fonamentals de la Unió Europea, signada a Niça el 7 de desembre de 2000, a la segona part del Tractat pel qual s'estableix una Constitució per a Europa, suposa un desenvolupament molt important del compromís inicial del Tribunal de Justícia i de la Unió Europea respecte a la protecció dels drets fonamentals.

III. L'aplicació del dret comunitari. Les relacions entre l'ordenament jurídic comunitari i els ordenaments jurídics dels Estats membres

A més de l'originalitat del sistema de fonts, un altre dels trets característics de l'ordenament jurídic comunitari és la peculiaritat dels mecanismes d'aplicació i les relacions que es produeixen entre aquest i el dret dels Estats membres. De fet, aquesta connexió obeeix i ve determinada per les dues notes ja mencionades: l'autonomia del dret comunitari i la seva integració plena en els ordenaments jurídics interns.

L'article 10 del Tractat de la CE il·lustra prou bé els termes en què s'ha de produir aquesta vinculació: «Els estats membres adoptaran totes les mesures generals o particulars apropiades per assegurar el compliment de les obligacions derivades d'aquest Tractat o que resultin dels actes de les institucions de la Comunitat. Facilitaran a aquesta el compliment de la seva missió. Els Estats membres s'abstindran de totes aquelles mesures que puguin posar en perill la realització dels fins d'aquest Tractat.» Per tant, tots els poders i els òrgans dels Estats membres (l'executiu, el legislatiu i el judicial) han de participar en l'elaboració i l'aplicació d'aquestes mesures. Aquest principi de «lleialtat comunitària» tradueix, en el fons, la necessitat de la combinació imprescindible de les normes comunitàries i les normes nacionals, en la mesura que l'ordenament jurídic comunitari resulta insuficient, per si sol, per assolir els objectius de les Comunitats.

---

3. Vegeu les sentències del Tribunal de Justícia de les Comunitats Europees de 17 de desembre de 1970, as. 11/70, *Internationale Handelsgesellschoft, Recueil* 1970, pàg. 1125; de 14 de maig de 1974, as. 4/73, Nold, Recueil 1974, p. 491; de 28 d'octubre de 1975, as. 36/75, *Rutili, Recueil* 1975, p. 1219; i de 13 de desembre de 1979, as.4/79, *Hauer, Recueil* 1979, p. 3727.

Des d'aquesta òptica, dos són els principis essencials sobre els quals s'articulen aquestes relacions: el principi de l'efecte directe del dret comunitari, i el principi de la primacia del dret comunitari.

1. El principi de l'efecte directe del dret comunitari

El principi de l'efecte directe es fonamenta en el fet que el dret comunitari concedeix i imposa directament drets i obligacions, no només als Estats membres i a les institucions comunitàries, sinó també als ciutadans de la Unió Europea. Significa, doncs, que el dret comunitari pot crear drets i obligacions els destinataris dels quals són els particulars, sense que calgui una intervenció específica per part de les autoritats nacionals. Com a conseqüència, de la mateixa manera que aquests particulars han de respectar les obligacions que estableix la norma comunitària, també estan legitimats per exigir-ne directament la seva aplicació davant dels tribunals interns. D'aquesta manera, el principi de l'efecte directe, a la vegada que suposa una sanció mínima per a l'Estat membre, reforça la posició del ciutadà comunitari en reconèixer-li la possibilitat d'invocar, davant d'un tribunal intern, drets o beneficis conferits per les normes comunitàries que no protegeix adequadament el legislador intern.

Ara bé, aquesta és una característica de l'ordenament jurídic comunitari que, en principi, es dóna només respecte a determinats tipus de normes. Així, els Tractats constitutius només la reconeixen explícitament pel que fa als reglaments comunitaris. Ha estat el Tribunal de Justícia qui, en el marc de la seva funció d'interpretació, ha anat ampliant progressivament aquesta aptitud del dret comunitari a altres normes. En aquesta línia, l'ha estès a les mateixes disposicions dels Tractats constitutius, a altres disposicions contingudes en actes de dret derivat, com són les directives i les decisions, i fins i tot a disposicions recollides en determinats tipus d'acords internacionals. En cada cas exigeix, però, que la disposició en qüestió compleixi determinades condicions per poder produir aquest efecte: que sigui clara i precisa, completa i incondicional.

2. El principi de la primacia del dret comunitari

El principi de l'efecte directe perdria el seu sentit si l'ordenament jurídic comunitari no disposés d'altres mitjans per garantir la superioritat de la norma comunitària quan aquesta entra en contradicció amb la norma nacional. L'aplicació del dret comunitari per part de les jurisdiccions internes es regeix, doncs, per un altre principi essencial, el de la primacia del dret comunitari respecte al dret dels Estats membres.

Literalment, el principi de la primacia implica que el dret comunitari, tant originari com creat en virtut de les competències previstes pels Tractats, preval sobre tota disposició de l'ordenament jurídic dels Estats membres que el contradigui, sigui quin sigui el rang jeràrquic de la norma interna i independentment que hagi estat adoptada abans o després de la norma comunitària.

Tres són les consideracions en què es fonamenta aquest principi de primacia: en primer lloc, per tal de garantir la unitat de l'ordenament cal que el dret comunitari rebi una interpretació uniforme en tots els Estats membres; en segon lloc, els seus efectes s'han de manifestar d'una manera homogènia en tots els Estats membres; finalment, el dret comunitari no pot ser alterat per un acte, normatiu o no, de dret intern.

Bibliografia sumària

ABELLÁN HONRUBIA, V.; Vilà Costa, B. (Dir.) *Lecciones de derecho comunitario europeo*, Ariel, 3a edició, Barcelona 1998, p. 121-211.

LOUIS, J. V. *El ordenamiento jurídico comunitario*, Colección Perspectivas Europeas, Oficina de Publicaciones Oficiales de las Comunidades Europeas, 5a edició, Bruselas 1995.

MANGAS MARTÍN, A. *Derecho comunitario europeo y derecho español*, Tecnos, 2a edició, Madrid 1987.

RODRÍGUEZ IGLESIAS, G. C. «El ordenamiento jurídico de las Comunidades Europeas: Carácteres generales y elementos constitutivos», *Revista de Instituciones Europeas*, 1974.2, p. 597-608.

MANGAS MARTÍN, A., y LIÑÁN NOGUERAS, D.J. Instituciones y derecho de la Unión Europea, 4a edición, Ed. Tecnos, Madrid, 2004, p. 331-450.

18. LA FUNCIÓ PÚBLICA DE LES COMUNITATS EUROPEES*

I. Els funcionaris i altres agents de les Comunitats Europees: idees generals i evolució històrica

Les organitzacions internacionals –i les Comunitats Europees són organitzacions internacionals– es caracteritzen, com ja sabem i entre altres elements, perquè expressen una voluntat pròpia –imputable a elles i diferent de la dels estats– i per la seva estructura institucional de caràcter permanent. Precisen, doncs, igual que dèiem en relació amb els Estats, d'uns individus que exterioritzin i formulin la seva voluntat i que mantinguin relacions amb els representants d'altres ens morals. Igualment, des d'un punt de vista orgànic, les seves funcions i competències poden ser exercides per òrgans formats per representants dels Estats membres de l'organització o per òrgans «integrats», és a dir, compostos de persones que no fan aquesta doble funció de representar el seu estat i actuar per compte de l'organització internacional.

Ambdues característiques conflueixen a convertir en indispensable l'existència dels funcionaris internacionals que permeten el funcionament dels òrgans i exterioritzen la voluntat de l'organització internacional. Estem, doncs, davant d'un conjunt de persones que actuen per compte de l'organització, de manera independent i a canvi d'una remuneració. A partir d'aquí, s'ha de reconèixer que hi ha una gran indefinició i confusió conceptual en relació amb els termes personal/funcionaris/agents en la mesura que cada organització manté el seu propi règim de funció pública.

El model de funció pública de les Comunitats Europees s'inspira en el model continental de règim administratiu (anomenat també de funció pública *tancada*, amb un règim jurídic particular) que es fonamenta, al seu torn, en la figura del funcionari que ocupa un lloc de treball de caràcter permanent i que ha adquirit aquesta condició

---

* Elaborat pel Dr. Xavier Pons Ràfols i el Dr. Miquel Palomares Amat.

integrant-se en la jerarquia administrativa corresponent.[1] Aquesta preferència per un règim administratiu de caràcter estatutari no exclou, però, la presència d'altres figures d'individus que presten els seus serveis a les Comunitats Europees i que no estan vinculats per vincles estatutaris. És obvi que es prefereixi aquest model al model anglès de *Civil Servant* perquè són països de règim administratiu els que participen inicialment en l'establiment i desenvolupament de les Comunitats Europees.

Pel que fa a l'evolució del model, val a dir, en primer lloc, que en el Tractat CECA no s'establia cap disposició en relació amb com es regiria el personal, és a dir, en relació amb els seus funcionaris i agents. Tan sols en l'article 7.3 de la Convenció relativa a les disposicions transitòries annexa al Tractat CECA s'establia que fins que l'autoritat competent per establir el règim dels funcionaris adoptés un estatut, el personal necessari seria reclutat sobre una base contractual. Es fixava, també, com a tal autoritat, una Comissió que agruparia els presidents de les quatre institucions.

En els primers moments, després de l'entrada en vigor del Tractat CECA, els agents d'aquesta Comunitat tingueren amb l'organització un vincle de naturalesa contractual. La Comissió de Presidents de les Institucions no va establir un Estatut per al personal fins el 28 de gener de 1956 (en vigor des de l'1 de juliol de 1956). Aquest Estatut de personal de la CECA serviria de model a les disposicions estatutàries que establirien la CE i la CEEA. En efecte, l'originari article 212 del TCEE (actual article 283) i 186 del Tractat CEEA fan referència al poder del Consell per establir, unànimement, l'Estatut dels funcionaris i el règim aplicable als altres agents. En conseqüència, els respectius Consells adoptaren el 18 de desembre de 1961 el Reglament 31 (CEE) 11 (CEEA)[2] establint l'Estatut dels funcionaris i el règim aplicable als altres agents de la Comunitat Econòmica Europea i de la Comunitat Europea d'Energia Atòmica, la qual cosa implicava dues consideracions: primera, que del 1958 al 1962 el personal de la CEE i de la CEEA també fou reclutat sobre una base contractual[3]; i, segona, que a partir de 1962, per a les tres Comunitats regeix un règim estatutari amb disposicions harmonitzades.

L'harmonització de disposicions és reflex també de la tendència creixent cap a la unificació institucional i funcionarial. En aquest sentit, el Tractat de Brussel·les de 8 d'abril de 1965 pel qual s'institueix un Consell únic i una Comissió única de les Comunitats Europees –conegut com el Tractat de fusió dels executius–, en la mesura que estableix la dinàmica d'institucions comunes per a les tres Comunitats, formula també el principi de la unitat administrativa de les Comunitats Europees del qual se se-

1. D'aquesta idea és extraordinàriament il·lustratiu l'article 1 de l'Estatut dels funcionaris de les Comunitats Europees –del qual tot seguit en parlarem–, ja que considera com a funcionaris de les Comunitats Europees «les persones que hagin estat nomenades, en les condicions previstes en aquest Estatut, per ocupar un lloc de treball permanent en una de les institucions de les Comunitats mitjançant un acte escrit de l'autoritat facultada per a procedir als nomenaments de la dita institució».

2. DOCE, edició especial, Vol. 01/1, p. 19 i ss.

3. Això és el que preveien els originaris articles 246.3 del Tractat CEE i 214.3 del Tractat CEEA.

gueix, necessàriament, un règim en relació amb els funcionaris i agents que no variï a cada Comunitat o a cada institució.

Exactament, l'article 24 del Tractat de Brussel·les deroga els articles 212 del Tractat CEE i 186 del Tractat CEEA i la secció 7.3 del Conveni relatiu a les disposicions transitòries annex al Tractat CECA, i substitueix les seves disposicions per la següent: «Els funcionaris i altres agents de la Comunitat Europea del Carbó i de l'Acer, de la Comunitat Econòmica Europea i de la Comunitat Europea de l'Energia Atòmica passaran a ser, a la data d'entrada en vigor d'aquest Tractat, funcionaris i altres agents de les Comunitats Europees i formaran part de l'Administració única de les dites Comunitats. El Consell, a proposta de la Comissió i prèvia consulta a les altres institucions interessades, establirà, per majoria qualificada, l'Estatut dels funcionaris de les Comunitats Europees i el règim aplicable als altres agents de les dites Comunitats.»

Aquesta disposició permetrà la unificació de la funció pública de les Comunitats Europees consagrant, també, el manteniment d'un doble règim: un règim estatutari per als funcionaris i un altre règim, que es pot qualificar de contractual, per als altres agents.

De conformitat amb l'article 24 del Tractat de Brussel·les, la unificació ha estat portada a terme pel Reglament del Consell 259/68 de 29 de febrer de 1968, pel qual s'estableix l'Estatut dels funcionaris i el règim aplicable als altres agents de les Comunitats Europees[4], text que ha estat objecte de posteriors modificacions. La darrera modificació s'ha realitzat a través del Reglament (CE, EURATOM) núm. 723/2004 del Consell de 22 de març de 2004 pel qual es modifica l'Estatut dels funcionaris de les Comunitats Europees i el règim aplicable als altres agents de les Comunitats Europees[5].

Com hem anat dient, el personal està format fonamentalment per funcionaris subjectes a l'Estatut, però es manté un règim contractual per a altres categories d'agents. Val a dir, però, que, al marge de les disposicions sobre reclutament i carrera, el règim dels altres agents és molt similar al dels funcionaris de les Comunitats Europees. També cal assenyalar que el personal d'algunes entitats amb certa autonomia tenen els seus propis estatuts inspirats, en gran manera, en el règim estatutari general (per exemple, el Banc Europeu d'Inversions, l'Institut Universitari Europeu o la Fundació Europea per a la Millora de les Condicions de Vida i Treball).

L'evolució del procés de construcció europea ha incidit en els objectius i principis de la funció pública comunitària. Així, cal esmentar que el Tractat pel qual s'instituеix una Constitució per a Europa inclou, en el marc de la Carta de drets fonamentals de la UE, el dret a una bona administració. En virtut d'aquest dret, tota persona té dret que les institucions comunitàries tractin els seus afers de forma imparcial, equitativa i dins d'un termini raonable; a ser escoltada abans que s'adopti una mesura que l'afecti desfavorablement; a accedir al seu expedient; a dirigir-se a les institu-

4. DOCE, edició especial, Vol. 01/1, p. 129 i ss.
5. DOUE, L 124 de 27 d'abril de 2004, p. 1.

cions de la UE en una de les llengües de la Constitució i, finalment, a obtenir una reparació dels danys causats per les institucions o agents de la UE en l'exercici de les seves funcions, de conformitat amb els principis generals comuns als drets dels Estats membres.

II. Els privilegis i immunitats dels funcionaris i altres agents de les Comunitats Europees

Els privilegis i les immunitats de què gaudeixen els funcionaris i altres agents de les Comunitats Europees estan establerts en el Protocol sobre privilegis i immunitats de les Comunitats Europees, annex al Tractat de Brussel·les de 1965 i que substitueix els protocols annexos a cada un dels Tractats constitutius. Aquest Protocol ha estat, al seu torn, modificat pel Tractat de la Unió Europea per estendre el camp d'aplicació del Protocol als funcionaris del Banc Central Europeu. El Tractat pel qual s'estableix una Constitució per a Europa conté un protocol sobre els estatuts del Sistema Europeu de Bancs Central i del Banc Central Europeu, on es disposa que aquest últim gaudirà, en el territori dels estats membres, dels privilegis i immunitats necessaris per al desenvolupament de les seves funcions en les condicions definides en el Protocol sobre privilegis i immunitats de la UE.

En relació amb els privilegis i immunitats, la norma principal que cal tenir en compte és la que estableix que els «privilegis, immunitats i facilitats a favor dels funcionaris i altres agents de les Comunitats s'atorgaran exclusivament en interès d'aquestes» (article 18.1 del Protocol). Es tracta de la incorporació d'un principi bàsic del Dret Internacional: el que considera que els privilegis, immunitats i facilitats s'atorguen no en benefici propi sinó en interès de la funció[6]. Per això mateix, serà el Consell qui, a proposta de la Comissió i prèvia consulta a les altres institucions interessades, determinarà les categories de funcionaris i altres agents als quals seran aplicables.

Els privilegis i les immunitats de què gaudiran són els següents:

a) Immunitat de jurisdicció respecte dels actes realitzats amb caràcter oficial, incloses manifestacions orals i escrites. Aquesta immunitat de jurisdicció no és obstacle, però, al que disposen les normes previstes pels Tractats en relació amb la responsabilitat dels funcionaris i agents davant les Comunitats (és a dir, immunitat davant de les jurisdiccions internes, però no davant del Tribunal de Justícia de les Comunitats Europees); i, a més, cada institució estarà obligada a suspendre la immunitat d'un funcionari o altre agent en els supòsits en què estimi que aquesta suspensió no és contrària als interessos de les Comunitats.

---

6. De manera semblant, les Convencions sobre relacions diplomàtiques i sobre relacions consulars estableixen com a principi fonamental que els privilegis i les immunitats que es reconeixen als agents diplomàtics i consulars no ho són en benefici propi sinó en interès de la funció que exerceixen.

b) Ni els funcionaris ni els cònjuges i familiars que en depenguin estaran subjectes a les disposicions que limiten la immigració ni a les formalitats de registre d'estrangers.

c) Facilitats respecte de les regulacions monetàries o de canvi.

d) Importació en franquícia de mobiliari i efectes personals en assumir per primer cop les seves funcions en el país de què es tracti i també podran reexportar-ho en franquícia en concloure les seves funcions.

e) Importar i reexportar en franquícia l'automòbil destinat al seu ús personal.

f) Exempció dels impostos nacionals sobre els sous, salaris i emoluments abonats per les Comunitats[7].

En relació amb aquesta última exempció, s'ha d'indicar que el mateix Protocol estableix un impost sobre els sous, salaris i altres emoluments en benefici de les Comunitats i al qual estaran subjectes tots els funcionaris i altres agents.

III. L'Estatut dels funcionaris i el règim aplicable als altres agents de les Comunitats Europees

L'any 1968, com ja hem assenyalat, el Consell va adoptar l'Estatut dels funcionaris de les Comunitats Europees i el règim aplicable als altres agents de les Comunitats Europees (Reglament CEE, EURATOM, CECA 259/68 del Consell, de 29 de febrer de 1968). Es tracta d'un *reglament* i, com a tal, serà obligatori en tots els seus elements i directament aplicable en cada estat membre (article 189 del Tractat CE). És a dir, no sols és obligatori en relació amb els funcionaris, sinó que també s'imposa als Estats membres[8].

L'Estatut i el règim aplicable als altres agents pot ser –i de fet ho ha estat diverses vegades com ja hem indicat, ja que es tracta d'un text viu, subjecte a l'efecte continu de la dinàmica administrativa– objecte de modificacions per part del Consell, per majoria qualificada, a proposta de la Comissió i prèvia consulta amb les altres institucions interessades.

La darrera modificació, com ja s'ha assenyalat, s'ha dut a terme a través del Reglament núm. 723/2004, de 22 de març. L'objectiu d'aquesta modificació general és el de respondre a l'evolució de les necessitats de les institucions i del seu personal. Així, es pretén que la funció pública comunitària es caracteritzi pels principis de competència, lleialtat, imparcialitat, permanència i per la diversitat cultural i lingüística. Les principals novetats que incorpora l'esmentada reforma se centren en una nova classificació dels funcionaris en dos grups (administradors i assistents).

---

7. Qüestió que també ha estat objecte d'abundant jurisprudència. Vegeu, per exemple, la sentència de 24 de febrer de 1988 en l'afer 260/86, *Comisión de las CE c. Reino de Bélgica, Repertorio* 1988, p. 955.

8. En diverses ocasions el Tribunal de Justícia de les Comunitats Europees ha hagut de reafirmar aquest caràcter obligatori en relació amb qüestions com les pensions (per exemple, la sentència de 20 d'octubre de 1981, afer 137/80, *Commission des CE c. Royaume de Belgique, Recueil* 1981, p. 2393).

A més, les seves disposicions poden necessitar ser completades per un seguit de disposicions d'aplicació, com per exemple, la determinació dels coeficients correctors i el nivell de retribucions dels funcionaris o les condicions en què s'ha d'elaborar l'informe periòdic sobre la capacitat, el rendiment i la conducta en el servei de cada funcionari o altres reglamentacions internes en matèria de classificació de grau i esglaó. És cert que el fet que a cada institució pugui haver-hi reglamentacions pròpies sobre determinades qüestions pot afeblir la unitat de la funció pública comunitària, però les disparitats existents no es poden considerar prou significatives.

De l'Estatut es deriva clarament que el vincle jurídic entre els funcionaris i la corresponent institució és un vincle de naturalesa estatutària. És a dir, que no és un vincle negociat contractualment sinó que sorgeix a partir de la notificació al funcionari de l'acte de nomenament per part de l'autoritat facultada per al nomenament -o investida del poder de nomenament- de la institució corresponent. Aquest acte de nomenament implica l'acceptació unilateral per part del funcionari de l'Estatut; Estatut que, com hem dit, el Consell pot modificar ajustant-se a uns procediments de consulta, participació i concertació[9] i respectant els drets adquirits dels funcionaris.

Les disposicions de l'Estatut –i, *mutatis mutandi*, del règim aplicable als altres agents– regeixen en general totes les vicissituds de la carrera d'un funcionari, des del seu nomenament, les situacions en què pot estar, la seva promoció, les condicions de treball, el seu cessament, el règim retributiu i les prestacions socials, així com el règim disciplinari.

1. Les categories de funcionaris

El Reglament núm. 723/2004, de 22 de març del 2004, ha substituït les anteriors categories de personal i ha classificat els funcionaris en dos grups: els administradors (AD) i els assistents (AST). El grup AD comprendrà dotze graus corresponents a funcions de direcció, de concepció i d'estudi, així com funcions lingüístiques o científiques. El grup AST comprendrà onze graus corresponents a funcions d'execució així com a tasques tècniques i d'oficina. Per tal d'accedir al grup AD es requereix, fonamentalment, un nivell d'educació corresponent a estudis universitaris complerts d'una duració mínima de 3 o 4 anys, acreditats per un títol o, quan estigui justificat per raó del servei, una formació professional de nivell equivalent. El grup AST exigeix un nivell d'estudis superiors acreditat per un títol o bé un nivell d'educació secundària acreditat per un títol que doni accés als estudis superiors o, finalment, i sempre que estigui justificat per raó del servei, una experiència professional adequada de tres anys com a mínim.

Les categories superiors són les de director general (AD 16), director (AD 15) i cap d'unitat, conseller o expert en àmbits com l'econòmic, el jurídic o financer (AD

9. Amb l'anomenat Comitè de l'Estatut, on participen representants dels comitès de personal, i amb les organitzacions sindicals i professionals.

14). Aquests alts funcionaris poden ser nomenats per lliure designació. Les categories compreses entre l'AD 5 i l'AD 14 son nomenades, fonamentalment, per promoció o oposició.

D'altra banda, al marge dels funcionaris de caràcter permanent i de les categories en què estan classificats, existeixen –com ja hem indicat– els altres agents de les Comunitats Europees. A tots aquests altres agents, se'ls apliquen les disposicions particulars del seu contracte –perquè el seu és un vincle contractual i no estatutari– i les normes del règim aplicable a altres agents que s'estableix conjuntament amb l'Estatut dels funcionaris i que, fonamentalment, consisteix en una transposició de les normes de l'Estatut.

Es pot tractar d'agents temporals, agents auxiliars, agents locals, consellers especials o agents d'establiment del Centre Comú de Recerques Nuclears de la CEEA. Els agents temporals són contractats per ocupar un lloc de treball temporal o per ocupar temporalment un lloc de treball permanent, segons les necessitats, així com les persones contractades per exercir funcions al servei d'una persona que exerceix un mandat previst pels Tractats constitutius (com, per exemple, del Gabinet dels Comissaris o els assistents de grups parlamentaris[10]). Els agents auxiliars exerceixen funcions, amb dedicació parcial o plena, en una institució sense estar destinats a un lloc de treball pressupostat. El Reglament núm. 723/2004, de 22 de març, pel qual es modifica l'Estatut dels funcionaris preveu la categoria d'agent contractual. A aquesta categoria de personal li correspon la realització de tasques de suport administratiu sota la supervisió de funcionaris o agents temporals. Els agents locals són contractats segons els usos locals per a la realització de tasques manuals o de servei. Finalment, els consellers especials són els agents que, en virtut de la seva excepcional qualificació, són contractats per prestar col·laboració, a temps parcial, en alguna de les Comunitats de manera regular o per períodes determinats.

Finalment, es pot també subratllar que les Comunitats Europees, fonamentalment la Comissió, recorren de vegades a funcionaris nacionals adscrits per un període màxim de tres anys. Aquesta pràctica –i la pràctica en sentit invers d'adscriure un funcionari comunitari a l'Administració nacional– permet una millora dels contactes i coneixences, que enriqueixen mútuament l'Administració nacional i la funció pública comunitària de noves experiències.

2. Nomenament i carrera dels funcionaris

El reclutament dels funcionaris, que és el procediment que permet l'accés a la funció pública comunitària, tindrà l'objectiu de garantir a la institució els serveis de

10. En relació amb el personal dels grups polítics del Parlament Europeu i la seva participació en concursos per optar a places de funcionaris, vegeu la sentència del Tribunal de Primera Instància de 9 de novembre de 1990, *Brigitte Bataille y otros c. Parlamento Europeo, Repertorio* 1990, p. II-597.

les persones que posseeixin les més altes qualitats de competència, rendiment i integritat, seleccionades segons una base geogràfica àmplia entre nacionals dels Estats membres de les Comunitats. Evidentment –i així ho reitera l'Estatut–, els funcionaris seran seleccionats sense distinció de raça, creença o sexe.

Quan hi hagi vacants en una institució, l'autoritat facultada per als nomenaments considerarà, en primer lloc, les possibilitats de promoció i de trasllats i només després iniciarà el procediment en la seva modalitat de concurs, oposició o concurs-oposició, segons el cas. En qualsevol cas, el nomenament dels funcionaris es fa sobre la base d'unes proves escrites i orals davant d'un tribunal a partir del que estableixi la convocatòria del concurs. La convocatòria de concurs, normalment realitzada per cada institució –a vegades, hi ha concursos interinstitucionals–, es publica al Diari Oficial de la Unió Europea (DOUE) amb l'objecte d'informar els interessats de les condicions requerides per ocupar el lloc o llocs a cobrir, amb l'especificació de les condicions d'edat i de nivell de coneixements o d'experiència professional equivalent requerida.

Aquests concursos poden ser generals o especialitzats i normalment serveixen per configurar una llista de reserva sobre la qual, en funció de les necessitats, del perfil i del criteri geogràfic, l'autoritat facultada per al nomenament formularà les ofertes concretes de nomenament. És a dir, que les persones inscrites en la llista de reserva –ni tan sols els candidats inscrits en els primers llocs de la llista– no ostenten cap dret subjectiu a ser nomenats per als llocs de treball vacants. Abans del nomenament amb caràcter definitiu, tots els funcionaris hauran d'efectuar un període de pràctiques.

Un element important del reclutament, sobre el qual és pertinent incidir, és el criteri geogràfic. En efecte, a més dels criteris de la competència i de les necessitats del servei, l'article 27 de l'Estatut preveu també que es tingui en consideració el manteniment d'un cert equilibri geogràfic entre nacionals dels diferents Estats membres. D'aquí es deriven dues conseqüències pràctiques: d'una banda, una certa pràctica que pretén reservar per a nacionals d'un determinat estat determinats llocs de treball; però pràctica expressament prohibida per l'article 27 de l'Estatut i que ha generat nombrosos contenciosos davant el Tribunal de Justícia. D'altra banda, el fet que cada ampliació de la Comunitat a nous estats membres ha hagut de comportar una reorganització -amb jubilacions anticipades- a fi i efecte de, sense crear excessius nous llocs de treball, assegurar una representació equilibrada dels nous estats membres[11].

La normativa exigeix una sèrie de principis relatius a la carrera professional. Així, es fa esment a un principi de carrera professional basada en el mèrit, vinculant més estretament rendiment i retribució; a un principi de formació continuada i a un principi de reconeixement de l'experiència professional. A partir d'aquests principis, els canvis de categoria de personal es produeixen per trasllat, promoció, concurs, oposi-

11. Incorporació de nous funcionaris que pot portar a una derogació de les normes habituals relatives al nomenament per als graus de la categoria superior (vegeu, per exemple, la sentència de 2 de novembre de 1976, afer 102/75, *Asger Petersen c. Commission des CE, Recueil* 1976, p. 1177).

ció o concurs-oposició. La promoció és una potestat discrecional de l'administració i s'aplica a funcionaris amb una antiguitat mínima de dos anys i previ examen comparatiu dels mèrits dels candidats.

En relació amb les situacions administratives en què poden estar els funcionaris són, de conformitat amb l'Estatut, les següents: de servei actiu; en comissió de servei; excedència voluntària amb una durada màxima d'un any i amb possibilitat de ser renovada per uns altres dos períodes d'un any; excedència forçosa quan resulti afectat per una reducció del nombre de llocs de treball de la seva institució, i excedència per servei militar.

El cessament definitiu en les seves funcions pot ser degut a diverses causes com per exemple, jubilació, renúncia voluntària del funcionari o separació d'ofici.

3. Drets i obligacions dels funcionaris

L'element fonamental que cal tenir en compte –com és predicable en general per a totes les organitzacions internacionals– és el d'assegurar la independència dels funcionaris en l'exercici de les seves funcions en relació amb els Estats i en relació amb els interessos financers i de grups de pressió. En aquest sentit, els articles de l'11 al 26 de l'Estatut estableixen un conjunt de disposicions que pretenen garantir aquesta independència.

Aquesta independència té un doble aspecte: positiu i negatiu. D'una banda, s'estableix que l'obligació essencial del funcionari és la d'exercir les seves funcions i regir la seva conducta tenint com a única finalitat l'interès de les Comunitats. D'altra banda, i a efectes de garantir la independència, no podrà sol·licitar ni acceptar instruccions de cap govern, autoritat, organització o persona aliena a la seva institució. Tampoc no podrà exercir activitat aliena al servei o conservar i adquirir, directament o indirectament, interessos, de naturalesa o importància tal, que puguin comprometre la seva independència en l'exercici de les seves funcions. Igualment, si s'hagués de pronunciar en l'exercici de les seves funcions sobre un afer en el qual tingués interessos personals que poguessin posar en qüestió la seva independència, ho haurà de comunicar a l'autoritat facultada per procedir als nomenaments.

En el mateix ordre d'idees, és també significatiu que l'Estatut recordi que els privilegis i les immunitats de què poden gaudir els funcionaris són atorgats únicament en l'interès de les Comunitats Europees i que això, en cap cas, els dispensa de complir les seves obligacions privades i observar les lleis i els reglaments en vigor.

Una altra obligació essencial que tenen és la d'observar la màxima discreció en tot allò que es refereixi a fets i informacions que coneix en virtut de les seves funcions. De fet, els mateixos Tractats constitutius sotmeten els membres de les institucions i els agents a una obligació de secret professional[12] que, en aquest sentit, és reiterada per l'Estatut dels funcionaris.

12. Particularment estricta en el cas del Tractat de la CEEA (vegeu l'article 194 d'aquest Tractat.

L'Estatut instaura també una obligació d'assistència de les Comunitats als funcionaris que en depenguin i l'obligació de reparació dels danys soferts pel funcionari en l'exercici de les seves funcions. En sentit contrari, i de conformitat amb el que disposa l'article 288, darrer paràgraf, del Tractat CE, es podrà exigir al funcionari la reparació total o parcial del perjudici sofert per les Comunitats a conseqüència de faltes personals greus comeses en l'exercici o en ocasió de l'exercici de les seves funcions.

Entre els drets que ostenten els funcionaris hi ha, evidentment, els drets polítics i de llibertat d'opinió i d'expressió. Ara bé, s'estableix una certa incompatibilitat per a l'exercici de càrrecs públics: el funcionari que sigui candidat haurà de sol·licitar l'excedència voluntària per un màxim de tres mesos, i, si surt elegit per al càrrec, correspondrà a l'autoritat facultada per al nomenament decidir –en funció del càrrec per al qual ha estat elegit– si el funcionari pot continuar en servei actiu o ha de sol·licitar l'excedència voluntària.

En matèria sindical, s'ha d'esmentar la modificació de l'Estatut feta el 1972[13] per la qual, entre altres coses, es va reconèixer als funcionaris el dret de constituir organitzacions sindicals i professionals; dret del qual se segueix, de manera inexcusable, el dret de vaga.

Pel que fa als drets econòmics, les retribucions dels funcionaris seran les que corresponguin als respectius grups de funcions i consistiran en un sou base, complements i indemnitzacions.

Com ja hem vist, les percepcions dels funcionaris no estan subjectes a impostos nacionals, sinó que estan exclusivament subjectes a un impost comunitari, que s'aplica segons una fórmula fraccional i proporcional, i que, d'una banda, pretén instaurar una igualtat de tracte entre tots els funcionaris i agents sigui quina sigui la seva nacionalitat; i, de l'altra, forma part del sistema de recursos propis de les Comunitats Europees i, com a tal, s'inclou dintre de les previsions del capítol d'ingressos.

Les Comunitats Europees tenen també el seu propi règim de seguretat social que protegeix els funcionaris dels riscos de malalties i d'accidents i malalties professionals. Pel que fa al règim de pensions cal distingir fonamentalment entre la pensió de jubilació i la pensió de viduïtat.

El Reglament núm. 723/204, de 22 de març, pel qual es modifica l'Estatut dels funcionaris, pretén flexibilitzar les condicions de jubilació en benefici dels funcionaris i de les institucions comunitàries. Així es fixa l'edat mínima de jubilació als 55 anys i s'introdueix la possibilitat de treballar una vegada superada l'edat de jubilació vigent.

S'ha d'indicar, finalment, que l'Estatut concedeix una importància particular a la gestió de la funció pública comunitària pels mateixos representants elegits pel personal, i s'estableixen, a aquest efecte, un seguit d'òrgans com el Comitè de Personal,

---

13. Reglamento EURATOM, CEE, CEEA 1473/72 de 30 de juny de 1972, *DOCE*, edició especial, vol. 01/1, p. 156 i s.

la Comissió Paritària, el Consell de Disciplina i el Comitè d'Informes per a cada institució, i la Comissió d'Invalidesa i el Comitè de l'Estatut per a les Comunitats. Tots aquests òrgans estan associats, amb diferents mecanismes, tant als procediments de reclutament i de promoció dels funcionaris com, en general, a la determinació de la política de personal i a l'exercici de la funció disciplinària.

4. Règim disciplinari

L'Estatut estableix que tot incompliment, voluntari o per negligència, de les obligacions a les quals els funcionaris estan obligats donarà lloc a una sanció disciplinària. Les sancions disciplinàries poden ser l'avís per escrit, l'amonestació, la suspensió temporal d'avanç d'esglaó, el descens d'esglaó, el descens de grau, la separació del servei acompanyada o no de suspensió del dret a pensió de jubilació i, quan el funcionari hagi ja cessat definitivament en les seves funcions, la sanció de pèrdua total o parcial, temporal o definitiva, del dret a pensió de jubilació.

Les sancions d'avís per escrit i d'amonestació, les podrà imposar la mateixa autoritat facultada per als nomenaments a proposta del superior jeràrquic del funcionari o per pròpia iniciativa, prèvia audiència a la persona interessada. La resta de les sancions, que pot imposar la mateixa autoritat, hauran de seguir un detallat procediment de sanció –que ens pot portar a parlar d'una certa «jurisdiccionalització» del règim disciplinari– en el qual intervé el Consell de Disciplina i el funcionari inculpat pot formular al·legacions, presentar testimonis i fer-se assistir en la seva defensa.

El Reglament núm. 723/2004, de 22 de març, pel qual es modifica l'Estatut dels funcionaris preveu un nou marc jurídic per tal d'iniciar i desenvolupar un nou procediment disciplinari, així com mesures relatives a problemes com l'assetjament psicològic o sexual.

III. Les garanties jurisdiccionals dels funcionaris i altres agents de les Comunitats Europees

L'ordenament jurídic comunitari disposa un conjunt de normes per tal de vetllar perquè els drets i les obligacions dels funcionaris siguin respectats. Així, els articles 90 i 91 de l'Estatut institueixen un sistema que comporta, en primer lloc, un procediment administratiu pel qual els funcionaris poden presentar demandes de reclamacions davant l'autoritat facultada per procedir als nomenaments de la institució en qüestió (article 90); en segon lloc, una vegada exhaurit el procediment administratiu anterior, es disposa la possibilitat de recórrer a la via jurisdiccional (art. 91).

Aquesta via jurisdiccional està prevista pels Tractats. Els articles 236 del TCE i 152 del TCEEA establien que el Tribunal de Justícia de les Comunitats Europees és l'òrgan competent per conèixer dels litigis entre les Comunitats i els seus agents. El 1988, es va crear el Tribunal de Primera Instància, amb la finalitat fonamental d'alleugerir les funcions del Tribunal de Justícia pel que fa al contenciós derivat de la funció pública. El nombre creixent de funcionaris i, derivat d'això, dels litigis d'aquests últims amb les Comunitats, així ho demanava.

El Tractat de Niça va preveure la creació de sales jurisdiccionals en certs àmbits especials. Sobre aquesta base jurídica es va crear el Tribunal de la Funció Pública de la Unió Europa, com a òrgan jurisdiccional competent per conèixer dels recursos en matèria de funció pública comunitària[14]. Així, aquest Tribunal està cridat a succeir, en aquesta matèria, el Tribunal de Primera Instància. Contra les decisions d'aquest Tribunal, es pot interposar un recurs de cassació, limitat a les qüestions de dret, davant del Tribunal de Primera Instància i, amb caràcter excepcional, es pot, també, sol·licitar un nou examen davant del Tribunal de Justícia.

Biliografia sumària

PLANTEY, A. *Derecho y práctica de la función pública internacional y europea*, Instituto Nacional de Administració Pública, Madrid 1981.

ARROYO, M. A. «La carrera administrativa en la función pública de las Comunidades Europeas», *Documentación Administrativa*, núm. 210-211, maig-setembre 1987, p. 363-367.

FUENTECAJA PASTOR, J.A. «La reforma de la Función Pública Europea», *Revista de Derecho Comunitario Europeo*, septiembre-diciembre 2004, p. 751-784.

FUENTECAJA PASTOR, J.A. *Función pública comunitaria*, Ed. Marcial Pons, Madrid 2000.

HAY, R. «La Commission européenne et l'administration de la Communauté», *Documentation Européenne*, núm. 3/89, OPOCE, Luxemburg 1989.

14. Decisió del Consell de 2 de novembre del 2004, per la qual es crea el Tribunal de la Funció Pública de la UE (DOUE L 333, de 9 de novembre de 2004, p. 7).

TERCERA PART
DRET INTERNACIONAL PÚBLIC I RELACIONS ECONÒMIQUES INTERNACIONALS

19. LES RELACIONS ECONÒMIQUES INTERNACIONALS: PLANTEJAMENT GENERAL*

I. Idees generals

En el capítol 1 fou objecte d'anàlisi el concepte de «relacions internacionals». El que ens interessa ara és una altra noció complementària: les relacions econòmiques internacionals. És a dir, els contactes i les connexions que s'estableixen entre els integrants de la societat internacional que transcendeixen l'àmbit estatal i que tenen un contingut econòmic. Aquestes relacions són també objecte de regulació jurídica internacional; concretament d'un sector de l'ordenament jurídic internacional que s'anomena *Dret Internacional Econòmic.*

En els apartats següents abordarem les peculiaritats dels agents de les relacions econòmiques internacionals i de les normes econòmiques internacionals, així com els factors que configuren l'ordre econòmic internacional contemporani; però ens hem de referir, prèviament, al contingut de les relacions econòmiques internacionals i al concepte del Dret Internacional Econòmic que les regula.

Les relacions econòmiques internacionals impliquen l'existència d'uns corrents o *fluxos* que circulen més enllà de les fronteres estatals i que poden ser reals o de caràcter financer i monetari. Els fluxos reals són els corrents de béns i de serveis, és a dir, de riqueses, que es desplacen d'un país a un altre, mitjançant una contrapartida monetària. Es tracta, en definitiva, del comerç, tant de mercaderies com de les prestacions internacionals de serveis.

Aquests fluxos comercials han experimentat un creixement considerable al llarg del segle XX, particularment des de la fi de la Segona Guerra Mundial, a causa de la interdependència econòmica entre els països. Ara bé, aquest comerç –que evoluciona amb el temps– és desigual entre els diferents grups de països, ja que uns hi participen més que altres.

Pel que fa als fluxos financers o monetaris, s'ha de distingir, d'una banda, entre el que són pagaments com a contrapartida dels intercanvis reals, i el que són fluxos finan-

---

* Elaborat pel Dr. Xavier PONS RÀFOLS i el Dr. Xavier FERNÁNDEZ PONS.

cers pròpiament dits, que són moviments, a curt o llarg termini, de capitals. A curt termini en la mesura que el capital busca sempre una major retribució, és a dir, un tipus d'interès més elevat o augmentar els guanys aprofitant els canvis de paritats de les monedes. A llarg termini, quan del que es tracta és de préstecs de llarga durada o d'inversions directes.

És evident que aquests fluxos impliquen no sols els Estats sinó també -preferentment- els particulars, persones físiques o jurídiques. Ara bé, en la mesura que són relacions internacionals que afecten la prosperitat econòmica dels Estats i el seu poder, són també relacions interestatals: és a dir, que les relacions entre persones nacionals de diferents països vénen emmarcades, afavorides o limitades, pels seus Estats sobirans. Com vèiem en el capítol 1, l'Estat *mediatitza* també les relacions econòmiques internacionals i, com a principal agent de les relacions internacionals, assumeix també la defensa dels interessos dels seus nacionals.

Enteses les relacions econòmiques internacionals en aquest sentit macroeconòmic, el Dret Internacional Econòmic vindrà constituït pel conjunt de regles que regeixen aquestes relacions. Ara bé, el problema amb què ens trobem els juristes en abordar aquesta noció és considerar si ens trobem davant d'una branca particular del Dret Internacional Públic –simplement d'una matèria específica objecte de regulació jurídica internacional–, o bé estem davant d'un conjunt normatiu coherent i autònom.

Al nostre parer, i malgrat les peculiaritats que analitzarem, el Dret Internacional Econòmic és només una part, si bé important, de la disciplina del Dret Internacional Públic en conjunt. Però tampoc no es pot dir que el Dret Internacional Econòmic -com a sector de l'ordenament jurídic internacional- ofereixi tot l'enquadrament normatiu a aquesta matèria econòmica, ja que s'ha d'acceptar que la reglamentació de les relacions econòmiques internacionals està també regida -en gran manera- pels drets interns de cada Estat i pel Dret Internacional Privat (Dret Comercial i Dret Mercantil Internacional).

En aquest sentit, podem dir que, en l'àmbit econòmic, el paper del Dret Internacional Públic gira entorn de dues idees: delimitar l'abast de les competències estatals pel que fa a les relacions econòmiques dutes a terme en el seu territori, garantint-ne l'exercici; i, d'altra banda, reglamentar els factors de producció sempre que tinguin elements d'estrangeria. És a dir, regir la circulació internacional de béns i serveis i les relacions monetàries i financeres.

Des del punt de vista del Dret Internacional general, les dues nocions o principis essencials del Dret Internacional Econòmic són: d'una banda, el deure de cooperació entre els Estats en un món absolutament *interdependent*, i, de l'altra, la sobirania econòmica, és a dir, el conjunt de disposicions i mitjans que el dret reconeix als Estats per preservar la seva *independència* econòmica i els seus recursos.

II. Els agents econòmics internacionals

En altres capítols ens hem referit als components de la societat internacional, i hem concretat després l'estudi als subjectes del Dret Internacional i a altres entitats la subjectivitat de les quals és discutible i, en tot cas, més limitada. Del que ens volem ocupar ara –amb independència de la seva subjectivitat– és d'aquells grups o organitzacions de caràcter polític o principalment econòmic que tenen capacitat per actuar o relacionar-se més enllà de les fronteres estatals i l'acció dels quals és susceptible d'incidir en la mateixa societat internacional així com en la regulació de les relacions econòmiques internacionals.

En aquest sentit, emprendrem tot seguit l'estudi de tres grans actors econòmics internacionals –o si es vol, en un sentit més econòmic, d'operadors econòmics–. Es tracta de l'Estat, les organitzacions econòmiques internacionals i les empreses transnacionals.

1. L'Estat

L'Estat es configura com l'actor econòmic tradicional de la societat internacional en la mesura que el principi fonamental de la sobirania estatal és també el principi de partida de les relacions econòmiques internacionals. En efecte, la sobirania estatal, la igualtat sobirana dels Estats i la no-intervenció en els afers interns d'un Estat –que en són corol·laris–, es tradueixen en el pla econòmic internacional per principis com el de la sobirania sobre els recursos naturals, el de la igualtat de tracte i el dret al comerç o el de la lliure elecció del sistema econòmic. En tots aquests plantejaments la idea de la sobirania estatal apareix com a fil conductor. Igualment, el deure de la cooperació internacional davant la creixent interdependència econòmica es configura essencial, malgrat la diversitat d'interessos entre els Estats.

A) El paper dels Estats en relació amb els fluxos internacionals

Com hem indicat abans, els intercanvis comercials i financers són fonamentalment obra dels agents econòmics privats. Ara bé, impliquen l'Estat, tant des de l'òptica del venedor com del comprador, en la mesura que toquen l'interès general, és a dir, que afecten la prosperitat econòmica de tot el país.

Per a l'Estat exportador, l'intercanvi comercial presenta inicialment avantatges, ja que el creixement de les exportacions nacionals afavoreix la prosperitat del país, malgrat que pugui implicar la pèrdua de substància material per al comerç interior. Per a l'Estat importador, els inconvenients són superiors, ja que, d'una banda, les mercaderies estrangeres entren en concurrència amb la producció nacional i, de l'altra, l'equilibri econòmic extern sols es pot mantenir si s'adquireixen més mitjans de pagament per afrontar les creixents importacions.

Aquests inconvenients es poden afrontar mitjançant accions de «política comercial» per part de l'Estat. En el pla del foment de les exportacions a l'exterior es pot intentar fer més competitiva la producció nacional, tant en relació amb el producte extern com manipulant els tipus de canvi. Pel que fa a la disminució d'importacions, la política comercial s'ha basat, tradicionalment, en l'establiment de contingents i en la imposició de drets duaners als productes importats, que poden convertir els productes nacionals en més competitius en el mercat interior.

Els fluxos financers i monetaris també posen en relleu el paper de l'Estat. Pel que fa als pagaments corrents, l'Estat ha de determinar un tipus de canvi que asseguri un bon nivell de competitivitat internacional als seus productes nacionals, sense exposar-los –per un tipus de canvi inferior al que hauria de ser el seu valor normal en el mercat canviari- a mesures de retorsió. D'altra banda, els moviments de capital -sobretot a curt termini– es caracteritzen per la seva inestabilitat i els seus desplaçaments d'un país a un altre en funció dels tipus d'interès i de les previsions sobre futures devaluacions.

B) La diversitat d'interessos dels Estats

Des del pla econòmic també s'evidencien clarament –juntament amb factors geogràfics que condicionen el poder econòmic– els diferents interessos que associen o contraposen els Estats o grups d'Estats. Així, a partir d'aquests tipus de factors econòmics o geogràfics s'han reconegut categories distintes d'Estats que són mereixedores de tractaments diferencials: Estats sense litoral, Estats menys avançats, Estats en situació geogràfica desavantatjosa o estats greument afectats per la crisi econòmica.

De totes les categories, la més rellevant als nostres efectes –i un cop desapareguda la contraposició entre Estats capitalistes amb un sistema d'economia de mercat i Estats socialistes amb una economia planificada– és la que distingeix entre Estats desenvolupats i Estats subdesenvolupats en la mesura que les normes econòmiques internacionals no tracten de manera idèntica els uns i els altres. Els països subdesenvolupats poden rebre, en principi, un tractament més favorable, que pretén ser compensatori de les desigualtats de desenvolupament.

La diversitat geopolítica i econòmica entre els Estats –amb importants diferències de grau entre els mateixos països subdesenvolupats– provoca certes conseqüències. Així, a l'igual que el concepte de Nous països industrialitzats (NPI) aplicat en especial a les economies emergents d'Àsia expressa la voluntat d'accedir ràpidament a la categoria d'Estat industrialitzat, el concepte de «país menys avançat» és un concepte operacional que comporta la necessitat de buscar-hi un tractament encara més diferenciat i el més favorable possible.

Finalment, i seguint en la línia que expressa interessos particulars de grups d'Estats, es poden assenyalar certs conceptes associatius, que manifesten –sense una institucionalització precisa– la defensa d'aquests interessos. Podem parlar, en aquest sentit, del G-7 o Grup dels set Estats més industrialitzats (Estats Units, Japó, Alemanya, França, Gran Bretanya, Itàlia i Canadà)[1], i del Grup dels 77 compost en l'actua-

---

1. Amb la presència del president de la Comissió Europea en nom de la Unió Europea i, molt més recentment, amb l'esporàdica participació com a invitat del president de la Federació Rusa.

litat per més de 130 Estats, tot i que manté aquesta denominació, i que agrupa països en desenvolupament.

2. Les Organitzacions econòmiques internacionals

Es tracta d'Organitzacions internacionals que, com vàrem veure en abordar la seva classificació, tenen finalitats específiques, en aquest cas, de caràcter econòmic. I es pot dir, certament, que les Organitzacions econòmiques internacionals, per les seves activitats, estructuren i reglamenten en gran manera les relacions econòmiques internacionals. En efecte, aquestes Organitzacions tenen, en general, un ampli poder normatiu (en alguns supòsits amb mecanismes de presa de decisions on el principi constitutiu és la *ponderació* dels Estats membres segons la seva importància econòmica) i algunes d'elles també un veritable poder quasi judicial (per a la solució de les controvèrsies derivades de la interpretació o aplicació del seu tractat constitutiu o de la mateixa pràctica de les relacions econòmiques internacionals).

Per descriure el panorama de les Organitzacions econòmiques internacionals, utilitzarem un altre dels criteris classificadors que ja vàrem veure: el que les distingeix per la seva composició. Això ens permet parlar de les Organitzacions econòmiques internacionals amb vocació universal i de les de caràcter regional.

A) Les Organitzacions econòmiques internacionals amb vocació universal

Es tracta fonamentalment de les Organitzacions econòmiques internacionals vinculades al sistema de les Nacions Unides, començant per aquesta mateixa. Com es recordarà, ja vàrem veure l'estructura orgànica de les Nacions Unides i vàrem parlar del Consell Econòmic i Social, un òrgan principal amb competències en l'esfera econòmica i social i que coordina les activitats dels diferents Organismes especialitzats.

Aquests Organismes especialitzats són els que han estat objecte d'estudi específic al capítol 14, principalment les anomenades institucions de Bretton Woods (Fons Monetari Internacional i el Grup del Banc Mundial). Per cohesionar l'ordre econòmic internacional de la postguerra mundial, l'altre element va estar constituït per l'Acord general sobre aranzels duaners i comerç (*General Agreement on Tariffs and Trade*-GATT) de 1947 i, des de l'1 de gener de 1995, per l'Organització Mundial del Comerç (OMC). Per a l'anàlisi en particular d'aquestes Organitzacions econòmiques internacionals ens remetem als capítols 14 i 21.

Durant l'època de la Guerra Freda, l'Organització de les Nacions Unides va poder afermar la seva universalitat, però les específiques institucions econòmiques de «vocació» universal no van assolir la mateixa acceptació, ja que, per la seva inspiració en el liberalisme econòmic, el bloc integrat per països d'economia planificada en va restar, majoritàriament, al marge. A més, molts països subdesenvolupats, tot i que n'eren part, van refusar bona part dels principis que les fonamentaven.

Després de l'enfonsament del bloc socialista, els Estats *en transició* s'han anat incorporant en aquestes Organitzacions econòmiques internacionals, tant per beneficiar-se de les ajudes financeres com per avançar en la liberalització econòmica que els permeti una major participació en les relacions econòmiques internacionals.

B) Les Organitzacions econòmiques internacionals de caràcter regional

El fenomen del regionalisme internacional al qual ja ens hem referit en altres capítols, té també una vessant de regionalisme econòmic que, en els darrers anys, ha crescut intensament en tots els àmbits geogràfics i tant entre països desenvolupats com en països en desenvolupament –com veurem àmpliament en el capítol 24–. Aquest regionalisme econòmic presenta dues modalitats principals: la cooperació i la integració. Aquesta última és, de bon tros, més ambiciosa i pretén assolir un elevat grau d'integració econòmica amb la corresponent limitació de la sobirania estatal. L'exemple més avançat d'aquesta modalitat de regionalisme d'integració és, sens dubte, les Comunitats Europees, que ja han estat objecte d'estudi en els capítols 15, 16 i 17. Ens remetem, doncs, també, al que s'ha estudiat en aquests capítols i al que s'abordarà en el capítol 24.

3. Les empreses transnacionals

Malgrat no tenir personalitat jurídica internacional, no hi ha dubte que les empreses transnacionals són veritables actors de les relacions econòmiques internacionals amb una activitat econòmica que, per definició, traspassa les fronteres estatals. En essència, es tracta de societats que controlen o són directament propietàries d'altres instal·lacions de producció o de serveis –filials– fora del país on tenen la seu. És a dir, estem davant d'un grup d'empreses, essencialment privades, associades per vincles jurídics, que obeeixen a una estratègia comuna i que estan repartides en territoris sotmesos a sobiranies estatals diferents.

La multiplicitat jurídica que comporta el mateix concepte d'empresa transnacional (en la mesura que hi ha establiments nacionals jurídicament autònoms) i el fet que cap Estat té un control complet sobre el grup de societats que formen una empresa transnacional condueix tant a la seva rellevància per al Dret Internacional Públic (s'intenta fer-ne una regulació amb instruments internacionals) com a la possibilitat que tenen d'incidir en l'estructura de les relacions econòmiques internacionals, protagonitzant, també, gran part del comerç internacional.

D'altra banda, hi ha també un important component de comerç internacional *tancat* al si de la transnacional, és a dir, entre l'empresa matriu i les filials, i entre elles. Tancament que és explicable per la unitat de direcció i de gestió de l'empresa transnacional, ja que l'objectiu és el de maximitzar els beneficis aprofitant-se de les diferències, en grau de desenvolupament econòmic i en normes jurídiques, entre els diferents països.

Tot i que es tracta d'un fenomen recent (finals del segle XIX) en paral·lel a l'expansió imperialista del capitalisme, s'han estès i han crescut de manera exponencial. En aquest sentit, i malgrat tenir fonamentalment el seu origen en països industrialitzats, l'aspecte més recent és l'aparició d'empreses transnacionals dels països del sud.

Finalment, s'ha d'assenyalar que, a diferència de les matèries comercials i financeres internacionals on hi ha un conjunt de normes multilaterals consolidades i gestionades en el marc d'Organitzacions econòmiques internacionals (OMC i FMI), la regulació jurídica internacional sobre inversions estrangeres -matèria a la qual es pot reconduir la mateixa essència d'una empresa transnacional- està continguda, principalment, en nombrosos tractats internacionals de caràcter bilateral i alguns acords multilaterals que s'ocupen d'aspectes específics i s'orienten fonamentalment (com veurem en el capítol següent) a l'establiment de mecanismes de garantia de les inversions estrangeres.

III. L'especificitat de les normes jurídiques internacionals de caràcter econòmic

Tal com ja hem indicat, el Dret Internacional Econòmic és el conjunt de normes que regeixen les relacions econòmiques internacionals, i és, al nostre parer, un sector específic de l'ordenament jurídic internacional. Doncs bé, aquestes normes econòmiques internacionals tenen –sense que això signifiqui parlar d'un conjunt normatiu autònom– característiques especials, tant pel que fa a la seva elaboració com al seu contingut i a la seva aplicació.

D'entre els diferents procediments de creació del Dret Internacional Públic que ja coneixem, la reglamentació jurídica de les relacions econòmiques internacionals es formalitza, en general, en tots ells. En tot cas, es pot afirmar que la pràctica convencional bilateral és molt significativa, a l'igual que ho són, en particular, els actes de les Organitzacions econòmiques internacionals, així com els actes no convencionals al si o fora de les Organitzacions internacionals.

Ara bé, aquestes normes evidencien més clarament que altres normes de Dret Internacional general les relacions de força subjacents, és a dir, les situacions de poder en la societat «econòmica» internacional. I això es fa particularment visible en l'adopció de les decisions i recomanacions de les Organitzacions econòmiques internacionals. Com ja hem dit, en algunes d'elles (FMI i BIRD), el sistema d'adopció de decisions es basa en el principi de la *ponderació dels vots*, ja sigui en funció dels recursos financers aportats o en funció del volum d'importacions o del volum de producció[2]. En

2. En les organitzacions administradores de productos bàsics se segueix, a efectes de ponderació de vots, el criteri del volum d'importacions o del volum de producció amb la peculiaritat que, normalment, els països exportadors disposen del mateix nombre de vots que els països consumidors.

d'altres, però, el sistema és el de la unanimitat i, en algunes, el mecanisme és el de la unanimitat relativa o *contracting out,* que permet a l'Estat que no ha votat la decisió, de no quedar-hi vinculat –com és el cas de l'Organització de Cooperació i Desenvolupament Econòmic (OCDE)–. D'altra banda, aquest sector de l'ordenament internacional es caracteritza també per l'adopció de normes enunciades de manera vaga, àmplia i flexible. A vegades, més en forma de compromisos de comportament que de resultats. Aspectes tots ells que permeten qualificar-lo –amb l'expressió anglesa que ha fet fortuna– com a *soft law* o dret internacional en *agràs,* i que expressa més un programa o el dret desitjat que normes jurídiques obligatòries per als estats.

El contingut de les normes influeix també inevitablement en la seva aplicació. En efecte, l'especificitat i complexitat de les normes econòmiques internacionals ha propiciat l'establiment de mecanismes d'aplicació propis, que s'adapten a les característiques particulars de cada marc institucional. Dins de la precarietat que, en general, tenen els procediments de garantia de l'aplicació del Dret Internacional –vegeu el capítol 9–, en l'àmbit del Dret Internacional Econòmic s'han desenvolupat mecanismes d'avaluació periòdica del funcionament de les normes i, particularment, mecanismes per a l'arranjament pacífic de les diferències força efectius, com els previstos en el si de l'OMC, que veurem en el capítol 21.

IV. Factors històrics i jurídics que configuren l'ordre econòmic internacional contemporani

Durant el segle XIX, les relacions econòmiques internacionals estaven marcades, de conformitat amb els principis liberals, per l'abstenció de l'Estat davant el lliure joc de les lleis del mercat. La gran crisi de 1929 està en l'origen d'un fort tancament dels Estats sobre ells mateixos: en matèria comercial, es generalitza el proteccionisme; en matèria monetària, el sistema del *gold exchange standard* comporta considerar les monedes de Gran Bretanya i d'Estats Units com a «divises clau» convertibles i amb paritat fixa amb l'or. També s'assisteix a un progressiu retorn del bilateralisme comercial (amb zones de *clearing* bilateral o mecanismes de compensació) que comporten una restricció considerable dels intercanvis comercials.

Després de la Segona Guerra Mundial assistim a una reorganització de les relacions econòmiques internacionals amb pretensió d'aplicar-se al conjunt dels Estats i de clara inspiració *neoliberal,* de la qual van restar al marge els països de l'antic bloc socialista i que tampoc no s'adaptava a les necessitats particulars dels països subdesenvolupats, que durant els anys setanta i vuitanta van tractar de promoure la instauració d'un nou ordre econòmic internacional.

Des dels anys noranta, la desaparició del bloc integrat pels països d'economia planificada, la renovada força dels plantejaments neoliberals i les noves tecnologies de la comunicació i la informació han propiciat l'anomenada «globalització» o «mundialització» de l'economia, de la qual no s'han beneficiat bona part dels països subdesenvolupats i que fa necessària la formació de nous consensos internacionals.

1. Els principis que regeixen les relacions econòmiques internacionals després de la Segona Guerra Mundial

Fruit de la història, l'ordre econòmic internacional contemporani es comença a dissenyar durant la Segona Guerra Mundial sota la iniciativa dels Estats Units i la Gran Bretanya. Acabada la guerra, la situació econòmica mundial està marcada per una forta dominació dels Estats Units, que és l'únic dels grans països industrialitzats amb economia de mercat que no ha sofert en el seu territori les conseqüències de la guerra i que se n'ha beneficiat, en la mesura que ha hagut de respondre, pràcticament sol, a una demanda que els altres països, teatre d'operacions bèl·liques, no podien satisfer.

El desig dels Estats industrialitzats és restablir immediatament les regles del joc del mercat i de la competència en les seves relacions mútues; és a dir, acabar amb el «tancament» dels Estats originat per la crisi de 1929, rebutjar les polítiques proteccionistes i impulsar la liberalització dels intercanvis internacionals. Així, les relacions econòmiques internacionals de la postguerra es desenvolupen en un marc jurídic que té com a pilars fonamentals la llibertat i la igualtat de tracte, i com a principals instruments, l'FMI, el BIRD i el GATT. D'aquest disseny jurídic i institucional no sols n'estan al marge els països socialistes d'economia planificada d'estat, sinó que també n'estan completament absents tots els problemes relatius al desenvolupament, que queden ofegats i encoberts sota la situació colonial imperant en aquell moment.

Aquest ordre econòmic internacional pretén evitar l'unilateralisme i les polítiques de fets consumats, i trobar, doncs, un compromís equilibrat entre les exigències de la cooperació i les de la sobirania: els Estats mantindran la seva competència en matèria econòmica però hauran de consultar o, fins i tot, sol·licitar autorització a un organisme internacional abans de prendre determinades decisions econòmiques; en contrapartida, podran comptar –en cas de dificultats econòmiques provisionals– amb la solidaritat internacional (a l'estil d'una seguretat col·lectiva econòmica organitzada en l'interès de cadascú).

La reorganització de l'economia internacional es basarà en la màxima expansió dels intercanvis. En matèria comercial, es generalitza la liberalització dels intercanvis, sobretot sota la pressió dels Estats Units, que es complauen en l'adopció d'uns mecanismes de llibertat econòmica que, evidentment, resulten favorables per als països industrialitzats. Això s'haurà de completar, en el pla monetari, amb els seus corol·laris que són la convertibilitat general de les monedes entre elles i la liberalització dels pagaments corrents.

En efecte, si l'objectiu és desenvolupar els intercanvis reals, els mitjans per assolir-ho són, al mateix temps, comercials (lliure canvi) i monetaris. Mentre que el sistema monetari s'estableix a Bretton Woods, el sistema comercial haurà d'esperar a l'adopció del GATT, que progressivament s'institucionalitzarà després de la fallida Organització Internacional del Comerç.

2. La proposta per a l'establiment d'un Nou ordre econòmic internacional (NOEI)

Amb el procés de descolonització s'evidenciarà -amb tot el seu realisme- l'existència d'una greu situació de subdesenvolupament en la majoria dels nous Estats independents, i això, evidentment, havia de tenir conseqüències en el pla de l'estructura de l'ordre econòmic internacional. En efecte, els nous Estats es troben amb una situació de fets consumats i, a més, molts d'ells es veuen absolutament dependents de l'antiga potència colonial. El que fan és portar les seves reivindicacions a tota la globalitat de les relacions econòmiques internacionals; globalitat que comporta, en si mateixa, la noció d'un nou ordre econòmic internacional.

El subdesenvolupament es configura no com una situació local i històricament transitòria que afecta el país que el pateix, sinó com un problema de naturalesa internacional i d'abast mundial que perjudica tots els estats i exigeix solucions mundials; és, en definitiva, una empresa comuna[3]. De fet, com ha quedat palès en els plantejaments més recents, la recerca d'un ordre més equitatiu porta també al desenvolupament i aquest s'ha de connectar amb la interdependència mútua entre manteniment de la pau i seguretat internacionals i desenvolupament econòmic: ambdues vessants estan íntimament relacionades i són igualment prioritàries.

El rebuig dels països subdesenvolupats a l'ordre existent –en la formació del qual no varen participar perquè ni tan sols existien– els portarà, en el marc institucional de les Nacions Unides, on constitueixen una àmplia majoria, a promoure l'aprovació, el 1974, de les declaracions relatives a l'adopció d'un Nou ordre econòmic internacional que, «fundat en l'equitat, la igualtat sobirana, la interdependència [...] corregirà les desigualtats i rectificarà les injustícies, permetent l'eliminació de la fossa creixent entre els països desenvolupats i els països en desenvolupament». És a dir, formulació programàtica de nous valors en la societat internacional, com ara els de l'equitat i la solidaritat.

Aquest nou ordre econòmic es tradueix en el pla institucional en la reivindicació del principi igualitari (un Estat/un vot) i en el rebuig del manteniment d'òrgans restringits on els països subdesenvolupats no poden fer ús de la seva majoria numèrica. En definitiva, es vol una major participació en l'elaboració de les normes econòmiques internacionals i en les relacions econòmiques internacionals.

---

3. En l'expressió utilitzada per PEARSON, L.B., *El desarrollo: empresa común*, Tecnos, Madrid 1969.

Com a principis jurídics que es deriven d'aquesta formulació es poden identificar, entre d'altres, la sobirania permanent sobre els recursos naturals; la igualtat de participació en el desenvolupament de les relacions econòmiques internacionals; el tracte preferencial per als països en desenvolupament; l'estabilització dels ingressos d'exportació, i el dret dels països en desenvolupament a rebre assistència per al desenvolupament.

L'evidència del fenomen del desenvolupament i el rebuig a l'ordre econòmic liberal han comportat al llarg dels anys plantejaments com ara els de poder obtenir més fàcilment l'accés a les fonts internacionals de finançament i el d'impulsar i vincular el comerç internacional al desenvolupament, com a factor essencial d'aquest. En aquest sentit, s'han d'esmentar les regles de la «no-reciprocitat» en relació amb els intercanvis entre països industrialitzats i països subdesenvolupats i el tractament preferencial, derogatori de la clàusula de la nació més afavorida. En la mateixa línia es poden assenyalar alguns mecanismes d'estabilització dels recursos per exportació, ja sigui en el marc de les Organitzacions administradores de productes bàsics o bé en el marc específic d'algunes Organitzacions internacionals com és el cas de les Comunitats Europees[4].

Però, en gran part, les declaracions i els propòsits programàtics no han estat aplicats i no han tingut l'efecte d'alterar substancialment el funcionament i l'estructura de les relacions econòmiques internacionals. És més, la crisi econòmica internacional va determinar que la dècada dels anys vuitanta fos una «dècada perduda per al desenvolupament» de difícil recuperació. L'enfonsament del sistema socialista, amb el que això implica tant de triomf de la ideologia liberal i de l'economia de mercat com de necessitats de les anomenades *economies en transició*, va agreujar encara més el panorama de la cooperació internacional per al desenvolupament, va afeblir la capacitat negociadora dels països subdesenvolupats i va acabar arraconant la reivindicació d'un NOEI.

3. La recerca de nous consensos en el context de la mundialització econòmica

L'evolució de les relacions econòmiques internacionals des dels inicis dels anys noranta ha estat marcada per una creixent mundialització, que s'ha concretat en un considerable augment dels intercanvis internacionals de mercaderies i serveis i, particularment, de les inversions estrangeres, que han comportat una notable «deslocalització» de la producció i l'expansió de les empreses transnacionals.

Aquest procés de mundialització ha estat impulsat, entre d'altres factors, per: la millora i abaratiment de les comunicacions; l'expansió de les noves tecnologies de la informació; i una major liberalització dels intercanvis transfronterers, promoguda per les grans potències econòmiques i les principals Organitzacions internacionals econòmiques (FMI, Banc Mundial, OCDE i OMC).

L'actual procés de mundialització ha suposat un notable creixement econòmic, però ha estat molt desigual, ja que ha deixat al marge un gran nombre de països

4. Vegeu, sobre això, de manera general, els capítols, 21, 22 i 23.

subdesenvolupats i àmplies capes de la població mundial[5], i ha suscitat no poques tensions i crítiques, molts cops plantejades des d'organitzacions no governamentals i a través de noves instàncies, com l'anomenat Fòrum Social Mundial.

En aquest nou context, l'Organització de les Nacions Unides ha preconitzat una nova dimensió del desenvolupament en el Dret Internacional Públic, vinculant-lo inescindiblement a la protecció dels drets humans i la preservació del medi ambient. Així, sota els auspicis de les Nacions Unides i, particularment, a través de diverses conferències internacionals que ha convocat (com la Conferència de Rio de Janeiro de 1992 sobre Medi Ambient i Desenvolupament; la Conferència Mundial de Drets Humans, celebrada a Viena l'any 1993; o la Cimera de Copenhaguen de 1995 sobre Desenvolupament Social), s'ha anat consolidant la noció de «desenvolupament sostenible» i la formulació d'un «dret humà al desenvolupament», que situa l'ésser humà com a objecte central del desenvolupament.

La «Declaració del mil·lenni», aprovada per l'Assemblea General de les Nacions Unides amb la Resolució 55/2, de 8 de setembre de 2000, ha precisat la necessitat d'aconseguir que l'actual procés de mundialització econòmica redundi en benefici de tots els països i contribueixi efectivament a l'eradicació de la pobresa. Amb aquest objectiu, s'emfasitza que cal millorar la participació dels països subdesenvolupats en el comerç internacional i adoptar un enfocament integral dels diversos problemes que impedeixen un adequat finançament del desenvolupament.

D'acord amb aquest enfocament, el març de 2002 es va celebrar la Conferència de Monterrey sobre el Finançament del Desenvolupament, que va acabar amb l'adopció d'un «Consens» on es contempla un ampli ventall de propostes per millorar les actuals relacions econòmiques internacionals, destinades a: crear les condicions internes i internacionals que afavoreixin una major mobilització de recursos públics i privats per al desenvolupament; millorar l'accés als mercats dels productes dels països subdesenvolupats, que encara es veuen perjudicats per les barreres i subvencions que mantenen els països desenvolupats; augmentar la cooperació financera i tècnica internacional per al desenvolupament, que beneficiï, particularment, els països menys afavorits per les inversions estrangeres; alleugerir el deute extern dels països subdesenvolupats, especialment dels qualificats com a «països pobres molt endeutats»; i fomentar la coherència i cohesió dels sistemes monetaris, financers i comercials internacionals en suport del desenvolupament, que haurien de promoure una major participació dels països subdesenvolupats en la presa de decisions i actuar sota el lideratge de les Nacions Unides[6].

---

5. Segons dades del Programa de Nacions Unides per al Desenvolupament, la taxa de creixement anual del producte interior brut (PIB) per càpita durante el període 1975-2001 ha estat molt desigual: en els països més desenvolupats s'ha situat en un 2,1 %; en els països de l'est d'Àsia i Pacífic ha estat d'un 5,9 %; mentre que en els països de l'Àfrica subsahariana la taxa ha estat negativa, amb un –0,9 % anual. PNUD, *Informe sobre el desenvolupament humà 2003*, Mundi Prensa, Barcelona, 2003.

6. *Informe de la Conferència Internacional sobre el Finançament del Desenvolupament*, Monterrey (Mèxic), 18 a 22 de març de 2002. Doc. A/CONF. 198/11.

La virtualitat d'aquest «Consens de Monterrey» queda condicionada en gran mesura, però, a les decisions que es prenguin en altres instàncies internacionals, com a la ronda de negociacions comercials multilaterals iniciada per l'OMC l'any 2001 i on, com es veurà al capítol 21, s'han evidenciat grans discrepàncies sobre les concretes reformes que s'haurien d'introduir en el sistema comercial multilateral.

Bibliografia sumària

ABELLÁN HONRUBIA, V. «Codificación y desarrollo progresivo del Derecho Internacional del Desarrollo», *Revista Española de Derecho Internacional*, 1976, 2, p. 369-396.

ABELLÁN HONRUBIA, V. «Mundialización de la economía y estrategia internacional de cooperación al desarrollo», *Cursos Euromediterráneos Bancaja de Derecho Internacional*, vol. VI, 2002, p. 365-462.

CARREAU, D.; JUILLARD, P. *Droit International Economique*, 4a edició, Librairie Générale de Droit et Jurisprudence, París 1998.

GÓMEZ GALÁN, M.; SANAHÚJA PERALES, J. A. (Coords.) *La cooperación al desarrollo en un mundo en cambio. Perspectivas sobre nuevos ámbitos de intervención*, CIDEAL, Madrid 2001.

LOWENFELD, A. F. *International Economic Law*, Oxford University Press, Oxford 2002.

PIGRAU SOLÉ, A. *Subdesarrollo y adopción de decisiones en la economía mundial*, Tecnos, Madrid 1990.

PONS RÀFOLS, X. «Desarrollo sostenible y financiación del desarollo», *Agenda ONU*, núm. 5, 2002, p. 109-167.

VIDAL VILLA, J. M. *Cap a una economia mundial. Nord-Sud cara a cara*, Publicacions Universitat de Barcelona, Barcelona 1995, fonamentalment parts II i III.

20. LA REGLAMENTACIÓ JURÍDICA INTERNACIONAL DE LES INVERSIONS ESTRANGERES*

I. Idees generals

Les inversions estrangeres són un factor clau, lligat a l'expansió del capitalisme, per comprendre la internacionalització de l'economia mundial: d'una banda, són un element de la política econòmica dels Estats; de l'altra, si bé són potencialment un instrument per ajudar al desenvolupament econòmic dels Estats receptors, també poden ésser vistes com un factor d'erosió de la sobirania de l'Estat -si són concebudes com un instrument de dominació econòmica–, ja que poden limitar la independència de l'Estat en el terreny econòmic –sobretot si es té en compte que el gruix del flux inversionista mundial és fruit de l'acció de societats transnacionals amb seu als Estats desenvolupats (vegeu sobre això els capítols 6 i 19)–.

D'ací la importància que ha adquirit per a la societat internacional la reglamentació jurídica internacional d'aquests fluxos econòmics, amb la intenció d'assegurar una ordenació global mínima del seu tractament jurídic, protecció i garantia internacionals; els trets fonamentals d'aquesta normativa són identificables des de l'anàlisi dels aspectes següents: les inversions estrangeres com a objecte de reglamentació jurídica internacional; els elements fonamentals d'aquesta reglamentació jurídica internacional, i els mitjans d'arranjament de diferències en matèria d'inversions estrangeres.

II. Les inversions estrangeres com a objecte de reglamentació jurídica internacional

Com a pressupòsit de l'estudi dels aspectes fonamentals de la reglamentació jurídica internacional de les inversions estrangeres, cal delimitar dues qüestions

---

* Elaborat pel Dr. Jordi Bonet Pérez i el Dr. Jordi Sellarés Serra.

prèvies: el concepte d'inversió estrangera i l'evolució de la reglamentació jurídica internacional de les inversions estrangeres.

1. El concepte d'inversió estrangera

El Dret Internacional Públic no ens ofereix, amb caràcter general, una definició prou satisfactòria d'*inversió estrangera.*

Dins dels tractats multilaterals en la matèria, el Conveni constitutiu de l'Organisme Multilateral de Garantia d'Inversions, d'11 d'octubre de 1985 (Conveni de Seül) és, potser, el que més s'aproxima a aquest concepte, tot i que únicament fa referència a quines inversions estrangeres són objecte de la seva garantia, les quals, com disposa el seu article 12 *a*), queden restringides a modalitats d'inversió directa –sense descartar, conforme al seu apartat *b*), la cobertura d'altre tipus d'inversions a mitjà i a llarg termini–, com les contribucions al capital social de societats o els préstecs a mitjà i llarg termini, o altres modalitats d'inversió directa que pugui autoritzar la Junta de Governadors d'aquest organisme internacional; en tot cas, el cert és que, segons que es desprèn del seu article 2, s'identifica almenys la idea d'inversió amb un objectiu concret –la seva finalitat productiva– i un marc transnacional –flux econòmic d'un Estat a un altre–.

En l'àmbit dels tractats bilaterals[1] és possible trobar una major precisió de la noció d'*inversió estrangera*, per exemple, en l'Acord de promoció i protecció recíproca d'inversions entre Espanya i Nicaragua, de 16 de març de 1994[2]; en el seu article I, 2 s'entén per inversió tot tipus de béns o drets de qualsevol naturalesa, adquirits d'acord amb la legislació de l'Estat receptor de la inversió; en particular, i sense ànim d'exhaustivitat, accions i participacions en societats, drets derivats d'aportacions econòmiques amb el propòsit de crear valor econòmic, béns mobles i immobles, tot tipus de drets de propietat intel·lectual, i drets per realitzar activitats econòmiques relatives als recursos naturals del país –per exemple, concessions o contractes dirigits a la seva explotació–. Altres fonts inclouen també grans contractes de construcció[3].

Tanmateix, tot i que és admissible per definir el que és una inversió estrangera apel·lar a l'element econòmic objectiu subjacent –el conjunt de béns i drets vinculats a l'activitat inversora–, sembla més adequat elaborar-ne una definició des de la seva consideració com a activitat humana: es tracta d'una acció realitzada per una persona física o jurídica en un Estat que no és el de la seva nacionalitat, que consisteix en l'afectació d'uns drets i béns a l'exercici d'una activitat econòmica i, per tant, en una aportació econòmica d'origen estranger que té una finalitat productiva –la remuneració de la inversió– sotmesa als riscos propis de tota activitat lucrativa.

1. Hi ha més de 2.000 tractats internacionals d'aquesta mena.

2. *BOE* de 25 d'abril de 1995.

3. Decisió de 23 de juliol de 2001 sobre la jurisdicció del Tribunal Arbitral en el cas Salini Costruttori SpA i Italstrade SpA contra el Regne de Marroc, Cas CIADI ARB/00/4.

Les inversions estrangeres es poden classificar segons diferents criteris, i entre ells:

– El de la seva *naturalesa*, que permet fer la distinció entre *inversions directes* –en les quals l'inversor té el control directe i efectiu sobre la inversió realitzada, per exemple, sobre la societat de la qual ha adquirit accions–, i *inversions indirectes* –respecte a les quals la participació de l'inversor estranger no li permet exercir un control directe i queda sotmès a les decisions d'altres subjectes–.

– El del seu *objecte*, que implica la diferenciació entre dos tipus d'activitats fonamentals: les *comercials* -adquisició de drets i béns, amb la finalitat d'obtenir beneficis de les operacions mercantils que es puguin realitzar amb ells, per exemple, l'exportació-, i les *industrials* -destinades a la producció de béns i serveis-. Aquestes últimes, que impliquen l'establiment de l'inversor estranger, són normalment més apreciades pels Estats receptors perquè acostumen a afavorir la creació de llocs de treball i la transferència de tecnologia.

2. L'evolució de la reglamentació jurídica internacional de les inversions estrangeres

El desenvolupament de la reglamentació jurídica internacional de les inversions estrangeres ha estat condicionat per la mateixa evolució de la societat internacional i, essencialment, per dos factors: primer, pel fet que les inversions estrangeres han estat un instrument cabdal per a l'expansió i consolidació del capitalisme en l'àmbit internacional i, per tant, un factor dinàmic molt important en la progressiva internacionalització de l'economia; i, segon, per l'aparició d'un nucli significatiu d'Estats que van rebutjar el capitalisme com a forma d'organització de la producció i, en conseqüència, com a marc de referència de l'estructura econòmica mundial –els Estats socialistes i els Estats en vies de desenvolupament–, de manera que van rebutjar també la instrumentalització de les inversions estrangeres com un element de penetració d'aquest sistema econòmic. Certament, malgrat que l'ombra d'aquesta darrera percepció es mantingui encara en la retòrica d'uns quants Estats, és ja molt poc utilitzada perquè els resultats semblen assenyalar que és un camí cap a l'empobriment.

La incidència d'aquests factors permet distingir almenys tres etapes fonamentals en l'evolució de la reglamentació jurídica internacional de les inversions estrangeres sobre la base dels esdeveniments següents: l'elaboració d'uns principis en relació amb la propietat privada dels estrangers; la formulació del principi de sobirania permanent dels pobles sobre els seus recursos naturals, i l'aparició i consolidació de noves tendències econòmiques en l'àmbit mundial.

A) L'elaboració d'uns principis en relació amb la propietat privada dels estrangers

Amb l'expansió del capitalisme –durant el segle XIX i el principi del XX–, la pràctica internacional va estendre la percepció que tot Estat estava obligat a atorgar un *estàndard mínim* de tractament humà per als estrangers que es trobessin en el seu territori amb l'obligació de respectar els drets més fonamentals d'aquestes persones, entre els quals hi ha el dret a la propietat privada, ja que la presència de persones de nacionalitat aliena a la de l'Estat tenia en aquest moment històric una justificació essencialment econòmica i comercial –i, és clar, per la importància atorgada al dret a la propietat privada per la ideologia liberal predominant–. Sorgeixen d'aquesta pràctica internacional uns principis en relació amb la propietat privada dels estrangers que se sustenten en la noció que els estrangers i les seves propietats han de rebre un tractament just i equitatiu com a conseqüència de l'aplicació de la doctrina dels drets adquirits. Això suposa, en particular, la necessitat que tota privació d'aquesta propietat per l'Estat hagi de respondre a motius d'utilitat pública, que no comporti cap discriminació i que es produeixi prèvia indemnització prompta, justa i adequada -el que suposa que hauria d'ésser completa, en el sentit de compensar totalment el dany patrimonial produït (pagant, per exemple, en una moneda convertible)-.

D'altra banda, els tractats internacionals, bilaterals o multilaterals, dirigits a assegurar mútuament l'establiment dels estrangers en altres Estats presentaven una tendència a atorgar a les propietats i inversions estrangeres un tractament nacional –en igualtat de condicions jurídiques que la propietat dels nacionals pel que fa a la seva protecció i garantia–, o bé, el tracte corresponent a la nació més afavorida (vegeu, sobre això, el capítol 4).

B) La formulació del principi de sobirania permanent dels pobles sobre els seus recursos naturals

L'aparició de la Unió Soviètica i dels Estats provinents de la descolonització va suposar l'existència d'un corrent d'opinió que, sobre la base del dret sobirà de l'Estat a disposar lliurement dels recursos naturals nacionals, impugnava la validesa d'uns principis elaborats essencialment pels Estats occidentals i desenvolupats. Així sorgeix la idea que tot Estat sobirà té el dret a exercir el control sobre la propietat, exploració, explotació i comercialització dels seus recursos naturals i, en general, respecte a totes les activitats econòmiques desenvolupades en el seu territori.

La formulació de l'anomenat principi de sobirania permanent dels pobles sobre els seus recursos naturals es produeix mitjançant la Resolució 1803 (XVII) de l'Assemblea General de les Nacions Unides, de 14 de desembre de 1962; principi que s'ha vist progressivament consolidat per la seva interrelació amb la reivindicació d'un Nou ordre econòmic internacional (NOEI) realitzada pels Estats en vies de desenvolupament –assumida per les Nacions Unides–, i que es reflecteix particularment en la Carta de drets i deures econòmics dels Estats, aprovada mitjançant la Resolució 3281 (XXIX) de l'Assemblea General de les Nacions Unides, de 12 de desembre de 1974.

L'element fonamental d'aquest principi és el dret dels Estats a nacionalitzar o expropiar les propietats estrangeres dins del seu territori; no desapareix radicalment, segons aquest plantejament, l'obligació de l'Estat d'indemnitzar el perjudicat, però sí que hi ha una limitació de les exigències a l'Estat quant a les condicions de la seva legalitat: cal únicament que aquesta indemnització sigui raonable segons les circumstàncies del cas, i sempre d'acord amb l'ordenament jurídic intern de l'Estat, (article 2, *c*) de la Carta de drets i deures econòmics dels Estats). Tanmateix, es pot afirmar que la seva aplicació pràctica, a llarg termini, va resultar escassa.

C) L'aparició i consolidació de noves tendències econòmiques en l'àmbit mundial

Més enllà del fet que s'hagi posat en dubte el caràcter jurídic de l'anterior principi[4], el cert és que s'observa una progressiva revitalització, sobretot per la via convencional –tant pel que fa als tractats bilaterals com multilaterals–, d'una perspectiva favorable a la protecció de la propietat privada i de les inversions estrangeres, des del respecte a la sobirania dels Estats sobre l'activitat econòmica desenvolupada en el seu territori. Entre les raons d'aquesta tendència cal destacar: els canvis en l'economia mundial que manifesten un creixent procés de liberalització de la majoria de factors productius i del comerç internacional, la necessitat dels Estats en vies de desenvolupament de captar inversions estrangeres i dels Estats desenvolupats de garantir els interessos dels seus nacionals a l'estranger. Així, l'Acord sobre mesures en matèries d'inversions relacionades amb el comerç, dins de l'Acta final de la Ronda Uruguai del GATT (Acord general sobre aranzels duaners i comerç), de 15 d'abril de 1994 –des d'ara, l'Acord sobre inversions estrangeres de la Ronda Uruguai–, estableix, amb la finalitat de contribuir a l'expansió i liberalització del comerç mundial, la necessitat de facilitar les inversions estrangeres. Entre les mesures que s'adopten hi ha l'atorgament del tracte nacional a les inversions estrangeres en l'àmbit comercial (article 2) amb la prohibició expressa d'una sèrie de mesures incompatibles amb la concessió d'aquest tracte nacional[5] (respecte a la significació de la Ronda Uruguai, vegeu el capítol 21).

Aquesta tendència és la que s'ha consolidat, en la pràctica interestatal, amb la proliferació de tractats bilaterals. Per això, dins l'OCDE, es va treballar en la negociació d'un Acord multilateral d'inversions (AMI) que simplifiqués aquesta regulació. Va fracassar, sobretot, per l'oposició francesa –malgrat que també s'hi oposaven des dels grups ecologistes a defensors dels drets dels estats federats o organitzacions no governamentals per al desenvolupament–. A la Ronda Doha, iniciada el 2001 per l'OMC, es va tornar a plantejar. Però l'oposició bàsicament dels països menys desen-

---

4. En la sentència arbitral sobre l'*assumpte Texaco Calasiatic contra Líbia*, de 19 de gener de 1977, es va afirmar que la Carta de drets i deures econòmics dels Estats és una declaració política, ja que no gaudeix del necessari consens general dins de la comunitat internacional per convertir-se en regla de dret.

5. Tot i que en principi aquest acord té un àmbit d'aplicació restringit a les inversions comercials, el cert és que per la seva mateixa redacció, i en concret pel tipus de mesures incompatibles amb el tracte nacional que s'hi enumeren, es pot deduir la seva aplicació també a activitats industrials, ja que, per exemple, es prohibeix qualsevol restricció de la importació per a l'inversor estranger de mercaderies destinades a la producció de béns.

volupats ha fet aparcar aquest tema, un dels quatre que componen els anomenats «temes de Singapur», per haver estat llançats a la Conferència ministerial de l'OMC de 1996 en aquesta ciutat asiàtica.

Molt darrerament, uns quants Estats, la majoria d'Amèrica Llatina, han adoptat una posició restrictiva respecte a les inversions estrangeres. No tant buscant l'expropiació de béns, sinó impedint l'increment de tarifes dels serveis regulats (aigua, llum, gas) o multiplicant els impostos que graven aquestes activitats fins a extrems màxims. És el cas d'Argentina a conseqüència de la crisi de 2001/2002, quan el peso va perdre la paritat amb el dòlar. En les discussions amb les empreses afectades s'ha amenaçat amb la revisió del procés de liberalització fet als anys 90 que va permetre l'entrada d'inversió estrangera en aquests sectors. Com a conseqüència d'això, el Centre d'Arranjament de Diferències Relatives a Inversions (CIADI), del Banc Mundial, ha rebut 34 demandes contra la República Argentina, encara que algunes han estat retirades després de negociacions entre les parts.

III. Elements fonamentals de la reglamentació jurídica de les inversions estrangeres: tractament jurídic, protecció i garantia

La reglamentació jurídica internacional de les inversions estrangeres s'efectua essencialment per la via convencional; en aquest sentit, els Estats poden emprar tant els tractats bilaterals per regular les inversions mútues dels seus nacionals –cada Estat crea llavors una xarxa pròpia de relacions bilaterals amb d'altres Estats[6]– com els tractats multilaterals dirigits a crear reglamentacions generals en la matèria. Tanmateix, és possible que certes normes jurídiques relatives a les inversions estrangeres es trobin regulades no per tractats internacionals específics en aquesta matèria, sinó en el marc d'acords internacionals d'un abast més general en matèries de cooperació econòmica o política interestatal, o bé de regulació de les relacions econòmiques internacionals; per exemple, l'Acord sobre inversions estrangeres de la Ronda Uruguai dins del marc d'un conjunt d'acords que pretén una reglamentació jurídica del comerç internacional, en general destinada a promoure una liberalització tan àmplia com sigui possible.

L'objectiu d'aquesta reglamentació jurídica internacional està dirigit a limitar, amb l'acord de l'Estat expressat mitjançant la manifestació del seu consentiment a obligar-se per un tractat internacional, la discrecionalitat de la qual gaudeix l'Estat en l'àmbit de les inversions estrangeres dins del marc de la seva sobirania en l'ordenació general de l'activitat econòmica interna. La voluntarietat de l'acceptació d'aquestes

6. Per exemple, Espanya té conclosos en l'actualitat més de seixanta tractats bilaterals en la matèria, amb unes clàusules tipus que són adoptades com a punt de referència inicial de tots ells.

restriccions a la seva capacitat de decisió estarà condicionada pels interessos estatals i, en especial, per la necessitat que tingui d'atreure inversions estrangeres, la qual cosa pot conduir al fet que l'Estat s'obligui internacionalment a mantenir una política legislativa i administrativa interna favorable a l'entrada i permanència del capital estranger –per exemple, una política fiscal favorable a les inversions estrangeres–.

Dins d'aquests paràmetres, el Dret Internacional Públic intenta reglamentar el tractament jurídic, protecció i garantia de les inversions estrangeres.

1. El tractament jurídic de les inversions estrangeres

Suposa l'establiment de normes jurídiques internacionals que defineixen el règim jurídic de les inversions estrangeres des del moment de la seva constitució fins a la seva liquidació, i d'entre altres, els aspectes fonamentals següents:

– L'entrada i permanència dels fluxos de capitals i/o de les persones, físiques o jurídiques, estrangers dins del territori de l'Estat; així com pel que fa a la seva liquidació.

– L'autorització d'activitats financeres, comercials, professionals o industrials.

– Els drets i les obligacions, inclosos els aspectes fiscals –la seva exempció o rebaixa inicial–, derivats de l'explotació econòmica de l'activitat desenvolupada. En aquest capítol s'hauria d'incloure una qüestió cabdal: la llibertat o no per a la repatriació de les rendes derivades de la inversió.

S'observa, doncs, com el tractament jurídic de les inversions estrangeres té implicacions prou importants en relació amb la política legislativa d'ordenació de l'economia de l'Estat i de les condicions d'accés al mercat; per tant, en diversos d'aquests aspectes els Estats continuen considerant necessari mantenir la seva sobirania –en especial, sobre la decisió de facilitar o restringir l'entrada i permanència dels inversors estrangers–.

Tanmateix, és evident que els estats tendeixen a flexibilitzar la seva posició i a preveure règims jurídics convencionals que limiten la seva discrecionalitat dins d'aquest àmbit normatiu:

A) Mitjançant tractats bilaterals, amb caràcter de reciprocitat respecte a un altre Estat; per exemple, Espanya manté una xarxa de relacions bilaterals en matèria d'inversions estrangeres, que es caracteritza: primer, per l'admissió mútua d'inversions i el lliurament de les necessàries autoritzacions de conformitat amb les pròpies normatives internes; segon, per la garantia d'un tracte just i equitatiu recíproc de les inversions que, en tot cas, no suposarà un tractament menys favorable que als inversos nacionals, i l'aplicació de la clàusula de nació més afavorida[7] respecte a possibles règims jurídics més favora-

---

7. En el cas Maffezzini, per exemple, la clàusula de nació més afavorida va permetre que Emilio Agustín Maffezzini, un argentí que havia invertit a Espanya, pogués gaudir del règim més favorable que preveia el tractat entre Xile i Espanya, que permetia, una vegada s'havia fracassat en les negociacions entre les parts, anar directament al CIADI, sense haver de passar abans per la jurisdicció ordinària. Cas ARB/97/7.

bles[8]; i, tercer, la llibertat de repatriació de les rendes obtingudes així com d'altres tipus de pagaments possibles generats com a conseqüència de l'activitat inversora.

B) Mitjançant tractats multilaterals, dins dels quals podem fer una distinció entre:

– D'una banda, els tractats de cooperació econòmica, en els quals s'estableixen unes obligacions jurídiques acceptades per les parts que poden flexibilitzar més o menys l'ordenament jurídic intern en aquest àmbit; per exemple, l'Acord sobre inversions estrangeres de la Ronda Uruguai, que instaura el principi del tractament nacional i prohibeix diversos tipus de mesures incompatibles amb aquest.

El fracassat AMI havia de ser un tractat multilateral dirigit a simplificar la multitud de tractats bilaterals –com ja s'ha esmentat, més de 2.000 es troben en l'actualitat vigents–. Però, com que es va negociar dins l'OCDE –amb la participació d'Estats externs a aquesta organització, pròpia dels països desenvolupats–, es va considerar que no era el fòrum adequat.

– De l'altra, els tractats d'integració econòmica (vegeu el capítol 24), en els quals l'adopció d'una normativa comuna en la matèria facilita encara més la liberalització entre els Estats que participen de les inversions. El supòsit de les Comunitats Europees és prou palès: la creació d'un mercat comú dins del qual existeix la lliure circulació de capitals i d'establiment garanteix el més alt grau possible de flexibilització del tractament jurídic de les inversions que provenen dels altres Estats membres.

2. La protecció de les inversions estrangeres

L'objectiu del Dret Internacional Públic és, en aquest sentit, la prevenció i sanció de totes aquelles mesures que atemptin contra la titularitat de les inversions estrangeres o d'alguna de les facultats derivades de la propietat –per exemple, el dret a gaudir de les rendes que se'n derivin–. Des d'aquesta aproximació, s'evidencia la implicació de la protecció de les inversions estrangeres amb el seu tractament jurídic, i es fa difícil establir la línia divisòria entre ambdós aspectes.

El problema essencial que planteja la protecció de les inversions estrangeres és prou clar: la possibilitat que es produeixi una transferència forçosa de la propietat dels béns o capitals objecte de la inversió estrangera a mans públiques, mitjançant un acte de nacionalització o d'expropiació de les autoritats administratives, i les possibles respostes que envers aquest acte hagi previst el Dret Internacional Públic. En general, i atesa l'afirmació del principi de sobirania permanent dels pobles sobre els seus recursos naturals, és ben cert que no es posa en qüestió la legalitat d'un acte de nacionalització o

8. De l'aplicació d'aquest tipus de tractament jurídic en queden exclosos els privilegis dels quals gaudeixin els Estats part pel fet de participar amb tercers Estats d'una zona de lliure canvi, unió duanera o mercat comú -per exemple, en el cas espanyol, de la Unió Europea-, o respecte a beneficis de tipus fiscal dels quals es beneficien els nacionals d'aquells Estats tercers amb els quals qualsevol dels dos Estats hagi signat tractats de naturalesa tributària.

d'expropiació; així, el mateix Conveni de Seül, que estableix una garantia internacional de les inversions estrangeres, preveu com un dels riscos coberts per les seves disposicions l'expropiació o mesures similars que suposin la pèrdua del control sobre la inversió o d'un benefici substancial derivat d'aquesta (article 11, *ii*), a excepció d'aquelles que siguin mesures d'aplicació general, no discriminatòries, destinades a regular l'activitat econòmica dins del territori de l'Estat. Tanmateix, el Dret Internacional Públic durant molt de temps ha restringit la discrecionalitat de l'actuació de l'Estat mitjançant l'establiment d'uns principis que la limitaven, que han estat considerats per la pràctica arbitral en la matèria com a normes jurídiques obligatòries[9]. Aquesta posició sembla que és la defensada fins a cert punt pels Estats desenvolupats.

La impugnació d'aquests principis generals, i en especial de la consideració de la indemnització com una compensació total en relació amb el dany patrimonial que s'ha produït, ha obert una certa incertesa sobre quins són els veritables límits del poder discrecional; tot i això, la mateixa formulació del principi de la sobirania permanent sobre els recursos naturals no els ha qüestionat de forma radical, ni ha derivat en la negació de la necessitat d'una indemnització, sinó només de la seva extensió a la totalitat del dany –pel fet d'haver d'ésser prompta, justa i adequada–.

La pràctica internacional, per la seva banda, ha suposat la recerca de solucions concretes:

A) Mitjançant clàusules expresses als tractats internacionals en la matèria. En aquestes clàusules, els Estats desenvolupats tendeixen, normalment, a imposar la conformitat de les indemnitzacions als principis als quals donen el seu suport; per exemple, Espanya en els seus tractats bilaterals estipula que les indemnitzacions, que s'hauran de pagar sense demora injustificada, han d'ésser adequades i efectivament realitzables.

B) Mitjançant acords d'indemnització global, quan per la magnitud del conjunt d'expropiacions o nacionalitzacions –especialment en aquest segon cas– resulta difícil fer una particularització individualitzada de les indemnitzacions dins dels termes dels principis generals clàssics.

C) Amb la potenciació dels mitjans d'arranjament de diferències internacionals en matèria d'inversions estrangeres com a forma de recerca d'un acord o d'una solució arbitral que posin terme final a qualsevol disputa sobre això –i als quals es farà posterior referència–.

3. La garantia de les inversions estrangeres

Finalment, hi haurà normes jurídiques internacionals destinades a transferir a un organisme especialitzat, intern o internacional, les conseqüències financeres deri-

---

9. Carreau, D.; Flory, Th., Juillard, P. *Droit international economique*, 4a edició, LGDJ, París 1998, p. 698; amb l'excepció de la sentència arbitral en l'*assumpte Liamco*, que no considera la indemnització com una qüestió de validesa sinó d'equitat.

vades de la producció real de certs riscos polítics previstos relatius a les inversions estrangeres; per exemple, la nacionalització.

Una de les exigències essencials de tot inversor internacional és l'existència d'unes condicions mínimes de seguretat, de fet i de dret, de la seva aportació econòmica; en aquest sentit, hi ha una tendència prou evident dirigida a crear mecanismes que permetin assegurar-la dins d'uns límits. Aquests tipus de garanties han estat inicialment ofertes pels mateixos Estats. En l'àmbit intern, són els Estats els nacionals dels quals realitzen operacions d'inversió a l'exterior els que potencien aquests tipus de mecanismes, siguin de caràcter privat –sistemes d'assegurances que cobreixen els riscos derivats de la inversió mitjançant pòlisses cobertes per entitats privades– com de caràcter públic, que cobreixen determinats riscos mitjançant aportacions de fons de les administracions públiques amb la finalitat de potenciar la projecció exterior de l'economia –per exemple, determinades cobertures d'aquesta naturalesa ofertes per la «Compañía Española de Seguros de Crédito a la Exportación» (CESCE)–.

Tanmateix, s'ha d'esmentar la consolidació d'una tendència a la creació, en l'àmbit internacional, de mecanismes de garantia complementaris dels anteriors que, precisament pel seu abast interestatal, ofereixen una major solvència i seguretat als inversors.

A) Així, el Conveni de Seül, de 1985, va crear l'Organisme Multilateral de Garantia d'Inversions (OMGI) –dins el grup del Banc Mundial–, amb la finalitat de propiciar els fluxos d'inversions entre els Estats part mitjançant la garantia de les seves inversions davant de determinats riscos potencials. El sistema de garantia previst per l'esmentat Conveni té les característiques següents:

– És un sistema de garantia institucionalitzat, mitjançant la creació d'un organisme internacional amb personalitat jurídica internacional, l'OMGI, amb una organització interna integrada pel Consell de Governadors –en el qual es troben representats tots els Estats part del Conveni–, el Consell d'Administració i la Presidència.

– Es cobreixen, en relació amb les inversions estrangeres, determinats riscos establerts a l'article 11 de l'esmentat Conveni: les restriccions a les transferències exteriors en divises; l'expropiació o mesures similars; l'incompliment de contracte, o bé, la guerra o els disturbis interns.

– El sistema garanteix únicament inversions realitzades en Estats en vies de desenvolupament.

– La garantia d'aquests riscos té uns límits, que estaran determinats per cada contracte particular de garantia –tot i que, com especifica l'article 16, no es cobrirà mai el total de la pèrdua de la inversió garantida–, i que, en general, suposen, d'acord amb l'article 22 del Conveni de Seül, que l'OMGI no podrà assumir en conjunt un import global de riscos superior al 150 % del total del capital de què disposa aquest Organisme.

– Aquest capital internacional es constitueix mitjançant les aportacions financeres dels Estats part –en forma de subscripció d'accions de l'Organisme–; s'estableix una classificació dels Estats segons la quantitat d'accions que han de subscriure i del capital que han d'aportar, entre Estats desenvolupats –categoria I, formada per 22 estats, Espanya entre ells– i els Estats en vies de desenvolupament –categoria II, 143 Estats, i 5 més en vies d'adhesió–.

B) Des de 1974, funciona en l'àmbit regional dels estats àrabs un organisme de característiques similars: la Companyia Interàrab per a la Garantia de les Inversions (CIAGI).

C) D'altra banda, també els tractats bilaterals tendeixen a oferir, tenint en compte aquest marc general, certes garanties mínimes; així, dins de la xarxa de tractats bilaterals conclosos per Espanya destaca l'existència d'un sistema de compensació per pèrdues degudes a guerres o altres conflictes armats, amb l'aplicació sobre això de la clàusula de nació més afavorida.

El novembre de 2003, després de la invasió d'Iraq per Estats Units i d'altres Estats, un consorci de bancs de tot el món va crear el Trade Bank of Iraq per garantir l'emissió de crèdits documentaris emesos a instàncies dels òrgans del nou govern d'Iraq, i així cobrir els riscos derivats de les importacions de béns fetes per aquell Estat[10].

IV. Els mitjans d'arranjament de diferències en matèria d'inversions estrangeres

L'aplicació de la reglamentació jurídica internacional relativa a les inversions estrangeres pot ésser objecte de divergències quant a la interpretació i aplicació de les seves disposicions –en aquest sentit potser la qüestió més controvertida en la pràctica és l'adequació de les indemnitzacions derivades d'una nacionalització o expropiació–, tant entre dos o més Estats com entre l'Estat receptor de la inversió i l'individu o societat mercantil que l'ha realitzada[11].

Hi ha dues formes de solucionar aquests tipus de diferències: la via dels acords negociats i la via jurisdiccional.

Quant a la via dels acords negociats, comporta la consecució entre les parts en la diferència d'un acord per solucionar-la: si la diferència es produeix entre Estats, l'acord assolirà la forma jurídica d'un tractat internacional; mentre que si la diferència s'ha produït entre un Estat i un individu o societat mercantil, l'acord al qual s'ha arribat no pot ésser considerat com un tractat internacional, ja que ni la seva conclusió ni els seus efectes jurídics es regeixen pel Dret Internacional Públic.

Quant a la via jurisdiccional, és possible que les diferències en matèria

---

10. Font: Trade Bank of Iraq, disponible en http://www.tbiraq.com

11. Hi ha un supòsit especial que deriva de l'existència d'un organisme internacional amb personalitat jurídica que gestiona la garantia de les inversions estrangeres: l'OMGI, el qual pot mantenir diferències tant amb els Estats part (article 57 del Conveni de Seül), com amb els inversors tenidors d'una garantia (article 58 d'aquest conveni).

d'inversions estrangeres siguin objecte d'una solució davant dels tribunals interns de l'Estat receptor de la inversió –quan les parts de la diferència són aquest Estat i un individu o societat mercantil–, o bé que la solució jurisdiccional sigui de caràcter internacional –tant quan les parts són dos estats o quan una de les parts de la diferència és un individu o societat mercantil–.

Aquestes formes de solució s'apliquen, en diferent grau d'utilització a la pràctica, a dos tipus de diferències: aquelles que tenen una naturalesa interestatal –entre Estats– o aquelles que tenen una naturalesa mixta –en la qual participen individus o societats mercantils–.

1. Les diferències de naturalesa interestatal

Les diferències o controvèrsies –segons la terminologia genèrica del Dret Internacional Públic en referència a les diferències interestatals– en matèria d'inversions estrangeres s'originen normalment entre l'Estat receptor de la inversió estrangera i l'Estat del qual és nacional l'inversor. En aquest sentit, l'Estat d'origen de la inversió assumeix les reclamacions dels seus nacionals com a pròpies en virtut del dret de tot Estat sobirà a exercir l'anomenada *protecció diplomàtica*, que consisteix en tota acció de l'Estat davant d'un altre estat per reclamar, per als seus nacionals, el respecte de les normes de Dret Internacional Públic o per a l'obtenció de certs avantatges en favor seu, sempre que es compleixin tres requisits essencials: que efectivament es tracti d'un nacional d'aquest estat, que hagi esgotat els recursos interns davant de l'altre Estat i, finalment, que l'actuació de l'individu o societat mercantil no hagi estat la raó de les mesures adoptades per l'altre Estat.

La protecció diplomàtica s'exerceix inicialment mitjançant la negociació diplomàtica entre ambdós Estats, però pot derivar en la recerca d'una solució jurisdiccional consentida per ambdues parts, sigui per la via dels tribunals d'arbitratge –tribunal *ad hoc* per a la resolució d'una controvèrsia concreta, previ acord dels Estats implicats– o mitjançant el recurs als tribunals internacionals de caràcter permanent, com el Tribunal Internacional de Justícia, que s'ha pronunciat en diverses sentències sobre assumptes relacionats amb la protecció diplomàtica; per exemple, els casos de la *fàbrica de Chorzow*, les *concessions Mavrommatis*, *Interhandel*, *Barcelona Traction* o *Elettronica Sicula.*

La pràctica convencional demostra que la majoria dels tractats internacionals en matèria d'inversions estrangeres preveuen mecanismes específics d'arranjament de controvèrsies que, en la mesura que la voluntat dels Estats així ho permeti, intenten evitar la via jurisdiccional i potencien les solucions polítiques negociades.

– En l'àmbit dels tractats bilaterals, el cas d'Espanya pot ésser suficientment esclaridor: s'estableix la preferència per la negociació amb l'altre Estat, de manera que solament després que hagin passat sis mesos des de l'inici de la controvèrsia, és possible, a petició de qualsevol dels Estats, acudir a l'arbitratge internacional.

– En l'àmbit dels tractats multilaterals s'ha de destacar, per exemple, l'Acord sobre inversions estrangeres de la Ronda Uruguai, que preveu l'aplicació sobre aquesta qüestió de l'Entesa relativa a les normes i procediments de solució de diferències adoptada dins de la mateixa Acta final, que estableix un seguit de vies de solució política amb la intervenció d'un tercer que col·labora en la recerca d'una solució de compromís entre les parts –consultes, bons oficis, mediació, conciliació i la remissió de la controvèrsia a grups especials d'estudi–, com a fórmules prèvies a l'arbitratge internacional.

2. Les diferències de naturalesa mixta

S'observa en la pràctica internacional, i també en els tractats internacionals en matèria d'inversions estrangeres, una tendència en els darrers decennis a potenciar els procediments mixtos de solució de diferències en els quals l'individu o societat mercantil tenen una legitimació de negociació i de decisió davant de l'Estat que ha adoptat mesures que han afectat els seus interessos; es tracta de facilitar una entesa directa entre les parts de la diferència: l'Estat receptor de la inversió estrangera i el mateix inversor.

En la pràctica internacional, al costat de la consecució d'acords entre els Estats i els inversionistes respecte als punts del litigi, s'ha pogut observar l'aparició dels anomenats *arbitratges internacionals mixtos*, ja que les parts de la diferència –i, per tant, les parts processals davant de la jurisdicció internacional *ad hoc*– són l'Estat, subjecte de Dret Internacional Públic, i un individu o societat mercantil que no tenen, segons el Dret Internacional Públic, personalitat jurídica internacional.

La tendència ha estat la institucionalització de l'arbitratge internacional, mitjançant la creació de *tribunals* o de *comissions internacionals d'arbitratge mixtos*.

Així, un primer exemple, és el supòsit de la Convenció iranoamericana, dins dels Acords d'Alger (1981), que va crear un tribunal per decidir sobre les reclamacions derivades de l'expropiació i la nacionalització de les inversions de ciutadans dels Estats Units per la República Islàmica d'Iran; per tant, es tracta d'un tribunal amb una competència limitada[12].

En canvi, el Conveni sobre l'arranjament de diferències relatives a inversions entre Estats i nacionals d'altres Estats, de 18 de març de 1965 (Conveni de Washington) ha establert un mecanisme d'arranjament de diferències entre Estats i inversors permanent i generalitzat, mitjançant el Centre d'Arranjament de Diferències Relatives a Inversions (CIADI), amb les característiques següents:

---

12. Les demandes s'havien de presentar abans del 19 de gener de 1982. N'hi va haver 1.000 de més de 250.000 dòlars i 2.800 de quanties menors, a banda de disputes entre Estats. El Tribunal, amb tres sales, encara treballa, però ha resolt ja aproximadament 4.000 casos, i ha obligat la República Islàmica d'Iran a pagar indemnitzacions, a càrrec d'un compte obert al Banc de Compensació dels Països Baixos pel Banc Central d'Algèria en nom d'Iran. També ha impedit així que els afectats demandessin davant els tribunals d'Estats Units l'Iran o les seves empreses públiques (*Vid.*: *Iran-United States Claims Tribunal*, disponible a: http://www.iusct.org).

– El CIADI té una estructura permanent integrada pel Consell Administratiu, la Secretaria i la Llista de Conciliadors i Àrbitres.

– La seva jurisdicció comporta la prèvia acceptació per les parts, l'Estat i l'inversor d'un altre Estat part del Conveni[13].

– El Centre exerceix les seves competències en dues vessants: la conciliatòria (intentar establir els fets, qualificar-los jurídicament i intentar posar d'acord les parts en una solució concreta) i l'arbitral, mitjançant la constitució d'un tribunal arbitral *ad hoc* que emetrà un laude obligatori.

En els tractats internacionals en la matèria, i en especial els de caràcter bilateral, trobem una pluralitat de fórmules per articular la solució de les diferències entre les parts, tot i que la utilització de la via oferta pel Conveni de Washington s'acostuma a preveure de manera generalitzada, si bé no amb caràcter exclusiu. Així, dins dels tractats bilaterals, s'acostumen a combinar fórmules que insten la negociació entre l'Estat i l'inversor, incloses les que suposen la intervenció d'un tercer, i s'estableix la via jurisdiccional com a darrera possibilitat; per exemple, dins dels tractats bilaterals conclosos per Espanya es considera prioritària la negociació entre les parts, i s'ofereixen alternativament diverses vies jurisdiccionals en el supòsit que en sis mesos no s'assoleixi un acord: els tribunals interns de l'Estat receptor de la inversió, un tribunal arbitral *ad hoc*, o el recurs a l'arbitratge institucionalitzat del CIADI, o bé, dins del marc de la Cambra de Comerç Internacional, que té una Cort Internacional d'Arbitratge pròpia, la qual té un 10% de casos deguts a diferències entre Estats i empreses o particulars[14].

Bibliografia sumària

BUISÁN, M. «La promoción de la inversión extranjera desde la perspectiva de una organización multilateral: MIGA», *Boletín Económico del Instituto de Comercio Exterior*, 1995, p. 7-12.

CRESPO HERNÁNDEZ, A. *El Acuerdo Multilateral de Inversiones: ¿crisis de un modelo de globalización?* Fundación Centro de Estudios Comerciales, Madrid 2000.

GARCÍA-AMADOR, F. V. *El Derecho internacional del desarrollo. Una nueva dimensión del Derecho internacional económico*, Civitas, Madrid 1987, p. 135-207.

MEDINA, M. «Nacionalizaciones y acuerdos globales de indemnización», *Revista de Administraciones Públicas*, 1963, enero-abril, p. 79-120.

PECOURT, E. *La propiedad privada ante el Derecho internacional*, CSIC, Madrid 1966.

VIVES CHILLIDA, J. *El Centro Internacional de Arreglo de Diferencias Relativas a Inversiones* (CIADI), Mc Graw Hill, Madrid 1998.

---

13. Aquesta opció suposa, a més, la impossibilitat que el seu estat exerceixi la protecció diplomàtica. Així ho afirma un dels tribunals arbitrals del CIADI en el cas ARB/98/7 (Banro American Resources, Inc i Société Aurifère du Kivu et du Maniema, SARL (SAKIMA) contra la República Democràtica del Congo). En aquest cas, a més, el mateix estat demandat era accionista de l'empresa demandant.

14. SILVA ROMERO, E., «ICC Arbitration and State Contracts» (2002) 13.1. *ICC International Court of Arbitartion Bulletin*. núm. 34.

21. LA REGULACIÓ MULTILATERAL DEL COMERÇ INTERNACIONAL*

I. Idees generals

En virtut de la seva sobirania, els Estats regulen els intercanvis comercials internacionals. La política comercial dels Estats s'ha concretat, tradicionalment, en l'establiment de barreres que dificulten o obstaculitzen les importacions de productes originaris d'altres països i protegeixen la producció nacional.

Entre les barreres comercials més típiques, figuren: els aranzels duaners, que graven els productes estrangers en el moment de la seva entrada en el mercat nacional a través de les duanes i consisteixen, generalment, en diferents tipus impositius aplicables, com a percentatges *ad valorem*, a les diverses classes de productes incloses en la tarifa aranzelària; i les restriccions quantitatives a les importacions, que estableixen contingents màxims a les importacions d'un determinat producte i reserven una part més o menys àmplia del mercat nacional als productes domèstics.

Històricament, les polítiques comercials dels Estats han anat alternant fases de proteccionisme, caracteritzades per l'establiment d'elevades barreres comercials, amb fases de lliurecanvisme, en què s'ha tendit a rebaixar o eliminar aquestes barreres i a facilitar els intercanvis comercials transfronterers. Aquesta alternança ha estat condicionada per múltiples factors, com ara: les opcions polítiques i la conjuntura de cada Estat; els corrents de pensament predominants; les pressions exercides per les grans potències i altres actors internacionals; i els compromisos jurídics assumits mitjançant la celebració d'acords internacionals en matèria comercial.

A mitjan segle XIX, s'inicià un període de marcat lliurecanvisme, fonamentat teòricament en els plantejaments d'economistes com Adam Smith i David Ricardo i impulsat, en particular, pel Regne Unit, potència capdavantera de la Revolució Industrial. Durant aquest període d'elevat creixement de la producció i el comerç internacional, la reducció de les barreres comercials s'aconseguí, en gran mesura, a través de la celebració de nombrosos acords comercials de caràcter bilateral.

---

* Elaborat pel Dr. Xavier FERNÁNDEZ PONS.

Després de la Primera Guerra Mundial, s'assistí a un increment del proteccionisme, lligat a una major intervenció dels Estats en la vida econòmica. El «crac» borsari de 1929 i la «gran depressió» econòmica que desencadenà van tenir com a resposta, malgrat els esforços de la Societat de Nacions, una ulterior accentuació de les polítiques proteccionistes, que va dur els Estats a dràstics augments dels aranzels duaners i a una espiral de restriccions al comerç internacional.

Els greus desordres que van afectar el comerç internacional durant l'època d'entreguerres expliquen que, en el context del final de la Segona Guerra Mundial, s'impulsés una nova regulació de les relacions comercials internacionals, que s'ha caracteritzat pel seu enfocament multilateral. L'anomenat «sistema multilateral de comerç», que estudiarem en aquest capítol, ha estat protagonitzat, durant gairebé cinquanta anys, per l'Acord General sobre Aranzels Duaners i Comerç (*General Agreement on Tariffs and Trade*, GATT) de 1947 i, des de 1995, està regit per l'Organització Mundial del Comerç (OMC).

II. L'Acord General sobre Aranzels Duaners i Comerç (GATT) de 1947

L'actual règim de l'OMC no es pot entendre sense l'estudi de l'anterior marc del GATT de 1947, que va contribuir decisivament a la progressiva reducció de les barreres al comerç internacional de mercaderies. En aquest apartat s'examinaran els antecedents i les principals fites que van marcar l'evolució de l'anomenat «sistema del GATT de 1947».

1. Antecedents

A) Configuració de l'ordre econòmic internacional després de la Segona Guerra Mundial

Mentre es desenvolupava la Segona Guerra Mundial, dues de les grans potències que acabarien vencent-la, els Estats Units i el Regne Unit, ja van observar la necessitat d'establir una nova regulació de les relacions econòmiques internacionals i, en particular, del comerç internacional. Així, l'anomenada «Carta de l'Atlàntic» (signada el 14 d'agost de 1941 pel president nord-americà Roosevelt i el primer ministre britànic Churchill) incorporava referències a la igualtat d'accés de tots els Estats al comerç de les primeres matèries i a la col·laboració entre totes les nacions en matèria econòmica.

Com ja s'ha vist –capítols 14 i 19–, a la Conferència de Bretton Woods (juliol de 1944) es van establir, mitjançant la creació del Fons Monetari Internacional (FMI) i del Banc Internacional per a la Reconstrucció i el Desenvolupament (BIRD), dues de les bases fonamentals de l'ordre econòmic internacional de la postguerra, que s'assentava en una cooperació multilateral i institucionalitzada. En l'àmbit concret del comerç internacional, també es va preveure la creació d'una Organització internacional específica, però, com es veurà tot seguit, el plantejament inicial va fracassar.

B) El fallit intent de crear l'Organització Internacional del Comerç (OIC)

Per iniciativa dels Estats Units, que van assenyalar la necessitat de complementar el sistema institucional de Bretton Woods amb una organització internacional que promogués la reducció dels obstacles al comerç internacional, el Consell Econòmic i Social de les Nacions Unides va convocar la celebració de la Conferència sobre Comerç i Ocupació, que va tenir lloc a l'Havana (Cuba) de novembre de 1947 a març de 1948. El resultat d'aquesta conferència internacional fou l'adopció de l'anomenada «Carta de l'Havana», tractat internacional pel qual es constituiria l'Organització Internacional del Comerç (OIC). La «Carta de l'Havana» era un tractat extens, que constava de 106 articles dividits en 9 capítols, i tractava de conjuminar la progressiva liberalització del comerç internacional amb certes polítiques d'intervenció de l'Estat en l'economia (com les polítiques tendents a garantir una plena ocupació, d'inspiració keynesiana, o de lluita contra les pràctiques empresarials restrictives de la competència) i amb específiques previsions favorables als països en desenvolupament i a un comerç internacional més equitatiu dels productes bàsics. També preveia que l'OIC tindria una estructura institucional forta, on les decisions es prendrien, normalment, per majoria, i comptaria amb un avançat sistema de solució de diferències, que inclouria, com a darrera instància, la jurisdicció obligatòria del Tribunal Internacional de Justícia.

Però aquest tractat internacional, que podríem qualificar de modèlic, no va entrar en vigor, ja que no va rebre les ratificacions necessàries. Aquest fracàs fou conseqüència, principalment, de la negativa dels Estats Units a ratificar-lo, ja que, tot i que s'havia negociat per iniciativa del president demòcrata Truman, l'acord final no seria acceptat pel Congrés.

Aquest fracàs de la «Carta de l'Havana» deixava un buit en la nova arquitectura de l'ordre econòmic internacional de la postguerra, però aquest buit quedaria parcialment cobert per l'Acord General sobre Aranzels Duaners i Comerç (GATT) de 1947 i el sistema que va acabar generant.

2. El sistema del GATT de 1947

El GATT fou un acord celebrat a Ginebra el 30 d'octubre de 1947 per 23 països i es va començar a aplicar l'1 de gener de 1948. El GATT de 1947 es va negociar en el marc dels treballs preparatoris de la «Carta de l'Havana». D'entrada, es tractava d'un acord provisional que iniciaria el procés de liberalització del comerç internacional sense haver d'esperar a la celebració i entrada en vigor de la «Carta de l'Havana».

El GATT de 1947 era un acord força més limitat que la projectada «Carta de l'Havana», ja que només recollia, essencialment, previsions per impulsar la liberalització del comerç internacional. El GATT de 1947 estava integrat per un articulat on es recollien els principis bàsics i les excepcions que regirien el comerç internacional entre les parts contractants i unes llistes annexes de concessions aranzelàries, on cada part contractant incloïa els aranzels duaners que es comprometia a aplicar en un principi.

Un cop constatat el fracàs de la «Carta de l'Havana», el GATT de 1947 va continuar aplicant-se i, durant quasi cinc dècades, va anar incrementant el nombre de parts contractants[1] i es va convertir en el principal referent d'un sistema multilateral de comerç que es va anar desenvolupant progressivament.

A) La progressiva institucionalització del sistema del GATT de 1947

Originàriament, el GATT de 1947 tenia exclusivament la naturalesa jurídica d'un tractat internacional. Es tractava d'un simple acord comercial multilateral de caràcter provisional administrat per la Comissió Interina de la projectada Organització Internacional de Comerç, amb seu a Ginebra. A la pràctica, el GATT de 1947 va acabar generant una estructura institucional i es va convertir en una mena d'organització internacional de *facto* que, sense ser un Organisme especialitzat de l'ONU formava part del sistema o «família» de les Nacions Unides.

Dins de l'estructura orgànica del GATT de 1947 destacaven:

a) Les sessions periòdiques de les parts contractants, que tenien funcions tan rellevants com: fer interpretacions autèntiques de l'Acord; atorgar exempcions; admetre noves parts contractants; adoptar els informes dels grups especials d'experts (*panels*) establerts per resoldre, com una mena de conciliadors internacionals, les controvèrsies comercials plantejades entre les parts contractants; o impulsar noves negociacions multilaterals en matèria comercial, les anomenades «rondes» del GATT.

b) El Consell de Representants Permanents, creat formalment a partir de 1960 i amb la missió fonamental d'assegurar la continuïtat del mecanisme, preparant les reunions periòdiques, examinant qüestions urgents i creant comitès i òrgans subsidiaris.

c) La Secretaria, creada sobre la base de la citada Comissió Interina de la *non nata* Organització Internacional del Comerç i encapçalada, des de 1965, per un director general.

B) Els països en vies de desenvolupament en el sistema del GATT de 1947

El GATT de 1947 fou impulsat, principalment, pels Estats Units i altres països desenvolupats amb economia de mercat, que van establir, com a principi fonamental del sistema comercial multilateral, el tracte general de la nació més afavorida, recollit

1. El 31 de desembre de 1994, just abans de la posada en marxa de l'Organització Mundial del Comerç, les parts contractants del GATT de 1947 eren 128.

a l'article I del GATT de 1947 i que suposa l'obligació general de tractar paritàriament totes les parts contractants.

El procés de descolonització, accelerat a la dècada dels anys seixanta, va posar en relleu les profundes desigualtats econòmiques entre els Estats, ja que la majoria de territoris colonials que assolien la independència eren països subdesenvolupats, que van reclamar la revisió d'un sistema comercial multilateral que insistia a tractar amb igualtat situacions reals tan desiguals.

Atesa la dificultat d'introduir canvis en el GATT de 1947, on s'havia consolidat la pràctica de prendre les decisions per consens, la seu on els països en desenvolupament van plantejar les seves reclamacions va ser, preferentment, l'ONU. Així, l'any 1964, l'Assemblea General va decidir establir la Conferència de les Nacions Unides sobre el Comerç i el Desenvolupament (UNCTAD) com a un dels seus òrgans subsidiaris permanents. Com es detallarà al capítol 22, la UNCTAD ha tractat d'impulsar noves normes internacionals que fomentin, a través d'unes relacions comercials més equitatives, el desenvolupament dels països del «Tercer Món».

Com a reacció a la posada en marxa de la UNCTAD, les parts contractants del GATT de 1947 van acordar, el 26 de novembre de 1964, una esmena de l'Acord General, incorporant-hi una nova Part IV sobre «Comerç i desenvolupament», integrada per tres articles[2]. Aquestes noves previsions reconeixien la necessitat d'una acció concertada en favor del comerç dels països subdesenvolupats i el principi de «no-reciprocitat», en virtut del qual s'explicitava que les parts contractants desenvolupades «no esperaven reciprocitat» a l'hora de negociar compromisos o de reduir o suprimir aranzels o altres obstacles al comerç amb parts contractants «poc desenvolupades».

Una altra fita en la recerca d'un tracte diferenciat i més favorable per als països en desenvolupament dins del GATT de 1947 va ser l'aprovació, mitjançant una decisió de les parts contractants de 1979, de l'anomenada «Clàusula d'habilitació», per la qual es reconeixia, com a excepció al comentat principi de tracte paritari, la possibilitat de concedir preferències comercials als països subdesenvolupats. Aquesta autorització a fer una «discriminació positiva» s'ha concretat en l'anomenat «Sistema generalitzat de preferències» (SGP), que suposa la concessió d'aranzels preferents o la supressió dels aranzels a productes originaris de països subdesenvolupats i serà examinat al capítol 22.

Aquestes adaptacions del GATT de 1947 a les necessitats dels països en vies de desenvolupament van tenir, però, una eficàcia limitada. A més, els països desenvolupats van seguir mantenint un marcat proteccionisme en els sectors on els països del sud eren més competitius, com els productes tèxtils i l'agricultura. Aquest proteccionisme, concretat principalment en la imposició de restriccions quantitatives, la conclusió d'acords de restricció voluntària de les exportacions i la concessió de subvencions, va ser tolerat en el si del GATT de 1947 i va disminuir notablement la capacitat exportadora de molts països subdesenvolupats.

---

2. Es tracta dels següents articles de l'Acord General: article XXXVI, dedicat a «Principis i objectius»; article XXXVII, relatiu a «Compromisos»; i article XXXVIII, titulat «Acció col·lectiva».

C) La Ronda Uruguai (1986-1994)

Com s'ha avançat, sota el sistema del GATT de 1947 es va impulsar la periòdica celebració de negociacions comercials multilaterals. Les sis primeres rondes es van centrar, principalment, en la reducció dels aranzels duaners. A la setena ronda, coneguda com a Ronda de Tòquio (1973-1979), també es van aprovar diversos acords sobre barreres no aranzelàries, com un acord sobre obstacles tècnics al comerç conegut com a «Codi de normalització». La vuitena i darrera ronda feta sota el sistema del GATT de 1947 fou la Ronda Uruguai, que s'inicià a Punta del Este (Uruguai) l'any 1986 i es va cloure, vuit anys després, a Marràqueix (Marroc).

La Ronda Uruguai va ser la més llarga i complexa de totes les rondes del GATT de 1947, ja que eren molts els reptes que tenia plantejats el sistema multilateral de comerç des de mitjan anys vuitanta: el rebrot del proteccionisme, que s'accentuava en èpoques de crisi i es concretava, principalment, en un ús abusiu de les excepcions i clàusules de salvaguarda; la persistència d'un tracte no equitatiu als països subdesenvolupats; l'enfrontament entre els Estats Units i la Comunitat Europea en relació amb les subvencions agrícoles; la pretensió, expressada essencialment pels països del nord, d'incorporar nous àmbits dins del sistema multilateral de comerç, com els serveis i la protecció de la propietat intel·lectual; la necessitat d'enfortir el mecanisme de solució de diferències comercials, que per les seves deficiències podia quedar bloquejat i no impedia que algunes potències, especialment els Estats Units, imposessin «sancions» de forma unilateral; o la millora de l'aparell institucional del sistema i de la seva coherència, evitant l'anomenat GATT «a la carta», que suposava que no totes les parts contractants del GATT de 1947 participessin en altres acords comercials negociats a les rondes.

Els resultats de la Ronda Uruguai es van plasmar en els Acords de Marràqueix de 15 d'abril de 1994, que van entrar en vigor l'1 de gener de 1995 i han suposat un considerable reforçament i expansió del sistema multilateral de comerç, situat ara sota el nou marc institucional de l'Organització Mundial del Comerç.

III. L'Organització Mundial del Comerç (OMC)

Els Acords de Marràqueix de 1994 s'obren amb l'Acord pel qual s'estableix l'OMC, que és un acord relativament breu (setze articles) i es dedica a regular aspectes institucionals i de procediment. La resta dels acords es recullen sota quatre annexos. Els tres primers annexos contenen els anomenats «Acords multilaterals», que es van considerar com un *single package* que és acceptat necessàriament i automàticament amb la pertinença a l'OMC, per tal d'evitar els inconvenients que es derivaven de l'anterior sistema del GATT «a la carta». L'Annex 4 inclou els anomenats «Acords plurilaterals», que són els únics exclosos del *single package* i que només vinculen, en conseqüència, els membres de l'OMC que els acceptin.

Els annexos 1A, 1B i 1C de l'Acord sobre l'OMC contenen els Acords comercials multilaterals, on figura, essencialment, la regulació substantiva del vigent sistema multilateral de comerç.

L'Annex 1A conté els Acords multilaterals sobre el comerç de mercaderies que comprenen, al seu torn, l'Acord general sobre aranzels duaners i comerç (GATT) de 1994 i altres acords complementaris en matèria de mercaderies, com l'Acord sobre obstacles tècnics al comerç, l'Acord sobre mesures sanitàries i fitosanitàries, l'Acord sobre l'agricultura i l'Acord sobre els tèxtils i la vestimenta.

L'Annex 1B conté l'Acord general sobre el comerç de serveis (AGCS o GATS, per a les sigles en anglès[3]) i l'Annex 1C l'Acord sobre els aspectes dels drets de la propietat intel·lectual relacionats amb el comerç (ADPIC o TRIPS[4]), que són els dos nous sectors que la Ronda Uruguai va incorporar dins del sistema multilateral del comerç, que tradicionalment s'havia limitat a la regulació del comerç internacional de mercaderies.

Per la seva banda, l'Annex 2 conté l'Entesa relativa a les normes i als procediments pels quals es regeix la solució de diferències (ESD) i l'Annex 3, el Mecanisme d'examen de les polítiques comercials (MEPC).

Com s'ha avançat, l'Annex 4 conté els anomenats Acords comercials plurilaterals, entre els quals destaca, particularment, l'Acord sobre contractació pública, que imposa els principis de transparència i no-discriminació en un àmbit tan rellevant de l'acció governamental.

1. Naturalesa jurídica i membres de l'OMC

A diferència de l'anterior sistema del GATT de 1947, l'OMC veu reconeguda expressament la seva personalitat jurídica internacional i es configura com una Organització internacional de cooperació, amb finalitats específiques i amb vocació d'universalitat. L'OMC ha mantingut els vincles de relació tradicionals que s'havien establert entre el sistema del GATT de 1947 i l'ONU, sense esdevenir tècnicament un Organisme especialitzat.

La vocació d'universalitat de l'OMC s'ha anat materialitzant a la pràctica amb la incorporació de nous membres. Els membres inicials de l'OMC van ser 128, entre els quals es van incloure, simultàniament, la Comunitat Europea i els seus Estats membres, en funció de la corresponent distribució de competències en les diverses matèries compreses pels Acords de Marràqueix[5].

Deu anys després de la seva creació, l'OMC ja compta amb 148 membres. El

3. *General Agreement on Trade in Services.*

4. Per a la denominació anglesa *Agreement on Trade-Related Aspects of Intellectual Property Rights.*

5. Qüestió que fou examinada pel Tribunal de Justicia de les Comunitats Europees en el seu Dictamen 1/94, *Rec.*, 1994, p. I-5267 i ss.

procés d'adhesió, que està regulat a l'article XII de l'Acord sobre l'OMC, és força complex, ja que requereix la negociació d'un Protocol d'adhesió amb l'Estat o territori duaner candidat, on aquest, a canvi dels beneficis que obtindrà per la seva incorporació a l'OMC, ha d'assumir compromisos tendents a l'obertura del seu mercat, particularment en matèria d'aranzels duaners i de condicions per a les transaccions de serveis. El Protocol d'adhesió ha de ser aprovat pel vot favorable de 2/3 parts dels membres de l'OMC, tot i que és habitual exigir un consens.

Entre els nous membres de l'OMC destaca la Xina, que fou admesa l'any 2001, després d'unes llargues negociacions que es van iniciar l'any 1987, encara sota l'antic sistema del GATT de 1947. Actualment, es negocia l'adhesió de diversos Estats, entre els quals sobresurt el cas de Rússia.

Interessa referir-se, en relació amb els esforços per incrementar la participació en el comerç mundial dels països subdesenvolupats, a la previsió que els països menys avançats, reconeguts com a tals per les Nacions Unides, només hauran d'assumir compromisos i fer concessions en la mesura compatible amb les necessitats de cada un d'ells en matèria de desenvolupament, finances i comerç o amb les seves capacitats administratives i institucionals[6].

2. *Funcions de l'OMC*

Segons l'article XVI.4 de l'Acord sobre l'OMC, cada membre de l'Organització «s'assegurarà de la conformitat de les seves lleis, reglaments i procediments administratius amb les obligacions que li imposen els Acords annexos». Els membres són, doncs, els principals encarregats d'executar els Acords de l'OMC i la funció de l'Organització consisteix a facilitar-ne l'aplicació, administració i funcionament i afavorir la consecució de llurs objectius. Aquesta missió genèrica es concreta, segons l'article III de l'Acord constitutiu, en quatre funcions principals, que seran examinades a continuació.

A) Impuls de noves negociacions comercials

L'OMC es configura com el fòrum per a les negociacions comercials multilaterals entre els seus membres. Des de l'establiment del GATT de 1947, el sistema multilateral de comerç ha estat presidit per la idea d'una liberalització progressiva. Els Acords de Marràqueix insisteixen en la necessitat de prosseguir els esforços de liberalització del comerç internacional i alguns van arribar a preveure expressament la ulterior represa d'específiques negociacions. L'any 2001 es va iniciar a Doha (Qatar) una nova ronda de negociacions comercials multilaterals, que ha tractat de posar l'accent en les necessitats dels països subdesenvolupats i de precisar els nous àmbits a

6. Article XI.2 de l'Acord sobre l'OMC.

regular pel sistema comercial multilateral. Al final d'aquest capítol, ens referirem a la Ronda de Doha i als contraposats interessos que s'hi han manifestat.

B) Solució de diferències

Una de les funcions més rellevants de l'OMC consisteix a resoldre, de conformitat amb les previsions de l'anomenada Entesa sobre solució de diferències (ESD), les controvèrsies entre els seus membres sobre l'aplicació dels diversos acords comercials multilaterals i plurilaterals. Aquest mecanisme de solució de diferències integrat, on només tenen *ius standi* els mateixos membres de l'Organització, és clau per tractar de garantir l'observació de les obligacions assumides en virtut del sistema multilateral de comerç i pot acabar amb la imposició de sancions al membre incomplidor.

Per entendre l'actual mecanisme de solució de diferències de l'OMC, convé recordar que, com s'ha indicat abans, sota l'antic sistema del GATT de 1947 ja es va desenvolupar un singular mecanisme basat en la intervenció d'uns grups especials d'experts (*panels*) que elaboraven un informe complet sobre els fets i el dret. Aquest informe només adquiria caràcter vinculant si era adoptat pel conjunt de les parts contractants i a la pràctica s'exigia el consens de totes elles, incloses les parts implicades en la controvèrsia. Això afeblia aquest mecanisme, que podia ser «bloquejat» per la part perdedora i tendia a assimilar-se, tot i les seves peculiaritats, a un procediment de conciliació internacional[7].

Les negociacions de la Ronda Uruguai van suposar una notable millora i enfortiment del sistema. Entre les novetats que va introduir l'ESD vigent, interessa destacar: la fixació de terminis més precisos; la possibilitat que l'informe del grup especial sigui objecte de recurs, per qüestions de dret o d'interpretació jurídica, davant del nou Òrgan d'Apel·lació Permanent; i el fet que els informes dels grups especials i de l'Òrgan d'Apel·lació adquireixin un caràcter vinculant de forma quasi automàtica.

Així, l'adopció dels informes corresponents pertoca al conjunt de membres de l'OMC, reunits ara en l'anomenat Òrgan de Solució de Diferències, però aquesta adopció té lloc per la nova regla del «consens negatiu», segons la qual els informes es consideraran adoptats tret del cas remot en què hi hagués un consens en contra de tots els membres de l'Organització[8]. Amb aquesta inversió del paper del consens, s'ha aconseguit una substancial jurisdiccionalització del mecanisme[9].

A més, l'ESD també preveu, a l'article 22, la possible imposició de sancions co-

---

7. Tesi desenvolupada, entre d'altres autors, per CANAL-FORGUES, E., *L'institution de la conciliation dans le cadre du GATT: contribution à l'étude de la structuration d'un mecanisme de règlement des différends*, Bruylant, Bruxelles 1993.

8. Articles 16.4 i 17.14 de l'ESD, relatius, respectivament, a l'adopció dels informes dels grups especials i de l'Òrgan d'Apel·lació.

9. V. MONTAÑA MORA, M., *La OMC y el reforzamiento del sistema GATT*, McGraw-Hill, Madrid 1997.

mercials als membres perdedors que es resisteixin a complir un informe adoptat. Aquestes sancions consisteixen en l'autorització al membre vencedor de la suspensió de drets o avantatges comercials en perjudici del membre incomplidor. Habitualment, consisteixen en l'augment d'aranzels duaners per un import equivalent als perjudicis econòmics que estigui patint el membre lesionat. L'adequació de les sancions pot ser determinada per un arbitratge, regulat i dotat de jurisdicció obligatòria per l'ESD.

El sistema de solució de diferències de l'OMC ha tingut, en termes generals, força èxit. Així, durant els seus primers deu anys de funcionament, s'hi han plantejat més de tres-centes controvèrsies diferents (un bon nombre de les quals s'han pogut resoldre mitjançant una solució mútuament acceptable) i s'ha generat una rica jurisprudència, que ha aportat seguretat i previsibilitat al sistema multilateral de comerç.

Tot i que el sistema de solució de diferències de l'OMC ha estat qualificat com un dels models més avançats en l'arranjament pacífic de controvèrsies internacionals[10], també ha rebut crítiques, que evidencien, per exemple, les mancances del sistema de sancions comercials previst, que depèn de l'efectiva capacitat coactiva del membre vencedor i afavoreix, per tant, les grans potències econòmiques[11].

C) Examen de les polítiques i pràctiques comercials

L'OMC també té assignada la funció d'avaluar periòdicament les polítiques i pràctiques comercials de tots els membres, per tal de contribuir, de forma «preventiva», a una millor observació i comprensió de les obligacions que imposa el sistema multilateral de comerç. Aquesta funció es concreta en l'aplicació de l'Annex 3 de l'Acord sobre l'OMC, que regula el Mecanisme d'examen de les polítiques comercials (MEPC) i incorpora algunes de les típiques tècniques de «control internacional». Segons el MEPC, tots els membres de l'OMC han de ser objecte d'un «examen periòdic». La freqüència de l'examen és major o menor en funció de la importància comercial del membre. Així, les quatre primeres potències (entre les quals s'inclou, com a una, la Comunitat Europea) seran objecte d'examen cada dos anys. Les setze següents seran avaluades cada quatre anys. La resta de membres seran examinats cada sis anys, per bé que es poden fixar intervals més llargs per als països menys avançats. L'examen es basarà, essencialment, en l'informe complet que ha de presentar cada membre i en un informe que redactarà la pròpia Secretaria de l'OMC, sota la seva responsabilitat.

---

10. Com s'argumenta a PETERSMANN, E.-U., *The GATT/WTO Dispute Settlement System – International Law, International Organizations and Dispute Settlement*, Kluwer Law International, London – The Hague – Boston 1997, a p. 57-65.

11. Com observen MAVROIDIS, P., «Remedies in the WTO Legal System: Between a rock and a hard place», *European Journal of International Law*, vol. 11, 2000, núm. 4, p. 763-813, a p. 780 i 809; i REMIRO BROTONS, A. «Desvertebración del Derecho internacional en la sociedad globalizada», *Cursos Euromediterráneos Bancaja de Derecho Internacional*, vol. V, 2001, p. 45-381, a p. 304.

D) Cooperació amb altres Organitzacions internacionals

Com s'ha avançat, l'OMC no s'ha configurat formalment com a Organisme especialitzat de les Nacions Unides, però això no impedeix que col·labori regularment amb l'ONU i altres organitzacions internacionals de l'anomenat Sistema de les Nacions Unides. Així, és significatiu que l'article III.5 de l'Acord sobre l'OMC inclogui expressament, entre les funcions de l'Organització, que aquesta «cooperarà amb el Fons Monetari Internacional i amb el Banc Internacional de Reconstrucció i Foment i els seus organismes connexos» amb la finalitat d'aconseguir «una major coherència en la formulació de les polítiques econòmiques a escala mundial».

3. Estructura orgànica de l'OMC

L'OMC té una estructura orgànica complexa, que s'ha basat, en bona mesura, en el sistema institucional que es va anar desenvolupant sota l'antic marc del GATT de 1947. Els òrgans de l'OMC poden agrupar-se en tres categories (òrgans intergovernamentals, òrgans amb funcions jurisdiccionals i la Secretaria) que examinarem a continuació.

A) Òrgans intergovernamentals

L'OMC està formada per nombrosos òrgans intergovernamentals. Tots aquests òrgans són plenaris, ja que hi poden participar representants de tots els membres de l'Organització. En el cas particular dels òrgans que gestionen els anomenats acords comercials plurilaterals, de caràcter opcional, només participen, lògicament, els membres que els acceptin.

Un altre tret comú dels òrgans intergovernamentals de l'OMC és que l'adopció de les decisions es fa, generalment, per consens. Aquesta ja era la pràctica tradicional sota l'anterior sistema del GATT de 1947, que es manté expressament per l'article IX de l'Acord sobre l'OMC. Aquest article també preveu que quan no es pugui arribar a una decisió per consens es decidirà per votació. En aquest supòsit, les decisions s'adoptaran per majoria dels vots emesos, llevat que algun precepte exigeixi una majoria reforçada, que pot ser de dos terços (com quan s'aprova un acord sobre les condicions d'adhesió d'un nou membre) o de tres quarts (per exemple, quan es concedeix una exempció)[12].

Els òrgans intergovernamentals de l'OMC s'estructuren jeràrquicament, formant una mena de piràmide, presidida per la Conferència Ministerial. Aquesta es reu-

---

12. L'article IX.1 de l'Acord sobre l'OMC preveu que quan les Comunitats Europees, en la seva condició de membre de l'OMC, exerceixin el seu dret de vot, tindran un nombre de vots igual al nombre dels seus estats membres que siguin membres de l'OMC.

neix almenys un cop cada dos anys i és l'òrgan deliberant de màxima competència, ja que té la facultat d'adoptar decisions sobre tots els afers compresos en l'àmbit de qualsevol dels Acords comercials multilaterals. Entre les conferències ministerials celebrades des de la creació de l'OMC, destaca la celebrada a Doha, del 9 al 13 de novembre de 2001, on es va decidir, com ja s'ha avançat, l'inici d'una nova ronda de negociacions comercials multilaterals.

En un segon nivell figura el Consell General, que es reuneix segons s'escaigui i exerceix les funcions de la Conferència Ministerial en els intervals entre les seves reunions. El Consell General exerceix també les funcions d'Òrgan de Solució de Diferències i d'Òrgan d'Examen de les Polítiques Comercials, però com si es tractés d'òrgans diferents i sotmesos, respectivament, a les previsions dels comentats annexos 2 i 3 de l'Acord sobre l'OMC.

En un tercer nivell, trobem els tres consells sectorials que supervisen el funcionament de les tres grans àrees substantives cobertes pels Acords comercials multilaterals: el Consell del Comerç de Mercaderies, el Consell del Comerç de Serveis i el Consell dels Aspectes dels Drets de Propietat Intel·lectual relacionats amb el Comerç. Aquests tres consells actuen sempre sota l'orientació del Consell General, es reuneixen quan sigui necessari i poden establir òrgans subsidiaris.

Finalment, cal destacar que la Conferència Ministerial també ha establert diversos comitès que s'ocupen de temes transversals, com el Comitè de Comerç i Desenvolupament, el Comitè de Restriccions per Balança de Pagaments, el Comitè d'Afers Pressupostaris, Financers i Administratius i el Comitè de Comerç i Medi Ambient.

B) Òrgans amb funcions jurisdiccionals

Com ja s'ha avançat quan s'ha vist el sistema de solució de diferències de l'OMC, aquesta compta amb òrgans integrats per experts independents i encarregats d'exercir unes funcions típicament jurisdiccionals, consistents a determinar els fets i declarar el dret en les controvèrsies comercials entre els membres de l'Organització. Aquests òrgans estan regulats a l'ESD i són: els Grups Especials i l'Òrgan d'Apel·lació Permanent.

Els Grups Especials o *panels* tenen un caràcter *ad hoc*, ja que cada controvèrsia serà examinada en primera instància per un grup d'experts específic. Els Grups Especials estan formats, generalment, per tres experts, però les parts litigants poden acordar elevar la xifra a cinc.

L'Òrgan d'Apel·lació coneix, com s'ha vist, dels recursos que es presentin contra els informes dels Grups Especials. Està format per set experts independents, que són elegits per períodes de quatre anys per l'Òrgan de Solució de Diferències i poden ser renovats una vegada. Cada recurs és examinat per tres dels integrants de l'Òrgan d'Apel·lació, de conformitat amb els torns establerts. Segons l'article 17.3 de l'ESD, els integrants de l'Òrgan d'Apel·lació han de ser persones amb un prestigi reconegut, amb competència tècnica acreditada en dret, comerç internacional i els temes coberts pels Acords de l'OMC i «representatius en termes generals de la composició de l'OMC».

C) Secretaria

Com a òrgan de caràcter tècnic i administratiu s'estableix la Secretaria, dirigida pel director general, que és designat per la Conferència Ministerial. El director general nomena el personal de la Secretaria i determina els seus deures i condicions de servei, de conformitat amb els reglaments que adopti la Conferència Ministerial.

Les funcions del director general i del personal de la Secretaria són de caràcter exclusivament internacional i, com és propi d'aquesta mena d'òrgans, no poden rebre instruccions de cap govern ni de cap autoritat aliena a l'OMC. A més de les funcions estrictament administratives, la Secretaria i, en particular, el director general, desenvolupen funcions de rellevància política, com demanar aclariments als membres sobre les seves polítiques o pràctiques comercials, designar els membres d'un grup especial si no hi ha acord entre les parts litigants i oferir els seus bons oficis, mediació o conciliació per resoldre una controvèrsia.

4. El GATT de 1994 i altres acords comercials multilaterals sobre mercaderies

El comerç internacional de mercaderies ha estat l'objecte tradicional del sistema multilateral de comerç. Actualment, està regulat pel GATT de 1994 i la resta d'Acords comercials multilaterals inclosos a l'Annex 1A de l'Acord sobre l'OMC, que presentarem, sumàriament, a continuació.

A) El GATT de 1994: principis fonamentals i excepcions

El GATT de 1994 és jurídicament diferent del GATT de 1947 i es tracta d'un acord complex, que comprèn, entre d'altres elements: les disposicions del GATT de 1947 en la seva forma rectificada, esmenada o modificada que estigui en vigor; les disposicions dels instruments jurídics en vigor en el marc del GATT de 1947 relatius a concessions aranzelàries, adhesions i decisions sobre exempcions; les notes explicatives i set enteses adoptades a Marràqueix l'any 1994, que precisen i desenvolupen alguns dels articles de l'Acord general.

El GATT de 1994 és l'Acord comercial multilateral que regula amb caràcter general el comerç de mercaderies a nivell mundial i té, per tant, una importància cabdal dins del dret de l'OMC. La seva lògica, que des de l'originari GATT de 1947 busca una multilateral i progressiva liberalització del comerç internacional, es concreta en l'establiment d'una sèrie de principis fonamentals i d'una variada gamma d'excepcions. Com a principis fonamentals del GATT de 1994 figuren els següents:

a) Admissió condicionada d'aranzels duaners. Els membres de l'OMC poden seguir imposant aranzels duaners als productes importats. Els aranzels, que són la barrera comercial més tradicional i transparent per protegir la producció interna, són recollits per cada membre a les llistes de concessions annexes al GATT (segons preveu l'article II) i, si es consideren consolidats, no podran ser augmentats de forma unilateral. A més, les successives rondes de negociacions comercials multilaterals impulsen una progressiva reducció dels aranzels consignats (article XXVIII bis).

b) Tracte general de la nació més afavorida. Aquest principi està recollit a l'article I i obliga cada membre de l'OMC a estendre a tots els altres membres de l'Organització qualsevol avantatge, favor, privilegi o immunitat que s'hagi concedit a un producte originari d'un altre membre o destinat a ell. El que es fa amb el GATT és que la tradicional clàusula de la nació més afavorida prevista en tractats bilaterals es multilateralitza i s'aplica, de forma immediata i incondicional, en benefici de tots els membres de l'OMC. Aquest principi suposa, sintèticament, un tracte paritari i garanteix la igualtat de les condicions de competència, ja que els aranzels duaners o altres eventuals barreres a les importacions s'han d'aplicar sense discriminacions als productes originaris de qualsevol membre de l'OMC.

c) Eliminació general de les restriccions quantitatives. L'article XI prohibeix, amb caràcter general, l'establiment de restriccions quantitatives a les importacions o a les exportacions de productes. Entre els membres de l'OMC no es pot fer ús, doncs, d'aquesta tradicional barrera comercial, concretada en la imposició de contingents i de llicències a les importacions o a les exportacions, tret que hi hagi algun precepte específic que ho justifiqui.

d) Tracte nacional en matèria de tributació i de reglamentació interiors. Els productes importats poden estar gravats per aranzels duaners i altres eventuals mesures frontereres, però, un cop accedeixen al mercat han de rebre el tracte nacional. Així, segons l'article III, les normes sobre tributació i reglamentació interior que afectin la venda, compra, transport, distribució o ús dels productes seran aplicades sense discriminacions als productes importats. Aquest principi s'aplica tant a productes idèntics com a productes «similars» als nacionals, que, segons ha anat precisant la jurisprudència, són productes que tenen característiques físiques i usos semblants, apareixen en comunes classificacions aranzelàries i són substituïbles.

Els membres de l'OMC poden sostreure's d'aquests principis en virtut de mesures de salvaguarda, exempcions i diverses excepcions, entre les quals destaquen les següents:

a) Restriccions per protegir la balança de pagaments. Segons l'article XII, un membre podrà reduir el volum o el valor de les seves importacions quan això sigui necessari per «salvaguardar la seva posició financera exterior i l'equilibri de la seva balança de pagaments», sempre que respecti les estrictes condicions imposades per l'article en qüestió i una específica entesa sobre la matèria adoptada a Marràqueix.

b) Mesures d'urgència sobre la importació de productes en casos particulars. L'article XIX, també conegut com a «clàusula de salvaguarda», autoritza que un membre adopti mesures d'urgència o «salvaguarda» (com un augment dels aranzels duaners o restriccions quantitatives) en el cas que, de forma «imprevista», tingui lloc un increment de les importacions d'un determinat producte que causi o amenaci de causar un perjudici greu als productors nacionals de productes similars o directament competidors. L'Acord sobre salvaguardes adoptat a Marràqueix precisa les condicions i terminis en què poden aplicar-se aquestes mesures.

c) Excepcions generals. Estan contemplades a l'article XX, que permet l'adopció de mesures necessàries per protegir la moral pública, la salut i la vida de les persones i dels animals, la preservació dels vegetals, els tresors nacionals artístics o arqueològics, la conservació de recursos naturals exhauribles, etc. A més de perseguir un dels objectius previstos pel precepte, cal que aquestes mesures siguin proporcionades i no s'apliquin de manera que constitueixin «un mitjà de discriminació arbitrari o injustificable o una restricció encoberta al comerç internacional».

d) Excepcions relatives a la seguretat. L'article XXI permet que qualsevol membre adopti mesures que restringeixin el comerç per preservar interessos essencials de la seva seguretat (com les mesures destinades a controlar el tràfic d'armes i municions o les aplicades en temps de guerra o en cas de greu tensió internacional) o en compliment de les obligacions contretes en virtut de la Carta de les Nacions Unides per al manteniment de la pau i la seguretat internacionals.

e) Unions duaneres i zones de lliure comerç. L'article XXIV admet, com una de les excepcions més importants al principi del tracte general de la nació més afavorida, que dos o més membres celebrin un acord comercial per concedir-se un tracte preferent entre si, sense estendre'l a la resta de membres de l'Organització. Aquests acords d'integració econòmica de caràcter regional –que s'examinaran al capítol 24– poden resultar perjudicials per al sistema comercial multilateral perquè trenquen amb el principi de tracte paritari i poden causar una desviació de comerç en detriment dels països més competitius, però també poden generar beneficis globals, com una major creació de comerç o facilitar, de retruc, una progressiva liberalització del comerç a nivell mundial.

Aquesta ambivalència justifica que el citat article XXIV admeti aquests acords preferents a títol d'excepció i sempre que compleixin una sèrie de requisits, com són: que aquests acords estableixin (si més no, en un termini raonable) una zona de lliure canvi (dos o més territoris entre els quals s'eliminen els drets duaners i altres restriccions al comerç de mercaderies) o una unió duanera (substitució de dos o més territoris duaners per un de sol, liberalitzant el comerç *ad intra* i establint, *ad extra*, unes reglamentacions i una tarifa duanera exterior comunes); que la liberalització entre les parts a l'acord cobreixi l'essencial dels intercanvis comercials, excloent la possibilitat d'acords que només afectin certs productes o determinats sectors econòmics; que no reforcin ni creïn més obstacles als ja existents respecte de tercers països, de manera que la tarifa exterior comuna d'una unió duanera no podrà superar la mitjana ponderada dels aranzels aplicats per cada país anteriorment; que aquests acords siguin notificats i examinats per l'OMC, que amb aquesta finalitat ha establert l'anomenat Comitè de Comerç Regional. Cal advertir, en qualsevol cas, que si algun d'aquests acords preferents no respecta els requisits previstos podrà donar lloc a una reclamació que seguirà els procediments ordinaris del sistema de solució de diferències de l'OMC[13].

f) Exempcions. L'article XXV preveu que, en circumstàncies excepcionals, un membre pot ser eximit d'aplicar alguna de les seves obligacions. Actualment i segons l'article IX.3 de l'Acord sobre l'OMC, la decisió de concedir una exempció correspon a la Conferència Ministerial, que l'ha de prendre per una majoria de tres quarts dels membres. Interessa destacar que algunes de les exempcions concedides sota el sistema del GATT de 1947 i a la vigent OMC s'han dirigit, precisament, a autoritzar alguns acords comercials regionals que no satisfeien certs requisits del comentat article XXIV.

g) Clàusula d'habilitació. Com ja s'ha indicat, aquesta «Clàusula» fou aprovada l'any 1979 per una decisió de les parts contractants del GATT de 1947 i autoritza, com a excepció al principi de tracte general de la nació més afavorida, la concessió de preferències comercials als països en vies de desenvolupament sense estendre-les als membres desenvolupats de l'OMC.

B) Altres acords comercials multilaterals sobre mercaderies

El dret de l'OMC comprèn, a més del GATT de 1994, un ampli ventall d'acords comercials multilaterals sobre mercaderies, que complementen les previsions de l'Acord general o s'ocupen de sectors específics. A títol indicatiu, fem esment de:

a) L'Acord sobre agricultura, que s'ocupa d'un sector en què, sota el sistema del GATT de 1947, es va tolerar un accentuat proteccionisme, que s'ha concretat especialment en la imposició de diversos tipus de restriccions i la concessió de subvencions a la producció i a l'exportació dels productes agrícoles. L'Acord sobre agricultura preveu l'aranzelització i disminució de les restriccions existents i, tot i que manté un règim especial que segueix tolerant les subvencions agrícoles, n'imposa una reducció. Així, durant el període 1995-2000, els països desenvolupats han hagut de disminuir aquestes subvencions en un 20 % o un 36 %, segons que es tracti de subvencions a la producció o a l'exportació. També es preveu la ulterior represa de les negociacions per prosseguir amb la liberalització del sector.

b) L'Acord sobre els tèxtils i la vestimenta (ATV). El sector tèxtil també ha estat, tradicionalment, un dels més protegits, principalment a través de restriccions quantitatives autoritzades sota el marc de l'Acord multifibres de 1974, que va sostreure els tèxtils del règim general del GATT. A la Ronda Uruguai, els països subdesenvolupats, que eren els més perjudicats per aquest proteccionisme, van reclamar la «normalització» del sector, que l'ATV ha previst de forma escalonada, durant un període de deu anys.

c) L'Acord sobre obstacles tècnics al comerç (OTC). Els obstacles tècnics al comerç consisteixen en les característiques o especificacions tècniques de les merca-

---

13. Tal com s'analitza detalladament a ZAPATERO, P., *Derecho del comercio global*, Thomson-Civitas, Madrid 2003, p. 131-266.

deries que es comercialitzen en un determinat mercat (com les relatives a la seva composició, nivell de qualitat, etiquetatge, embalatge...) i s'anomenen reglaments tècnics (quan són obligatoris) o estàndards (si són voluntaris). L'Acord OTC millora l'anterior acord sobre la matèria celebrat a la Ronda de Tòquio, i intenta evitar més eficaçment la possible utilització de les especificacions tècniques amb finalitats proteccionistes. L'Acord OTC preveu que les especificacions tècniques que estableixi cada membre han de perseguir un objectiu legítim i han de ser: transparents, no discriminatòries, ni arbitràries o excessivament oneroses, tenint en compte les prescripcions elaborades per organismes internacionals com la ISO (*International Organization for Standardization*). L'Acord OTC també inclou un codi de bona conducta per a les entitats no governamentals que es dediquin a activitats de normalització.

d) L'Acord sobre mesures sanitàries i fitosanitàries (MSF). Aquest Acord contempla un tipus concret d'especificacions tècniques: les relatives a assegurar la salubritat i el caràcter innocu dels aliments, animals i vegetals. L'Acord MSF segueix una lògica semblant a l'Acord OTC, però s'ajusta a les peculiaritats d'aquestes mesures, especialment problemàtiques, i emfasitza la necessitat d'una base científica que les justifiqui.

e) L'Acord antidúmping. Sota el GATT de 1947, el dúmping ja va ser considerat una pràctica comercial deslleial, consistent en la importació de productes per sota del seu valor normal o sota cost, i es va admetre que els països perjudicats puguin imposar drets antidúmping que la contrarestin, regulant-ho amb un codi específic. L'actual Acord antidúmping contempla de forma detallada les condicions de fons i de procediment que haurà de respectar un membre quan decideixi la imposició de drets antidúmping.

f) L'Acord sobre subvencions i mesures compensatòries (SMC). Sota el GATT de 1947 també es va considerar que certes subvencions són deslleials i que els països perjudicats hi poden respondre mitjançant la imposició de mesures compensatòries que les neutralitzin. El vigent Acord SMC enforteix notablement la normativa sobre les subvencions i en distingeix tres possibles tipus: les subvencions prohibides; les subvencions legítimes; i les subvencions recurribles (categoria residual de subvencions que, tot i no estar expressament prohibides, poden justificar una reclamació davant l'OMC si causen perjudicis).

g) L'Acord sobre els aspectes de les mesures en matèria d'inversions relacionades amb el comerç (MIRC). S'ocupa d'un aspecte molt concret de les inversions estrangeres, prohibint, de forma expressa i amb caràcter general, que un membre imposi als inversors certes obligacions contràries als principis de tracte nacional o d'eliminació general de les restriccions quantitatives, com exigir la compra o utilització de productes d'origen nacional.

5. L'Acord General sobre Comerç de Serveis (AGCS)

L'Acord General sobre Comerç de Serveis (AGCS) fou una de les principals novetats aportades pels Acords de Marràqueix, ja que fins llavors el sistema multilateral de comerç s'havia limitat a regular els intercanvis internacionals de mercaderies[14]. Aquest fet va permetre que molts països mantinguessin i imposessin nombroses barreres que han dificultat considerablement les transaccions internacionals de serveis, i que han afectat sectors clau com els serveis bancaris, les assegurances, les telecomunicacions o els serveis de distribució.

La creixent importància dels serveis en el conjunt de l'economia i l'interès, particularment dels països més desenvolupats, per augmentar la seva internacionalització justifiquen que, durant la Ronda Uruguai, es plantegés el repte d'arribar a un acord multilateral per impulsar una progressiva liberalització dels serveis a nivell mundial.

L'AGCS té una estructura semblant a la del GATT, amb un articulat que preveu una sèrie de principis fonamentals i excepcions i unes llistes annexes, comparables amb les llistes d'aranzels duaners del GATT, on cada membre recull els seus compromisos específics en matèria de serveis.

Ara bé, el règim jurídic de l'AGCS es diferencia en qüestions clau del règim del GATT. Aquestes diferències, que detallarem més endavant, s'expliquen en part per les peculiaritats dels serveis, que molts cops no es poden prestar a través d'un simple intercanvi transfronterer, i a la diversitat i complexitat de les barreres que habitualment s'imposen a la prestació de serveis des de l'estranger o per estrangers, anomenades genèricament «reglamentacions sobre serveis».

Pel que fa al seu àmbit d'aplicació, l'AGCS s'aplica, segons l'article I, a qualsevol tipus de mesura adoptada pels membres que afecti «el comerç de serveis», excloent-ne els serveis «subministrats en exercici de facultats governamentals». Pel que fa a la forma de prestació del servei, l'AGCS cobreix les quatre modalitats següents: *a*) la *prestació transfronterera*, quan un servei es presta del territori d'un membre al territori de qualsevol altre membre (com seria, per exemple, una trucada telefònica); *b*) el *consum de serveis*, quan l'usuari o consumidor es desplaça des del seu país al territori d'un altre membre per rebre un servei; *c*) la *presència comercial*, que té lloc quan un proveïdor de serveis d'un membre estableix una sucursal o filial en el territori d'un altre membre; i *d*) la *presència de persona física*, quan un proveïdor de serveis es desplaça personalment al territori d'un altre membre per prestar un servei.

Interessa destacar que la *prestació transfrontera* presenta analogies amb el comerç internacional de mercaderies, que és l'àmbit regulat pel GATT, però les altres modalitats de prestació són completament diferents i afecten temes tan sensibles com la regulació dels moviments de persones i de les inversions estrangeres en matèria de serveis.

L'amplitud i complexitat dels àmbits coberts per l'AGCS, juntament amb el fet que es tracti de l'acord amb què s'inicia la liberalització dels serveis a nivell mundial, expliquen que el seu règim jurídic es caracteritzi, en termes generals, per una major fle-

---

14. V. López Escudero, M., *El comercio internacional de servicios después de la Ronda Uruguay*, Tecnos, Madrid, 1996.

xibilitat que el del GATT. En aquest sentit, l'AGCS imposa obligacions que s'inspiren en els principis fonamentals del GATT, però ha previst, a més d'excepcions i exempcions similars a les del GATT, que cada membre pugui excloure, selectivament, l'aplicació de certs principis generals.

D'entrada, la mateixa obligació general de tractar paritàriament tots els serveis i proveïdors de serveis dels membres de l'OMC ha pogut ser exclosa temporalment. Així, l'article II de l'ACGS, titulat «Tracte de la nació més afavorida», ha previst que un membre pot mantenir una mesura discriminatòria incompatible amb l'esmentada obligació si ha estat enumerada en un específic «Annex sobre exempcions de les obligacions de l'article II» i dins d'un termini màxim que, «en principi», no hauria de ser superior de «10 anys».

A més, les llistes de compromisos són decisives, ja que cada membre hi precisa, respecte d'un determinat sector de serveis o amb caràcter horitzontal, les condicions a què podrà quedar sotmesa la seva prestació per estrangers o des de l'estranger, consolidant-les o no i podent fer excepcions a les obligacions que, en principi, imposa l'AGCS en matèria d'accés als mercats o de tracte nacional.

Així, l'article XVI, titulat «Accés als mercats», preveu que un membre, en els sectors en què assumeixi compromisos, no podrà imposar certs tipus de «reglamentacions sobre serveis» (com limitacions al nombre de proveïdors de serveis, limitacions al valor o al nombre de les transaccions de serveis o limitacions a la participació de capital estranger en empreses de serveis) tret que «a la seva llista s'especifiqui el contrari». L'article XVII, relatiu al «Tracte nacional», segueix un lògica semblant i preveu que, en els sectors inscrits a la seva llista, cada membre atorgarà als serveis i proveïdors de serveis de qualsevol altre membre un «tracte no menys favorable que el que dispensi als seus propis serveis similars o proveïdors de serveis similars», però sota «les condicions i excepcions» que es consignin a la llista.

El paper clau de les llistes de compromisos específics dins del règim de l'AGCS explica que la progressiva liberalització dels serveis a nivell mundial dependrà, essencialment, de les successives negociacions i renegociacions dels compromisos específics. En aquest sentit, l'article XIX de l'AGCS ja va preveure que, no més tard de cinc anys després de l'entrada en vigor de l'Acord sobre l'OMC, s'hauria d'iniciar una ronda de negociacions per augmentar els compromisos específics contrets pels membres, mantenint una «flexibilitat apropiada» per als països en desenvolupament.

6. L'Acord sobre aspectes dels Drets de Propietat Intel·lectual relacionats amb el Comerç (ADPIC)

La protecció de la propietat intel·lectual ha estat regulada per acords internacionals amb vocació universal des del segle XIX, com les originàries convencions de París de 1883, sobre protecció de la propietat industrial, i de Berna de 1886, sobre protecció d'obres literàries i artístiques. Aquestes i altres convencions, que s'han anat actualitzant, han quedat cobertes per l'Organització Mundial de la Propietat Intel·lectual, que fou creada l'any 1967 i és un dels Organismes especialitzats del sistema de les Nacions Unides (examinats al capítol 12, apartat III).

Malgrat això, durant la Ronda Uruguai, els països més desenvolupats van insistir en la necessitat d'incloure dins del sistema multilateral de comerç un acord sobre la matèria, ja que observaven que nombrosos països (particularment, països en desenvolupament) no protegien adequadament certs tipus de patents, com les relatives a productes farmacèutics, drets d'autor o marques comercials.

La conclusió a Marràqueix, com a un dels acords comercials multilaterals de l'OMC, de l'Acord sobre els aspectes de la propietat intel·lectual relacionats amb el comerç (ADPIC) ha permès un enfortiment de la normativa internacional en la matèria, ja que aquest Acord vincula tots els membres de l'OMC i queda cobert per l'avançat sistema de solució de diferències d'aquesta Organització, que pot arribar a comportar la imposició de «sancions creuades» a un membre incomplidor (per exemple, sancionant una violació de l'Acord sobre els ADPIC amb un augment d'aranzels duaners).

L'Acord sobre els ADPIC imposa la protecció de: drets d'autor i drets connexos, marques de fàbrica o de comerç, indicacions geogràfiques, dibuixos i models industrials, patents i esquemes de traçat (topografies) dels circuits integrats. L'Acord defineix cadascun d'aquests drets i precisa les garanties mínimes que els han de reconèixer tots els membres de l'OMC, impulsant una harmonització de les legislacions internes en la matèria. A títol d'exemple, s'estableix que la protecció conferida per una patent no expirarà abans que hagi transcorregut un període de vint anys (article 33). L'Acord també exigeix que la legislació nacional dels membres estableixi recursos i procediments relatius a l'observació dels drets de propietat intel·lectual que siguin eficaços, justos i equitatius, i detalla els requisits que han de reunir els corresponents procediments civils, administratius o penals.

L'Acord sobre els ADPIC preveu excepcions relatives a la seguretat (article 73) i reconeix que els membres podran excloure la patentabilitat de certes invencions per protegir l'ordre públic o la moralitat, la salut o la vida de les persones o animals, per preservar els vegetals o evitar danys greus al medi ambient (article 27.2). També admet la possibilitat d'excepcions als drets de patent conferits i que un membre permeti usos d'una patent sense autorització del titular dels drets si, prèviament, s'ha intentat obtenir una autorització en termes i condicions comercials raonables o en «cas d'emergència nacional o en altres circumstàncies d'extrema urgència» o «d'ús públic no comercial», sota les condicions previstes a l'article 31.

7. La Ronda de Doha

Com s'ha vist, una de les funcions de l'OMC consisteix a impulsar noves negociacions comercials multilaterals. Alguns dels acords adoptats a Marràqueix, com l'Acord sobre agricultura i l'AGCS, ja van preveure expressament la ulterior represa de les negociacions i a la primera de les conferències ministerials de l'OMC, celebrada a Singapur del 9 al 13 de desembre de 1996, es van identificar diversos temes que podrien incorporar-se a l'agenda de l'Organització i que, des de llavors, han estat identificats com els «temes o qüestions de Singapur». Entre aquests temes figuren: la relació entre comerç i inversions estrangeres directes; la interacció entre comerç i les polítiques de defensa de la competència; la transparència de la contractació pública; i la facilitació del comerç. Interessa precisar que un altre dels temes discutits a Singapur, la relació entre comerç i les normes en matèria laboral, va quedar exclòs, des d'un principi, de l'àmbit de competències de l'OMC.

Inicialment, es va preveure que a la Conferència Ministerial celebrada a Seattle, del 30 de novembre al 3 de desembre de 1999, començaria una nova ronda de negociacions comercials multilaterals, però la Conferència fou un fracàs pel context que la va envoltar, amb un esclat de protestes contra l'actual model de globalització neoliberal, i per les dissensions entre els mateixos membres de l'OMC sobre quina seria l'agenda de les negociacions.

A la següent Conferència Ministerial, celebrada a Doha del 9 al 13 de novembre de 2001, sí que es va poder assolir un consens i s'aprovà una «Declaració ministerial» que estableix una ambiciosa agenda de negociacions i enceta l'anomenada «Ronda de Doha». Aquesta nova ronda de negociacions comercials multilaterals comprèn la renegociació o revisió d'acords vigents (en matèria d'agricultura, serveis, accés de productes no agrícoles, propietat intel·lectual, antidúmping, subvencions, acords comercials regionals o sistema de solució de diferències) i l'inici de negociacions en els comentats «temes de Singapur» i altres temes de creixent preocupació internacional, com la relació entre comerç i medi ambient, la transferència de tecnologia i la relació entre comerç, endeutament extern i crisis financeres. L'agenda de Doha posa un èmfasi especial en les necessitats dels països subdesenvolupats, que troben dificultats en l'aplicació de nombroses normes de l'OMC i consideren clarament insuficients les actuals previsions que els reconeixen un «tracte especial i diferenciat».

El curs de les negociacions ha estat molt dificultós[15]. Així, a la Conferència Ministerial de Cancún, celebrada del 10 al 14 de setembre de 2003, no es va poder arribar a cap acord i van quedar paleses les profundes discrepàncies entre els membres de l'OMC sobre la conducció i contingut de les negociacions. Interessa destacar que els països en desenvolupament (liderats, entre d'altres, per Brasil i l'Índia) han manifestat clarament que no s'avançarà en les negociacions sobre els temes que més interessen als països desenvolupats (com els «temes de Singapur») mentre no s'asseguri un millor accés per als seus serveis i productes, especialment per als productes agrícoles.

El juliol de 2004, el Consell General de l'OMC ha donat un nou impuls a les

15. V. Jiménez Cortés, C., «De la Ronda Uruguay a Cancún: Balance de la OMC», *DCIDOB*, núm. 89, març-abril 2004, p. 8-13.

negociacions gràcies a l'aprovació d'un «paquet» que concreta el seu objecte i exclou alguns dels nous temes més controvertits. El decurs de la Ronda dependrà, en tot cas, dels resultats de les properes conferències ministerials.

Bibliografia sumària

ÁVILA MARÍA, A.; CASTILLO URRUTIA, J. A.; DÍAZ MIER, M. A. *Regulación del comercio internacional tras la Ronda Uruguay*, Tecnos, Madrid 1994.

DÍAZ MIER, M. A. *Del GATT a la Organización Mundial de Comercio*, Editorial Síntesis, Madrid 1996.

FLORY, T. *L'Organisation Mondiale du Commerce – Droit institutionnel et substantiel*, Bruylant, Bruxelles 1999.

JACKSON, J. H. H. *The World Trade Organization – Constitution and Jurisprudence*, Royal Institute of International Affairs, London 1998.

LIÑÁN NOGUERAS, D. J. «El Derecho Internacional Económico (II): El comercio internacional», a DÍEZ DE VELASCO, M. *Instituciones de Derecho Internacional Público*, 14a edició, Tecnos, Madrid 2003, p. 652-677.

MANGAS MARTÍN, A. «Otras organizaciones internacionales de carácter universal (II): La Organización Mundial del Comercio y las relaciones multilaterales comerciales», a DÍEZ DE VELASCO, M. *Las organizaciones internacionales*, 13a edició, Tecnos, Madrid 2003, p. 424-446.

MATSUSHITA, M.; SCHOENBAUM, T. J.; MAVROIDIS, P. *The World Trade Organization – Law, Practice, and Policy*, Oxford University Press, 2003.

ORGANITZACIÓ MUNDIAL DEL COMERÇ. *Entender la OMC*, 3a ed., Ginebra 2003.

PETERSMANN, E.-U. *International Trade Law and the GATT/WTO Dispute Settlement System*, Kluwer, Deventer 1997.

PICONE, P.; LIGUSTRO, A. *Diritto dell'Organizzazione Mondiale del Commercio*, CEDAM, Padova 2002.

22. EL COMERÇ ENTRE ESTATS AMB DIFERENT GRAU DE DESENVOLUPAMENT*

I. Introducció: comerç i països en vies de desenvolupament

La cooperació per al desenvolupament dels països del Tercer Món es basa principalment, com veurem en el proper capítol, en l'assistència tècnica i financera provinent dels països desenvolupats directament o a través d'institucions internacionals. Aquestes mesures poden constituir un pal·liatiu dels seus problemes econòmics i socials, però no són suficients per solucionar-ne les causes estructurals.

En aquest sentit, la participació dels països en vies de desenvolupament en el comerç internacional constitueix una de les vies més importants per obtenir recursos econòmics que els permetin tant expandir les seves economies com finançar les seves importacions.

Ara bé, a la pràctica, trobem que la participació dels països subdesenvolupats en el comerç internacional és relativament escassa: malgrat que aquesta participació augmenta en termes absoluts, disminueix en termes relatius, en comparació amb l'increment global dels intercanvis mundials. Aquest desequilibri té com a causes, bàsicament, la composició de la producció exportable i les limitacions dels nous horitzons comercials.

Efectivament, pel que fa a la composició de la producció exportable, es tracta en gran manera de productes bàsics; és a dir, primeres matèries. Aquesta mena de productes plantegen alguns problemes d'exportació, com ara:

a) La disminució de la demanda dels cultius tradicionals d'aquests països, amb la consegüent baixada de preus. Per contra, augmenten les necessitats alimentàries dels països subdesenvolupats, fruit del fort creixement demogràfic, que han de satisfer adquirint altres productes bàsics als països desenvolupats (en aquest sentit, cal no oblidar que, per exemple, els Estats Units són el primer productor de blat del món).

b) Les exportacions d'aquests productes són molt menys remuneradores que les dels productes manufacturats, que tenen un major valor afegit (a causa de la tecnologia incorporada, el preu del capital emprat, etc.). Es produeix, per tant, un deteriora-

---

* Elaborat pel Dr. Jaume Saura i Estapà i la Dra. Helena Torroja Mateu.

ment en els termes d'intercanvi: el valor de les exportacions que realitzen els països del Tercer Món, malgrat que pugui augmentar la quantitat total de béns, creix a un ritme més lent que el valor de les exportacions globals del mercat mundial, a causa del seu menor valor afegit. En termes relatius, per tant, disminueixen els seus beneficis (o augmenten les seves pèrdues). Per dir-ho gràficament: si un país exporta cafè i importa camions per transportar-lo, el deteriorament s'ha produït si, amb independència del preu de venda, l'any 1965 necessitava vendre 30 sacs de cafè per comprar un camió i l'any 2005 en necessita vendre 60 o 70 per fer-ho.

En segon lloc hem fet referència a les limitacions dels nous horitzons comercials. En efecte, per sortir del cercle viciós que imposa la situació que acabem de comentar, alguns països en vies de desenvolupament intenten produir productes manufacturats. Tampoc aquesta via no està exempta de problemes:

a) La producció ha de fer-se a una escala tal que en faci rendible l'exportació, per la qual cosa calen grans injeccions de capital, normalment estranger; el resultat és que moltes vegades la indústria d'un país subdesenvolupat es troba a les mans de filials d'empreses transnacionals, amb la qual cosa, d'una banda, l'estratègia industrial i comercial tindrà en compte els interessos de l'empresa mare i no la del país on es troba la filial; mentre que, de l'altra, els beneficis difícilment es reinvertiran en el país subdesenvolupat, sinó que tornaran a la societat mare.

b) Els països industrialitzats aproven mesures proteccionistes de la seva indústria nacional (tant de tipus aranzelari com no tarifari); mesures contràries a les normes del GATT i de l'OMC, però que es volen justificar adduint que els baixos costos de material i mà d'obra de la indústria incipient, que tenen com a resultat un preu més competitiu del producte final, constitueixen una competència deslleial envers ells. El resultat, en qualsevol cas, és que es dificulten greument les exportacions de manufactures procedents del Tercer Món.

Davant d'aquesta situació, els països en vies de desenvolupament reaccionen en diversos àmbits: en el pla institucional, creant una institució que defensi els seus interessos; en el pla normatiu, exigint un canvi en les regles que regulen el comerç internacional. Fruit d'aquesta reacció és la creació de la UNCTAD i la subsegüent activitat d'aquest òrgan.

II. La Conferència de les Nacions Unides sobre el Comerç i el Desenvolupament (UNCTAD)

1. Orígens i funcions

Els orígens de la UNCTAD poden situar-se en les conferències de països no alineats de Bandung (1955) i del Caire (1962), aquesta darrera dedicada específicament als problemes de desenvolupament econòmic. A la Conferència de Bandung neix el Moviment dels no Alineats, que condemnen el colonialisme en totes les seves manifestacions, es declaren partidaris de la no-alineació i la coexistència pacífica, i reclamen el dret al desenvolupament econòmic i cultural de les nacions. D'altra banda, de la Conferència del Caire emana la recomanació que les Nacions Unides convoquin una conferència encarregada d'examinar els problemes del comerç internacional en relació amb el desenvolupament. Aquesta recomanació és recollida pel Consell Econòmic i Social de les Nacions Unides que convoca la dita conferència i en crea la Comissió preparatòria el mateix any 1962. La Conferència va tenir lloc, finalment, a Ginebra, entre el 23 de març i el 16 de juny de 1964. Els objectius principals d'aquesta sessió eren de dos tipus, institucionals i normatius.

En primer lloc, es pretenia la creació d'una nova institució internacional permanent, responsable del comerç i el desenvolupament, que fes de contrapès a les organitzacions internacionals preexistents, dominades pels països desenvolupats. En aquest sentit, es produeix una primera discrepància entre països desenvolupats i subdesenvolupats. Els primers consideraven la Conferència com un fi en si mateixa, sense més continuïtat, mentre que els països subdesenvolupats propugnaven l'adopció de noves disposicions institucionals per tal de prosseguir l'obra endegada, tot convertint la Conferència en un organisme especialitzat de les Nacions Unides. La solució de compromís va ser la incorporació, mitjançant la Resolució 1995 (XIX), de 30 de desembre de 1964, de la Conferència de les Nacions Unides sobre Comerç i Desenvolupament (UNCTAD), com un òrgan subsidiari de l'Assemblea General, dotat, això sí, d'una estructura orgànica complexa i una autonomia de funcionament molt superior al que és habitual en aquesta mena d'òrgans.

Com a segon objectiu, es fixa l'adopció d'un conjunt de regles aptes per defensar de manera rigorosa els interessos dels països en vies de desenvolupament en l'àmbit del comerç exterior i el desenvolupament. En aquest sentit, la UNCTAD està dotada d'una doble finalitat:

– Afavorir la cooperació internacional per tal d'instaurar una relació comercial més equitativa entre els països del nord i del sud, i intensificar les relacions comercials entre països subdesenvolupats.

– Reestructurar el comerç internacional tenint en compte els interessos específics dels països subdesenvolupats.

2. *Estructura orgànica*

La UNCTAD té tres òrgans principals: la Conferència, la Junta de Comerç i Desenvolupament i la Secretaria.

La *Conferència* és l'òrgan intergovernamental de caràcter plenari i instància suprema de la institució. Formula les principals directrius de política i decideix el programa de treball. Comprèn tots els Estats membres no només de l'ONU, sinó també dels organismes especialitzats i de l'Organisme Internacional de l'Energia Atòmica (en l'actualitat n'hi ha 192). Aquests membres estan agrupats, a efectes organitzatius i procedimentals, en quatre grups:

- Grup A: països d'Àsia i Àfrica.
- Grup B: països de l'Organització per al Comerç i el Desenvolupament Econòmic (OCDE).
- Grup C: països d'Amèrica Llatina.
- Grup D: països d'Europa de l'Est i exsocialistes.

Des de la primera sessió de la UNCTAD, a la pràctica, els països dels grups A i C s'han fusionat tot creant l'anomenat *Grup dels 77* (que ara compta amb 132 Estats membres), un veritable grup de pressió de defensa de les tesis dels països subdesenvolupats que no ha actuat només en el si de la UNCTAD, sinó en tots els àmbits de negociació universals.

Les sessions de la Conferència tenen lloc cada quatre anys. Fins avui s'han celebrat onze períodes de sessions, els darrers a Midrand (1996), Bangkok (2000) i Sao Paulo (2004). Les decisions i recomanacions s'adopten per consens, tot i que la Resolució 1995 (XIX) preveu oficialment un mecanisme de majoria que en la pràctica mai no ha estat emprat.

La *Junta de Comerç i Desenvolupament* és un òrgan permanent que exerceix les competències de la Conferència quan no està reunida. A més, té funcions preparatòries dels treballs de la Conferència i executives de les seves decisions. En principi, era un òrgan de composició restringida (55 membres), però, des de 1976, qualsevol Estat membre pot participar en els seus treballs amb la qual cosa, com a mínim, té vocació d'òrgan plenari, tot i que no tots els Estats membres en formen part (en l'actualitat n'hi ha 146).

Per tal de desenvolupar les seves tasques, la VIII Conferència, celebrada a Cartagena de Indias l'any 1992, va crear, com a òrgans auxiliars de la Junta, diverses comissions permanents i grups de treball especials sobre temes com els productes bàsics, els serveis, el medi ambient, etc. A més, la Junta manté relacions orgàniques amb alguns òrgans subsidiaris del Consell Econòmic i Social (per exemple: Comissió Especial de Preferències; Comissió de Ciència i Tecnologia per al Desenvolupament, etc.).

Finalment, la *Secretaria* és l'òrgan administratiu de la UNCTAD, amb seu a Ginebra. Les seves funcions són d'assistència a la Conferència i a la Junta. El seu més alt funcionari és un secretari general, nomenat pel secretari general de Nacions Unides, amb confirmació de l'Assemblea General.

3. Les relacions UNCTAD/GATT

En el moment de la seva creació, la UNCTAD fou concebuda com un instrument antiGATT. Ara bé, amb el pas del temps, les seves relacions han passat de la confrontació a la coexistència i a la cooperació. De fet, la creació de la UNCTAD fou a causa, en part, de la lentitud del GATT per adaptar-se als problemes connexos del comerç i el desenvolupament. Quan finalment el GATT adopta la seva Part IV, titulada precisament «Comerç i desenvolupament», s'acaba de crear la UNCTAD (1964). Aquesta coincidència podia interpretar-se com una assumpció dels plantejaments d'aquest òrgan, però també com que el GATT no volia deixar de tenir l'exclusiva competència en tot allò relatiu al comerç internacional.

En qualsevol cas, les superposicions i les contradiccions en l'activitat de totes dues institucions foren freqüents durant els primers anys seixanta. Per posar fi a aquesta situació, des de 1968 s'institucionalitza la col·laboració entre aquests ens en matèria d'assistència tècnica a través de l'anomenat *Centre UNCTAD/GATT de Comerç Internacional*. Després de la Ronda Tòquio del GATT (1973-1979), s'adopten disposicions per permetre la participació de la UNCTAD en les negociacions del GATT i, a més, s'han establert contactes regulars entre el secretari general i el director general d'aquestes institucions, així com entre funcionaris de totes dues secretaries, amb la finalitat de coordinar les seves activitats. La creació de l'Organització Mundial del Comerç (OMC) l'any 1995 no ha canviat aquesta línia d'actuació. En aquest sentit, l'article V de l'Acord constitutiu de l'OMC preveu que el Consell General de l'OMC pugui concertar els acords apropiats de cooperació efectiva amb altres Organitzacions que tinguin responsabilitats afins a les seves. I així es fa a la pràctica, tot mantenint-se una relació de coordinació entre ambdues Organitzacions.

III. L'acció normativa de la UNCTAD

La UNCTAD està dotada d'un ventall de competències molt més ampli que el de qualsevol altre òrgan subsidiari i, a més, a la pràctica no ha deixat d'augmentar encara més les seves funcions. En realitat, la UNCTAD s'ha convertit en una de les principals tribunes des d'on els països en vies de desenvolupament han expressat les seves reivindicacions normatives.

La Resolució 1995 (XIX) encomana a la UNCTAD la «formulació de principis i de polítiques relatives al comerç internacional i als problemes connexos del desenvolupament econòmic»; és a dir, l'estudi i deliberació dels grans problemes econòmics i financers dels països del Tercer Món. Fruit d'aquest mandat són les resolucions en què la UNCTAD proposa les solucions noves i originals als problemes connexos del comerç internacional i el desenvolupament econòmic i social. Aquestes decisions no tenen caràcter jurídicament vinculant, però, en la mesura que són adoptades per consens, reflecteixen la voluntat comuna de la societat internacional en el seu conjunt. Entre aquestes mesures destaquem el Sistema generalitzat de preferències, el Codi per al control de les pràctiques comercials restrictives i el Programa integrat de productes bàsics.

1. El sistema generalitzat de preferències

El Sistema generalitzat de preferències (SGP) és un sistema aranzelari preferencial en virtut del qual els països desenvolupats apliquen aranzels duaners nuls o molt baixos a les exportacions dels productes originaris dels països en vies de desenvolupament, sense demanar concessions comercials a canvi.

L'SGP fou adoptat per la Resolució 21 (II) de la UNCTAD, de 1968, i és recollit igualment per la Resolució 2503 (XXIV) de l'Assemblea General. A més, atès el caràcter discriminatori i no recíproc del mecanisme que instaura l'SGP, va caler la seva legalització per part del GATT, que es va produir en el marc de la Ronda Tòquio (1971), a través de l'anomenada *clàusula d'habilitació* (vegeu el capítol 21). Amb aquesta clàusula s'instaura una dualitat normativa: els principis clàssics del GATT continuen vigents en les relacions entre països desenvolupats, però no s'apliquen (transitòriament) en les relacions comercials en què intervinguin països del Tercer Món. En aquesta bastida normativa destaca també el Conveni pel qual s'estableix el sistema global de preferències comercials entre països en desenvolupament, de 13 d'abril de 1988, adoptat pels Estats del Grup dels 77 sota els auspicis de la mateixa UNCTAD. Aquest tractat té el propòsit de promoure i sostenir el comerç mutu i el desenvolupament i cooperació econòmica entre els països en vies de desenvolupament, mitjançant l'atorgament de concessions aranzelàries i altres.

Els objectius de l'SGP són tres: augmentar els ingressos d'exportació dels països en vies de desenvolupament; afavorir la seva industrialització, i accelerar el ritme del seu creixement econòmic. Pel que fa a les seves característiques generals, podem assenyalar les següents:

a) És un sistema unilateral i no vinculant. L'SGP no és obligatori, sinó que deixa als Estats que el concedeixen la possibilitat de determinar per si mateixos el contingut de les preferències tarifàries que volen acordar. Per tant, no es pot parlar d'un dret subjectiu consolidat dels països subdesenvolupats; ni tampoc d'un contingut uniforme de l'SGP, sinó de diferents «esquemes de preferències» determinats unilateralment per cada donant. Inicialment, n'hi van haver 16 de diferents; avui, a més de l'esquema de preferències de la Unió Europea i els seus Estats membres, que és el més significatiu, són països donants Austràlia, Bulgària, Canadà, Estats Units, Japó i Rússia.

b) Sistema general i no discriminatori: es preveu la seva aplicació a tots els països en vies de desenvolupament sense discriminació entre ells. Aquest principi, però, es trenca pel que fa a l'atorgament d'un tracte encara més preferencial als «països menys avançats» (PMA), determinats segons els criteris de les Nacions Unides. D'altra banda, la determinació dels països en vies de desenvolupament planteja problemes. Aquesta determinació es fa, en principi, pel sistema d'autoelecció: cada país es considera a si mateix en situació de subdesenvolupament o no. Això permet que un país donant pugui excloure algun país com a beneficiari adduint que, a parer seu, té en realitat prou desenvolupament econòmic; tot i que, de vegades, aquestes exclusions poden amagar interessos polítics.

c) Fundat en la no-reciprocitat: s'entén que cal evitar la competència en condicions d'igualtat entre les indústries noves dels països del Tercer Món i les indústries consolidades dels països desenvolupats. Per aquest motiu, els Estats donants no poden exigir cap avantatge comercial per tal de concedir un esquema preferencial.

d) Sistema temporal: estava prevista una duració inicial de 10 anys tot i que, a la pràctica, tots els esquemes de preferències s'han anat prorrogant de forma quasi automàtica.

Quant als productes inclosos, en principi són tots aquells productes manufacturats i semimanufacturats provinents de països subdesenvolupats. Cal aclarir, però, que:

– S'exclouen expressament alguns productes, com els tèxtils, el petroli i el calçat. D'altra banda, alguns esquemes amplien les preferències, sense que la UNCTAD ho hagi establert, als productes no manufacturats.

– La inclusió de productes en un determinat esquema depèn, en última instància, de cada país donant, que pot excloure un producte o sector que afecti una indústria pròpia considerada vulnerable.

– El país beneficiari ha de demostrar que el producte al qual es concedeix la preferència és originari d'aquest país i ha estat expedit des del seu territori.

A banda de la possibilitat de limitar, *a priori*, els esquemes de preferències tant pel que fa als productes com als països beneficiaris, es preveu la possibilitat de fer-ho també *a posteriori* a través de la «clàusula de salvaguarda»: mitjançant la seva invocació, un país donant pot suspendre la importació de qualsevol producte inclòs en el seu esquema de preferències quan les importacions d'aquest producte provinents de països beneficiaris de l'SGP es considerin causa directa d'un perjudici greu per a la seva indústria nacional.

En una anàlisi global, la instauració de l'SGP pot considerar-se un èxit en la mesura que representa l'encarnació en dret positiu de la reivindicació del Tercer Món a un tractament preferencial en matèria comercial. Ara bé, tampoc no es pot negar que el sistema no ha assolit totes les seves possibilitats a causa principalment de les restriccions imposades pels donants. Entre els punts febles de l'SGP, s'assenyalen l'absència de criteris objectius per designar els productes inclosos i les normes d'origen, cosa que comporta el poder discrecional dels Estats donants; i el caràcter unilateral i discrecional dels mecanismes de salvaguarda. Com a problema de fons, però, cal assenyalar el de la desigual utilització del sistema: els beneficiaris reals de l'SGP són un petit grup de països en vies de desenvolupament, com ara els països del sud-est asiàtic, particularment Xina, precisament aquells que tenen una economia més diversificada i competitiva.

2. El codi per al control de les pràctiques comercials restrictives

L'any 1978, la UNCTAD va convocar una conferència internacional sobre pràctiques comercials restrictives que havia de discutir els treballs d'un grup d'experts governamentals creat en el si del mateix òrgan. Fruit d'aquesta conferència fou el «*Conjunt de principis i normes equitatives convinguts multilateralment per al control de les pràctiques comercials restrictives*», aprovat per l'Assemblea General de les Nacions Unides l'any 1980[1].

El Codi és un instrument voluntari dirigit tant a les empreses privades (siguin o no transnacionals) com als governs dels Estats (als quals es demana que adoptin les «mesures necessàries» per fer-lo complir). El seu objectiu final és suprimir els actes o comportaments de les empreses que, a través de l'abús d'una posició dominant en el mercat, limiten o restringeixen l'accés als mercats, tot produint un efecte desfavorable sobre el comerç internacional, especialment dels països en vies de desenvolupament. En aquest sentit, es prohibeixen els acords entre empreses dedicades en el mercat a activitats potencialment rivals relatius a fixació de preus o repartiment del mercat; es prohibeix la fixació de preus per sota del cost per eliminar competidors, etc.

El Codi preveu la creació, efectiva des de 1981, en el si de la UNCTAD, d'un grup intergovernamental d'experts en pràctiques comercials restrictives (el Grup Intergovernamental d'Experts en Dret i Política de la Competència) que s'encarrega de verificar l'aplicació del Codi. Tanmateix, cada cinc anys el *Conjunt de principis i normes* és objecte d'una avaluació general de tots els seus aspectes en el marc d'una conferència internacional.

3. El Programa integrat de productes bàsics

L'adopció del Programa es produeix durant la quarta sessió de la UNCTAD (1976) i té com a finalitat la reglamentació del mercat internacional de divuit primeres matèries que representen les tres quartes parts de les exportacions no petrolieres del Tercer Món, mitjançant la conclusió o renovació dels acords internacionals relatius a cadascun d'aquests productes. Pel que fa als productes que es poden incorporar al Programa, són primeres matèries agrícoles, forestals, pesqueres o minerals que estiguin en el seu estat natural, o bé transformats de la manera normalment exigida per a la seva venda en grans quantitats en el mercat internacional. En l'actualitat, ja són quaranta-set els productes inclosos, que la UNCTAD classifica en tres grans categories:

– aquells que causen una preocupació immediata: sucre, cacau, cafè, cautxú, etc.

– aquells que requereixen una atenció sostinguda: olis vegetals, arròs, té, tabac, cotó, minerals de ferro, coure, plom i zinc, etc.

– altres productes no agrícoles: bauxita, alumini, estany, tungstè, etc.

Els objectius genèrics del Programa integrat són quatre:

a) Augmentar les rendes d'exportacions dels països en vies de desenvolupament.

---

1. Resolució 35/63, de 5 de desembre de 1980, i reproduïts en el Document A/C.2/35/6.

b) Defensar uns preus mínims i estables dels productes bàsics que siguin remuneradors per als productors i equitatius per als consumidors.

c) Atenuar la competència entre els preus dels productes naturals exportats pels països del Tercer Món i els productes sintètics fabricats en els països desenvolupats.

d) Millorar els mecanismes de distribució dels productes bàsics.

La reglamentació de cada producte es realitza a través d'un tractat internacional, que normalment es negocia i conclou entre els Estats productors i els consumidors d'aquest producte, tot i que també poden ser acords celebrats només entre els productors o els consumidors. Aquests acords tenen una durada temporal i estan subjectes a una constant renegociació; a més, estan dotats d'una certa estructura orgànica, amb una Secretaria Permanent i un Consell encarregat de vetllar pel seu compliment. L'orientació dels diferents tractats, a causa de la diversitat quant a Estats part i quant a la mateixa naturalesa del producte regulat, no pot ser idèntica. Podem distingir:

a) Acords d'inspiració liberal (com els relatius a l'oli d'oliva, fustes tropicals, jute, etc.). El seu objectiu no és manipular el preu del producte, sinó només normalitzar-ne la competència, afavorir-ne la producció i la distribució, etc.

b) Acords d'inspiració intervencionista: obliguen a mantenir el preu del producte dins d'uns marges predeterminats. Per fer-ho, es recorre a un dels mecanismes següents:

– Fixació de contingents (per exemple: acords sobre el cafè, sucre, etc.): té com a finalitat regular l'oferta d'exportació de forma global entre els productors, per tal d'evitar que sigui massa abundant.

– Constitució d'estocs reguladors (per exemple: acords sobre el cacau, cautxú, etc.). El Consell del producte constitueix aquest estoc; si el preu puja massa, s'allibera producte perquè baixi; en cas contrari, se'n compra i es reconstitueix l'estoc, alhora que es provoca l'augment del preu.

Amb la finalitat de ser el suport financer dels acords sobre productes bàsics, l'any 1980 es va crear un Fons Comú que va entrar en vigor el 1989. Aquest Fons és una institució autònoma, amb 106 Estats membres i seu a Amsterdam. El Fons consta de dues «finestretes» o línies de finançament. La primera finança els estocs reguladors de caràcter internacional que acabem de descriure. La segona, de finançament tou, s'ocupa de la resta de mesures diferents a la formació d'estocs reguladors, i és especialment important per a aquells països en vies de desenvolupament que són grans exportadors de matèries primeres que no es poden emmagatzemar, bé pel seu caràcter caduc o bé per l'alt cost que comporta l'emmagatzematge en comparació amb el seu valor.

Bibliografia sumària

ABELLÁN HONRUBIA, V. «Mundialización de la economía y estrategia internacional de cooperación al desarrollo», *Cursos Euromediterráneos Bancaja de Derecho Internacional*, vol. VI (2002), Castelló, 2003.

ALEJO, F. J.; VILLARREAL, R.; TREJO, S. «Economía y comercio internacional», a CASTAÑEDA, J. *et al. Derecho internacional económico*, Fondo de Cultura Económica, Mèxic 1976, p. 50-84.

BALLESTEROS MUÑOZ, J. M. *Comercio internacional: igualdad jurídica, discriminación de hecho*, Universidad de Granada, Granada 1977, especialment, p. 169-231.

BRITO MONCADA, J. *Derecho internacional económico. Perspectiva histórica, económica, política y jurídica*, Trillas, México 1982, en particular p. 57-85.

PIGRAU SOLÉ, A. *Subdesarrollo y adopción de decisiones en la economía mundial*, Tecnos, Madrid 1990, en especial capítol III, p. 95-137.

UNCTAD: *Garantía de crecimiento y desarrollo. Guía de la UNCTAD: 30 años y hacia el futuro*, Nova York i Ginebra, 1994.

23. LA COOPERACIÓ INTERNACIONAL PER AL DESENVOLUPAMENT*

I. El subdesenvolupament: noció i orígens

L'anàlisi de la cooperació per al desenvolupament i del marc jurídic internacional en què es desenvolupa exigeix una breu aproximació a la noció i l'origen del fenomen del subdesenvolupament. El subdesenvolupament pot definir-se com un fet complex i recíproc que es tradueix en diferents indicadors, com ara desigualtats flagrants de riquesa i pobresa entre Estats, l'estancament i endarreriment d'uns en relació amb els altres; una potencialitat de producció que no progressa tant com fóra possible, i una dependència econòmica, cultural, política i tecnològica[1].

Aquest fenomen afecta les tres quartes parts dels Estats del món, que pertanyen bàsicament a l'hemisferi sud (Àfrica, Àsia i Llatinoamèrica). En el si d'aquest immens grup d'Estats, les Nacions Unides encara reconeixen l'existència de situacions especials: els *països menys avançats*, especialment de l'Àfrica al sud del Sàhara, amb una renda per càpita i una taxa d'alfabetització molt baixes, els estats insulars o sense litoral, els països que acaben de patir un conflicte armat o els països amb major presència del VIH/SIDA.

Les causes del subdesenvolupament se solen situar en el període de la colonització, que comporta, a banda d'una impossibilitat d'autodeterminació política del poble colonitzat, l'explotació per part de la metròpoli dels recursos naturals del territori, la instauració d'estructures desiguals entre la població i la creació d'economies dependents. Ara bé, quaranta anys després de l'eclosió del fenomen de la descolonització, la persistència del subdesenvolupament i l'estancament dels països subdesenvolupats, així com la tendència a l'augment de la distància econòmica i tecnològica que els separa dels països industrialitzats, ha esdevingut estructural, inherent a un sistema capitalista d'escala mundial que necessita un centre desenvolupat, proveïdor de pro-

---

* Elaborat pel Dr. Jaume SAURA I ESTAPÀ i el Dr. Miquel PALOMARES AMAT.

1. Com defineix Y. Lacoste i recull Bedjaoui, M. *Hacia un nuevo orden económico internacional*, UNESCO, París-Salamanca, 1979, p. 24.

ductes manufacturats i amb gran valor afegit, i una perifèria subdesenvolupada, exportadora essencialment de productes bàsics, amb escàs valor afegit, i que a més s'ha d'enfrontar amb les polítiques proteccionistes, per a aquest tipus de producte, dels països rics. Val a dir, però, que malgrat el caràcter estructural del fenomen del subdesenvolupament, les mesures d'acció adoptades per la comunitat internacional han estat bàsicament simptomàtiques i s'han centrat més en la canalització de l'ajut internacional que no pas en la superació d'una estructura econòmica mundial essencialment injusta.

II. El sistema de les nacions unides de cooperació al desenvolupament

La cooperació per al desenvolupament s'ha convertit, des dels anys seixanta, en un dels àmbits d'actuació preferencials del sistema de les Nacions Unides. Aquesta intervenció no fa sinó traduir el reconeixement, per part de la societat internacional, que la divisió del món entre rics i pobres no pot persistir en la mesura que constitueix un perill per al progrés de la humanitat i per a la pau mundial.

El sistema de les Nacions Unides per al desenvolupament té un suport jurídic en el propòsit de la Carta relatiu a la cooperació per a la solució dels problemes internacionals; a partir d'aquest marc jurídic s'han dissenyat diverses estratègies globals per lluitar contra el subdesenvolupament i s'ha anat creant un entramat institucional, tant a nivell general com específic, encarregat de la seva aplicació.

1. Marc jurídic: el deure de cooperació

D'acord amb el paràgraf tercer de l'article 1 de la Carta de les Nacions Unides, els Estats han de cooperar pacíficament entre si per a la solució dels problemes internacionals. Així doncs, l'obligació de cooperar constitueix un dels propòsits o objectius de la Carta; propòsit, però, de difícil aprehensió quant al seu abast i contingut. Prova d'això és que, vint-i-cinc anys després de la Carta, la Resolució 2625 (XXV) el converteix en un principi; és a dir, en una norma jurídica, un mecanisme per a la consecució dels propòsits. Aquesta ubicació sembla més adequada per la senzilla raó que la cooperació pacífica entre els estats constitueix una obligació de comportament i no de resultat; amb el benentès que és una obligació de comportament supeditada a la sobirania dels estats i, per tant, de molt difícil control i gairebé impossible sanció en cas d'incompliment.

Com hem vist al capítol 13, la cooperació a què fa referència tant l'article 1.3 de la Carta com la Resolució 2625 (XXV) respon a una noció àmplia d'aquest terme; com dèiem aleshores, l'article 1.3 de la Carta de les Nacions Unides dirigeix la cooperació a dos àmbits amplis d'actuació:

a) Desenvolupament i estímul de la protecció dels drets humans i les llibertats fonamentals de tots, sense fer distincions per motius de raça, sexe, idioma o religió.

b) La solució dels problemes internacionals de caràcter econòmic, social, cultural o humanitari. L'article 55, lletres *a*) i *b*), menciona, juntament amb els anteriors, els problemes d'ordre sanitari i educatiu, i assenyala, com a ambiciosos objectius de les Nacions Unides, aconseguir treball permanent per a tots; nivells de vida més elevats, i condicions de progrés i desenvolupament econòmic i social.

Aquesta segona «branca» de l'article 1.3, a la qual es podrien afegir els articles 13.1.*b* i 62.1 relatius a les competències de l'Assemblea General i del Consell Econòmic i Social en aquesta matèria, constitueix la base jurídica de la cooperació al desenvolupament realitzada per les Nacions Unides. Ara bé, cal aclarir que la noció de cooperació com a propòsit de la Carta no té l'any 1945 el significat i la magnitud que li serà atorgada posteriorment. La cooperació no es concebia originàriament com un objectiu autònom, sinó com un mitjà per obtenir el principal propòsit de les Nacions Unides: el manteniment de la pau i la seguretat internacionals. El progrés econòmic i social, el respecte als drets humans, la cooperació cultural i educativa, etc., només interessen com a condició prèvia per a unes relacions pacífiques duradores. Malgrat això, la influència dels Estats de recent independència, tots ells subdesenvolupats, ha provocat un reequilibri de prioritats, de manera que no només el desenvolupament econòmic i social és una condició per a la pau, sinó que tampoc no pot existir un desenvolupament veritable sense una pau duradora. És a dir, la relació entre pau i desenvolupament no és de subordinació, sinó de causalitat dialèctica: cadascuna necessita l'altra per a la seva consecució. De la mateixa manera, cal dir que dins l'Organització, a poc a poc s'ha anat posant l'èmfasi de la noció de cooperació en la «cooperació per al desenvolupament», de manera que aquest objectiu ha passat de constituir un aspecte més de la cooperació a ser el centre de gravetat de l'acció de les Nacions Unides en aquesta matèria.

2. Marc institucional de la cooperació

Des del punt de vista institucional, les previsions de la Carta es redueixen a atorgar competències en matèria de cooperació a dos òrgans principals: l'Assemblea General i el Consell Econòmic i Social.

L'Assemblea General, com a òrgan plenari, constitueix el responsable últim de la política de les Nacions Unides en matèria de cooperació. És el màxim mecanisme intergovernamental encarregat de la formulació i l'avaluació de polítiques sobre qüestions econòmiques i socials i esferes connexes. Per tant, aprova les resolucions que estableixen objectius específics; crea els òrgans subsidiaris encarregats de la consecució d'esferes concretes de desenvolupament, etc.

El Consell Econòmic i Social es troba situat sota l'autoritat de l'Assemblea General i està dotat per la Carta de tres poders: iniciativa (realitzar estudis, projectes de convenció; convocar conferències internacionals, etc.); coordinació amb els organismes especialitzats; i execució de les resolucions de l'Assemblea General.

Ara bé, la intensificació de l'acció internacional per al desenvolupament, especialment a partir dels anys seixanta, ha obligat les Nacions Unides a descentralitzar el seu sistema de cooperació per al desenvolupament, a través tant d'òrgans subsidiaris (que depenen de l'Assemblea, però dotats d'una gran autonomia), com d'organismes especialitzats.

Aquests mecanismes institucionals es poden classificar en funció de les esferes de cooperació a què es refereixen principalment. D'aquesta manera, trobem:

a) En l'àmbit de les aportacions de capital, el Grup del Banc Mundial (format pel Banc Internacional per a la Reconstrucció i Desenvolupament; i les seves filials: Associació Internacional de Foment, Corporació Financera Internacional i Organització Mundial de Garantia d'Inversions) i el Fons Monetari Internacional.

b) En l'àmbit del comerç internacional, la ciència i la tecnologia, podem esmentar la Conferència de les Nacions Unides sobre Comerç i Desenvolupament (UNCTAD) i l'Organització Mundial del Comerç (OMC), a què ja hem fet referència en capítols anteriors.

c) En l'àmbit de la industrialització, l'Organització de Nacions Unides per al Desenvolupament Industrial[2].

d) En l'àmbit de l'assistència tècnica, destaca el Programa de les Nacions Unides per al Desenvolupament (PNUD), del qual ens ocuparem immediatament.

Com a principal mecanisme mundial per a la cooperació tècnica multilateral es crea, per Resolució 2029 (XX) de 1965, el Programa de les Nacions Unides per al desenvolupament (PNUD). Aquest Programa neix de la fusió de dos instruments preexistents: el Programa ampliat d'assistència tècnica, creat pel Consell Econòmic i Social l'any 1950, i el Fons especial de les Nacions Unides, encarregat pròpiament de l'ajut a la preinversió i creat per l'Assemblea General l'any 1958. En l'actualitat, els objectius del PNUD se centren, a més, en la reducció de la pobresa, la protecció del medi ambient, la cooperació tècnica entre països subdesenvolupats, la transferència de tecnologia i el paper de la dona en el desenvolupament.

El PNUD és un òrgan subsidiari de l'Assemblea General de les Nacions Unides, però disposa d'una estructura orgànica complexa i d'una autonomia de funcionament semblants a la de qualsevol organització internacional.

Pel que fa a l'*estructura orgànica*, es caracteritza perquè té una administració central en connexió amb serveis de caràcter exterior. A nivell central, existeixen tres òrgans:

a) *Junta Executiva*: comitè intergovernamental compost per 36 estats membres escollits seguint un criteri geogràfic equitatiu, encarregat de dirigir el Programa. Entre les seves funcions destaquen:

---

2. En relació amb els punts *a*) i *c*), vegeu el capítol 14 relatiu als organismes especialitzats de cooperació econòmica i financera.

– Aplicar les polítiques formulades per l'Assemblea General i les mesures de coordinació i orientació que rebin del Consell Econòmic i Social.

– Aprovar programes, inclosos els programes per països.

– Adoptar decisions sobre plans i pressupostos administratius i financers.

– Recomanar noves iniciatives al Consell Econòmic i Social i, a través d'aquest, a l'Assemblea General.

b) *Administrador*: nomenat pel secretari general de les Nacions Unides, i confirmat per l'Assemblea General. És el responsable últim de l'execució del Programa.

c) *Junta Consultiva Mixta*: presidida per l'administrador i composta pels caps de totes les secretaries del sistema de les Nacions Unides; les seves opinions han de ser escoltades en molts supòsits, però no són vinculants.

A nivell exterior, destaca la figura del *coordinador resident*, que dirigeix una oficina exterior del PNUD en un país subdesenvolupat (n'hi ha més de 130). És el vincle que manté constantment en contacte el PNUD amb cada país subdesenvolupat. En molts casos, aquest coordinador s'ha convertit en el centralitzador de tota l'assistència exterior que rep un estat, ja que està encarregat de coordinar no només la cooperació al desenvolupament provinent del PNUD, sinó la de tot el sistema de les Nacions Unides (Banc Mundial, OIT, FAO, OMS, etc.) en el seu lloc de destinació.

Pel que fa a les funcions del PNUD, és important assenyalar que el Programa no és l'encarregat de prestar directament, sobre el terreny, l'assistència tècnica que li és demanada pels països subdesenvolupats. Efectivament, el PNUD s'encarrega de finançar els programes i projectes presentats pels mateixos països interessats, controlar les despeses i avaluar els resultats obtinguts. En canvi, l'execució concreta dels programes nacionals correspon a un «agent d'execució», escollit pel mateix PNUD; agent que serà aquell que resulti més idoni en funció del tipus d'assistència que s'ha sol·licitat. Aquests agents poden ser des d'organismes especialitzats de les Nacions Unides (per exemple, l'ONUDI en matèria d'industrialització; l'OMS per a qüestions sanitàries o la FAO per a l'assistència alimentària, etc.) fins a institucions públiques nacionals, empreses privades o organitzacions no governamentals.

Igualment, el PNUD és el *gestor* de diversos «fons» de les Nacions Unides per al desenvolupament, que tenen un funcionament autònom: per exemple, Fons per al desenvolupament de la dona; Fons per al desenvolupament rural, etc.

El finançament de les activitats del PNUD segueix una fórmula mixta. D'una banda, contribucions voluntàries dels estats membres de les Nacions Unides; de l'altra, els països beneficiaris de l'assistència han de cobrir, en metàl·lic o en espècie, el 55 % dels projectes aprovats per al seu territori.

3. L'acció de les Nacions Unides per al desenvolupament

Sobre la base jurídica i institucional que hem examinat fins ara, les Nacions Unides han dut a terme una important tasca estratègica en pro del desenvolupament econòmic i social, tant des d'una perspectiva global com sectorial. Val la pena assenyalar, però, que la funció de les Nacions Unides en aquest aspecte és essencialment normativa, planificadora, organitzadora i coordinadora. El seu paper com a donant directe, en canvi, és relativament menor: el PNUD gestiona anualment uns 2.000 milions de dòlars, que només representen el 4 % de l'ajut oficial al desenvolupament que es mou a escala mundial cada any; xifres, tot sigui dit, que resulten molt insuficients per fer front als problemes de desenvolupament econòmic i social que afecten la major part dels habitants del planeta.

L'acció de l'Assemblea General i el Consell Econòmic i Social per al desenvolupament s'inicia en els seus primers períodes de sessions, però no adquireix un caràcter sistemàtic i global fins els anys seixanta, quan comencen els «decennis de les Nacions Unides per al desenvolupament». Des d'aleshores, l'estratègia global de les Nacions Unides no ha seguit una única via, sinó que ha anat evolucionant tant des del punt de vista dels objectius com dels mitjans per obtenir-los. Aquesta evolució no ha estat lineal o unidireccional: no es pot parlar d'etapes clarament diferenciades sinó més aviat, tal com hem pogut veure en l'apartat IV del capítol 19, d'actituds diferents que coincideixen i se superposen en el temps.

Primer. Els successius *decennis de les Nacions Unides per al desenvolupament*, especialment els dos primers (1961-1970; 1971-1980), estan marcats per una concepció del subdesenvolupament entès com un mer fenomen de conjuntura, com una etapa de l'evolució històrica dels països que s'anomenen *en vies de* desenvolupament; etapa que, senzillament, no es correspon amb la dels països industrialitzats. Des d'aquesta perspectiva:

a) Els objectius perseguits se centren sobretot en el creixement econòmic dels països subdesenvolupats (el primer decenni fixa un creixement anual per país al final del decenni del 5 %; el segon l'augmenta al 6 % i el tercer al 7 %).

b) Els mitjans per obtenir-lo es basen excessivament en l'ajut exterior, provinent dels països industrialitzats i dels organismes de Nacions Unides. En aquest sentit, es fixa el deure dels Estats desenvolupats d'aportar un 0,7 % del seu producte nacional brut com a Ajut oficial al desenvolupament (AOD). A més, és en aquesta primera època quan es creen els principals mecanismes sectorials de Nacions Unides per al desenvolupament: UNCTAD (1964), PNUD (1965) i ONUDI (1966).

Després de quatre «decennis», des de l'any 2001 les Nacions Unides han abandonat aquest tipus d'estratègia.

Segon. A partir de 1974 es produeix un important canvi d'actitud dels països subdesenvolupats en el si de l'Assemblea General: ja no es conformen amb demanar l'ajut o assistència dels més rics, sinó que exigeixen una autèntica reestructuració del marc institucional existent a la societat internacional perquè el sistema econòmic internacional pugui adequar-se als interessos i necessitats d'aquests països.

Aquesta nova concepció, que entén el subdesenvolupament com un fenomen provocat i potenciat pel sistema econòmic internacional, un sistema que porta intrínseca la divisió internacional del treball i el deteriorament dels termes d'intercanvi, dóna lloc a la formulació del Nou ordre econòmic internacional (NOEI), que es plasma jurídicament en els següents instruments aprovats per l'Assemblea General:

– Declaració per a l'establiment d'un nou ordre econòmic internacional, Resolució 3201 (S-VI), d'1 de març de 1974.

– Programa d'acció per a l'establiment d'un nou ordre econòmic internacional, Resolució 3202 (S-VI), d'1 de març de 1974.

– Carta de drets i deures econòmics dels Estats, Resolució 3281 (XXIX), de 12 de desembre de 1974.

El que resulta més significatiu del «Nou ordre» és la seva voluntat de crear un veritable ordenament jurídic internacional relatiu als problemes del desenvolupament. En aquest sentit, els textos citats són complementaris: la Declaració formula els *principis jurídics* que han d'inspirar les noves relacions nord-sud; la Carta assenyala les *normes* que es dedueixen d'aquests principis, i el Programa d'acció té com a funció principal apuntar les *mesures concretes* per aplicar el NOEI. Entre els objectius concrets que es proposa el NOEI, cal esmentar:

a) La modificació de la divisió internacional del treball, per fer-la més justa i racional (per exemple, potenciar les indústries en els països subdesenvolupats).

b) Adoptar mesures per evitar el deteriorament dels termes d'intercanvi.

c) Aconseguir el control per part dels països subdesenvolupats de les inversions estrangeres i els mitjans de producció situats en el seu territori, tot sotmetent aquestes qüestions a la seva legislació i jurisdicció internes (per exemple, nacionalització de concessions estrangeres; control de les empreses transnacionals, etc.).

d) Participació més efectiva en les institucions financeres internacionals (Banc Mundial, FMI): es vol fer més democràtic el seu sistema d'adopció de decisions per assegurar-se'n el control.

Els instruments constitutius del NOEI, en la mesura que estan continguts en resolucions de l'Assemblea General, no tenien força obligatòria *per se* i, a més, els països desenvolupats es van oposar des de bon començament a la seva formulació i aplicació. Per això el NOEI no va ser mai completament observat, tot i que alguns dels seus principis i valors han sobreviscut a l'abandonament general del Projecte que es produeix progressivament al llarg dels anys vuitanta.

Tercer. L'oposició dels països desenvolupats al NOEI i el fracàs global del tercer decenni per al desenvolupament (1981-1990), durant el qual es produeix un augment espectacular del deute extern dels països de Llatinoamèrica, així com un increment alarmant dels nivells de pobresa a l'Àfrica, ha fet que, a partir del decenni dels noranta, es replantegés la noció de «desenvolupament» en una doble dimensió, humana i ecològica. Quatre fites poden apuntar-se en aquest replantejament conceptual, que té evidents conseqüències en les estratègies d'acció de les Nacions Unides:

a) L'adopció per l'Assemblea General de la Declaració sobre el dret al desenvolupament (Res. 41/128, de 4 de desembre de 1986) que defineix el desenvolupament com un procés global, econòmic, social, cultural i polític, que tendeix a la millora constant del benestar de tota la població i de tots els individus, sobre la base de la seva participació activa, lliure i significativa en el desenvolupament i en la distribució justa dels beneficis que se'n deriven. El desenvolupament és, per tant, un nou dret humà, de realització progressiva i que integra i reforça altres drets de les persones i dels pobles.

b) L'exigència de la sostenibilitat, que introdueix una dimensió ecològica en el procés de desenvolupament. Formulada primer en l'Informe Brundtland (1987) com la «capacitat de satisfer les necessitats del present sense posar en perill la capacitat de les generacions futures per satisfer les seves pròpies necessitats», el principi de desenvolupament sostenible és recollit en l'Acta final de la Conferència sobre medi ambient i desenvolupament de Rio de Janeiro (1992) i s'ha anat incorporant a tots els instruments i modalitats de cooperació per al desenvolupament, fins i tot en la regulació internacional d'altres activitats econòmiques internacionals, com ara a l'Organització Mundial del Comerç o en els acords preferencials de la Unió Europea. En virtut d'aquest principi, la protecció del medi ambient ha de constituir una part integrant del procés de desenvolupament.

c) A partir de 1990, l'aplicació del nou concepte de desenvolupament té una manifestació ben específica en l'elaboració, per part del PNUD, de l'*índex de desenvolupament humà*, que mesura la longevitat, el nivell educatiu i de coneixements i el nivell de vida, i que també té en compte el grau de llibertat i la igualtat de gèneres, entre altres factors. En definitiva, es tracta de saber si les persones gaudeixen o no de benestar, si s'ha ampliat o no el conjunt de coses que poden fer, les seves capacitats i opcions, més que no pas les dades macroeconòmiques del PIB o de la renda per càpita.

d) En el seu Programa de desenvolupament, de 1994, el secretari general de les Nacions Unides assenyala que el desenvolupament té cinc dimensions estretament vinculades entre si. Una d'elles és certament el creixement econòmic; les altres són la pau, la protecció del medi ambient, la justícia social i la democràcia.

Sobre aquesta base conceptual, les Nacions Unides han convocat en els darrers anys diverses conferències internacionals que, tangencialment, posen l'èmfasi en l'aspecte humà i ecològic del desenvolupament: la Conferència de Rio, ja esmentada, la Conferència de Viena sobre drets humans (1993), la Conferència de Beijing sobre la dona (1995), en serien alguns exemples. A la Cimera sobre el desenvolupament social de Copenhaguen (1995) s'assenyala que l'objectiu del desenvolupament és «posar l'ésser humà en el centre del desenvolupament i orientar l'economia per satisfer més eficaçment les necessitats humanes". Però potser el moment en què la comunitat internacional identifica els grans reptes del desenvolupament i assumeix compromisos específics per fer-hi front és en la Cimera del mil·lenni, celebrada a l'Assemblea General el setembre de l'any 2000, en què els caps d'estat i de govern de tot el món es comprometen, abans del 2015, a:

- eradicar la pobresa extrema i la fam
- aconseguir l'ensenyament primari universal
- promoure la igualtat entre els gèneres i l'autonomia de la dona

– reduir la mortalitat infantil
– millorar la salut materna
– combatre el VIH/SIDA, el paludisme i altres malalties
– garantir la sostenibilitat del medi ambient
– crear una aliança mundial per al desenvolupament

Tots els òrgans i organismes de les Nacions Unides estan implicats en la consecució d'aquests objectius. La tasca conceptual i instrumental, però, no s'atura i l'any 2002 se celebren dues cimeres adreçades a desenvolupar els «compromisos del mil·lenni». La Cimera mundial sobre desenvolupament sostenible a Johannesburg insisteix en el caràcter multidimensional del desenvolupament sostenible, basat en tres pilars: desenvolupament econòmic, desenvolupament social i protecció ambiental. A més, identifica la necessitat de modificar les pautes insostenibles de producció i consum i de protegir i ordenar els recursos naturals per al desenvolupament. Els mitjans per fer front a aquests reptes són ensems clàssics (assolir el 0,7 % d'ajut oficial al desenvolupament) i nous (implicar-hi l'empresa privada) i fan una aposta decidida pel multilateralisme i per una major eficàcia, transparència i responsabilitat del sistema de les Nacions Unides. D'altra banda, la Conferència sobre el finançament del desenvolupament, celebrada a Monterrey, intenta respondre a aquests compromisos amb recursos i mesures concretes per part dels països desenvolupats: ajut directe, comerç, alleujament del deute extern i inversions.

No hi ha dubte que tant els «objectius del mil·lenni» com el «Pla d'aplicació de la Cimera de Johannesburg» o el «Consens de Monterrey» són molt més ambiciosos que els antics «decennis de les Nacions Unides», però els uns i els altres han de fer front a un escenari mundial molt més preocupat pels temes de seguretat que no pels relatius al desenvolupament, cosa que es tradueix, des de fa anys, en l'estancament i retrocés en termes reals de l'assistència oficial al desenvolupament que es transfereix des dels països desenvolupats.

III. La cooperació al desenvolupament de la Unió Europea

En termes econòmics, la Unió Europea, conjuntament amb els seus Estats membres, proporcionen més del 55 % del total de l'assistència internacional al desenvolupament. En termes jurídics, el paper de la UE està condicionat pel fet que la cooperació al desenvolupament és una competència compartida entre els Estats membres i la Comunitat Europea. De fet, com veurem, el TCE contempla la cooperació al desenvolupament comunitària com un complement de les accions dels Estats membres. A més, el fet que la CE, com qualsevol altra organització internacional, només disposi de competències sectorials, fa que sigui una entitat jurídicament poc idònia per fer front, per si mateixa, a la complexitat i al caràcter multidimensional del fenomen del subdesenvolupament i dels instruments d'aquesta cooperació. Això no obstant, es podria considerar que la CE pot aportar un valor afegit a l'estratègia internacional de cooperació al desenvolupament en la mesura que disposa d'una valuosa experiència de polítiques, institucions i instruments elaborats en un marc internacional que tenen com a objecte la redistribució econòmica vers col·lectius i territoris desfavorits com, per exemple, la política de cohesió econòmica i social.

1. Fonament jurídic i naturalesa de les competències de cooperació al desenvolupament de la CE

Pel que fa al fonament jurídic de la cooperació al desenvolupament de les Comunitats Europees, l'originari Tractat de la CEE només atribuïa competències en aquest àmbit a la IV part del Tractat titulada *Associació de països i territoris d'ultramar*, sense establir una política general de cooperació al desenvolupament. Per aquest motiu, les institucions comunitàries van anar fonamentant jurídicament diverses accions de cooperació al desenvolupament en altres articles del TCE com, per exemple, les disposicions de la política comercial comuna, les relatives als acords d'associació o les anomenades clàusules de competències subsidiàries, (article 308 del TCE) que autoritzen l'acció de les institucions per realitzar un objectiu comunitari, quan el TCE no hagi previst els poders d'acció necessaris.

Ha calgut esperar al Tractat de la Unió Europea de 1992 perquè es considerés la política de cooperació al desenvolupament com una de les accions que ha de dur a terme la Comunitat per a la consecució dels seus objectius (arts. 3 i 177 a 181 del TCE). El context polític i econòmic en el marc del qual es va signar el TUE l'any 1992, podria explicar la previsió d'un fonament jurídic exprés i general en matèria de cooperació al desenvolupament. Així, la caiguda del mur de Berlín i la conseqüent adhesió de tota una sèrie de països en vies de desenvolupament (PVD) als valors de la democràcia pluralista i a l'economia de mercat, entre altres factors, podrien haver afavorit la previsió expressa d'aquesta política.

La cooperació al desenvolupament és, tal i com es preveu en el TCE, una competència compartida. Així, el TCE deixa clara la competència dels Estats per realitzar accions en aquest àmbit (art.181 del TCE). Al mateix temps, el TCE exigeix una coherència entre aquesta política i la resta de polítiques comunitàries així com una coordinació amb les accions estatals. En definitiva, en les disposicions previstes per a aquest àmbit es reflecteix el fet que s'ha dissenyat la cooperació al desenvolupament com un complement de les polítiques estatals. Conjuntament amb els objectius de desenvolupament econòmic i social d'aquests països, es disposa que es contribuirà a l'objectiu general de desenvolupament i consolidació de la democràcia i de l'Estat de dret, així com a l'objectiu de respecte dels drets humans i de les llibertats fonamentals. Per tant, des de l'òptica comunitària, democràcia i desenvolupament econòmic són dues realitats indissociables. Aquest objectiu de la cooperació al desenvolupament s'ha traduït a la pràctica en una condicionalitat política, en el sentit que la CE exigeix, teòricament, el respecte d'aquests principis i valors per establir relacions de cooperació. Jurídicament, aquesta condicionalitat es reflecteix en les anomenades «clàusules democràtiques» previstes en els acords internacionals de la CE amb PVD. En aquestes clàusules es preveu que les relacions es fonamenten en els esmentats principis i valors, de forma que, en alguns casos, es pot arribar a denunciar o suspendre un acord si no es compleixen.

El Tractat de Niça va introduir un nou títol en el TCE dedicat a la cooperació econòmica, financera i tècnica amb tercers països. En la pràctica, les institucions comunitàries ja incloïen disposicions d'aquest tipus en els acords que celebraven amb tercers Estats en vies de desenvolupament. La cooperació financera es refereix al finançament de projectes i programes d'inversió pública (des de carreteres a hospitals) i la cooperació tècnica inclou l'assessorament tècnic, fonamentalment referit a estudis vinculats a projectes d'inversió.

El Tractat pel qual s'estableix una Constitució per a Europa (TpCE) ha agrupat en un únic títol les disposicions relatives a l'acció exterior de la UE. Amb això, es pretén incidir en una coherència i coordinació més grans de tota l'acció exterior de la UE. Així se sistematitzen una sèrie d'objectius existents en cada política sectorial exterior, buscant una coherència més gran de tot el sistema. El TpCE afegeix a les disposicions existents sobre la cooperació al desenvolupament i la cooperació econòmica, financera i tècnica, una nova secció relativa a l'ajuda humanitària, àmbit, aquest últim, que s'havia regulat fins aleshores mitjançant les normes de dret derivat.

2. L'aplicació de la política de cooperació al desenvolupament de la CE

L'aplicació de les mesures tendents a la cooperació al desenvolupament, per part de la CE, s'ha realitzat de forma autònoma, o bé per mitjà d'acords internacionals amb tercers Estats. Algunes d'aquestes mesures s'inscriuen en el sistema internacional de cooperació al desenvolupament dissenyat per altres organitzacions internacionals, en especial per l'ONU, mentre que d'altres són aplicades en el marc de les seves relacions preferencials amb certs grups de països. Des de la seva creació, la CE ha mantingut unes relacions privilegiades, més intenses, amb alguns grups de països, com són el Grup ACP i els països tercers mediterranis (PTM). Aquest caràcter preferencial té el seu origen en els vincles de tipus històric, polític, econòmic i cultural entre els estats membres de la CE i aquests països. Conjuntament amb aquesta cooperació al desenvolupament regional inicial, la CE, a partir dels anys 70, va anar realitzant accions en matèria de cooperació al desenvolupament a escala mundial. Per tant, hi ha una doble dimensió de la cooperació al desenvolupament comunitària: una dimensió regional i una dimensió mundialista. La cooperació regional es tradueix en una cooperació i uns instruments globals i una participació financera més rellevant. Els fons financers destinats al Grup ACP i als PTM són els més importants quantitativament.

Les relacions amb el Grup ACP, que agruparia més de 70 països d'Àfrica, el Carib i el Pacífic i més de 500 milions de persones, té el seu origen en les disposicions de la IV part del TCE. Fins avui, s'han signat cinc convencions successives entre la CE i el Grup ACP. Aquestes convencions han suposat un règim comercial i unes mesures tendents a afavorir el desenvolupament d'aquests països especialment remarcables. Des d'aquest últim punt de vista, són destacables els mecanismes d'estabilització dels ingressos per exportació d'aquests països (STABEX, SYSMIN). Aquests mecanismes pretenien garantir l'estabilitat dels ingressos per exportacions de certs productes agrícoles i miners dels països ACP i, d'aquesta forma, evitar els problemes derivats de la fluctuació de la producció o dels preus. El funcionament d'aquests mecanismes consistia que, una vegada comprovada, mitjançant unes condicions, la disminució dels ingressos per exportacions d'una sèrie de productes, la CE concedia una transferència financera. L'acord d'associació entre les CE, els seus Estats membres i els estats ACP, signat a Cotonú l'any 2000, per un període de 20 anys, és el darrer conveni que regula les relacions entre la CE i aquests països. Es tracta d'un acord amb un contingut molt ampli i uns objectius molt generals de caràcter econòmic, social i polític. La novetat més gran respecte als anteriors convenis és que aquest acord inicia un procés progressiu de liberalització comercial recíproca. Així, es disposa que les parts han de celebrar acords que suprimeixin els obstacles comercials durant un període transitori que hauria d'acabar el 31 de desembre de 2007.

El règim jurídic de les relacions entre les CE i els PTM s'ha plasmat en diverses generacions d'acords internacionals nascuts de les diferents estratègies adoptades per les institucions comunitàries. L'Associació euromediterrània és el nom de l'actual estratègia de la UE vers aquests països. Els principals elements d'aquesta estratègia són l'establiment d'una cooperació política com a factor d'estabilitat, el lliure comerç i l'augment de la cooperació econòmica, tècnica, financera, social i cultural.

La CE ha aplicat una sèrie d'instruments sorgits de l'estratègia internacional de cooperació al desenvolupament. Entre aquests últims, destaca el Sistema de preferències aranzelàries generalitzades (SPG), adoptat en aplicació de la Resolució 21 (II), de 26 de març de 1968 de la UNCTAD. L'aplicació d'aquest instrument, a partir de 1971, ha experimentat, al llarg del temps, diversos canvis; però, en termes generals, es pot considerar que té com a objectiu la reducció i, en alguns casos, l'exempció aranzelària d'una sèrie de productes en benefici de tercers països en vies de desenvolupament, dintre d'uns límits i condicions derivats de la sensibilitat d'aquests productes per a l'economia comunitària. Els beneficiaris d'aquest instrument es designen a partir del «principi d'autoelecció». És a dir que, teòricament, es concedeix el benefici de les preferències als Estats que al·leguin l'estatus de país en vies de desenvolupament, tal com es va acceptar en la proposició dels països de l'OCDE al Comitè Especial de Preferències de 1968. En la mesura que els països del grup ACP i els de la conca mediterrània es beneficien de preferències especials en el marc dels respectius acords específics, l'SPG es configura com una forma d'accés preferencial al mercat comunitari per als productes dels països asiàtics i de Llatinoamèrica. No obstant això, l'aplicació de l'SPG ha estat criticada, fent esment de la seva complexitat tècnica o falta d'eficàcia. La CE també ha atorgat una franquícia aranzelària als països que formen part de la llista de països menys avançats (PMA), amb l'excepció de les armes, municions i alguns productes específics com l'arròs, el sucre o els plàtans.

Els instruments comunitaris unilaterals de cooperació al desenvolupament es completen amb tota una sèrie de mesures de cooperació al desenvolupament, com ara l'assistència tècnica i financera, el suport a les accions de les ONG o l'ajuda alimentària.

Bibliografia sumària

ABELLÁN HONRUBIA, V. «La cooperación internacional en la solución de problemas de carácter económico y social», a DÍEZ DE VELASCO, M. *Las organizaciones internacionales,* Tecnos, 13a edició, Madrid 2003, capítols XV i XVI, p. 298-332.

ABELLÁN HONRUBIA, V. «Las relaciones entre las Comunidades Europeas y los países en vías de desarrollo», a DÍEZ DE VELASCO, M. (Comp.) *El derecho de la Comunidad Europea,* Universidad Internacional Menéndez y Pelayo, Madrid 1982, p. 173-218.

BEDJAOUI, M. *Hacia un Nuevo Orden Económico Internacional,* UNESCO, París/Salamanca 1979.

FEUER, G.; CASSAN, H. *Droit international du développement,* 2a edició, Dalloz, París 1991.

GROS ESPIELL, H. «El nuevo orden económico internacional», a CASTAÑEDA, J. *et al. Derecho internacional económico,* Fondo de Cultura Económica, Mèxic 1976, p. 84-104.

GALINSOGA JORDÀ, A. «Consideraciones críticas sobre la política de cooperación al desarrollo de la CE. Los regímenes no preferenciales», a ALDECOA LUZARRAGA, F. (Coord.) *La cooperación internacional,* Servicio Editorial de la Universidad del País Vasco, Vitoria-Gasteiz 1991, p. 129-149.

PALOMARES AMAT, M: *Los acuerdos internacionales concluidos entre las CE y los PTM,* Cedecs, Barcelona, 2002.

24. ELS SISTEMES REGIONALS DE COOPERACIÓ I D'INTEGRACIÓ ECONÒMICA*

A partir de la Segona Guerra Mundial els processos de cooperació i d'integració econòmica s'han desenvolupat d'una forma expansiva. Cal tenir present que l'abandonament del multilateralisme en el pla comercial va constituir una de les principals raons de la crisi econòmica dels anys trenta: això explicaria per què, una vegada superada la crisi, els Estats cerquen el creixement i la cohesió econòmica a través de sistemes de cooperació i d'integració econòmica en l'àmbit regional. En aquest context s'han de tenir en compte les diferències existents entre els estadis dels processos d'integració econòmica regional.

I. Plantejament general

Abans de tot, cal diferenciar entre sistemes regionals de cooperació econòmica i sistemes regionals d'integració econòmica. La diferència rau en el fet que la cooperació econòmica comporta accions dirigides a disminuir la discriminació entre les unitats econòmiques que pertanyen a diferents països, mentre que mitjançant la integració econòmica es pretén l'adopció de mesures que suposin la supressió d'algunes formes de discriminació, sempre que, lògicament, la reducció o l'eliminació de la discriminació afecti el moviment econòmic.

Partint d'això últim, es poden diferenciar diverses formes d'integració econòmica. Així, i en primer lloc, s'ha de fer esment de la zona de lliure comerç. En aquesta fase, els Estats que formen part de la zona eliminen els obstacles aranzelaris a la lliure circulació de les mercaderies que es produeixin entre ells. Però, en canvi, es manté, per a cadascun dels Estats membres, la fixació unilateral dels aranzels duaners en relació a les mercaderies originàries d'Estats tercers, cosa que comporta el manteniment de l'autonomia comercial per a cada Estat de la zona. Exemples de

---

* Elaborat pel Dr. Andreu OLESTI RAYO i per la Dra. Marta ORTEGA GÓMEZ.

1. Vegeu BALASSA, B. *Teoría de la integración económica*, Unión Tipográfica Editorial Hispano Americana, Mèxic, 1964, p. 1-2.

zones de lliure comerç són l'Associació Europea de Lliure Comerç (AELC) o el Tractat de Lliure Comerç d'Amèrica del Nord (*North American Free Trade Agreement,* NAFTA).

En segon lloc, i com un pas endavant en la integració econòmica, s'ha de fer referència a la creació d'una unió duanera. La unió duanera representa no només una eliminació dels obstacles aranzelaris o no aranzelaris a la lliure circulació de les mercaderies entre els Estats que formen part de la unió, sinó que també implica la creació d'un únic aranzel exterior que gravi uniformement els productes provinents de tercers Estats independentment del membre de la unió pel qual aquell producte s'hagi introduït, i suposa a més la creació d'una política comercial comuna envers tercers Estats.

Un pas més en la integració econòmica està representat per la creació d'un mercat comú. En aquesta fase, la integració econòmica es determina pel fet que no es tracta només d'una unió duanera sinó que, dins un mercat comú, a banda de la lliure circulació de mercaderies, ens trobem davant d'una lliure circulació de persones, serveis i capitals.

A continuació tindríem la creació d'una unió econòmica, una fase més avançada, que suposa, a més de la creació d'un mercat comú, el fet que s'hagi de produir un cert grau d'harmonització de les polítiques econòmiques nacionals dels Estats membres, amb l'objecte d'eliminar les discriminacions que resulten de les disparitats de la seva aplicació.

Finalment, i a l'estadi superior, la integració econòmica total pressuposa la unificació de les polítiques monetàries i fiscals: implica l'existència d'una autoritat supranacional que les dirigeixi i les faci obligatòries.

De tota manera, aquestes fases que suposen els diferents nivells que pot assolir la integració econòmica de caràcter regional no es troben a la realitat en el seu grau pur, sinó que generalment es pot observar que els sistemes regionals tenen alguns dels trets característics que configuren les fases d'integració econòmica regional descrites.

A continuació s'examinen alguns dels sistemes regionals de cooperació i d'integració econòmica més rellevants que tenen lloc a Europa, Amèrica i Àfrica.

II. Sistemes regionals a Europa

A l'hora d'analitzar els sistemes regionals existents a Europa s'han de tenir en compte els diferents àmbits de cooperació i d'integració existents. Així, en un primer nivell, es troben les Comunitats Europees, com a organització d'integració econòmica que representa l'estadi més avançat dels processos d'integració. En segon lloc, tenim l'Organització de Cooperació i Desenvolupament Econòmic (OCDE), que no és exactament una Organització europea, però que s'inclou dins d'aquest apartat pel fet de ser la successora de l'Organització Europea per a la Cooperació Econòmica (OECE) que va tenir un paper molt rellevant en la reconstrucció europea després de la Segona Guerra Mundial. Finalment, s'examinarà l'AELC, la finalitat de la qual és exclusivament l'eliminació d'obstacles al comerç a l'interior de la zona.

1. La Comunitat Europea

La Comunitat Europea, com a organització d'integració econòmica, té per objecte l'assoliment d'objectius econòmics. Així, segons l'article 2 del TCE: «La Comunitat tindrà per missió promoure, mitjançant l'establiment d'un mercat comú i d'una unió econòmica i monetària i mitjançant la realització de les polítiques o accions comunes [...], un desenvolupament harmoniós, equilibrat i sostenible de les activitats econòmiques en el conjunt de la Comunitat, un alt nivell d'ocupació i de protecció social, la igualtat entre home i dona, un creixement sostenible i no inflacionista, un alt grau de competitivitat i de convergència dels resultats econòmics, un alt nivell de protecció i de millora de la qualitat de la vida, la cohesió econòmica i social i la solidaritat entre els estats membres.»

És així que primordialment es fixen com a objectius de caràcter econòmic els següents: la creació d'un mercat comú (mercat interior a partir de l'Acta Única Europea de 1986), la instauració d'una unió econòmica i monetària i la realització de polítiques comunes.

A) El mercat interior

El mercat interior, definit com la creació d'un espai sense fronteres interiors (article 14 del TCE), necessita per al seu assoliment la liberalització de la circulació de les mercaderies, persones, serveis i capitals.

En relació amb la lliure circulació de mercaderies (articles del 23 al 31 del TCE), essencialment es preveu el següent: la creació d'una unió duanera i l'eliminació de les restriccions quantitatives, així com de totes aquelles mesures que tinguin un efecte equivalent a les restriccions quantitatives al comerç entre els Estats membres. Per tal d'assolir la unió duanera es preveu, com així es va dur a terme, la creació d'un aranzel exterior comú enfront del comerç originari de tercers Estats i la progressiva eliminació dels drets de duana entre els Estats membres de la Comunitat, així com de totes aquelles exaccions que tenen un efecte equivalent als drets de duana. Els productes que es beneficien d'aquestes condicions són aquells que són originaris d'un Estat membre o, altrament, productes que, provinents d'un tercer Estat, han suportat els drets de duana i es troben en lliure pràctica dins de la Comunitat.

Pel que fa a la lliure circulació de persones i de serveis, el plantejament general és el següent: l'aplicació de la normativa comunitària requereix el desplaçament del beneficiari d'un Estat membre a un altre per tal d'exercir una activitat de caràcter econòmic. Si l'exercici de l'activitat econòmica a desenvolupar es realitza d'una forma assalariada, ens trobem davant de la lliure circulació de treballadors (articles del 39 al 42 del TCE), mentre que si l'activitat econòmica es realitza d'una forma no assalariada, les disposicions aplicables són les relatives al dret d'establiment o a la lliure prestació de serveis (articles del 43 al 55 del TCE).

La lliure circulació de treballadors comporta que els nacionals dels Estats membres puguin accedir i exercir una activitat assalariada en les mateixes condicions que els nacionals de l'Estat on exerceixen la seva activitat. En principi, es pot exercir qualsevol activitat econòmica de caràcter assalariat llevat dels llocs de treball a l'Administració pública (article 39.4 del TCE), que són els que impliquen l'exercici d'un poder públic i la salvaguarda d'un interès fonamental per a l'Estat o qualsevol altra col·lectivitat pública.

Quant al dret d'establiment i la lliure prestació de serveis, malgrat que les activitats a les quals es refereixen siguin les mateixes, es diferencien per la forma del seu exercici. En principi, el dret d'establiment comporta una permanència i una vocació de romandre en l'Estat receptor, mentre que en la lliure prestació de serveis l'estabilitat i la voluntat de permanència no existeixen. De tota manera, l'exercici d'ambdues llibertats suposa la igualtat de tractament en l'exercici i l'accés a una activitat econòmica no assalariada i la necessitat de coordinar les disposicions que en cada Estat membre regulen l'exercici i l'accés a una determinada activitat econòmica. Es poden beneficiar del dret d'establiment i de la lliure prestació de serveis tant les persones físiques com les persones jurídiques. Les persones físiques sempre que siguin nacionals d'un Estat membre, i les persones jurídiques en la mesura que siguin societats constituïdes d'acord amb la legislació d'un Estat membre i que la seva seu social, administració central o centre d'activitat principal es trobi dins del territori de la Comunitat. A més es pot exercir qualsevol activitat econòmica de caràcter independent, llevat d'aquelles que comportin l'exercici –encara que sigui d'una forma indirecta– de l'autoritat pública (article 45, paràgraf 1).

En relació amb la lliure circulació de capitals, es preveu (articles del 56 al 60 del TCE) la prohibició de qualsevol restricció als moviments de capitals entre els Estats membres. Fins i tot s'estableix també l'eliminació de les restriccions als moviments de capitals entre els Estats membres i tercers Estats encara que, en aquest cas, es poden mantenir restriccions als moviments de capitals amb destinació o procedents de tercers Estats i en relació amb: inversions directes, l'establiment, la prestació de serveis financers i l'admissió de valors al mercat de capitals (article 56.1 del TCE).

B) La Unió Econòmica i Monetària

En les disposicions del TCE es preveu com a objectiu l'assoliment d'una Unió Econòmica i Monetària (UEM), d'una forma progressiva i estructurada en tres etapes (articles del 98 al 124 del TCE), el contingut de les quals es refereix a continuació.

La primera etapa comporta la liberalització total i definitiva de la lliure circulació de capitals. En la segona es tracta d'assolir una convergència econòmica i monetària mitjançant el compliment de tres criteris de convergència econòmica: *a*) l'increment anual de la inflació no pot superar en més d'1,5 punts la mitjana dels tres estats amb la inflació més baixa; els tipus d'interès a llarg termini no poden superar la mitjana de la dels tres Estats amb els tipus més baixos; *b*) el dèficit públic no pot superar el 3 %; el deute públic acumulat no pot superar el 60 % del producte interior brut; i *c*) la no-devaluació de la moneda nacional durant dos anys dins el sistema monetari europeu (article 121 del TCE).

La tercera etapa és la creació d'una moneda única, l'euro, la seva col·locació progressiva en els mercats nacionals i la substitució de les monedes de curs legal dels Estats membres per la nova moneda. S'hi incorporen aquells Estats que havent complert els criteris de convergència, decideixen participar en la UEM. Onze Estats membres de la Unió Europea integrada pels «Quinze» van complir els criteris de convergència l'any 1998[2] i Grècia ho va aconseguir l'any 2001. Concretament, l'euro és des del mes d'abril de 2002 l'única moneda de curs legal en dotze Estats membres de la UE. Per raons eminentment polítiques, són fora de la UEM el Regne Unit, Suècia i Dinamarca. El gran repte de la Unió Europea és la culminació geogràfica de l'anomenat «Eurosistema» amb la incorporació dels deu Estats que es van adherir a la UE l'any 2004.

Finalment, cal tenir present que en l'etapa de culminació de la UEM, es crea el Banc Central Europeu (BCE), el banc emissor de la Comunitat, i el Sistema Europeu de Bancs Centrals (SEBC), competent per posar en pràctica la política monetària i de canvi de la Comunitat. També s'han previst altres obligacions per als Estats que hi participen, com ara la prohibició de tenir un dèficit públic excessiu, que en cas d'incompliment pot suposar la imposició de sancions a l'Estat infractor (article 104 , apartats 9 i 11 del TCE).

C) La realització de polítiques o accions comunes

Des de l'origen de la Comunitat, i en el seu Tractat constitutiu, es va preveure la necessitat que la Comunitat participés d'una forma activa per tal d'intervenir en determinats sectors econòmics. Posteriorment, i en les successives modificacions del Tractat constitutiu, s'han anat ampliant tant els àmbits sobre els quals pot actuar la Comunitat com la intensitat de l'acció comunitària.

A grans trets es pot diferenciar entre les polítiques comunes i les polítiques coordinades. Les polítiques comunes impliquen, essencialment, que el marc normatiu sigui establert per la Comunitat; correspon a la política agrícola, la política comercial, la política de transports i la política monetària. Les polítiques coordinades, en canvi, pretenen assolir un cert nivell d'harmonització de les legislacions dels Estats membres; entre elles es troben la política social, la política de medi ambient, la cohesió econòmica i social, la investigació i el desenvolupament tecnològic, la cultura, la protecció dels consumidors, les xarxes transeuropees, la indústria i la salut pública.

2. L'Organització per a la Cooperació i el Desenvolupament Econòmic (OCDE)

Per parlar de l'OCDE, s'ha de fer esment prèviament de l'Organització Europea de Cooperació Econòmica (OECE), que tenia com a finalitat principal la canalit-

---

2. Alemanya, Àustria, Bèlgica, Espanya, França, Irlanda, Itàlia, Luxemburg, Països Baixos, Portugal i Finlàndia.

zació dels recursos provinents de l'anomenat *Pla Marshall*. Aquest Pla, que deu el seu nom al polític i militar George Marshall, secretari d'estat dels Estats Units, suposava un ajut per a la reconstrucció europea, un cop finalitzada la Segona Guerra Mundial. Aquest ajut, en principi dirigit a tots els Estats europeus, va ser rebutjat per la Unió Soviètica i els països que formaven part de la seva àrea d'influència.

L'OECE va ser creada mitjançant la Convenció de cooperació econòmica, signada a París el 16 d'abril de 1948 per gairebé tots els Estats de l'Europa occidental, amb notables excepcions, com Espanya, que no hi va ser inclosa pel tarannà del seu règim polític[3]. L'any 1960, atès que les finalitats perseguides per l'OECE s'havien complert i que s'havia produït una liberalització efectiva dels intercanvis comercials així com una multilateralització dels pagaments entre els Estats membres, es va crear l'OCDE.

En efecte, el mes de desembre de 1960 se signava el Tractat que creava l'OCDE, en vigor des del 30 de setembre de 1961. A banda dels membres de l'OECE, en el moment de la seva constitució s'hi van incloure dos Estats no europeus, Estats Units i Canadà, com a membres de ple dret. Posteriorment s'hi han adherit Turquia, Japó, Mèxic, Corea i Austràlia, entre d'altres. De fet, partint d'una Organització regional estrictament europea (l'OECE), l'OCDE constitueix una Organització regional el tret característic de la qual està determinat pel fet que les economies dels seus Estats membres són economies de mercat desenvolupades (article 1).

Entre els objectius que l'OCDE persegueix cal destacar els següents: la màxima expansió de l'economia i de la plena ocupació per tal d'elevar el nivell de vida dels Estats membres; contribuir a l'expansió econòmica tant dels Estats membres com dels que no ho són i contribuir a l'expansió del comerç internacional multilateral.

Pel que fa a la seva estructura institucional, comprèn els òrgans següents: el Consell, el principal òrgan de l'Organització del qual emanen tots els actes de l'Organització, es compon dels representants de tots els Estats membres; el Comitè Executiu, compost per onze membres escollits pel Consell, i que té encarregada la tasca de preparar el treball que realitza el Consell; la Secretaria General, que té funcions de caràcter administratiu i, finalment, els comitès, com a òrgans subsidiaris de l'Organització i que tracten d'analitzar aspectes concrets, com ara el Comitè de Política Econòmica, el Comitè de Medi Ambient o el Comitè de Turisme. Entre els comitès, cal destacar el Comitè d'Ajuda al Desenvolupament, que té com a finalitat l'increment dels mitjans, tant tècnics com financers, destinats a l'ajut al desenvolupament tot augmentant-ne alhora l'eficàcia.

---

3. Concretament: Àustria, Bèlgica, Dinamarca, França, Grècia, Irlanda, Islàndia, Itàlia, Luxemburg, Noruega, Països Baixos, Portugal, Regne Unit, Suècia, Suïssa i Turquia. Per part alemanya, van signar les zones d'ocupació americana, francesa i anglesa. Espanya va ser admesa, finalment, com a membre de l'Organització l'any 1959.

3. L'Associació Europea de Lliure Comerç (AELC)

La creació de l'AELC (Associació Europea de Lliure Comerç, també EFTA *European Free Trade Agreement,*) va ser afavorida pel Regne Unit. En efecte, quan alguns dels membres de l'OECE creen la Comunitat Europea del Carbó i de l'Acer (1951) i posteriorment la Comunitat Econòmica Europea i la Comunitat Europea de l'Energia Atòmica (1957) i, sobretot, a partir del moment en què es comença la reducció aranzelària entre els països membres de les Comunitats Europees, el Regne Unit impulsa la fórmula alternativa de crear un espai de lliure comerç per als països que no havien participat en el procés comunitari: així, el 4 de gener de 1960 es va signar la Convenció d'Estocolm, en virtut de la qual es crea l'AELC, en vigor des del 3 de maig de 1960. Els seus membres originaris foren: Àustria, Dinamarca, Regne Unit, Noruega, Portugal, Suècia i Suïssa. En l'actualitat, únicament Noruega i Suïssa continuen sent membres de l'AELC en qualitat de membres originaris. Amb posterioritat a la seva creació, s'hi han adherit Islàndia (1970), Finlàndia (1986) i Liechtenstein (1991).

Cal fer notar que el desenvolupament de l'AELC ha estat lligat i condicionat al procés d'integració europea. En efecte, l'any 1973, i a causa de l'adhesió del Regne Unit i Dinamarca a les Comunitats Europees, aquests Estats van deixar de ser membres de l'AELC, de la mateixa manera que ho va fer Portugal l'any 1986. Posteriorment, i fruit d'una intensificació de les relacions entre la Comunitat Europea i l'AELC, es va signar a Oporto, el 2 de maig de 1992, l'Acord sobre l'Espai Econòmic Europeu, que va entrar en vigor l'1 de gener de 1994. Aquest acord, que és considerat com una *avantsala* a l'adhesió a la Unió Europea, va ser ratificat per tots els Estats de l'AELC llevat de Suïssa. Finalment, l'1 de gener de 1995 va entrar en vigor l'adhesió d'Àustria, Finlàndia i Suècia a la Unió Europea; per tant, com ja s'ha dit, en l'actualitat l'AELC està integrada per Noruega, Suïssa, Islàndia i Liechtenstein, cosa que redueix sensiblement el seu pes comercial i compromet seriosament la seva existència.

L'objectiu de l'AELC és la consecució d'una zona de lliure comerç per als productes industrials, en la qual s'eliminen els aranzels i les restriccions quantitatives en l'intercanvi de mercaderies entre els Estats membres, tot respectant l'autonomia de cada Estat per mantenir els seus aranzels envers els productes originaris de tercers Estats.

Quant a la seva estructura orgànica, cal destacar, en primer lloc, el Consell, que està integrat per representants dels Estats membres. El Consell es pot reunir a dos nivells: a nivell de caps de les delegacions permanents o a nivell ministerial. És l'òrgan encarregat de dirigir el funcionament de l'Associació. A més, per tal d'ajudar el Consell en el desenvolupament de les seves tasques hi ha la Secretaria i s'han creat diversos comitès.

III. Sistemes regionals a Amèrica

Els projectes de cooperació i d'integració econòmica a Amèrica han estat subjectes a diferents tipus de problemes que han dificultat la seva realització. Així, els conflictes territorials entre països americans, l'heterogeneïtat dels Estats americans, la seva inestabilitat política i, en molts casos, un greu endeutament exterior que condiciona el seu marge de maniobra econòmic, són factors que han afectat l'èxit dels projectes que a continuació s'exposen.

1. L'Associació Llatinoamericana d'Integració (ALADI)

A l'hora de parlar de l'ALADI, s'ha de tenir en compte, en primer lloc, la seva antecessora, l'Associació Llatinoamericana de Lliure Comerç (ALALC). L'ALALC va ser establerta l'any 1960 pel Tractat de Montevideo i el seu objectiu, no assolit, era l'eliminació de tots els obstacles aranzelaris al comerç interregional en un període de 12 anys. Posteriorment, l'ALALC va ser substituïda i transformada l'any 1980 en l'ALADI en virtut del Tractat de Montevideo, signat el 12 d'agost de 1980, i en vigor des del 18 de març de 1981. L'ALADI està integrada per Argentina, Bolívia, Brasil, Colòmbia, Xile, Equador, Mèxic, Paraguai, Perú, Uruguai i Cuba (que va dipositar el seu instrument d'adhesió el 26 de juliol de 1999).

L'objectiu principal de l'ALADI és l'establiment d'una zona de preferències econòmiques amb la finalitat de constituir-se en el futur en un mercat comú llatinoamericà (article 1.2 del Tractat), per tal de promoure el desenvolupament econòmic i social d'una forma harmònica i equilibrada. Així mateix, es preveu l'establiment de condicions favorables per a la participació dels països de menor desenvolupament econòmic, tot establint-se un tractament preferencial que es fonamenta en els principis de la no-reciprocitat i de la cooperació comunitària (article 15).

Els òrgans polítics principals de l'ALADI són els següents: el Consell de Ministres d'Afers Estrangers, l'òrgan suprem de l'Associació, està encarregat d'adoptar les decisions de caràcter polític en el procés d'integració econòmica i les normes per a la consecució dels objectius de l'acord constitutiu. Es compon dels ministres d'Afers Estrangers dels Estats membres (articles 30 i 32). La Conferència d'Avaluació i Convergència, integrada per plenipotenciaris dels països membres, es reuneix cada tres anys en sessió ordinària, i té com a principals funcions: l'examen del funcionament del procés d'integració en tots els seus aspectes, la promoció d'accions de major abast en matèria d'integració econòmica i la proposta de negociacions d'acords d'àmbit regional (articles 33 i 34). El Comitè de Representants és l'òrgan permanent de l'Associació: està integrat per un representant permanent de cada país membre. Entre les seves funcions destaquen: l'adopció de les mesures necessàries per a l'execució del Tractat, el compliment de les tasques que li atorgui el Consell i la Conferència, així com la fixació de les contribucions de cada Estat al pressupost.

A més, es preveu una Secretaria, com a òrgan tècnic de l'Associació, dirigida per un Secretari General, designat pel Consell, que exerceix el càrrec per un període de tres anys renovable per un altre període. Les funcions del Secretari són, essencialment: la representació de l'Associació davant d'altres Organitzacions de caràcter econòmic, proposar al Consell la creació d'òrgans auxiliars, administrar el patrimoni de l'Associació, preparar el pressupost de l'Organització i presentar al Comitè un informe anual dels resultats de l'aplicació del Tractat (articles 38 i 40).

De totes maneres, en l'àmbit de l'ALADI es permet que els Estats membres puguin afavorir una major integració econòmica entre ells. De fet, es preveuen els anomenats *acords d'abast parcial* (article 7), en què no participen tots els països membres i que tendeixen a crear les condicions necessàries per tal d'aprofundir el procés d'integració regional. Entre els convenis subscrits pels Estats referits a aquest major aprofundiment en la integració cal destacar la Comunitat Andina i el Mercat Comú del Sud.

2. La Comunitat Andina

Mitjançant l'Acord de Cartagena, de 26 de maig de 1969, en vigor des del 16 d'octubre del mateix any, Bolívia, Colòmbia, Equador i Perú van crear l'anomenat Pacte Andí –antecessor de l'actual Comunitat Andina–, al qual Veneçuela es va adherir posteriorment (Xile era membre originari del Pacte Andí, però se'n va retirar l'any 1976). L'Acord de Cartagena és un acord d'integració subregional l'origen del qual es deu en part al fracàs de l'ALALC i al fet que alguns dels seus Estats membres volien adoptar una aproximació ambiciosa que permetés assolir un elevat grau d'integració econòmica.

L'any 1996, després d'un llarg procés de revisió, el Pacte Andí és objecte de reforma: així, el 10 de març de 1996 s'adopta el Protocol de Trujillo pel qual és modifica l'Acord de Cartagena. En virtut del Protocol la denominació de l'organització passa a ser Comunitat Andina. Les modificacions afecten de manera important el sistema institucional, sotmès a una reforma profunda, mentre que no hi ha novació dels objectius de l'Acord de 1969.

L'objectiu de la Comunitat Andina és promoure un desenvolupament equilibrat i harmònic dels seus membres, accelerant el seu creixement mitjançant la integració econòmica i millorant el nivell de vida dels seus habitants, distribuint equitativament els beneficis derivats de la seva integració per tal de reduir les diferències existents entre ells (articles 1 i 2). Per tal d'assolir els objectius es preveu l'adopció d'uns mecanismes que comprenen, entre altres: l'harmonització de les polítiques econòmiques i socials, la creació d'un aranzel extern comú, programes destinats a l'acceleració del desenvolupament del sector agropecuari, així com tractaments preferencials a favor de Bolívia i d'Equador (article 3).

Pel que fa a la seva estructura institucional cal fer referència, en primer lloc, al Consell Presidencial Andí, el màxim òrgan del sistema. Està integrat pels caps d'Estat dels Estats part de l'Acord de Cartagena. El Consell Presidencial té un president que exerceix la màxima representació política de l'organització. El Consell Presidencial defensa l'interès de la subregió i orienta i impulsa les accions d'interès de la subregió. En segon lloc, cal fer referència al Consell Andí de Ministres de Relacions Exteriors: està integrat pels ministres de Relacions Exteriors dels països membres de la Comunitat Andina en la seva formació simple. Les funcions d'aquesta formació són múltiples i molt rellevants: s'encarrega de formular la política exterior dels Estats membres en assumptes d'interès subregional, i formula, executa i avalua en coordinació amb la Comissió la política general del procés, entre d'altres. En la seva formació ampliada està constituïda pels ministres de Relacions Exteriors més els representants titulars davant la Comissió. Destaquen les seves funcions consistents en la preparació de les reunions del Consell Presidencial Andí i en l'elecció del Secretari General.

La Comissió té, a l'igual que els òrgans anteriors, caràcter intergovernamental. En la seva formació simple està integrada per un representant plenipotenciari de cada un dels governs dels Estats membres mentre que en la seva formació ampliada reuneix els representants titulars davant la Comissió i els ministres o secretaris d'estat d'un àmbit determinat. En la seva formació simple, la Comissió formula, executa i avalua els objectius de l'Acord de Cartagena, i vetlla pel compliment de les directrius del Consell Presidencial Andí juntament amb altres funcions. En la seva formació ampliada, la Comissió es reuneix per tractar afers d'abast sectorial, considera l'adopció de normes tendents al desenvolupament i l'harmonització de les polítiques econòmiques i resol altres assumptes d'interès comú. A l'últim, cal remarcar que es tracta de l'òrgan amb més capacitat normativa.

D'altra banda, la Comunitat Andina consta d'una Secretaria General. Entre les seves funcions destaca la formulació de propostes de decisió al Consell i a la Comissió, d'iniciatives, així com el plantejament de suggeriments a la formació ampliada del Consell. A més, la Comunitat Andina consta d'un Tribunal de Justícia i del Parlament andí, òrgan deliberant escollit per sufragi universal i directe.

3. El Mercat Comú del Sud (MERCOSUR)

El Tractat que dóna lloc a la creació del Mercat Comú del Sud o MERCOSUR va ser signat a Asunción (Paraguai) el 26 de març de 1991: en formen part Argentina, Brasil, Paraguai i Uruguai. No és un acord tancat i es preveu la possibilitat que altres estats membres de l'ALADI puguin obtenir l'estatus de membre de l'Organització, un cop transcorreguts cinc anys des de l'entrada en vigor del Tractat (article 20). Sense haver-s'hi adherit, Bolívia i Xile han establert llaços estrets amb MERCOSUR: el primer mitjançant la signatura d'un Acord l'any 1995 per a l'establiment d'una unió duanera, mentre que el segon està vinculat a MERCOSUR per mitjà de la signatura d'un Tractat de lliure comerç celebrat l'any 1996[4].

---

4. En concret, el 7 de desembre de 1995 es va signar l'Acord entre els estats part del MERCOSUR i Bolivia, designat com «4 + 1»; va entrar en vigor l'1 de gener de 1996. L'1 d'octubre de 1996 se signa l'acord entre MERCOSUR i Xile.

L'objectiu del MERCOSUR és, de fet, l'establiment d'una unió duanera[5] durant un període transitori que finalitzava el 31 de desembre de 1994. Per assolir aquesta finalitat es preveia un programa de liberalització comercial, amb un calendari de rebaixes aranzelàries que reduïa a zero els aranzels i alhora creava un aranzel exterior comú a tots els estats membres. Des de l'1 de gener de 1995, el MERCOSUR queda establert com una unió duanera (articles 1 i 5), malgrat que existeixen limitacions que afecten el comerç intracomunitari (per exemple, el sector automobilístic) i que alguns productes queden exclosos de l'aranzel exterior. El juliol de l'any 2000, els Estats part van adoptar la decisió d'aprofundir el procés d'integració regional. L'objectiu és reforçar la unió duanera tant a nivell intracomunitari com en el pla de les relacions externes.

Entre els propòsits de l'Organització també hi ha la coordinació de determinades polítiques econòmiques dels Estats membres com ara l'agrícola, la industrial, la fiscal, la de transport o la monetària.

L'estructura orgànica del MERCOSUR evidencia que ens trobem davant d'una Organització de caràcter intergovernamental. En efecte, com es posa de manifest a continuació, les institucions amb capacitat decisòria representen els interessos dels Estats membres. En l'actualitat i una vegada signat el Protocol addicional al Tractat d'Asunción (conegut com a Protocol d'Ouro Preto), el 17 de desembre de 1994, queda constituïda pels òrgans que segueixen. Amb capacitat decisòria, trobem el Consell del Mercat Comú, el Grup Mercat Comú i la Comissió de Comerç del Mercosur. Els altres òrgans són la Comissió Parlamentària Conjunta, el Fòrum Consultiu Econòmic i Social i la Secretaria Administrativa del Mercosur.

El Consell del Mercat Comú és l'òrgan suprem: està integrat pels ministres de Relacions Exteriors i pels ministres d'Economia dels Estats membres i n'és l'òrgan polític principal. Li correspon la direcció política del MERCOSUR; adopta les seves decisions per consens. Existeix també una Presidència del Consell que és exercida rotatòriament pels estats membres per períodes de sis mesos (articles del 3 al 9 del Protocol).

El Grup Mercat Comú és l'òrgan executiu, coordinat pels ministeris de Relacions Exteriors. Està integrat per quatre membres de cada Estat que representen el Ministeri de Relacions Exteriors, el Ministeri d'Economia o equivalent i el Banc Central de cadascun dels Estats membres. Adopta les seves resolucions de caràcter obligatori per consens i té com a funcions més rellevants: vetllar pel compliment del Tractat i proposar mesures concretes relatives a l'aplicació del Programa de liberalització. A més, el Grup té una Secretaria Administrativa (articles del 10 al 15 del Protocol). Com a òrgan assessor, trobem la Comissió de Comerç, integrada per representants dels Estats membres i coordinats pels ministeris de Relacions Exteriors. La seva

5. Tot i que l'organització rep el nom de «Mercado Común del Sur» i el Tractat d'Asunción en el seu article 1 fa referència a l'objectiu d'establir «la lliure circulació de béns, serveis i factors productius entre els països, mitjantçant, entre d'altres, l'eliminació dels drets duaners i restriccions no aranzelàries ... i de qualsevol mesura d'efecte equivalent».

tasca principal consisteix a assistir el Grup del Mercat Comú en matèries relacionades amb la política aranzelària i comercial, tot adoptant directives que tenen un caràcter obligatori per als Estats membres (articles del 16 al 19 del Protocol).

Està prevista la creació l'any 2006 de la Comissió Parlamentària Conjunta, destinada a ser l'òrgan representatiu dels parlaments dels Estats membres i els membres de la qual són designats pels respectius parlaments nacionals. També està prevista la creació del Fòrum Consultiu Econòmic i Social, òrgan consultiu que representa els diferents sectors econòmics i socials dels Estats membres (articles del 22 al 30 del Protocol).

A l'últim, cal fer referència a la Secretaria Administrativa, que és un òrgan de suport administratiu i logístic. Entre les seves funcions destaquen: la publicació i difusió de les normes adoptades al si del MERCOSUR, servir d'arxiu oficial de la documentació i elaborar el projecte de pressupost (articles del 31 al 33 del Protocol).

4. El Mercat Comú Centreamericà (MCCA)

El 13 de desembre de 1960 es va signar a Managua el Tractat general d'integració econòmica centreamericana, que creava l'MCCA, i que va entrar en vigor el 4 de juny de 1961. Els seus membres són Guatemala, Hondures, Nicaragua, El Salvador i Costa Rica (que s'hi va adherir l'any 1962).

Malgrat que l'objectiu inicial del Tractat va ser la creació d'un mercat comú que hauria d'haver estat perfeccionat en un termini màxim de cinc anys a partir de l'entrada en vigor (article 1), a la pràctica el que pretén establir és una unió duanera entre els Estats membres, és a dir, la creació d'un aranzel exterior uniforme per a tots els Estats membres i l'eliminació dels drets de duana al comerç entre els Estats membres (articles 1 i 2 del Tractat). S'ha de dir que la crisi econòmica i els avatars polítics a la zona van impedir el compliment dels objectius de l'MCCA al llarg dels anys setanta i vuitanta. Un dels problemes més rellevants que ha tingut l'MCCA per poder desenvolupar-se han estat precisament els enfrontaments polítics i militars que han tingut alguns dels seus membres, entre els quals el més representatiu és el conflicte entre El Salvador i Hondures.

Això no obstant, el 28 d'octubre de 1993, els estats d'Amèrica Central van concloure el Protocol al tractat general d'integració econòmica centreamericà o Protocol de Guatemala, que pretén actualitzar i adequar al nou context històric el procés d'integració econòmica en la regió. Aquest intent de reestructuració del sistema difícilment permetrà l'avenç del procés: pel que fa als objectius de la integració destaca el fet que no s'han establert terminis, ni períodes transitoris per a la seva consecució, raó per la qual el procés presenta una falta evident de determinació i de concreció.

L'estructura institucional de l'MCCA es compon dels òrgans següents: *a*) el Consell Econòmic Centreamericà, integrat pels ministres d'Economia dels països membres, és l'òrgan responsable de la direcció del procés d'integració centreamericà (article XX); *b*) el Consell Executiu, compost per un representant de cada Estat membre, té competències per adoptar resolucions i per presentar propostes al Consell Econòmic, com per exemple les mesures necessàries per assegurar el compliment de les disposicions contingudes al Tractat (articles XXI i XXII); *c*) la Secretaria Permanent, dirigida pel Secretari General, designat pel Consell Econòmic Centreamericà per un període de tres anys, amb funcions de caràcter administratiu i tècnic (article XXIV).

5. *La Comunitat del Carib (CARICOM)*

Dins els intents d'aproximació i de cooperació econòmica entre els països del Carib, cal fer referència a la creació de l'Associació de Lliure Comerç del Carib (*Caribbean Free Trade Association,* CARIFTA)[6]. El tractat constitutiu de la CARIFTA va ser signat a St. Johns (Antigua) el 30 d'abril de 1968 per Antigua, Barbados, Guyana i Trinitat-Tobago; posteriorment s'hi van adherir Jamaica, St. Kitts-Nevis-Anguilla, Dominica, Granada, Montserrat, Santa Lucía, San Vicente i, finalment, Belize. Entre els objectius de la CARIFTA, inspirada en gran manera en l'Associació Europea de Lliure Comerç (AELC), destacarem: promoure l'expansió i diversificació del comerç; assegurar el comerç entre els territoris membres en condicions de competència; assolir un desenvolupament equilibrat i progressiu de les economies de l'àrea i desenvolupar el comerç del Carib i la seva liberalització garantint una distribució equitativa dels beneficis del lliure comerç entre els territoris membres. En definitiva, es tractava de crear una associació de lliure comerç; ara bé, es produïa un desequilibri en les exportacions que beneficiaven els Estats amb major desenvolupament de la zona (Guyana, Jamaica, Trinitat Tobago i Barbados), en detriment dels Estats amb menys desenvolupament relatiu, la qual cosa va motivar la necessitat de modificar el Tractat de la CARIFTA.

Així, amb la intenció d'aprofundir en la integració econòmica es va signar el 4 de juliol de 1973 a Chaguaramas (Trinitat) el Tractat pel qual s'establia la Comunitat i Mercat Comú del Carib (*Caribbean Community and Common Market,* CARICOM), que va entrar en vigor l'1 d'agost de 1973. Els seus membres originaris són: Barbados, Guyana, Jamaica i Trinitat i Tobago; amb posterioritat s'hi han anat adherint: Belize, Dominica, Granada, Montserrat, Santa Lucía, San Vicente, Antigua, St. Kitts-Nevis-Anguilla i, finalment, Bahames.

Les finalitats de la CARICOM són, d'una banda, el foment de la integració econòmica a través de la creació d'un mercat comú (en el qual no participa Bahames), que permeti l'enfortiment i la coordinació de les relacions econòmiques i comercials dels Estats membres; una expansió sostinguda, els beneficis de la qual haurien de ser equitativament compartits, i l'obtenció d'una major independència i efectivitat econòmica dels Estats

---

6. Inicialment el Tractat constitutiu de la CARIFTA va se signat el 15 de desembre de 1965, a St. Johns (Antigua), per Antigua, Barbados i Guyana, però no va entrar en vigor.

membres en la seva relació amb altres Estats. D'altra banda, es preveu la coordinació de les polítiques exteriors dels Estats membres i finalment una cooperació en determinats àmbits com ara el desenvolupament social, cultural i tecnològic (article 4). S'observen dificultats i asimetries en l'assoliment dels objectius de la CARICOM a causa, en gran part, dels diferents nivells de desenvolupament dels Estats membres.

Pel que fa a l'estructura orgànica (article 6), s'ha de destacar la Conferència de caps de Govern dels Estats membres, que és la que determina les línies directrius de la Comunitat i les seves relacions exteriors. A més, existeixen altres institucions integrades per representants dels Estats membres, com són: la Conferència dels Ministres de Salut i els comitès permanents que sobre diferents àrees es preveuen, com ara: educació, treball, relacions exteriors, finances, agricultura i mines. També compta amb la Secretaria de la Comunitat (article 15), que n'és l'òrgan administratiu principal, així com amb tota una sèrie d'institucions associades que procuraran establir certes relacions per promoure la realització d'alguns dels objectius de la Comunitat, que comprenen organismes com ara el Banc de Desenvolupament del Carib, la Universitat de Guyana o el Consell Meteorològic del Carib (article 14).

Més específicament i en relació amb la consecució del mercat comú del Carib, s'estableix el Consell del Mercat Comú, en el qual cada Estat es troba representat i que adopta les seves decisions amb el vot afirmatiu de tots els seus representants. Entre les seves funcions s'han de destacar la d'assegurar el funcionament eficient i el desenvolupament del mercat comú, incloent-hi la solució dels problemes que pugui ocasionar el seu funcionament. L'any 2001 es crea el Tribunal de Justícia de la CARICOM amb competències per dirimir la solució dels conflictes en el si del mercat comú.

Finalment, el Tractat constitutiu de la CARICOM permet que els Estats membres puguin realitzar una cooperació més estreta entre alguns dels seus membres, la qual cosa ha donat lloc a la creació l'any 1968 de l'anomenat *Mercat Comú del Carib Oriental*, que l'any 1981 es va denominar *Organització d'Estats del Carib Oriental.*

Cal destacar, per acabar, els nous projectes de cooperació que s'han desenvolupat recentment i que estableixen la participació de tots els Estats del Carib, no només dels participants a la CARICOM. És el cas de l'Associació d'Estats del Carib (AEC), constituïda mitjançant el Tractat de 24 de juliol de 1994, subscrit a Cartagena (Colòmbia), i que es configura com un organisme de consulta, concertació i cooperació econòmica entre els Estats signataris.

6. El Tractat de Lliure Comerç (TLC)

L'Acord de Lliure Comerç d'Amèrica del Nord (*North American Free Trade Agreement,* NAFTA) va ser signat el 7 d'octubre de 1992 a San Antonio (Texas) i està en vigor des de l'1 de gener de 1994. Els seus membres són els Estats Units d'Amèrica, Canadà i Mèxic, tot i que es preveu la possibilitat que s'hi puguin adherir altres membres. De fet, l'objectiu principal del Tractat és la creació d'una zona de lliure comerç entre els Estats membres; a més, es preveu més específicament l'eliminació dels obstacles al comerç, així com la millora dels moviments transfronterers de mercaderies i serveis pel territori de les parts, promoure la lliure competència a l'àrea, incrementar l'oportunitat d'inversions en el territori de les parts, així com una protecció adequada i efectiva dels drets de propietat intel·lectual (article 102).

L'òrgan central del TLC és la Comissió de Lliure Comerç, integrada per representants dels Estats a nivell de Secretaria d'Estat. Exerceix les funcions de supervisió de l'aplicació del Tractat, la vigilància del seu desenvolupament i la resolució de controvèrsies que puguin sorgir respecte de la seva interpretació i aplicació, entre d'altres.

7. El procés de l'Àrea de Lliure Comerç de les Amèriques (ALCA)

A principis de la dècada dels noranta, el govern d'Estats Units va promoure l'objectiu de creació d'una unió entre les economies de les amèriques en una sola àrea de lliure comerç. Amb l'objectiu d'impulsar aquest procés se celebra el mes de desembre de 1994 a la ciutat de Miami la Cimera de les Amèriques en la qual participen 34 caps d'Estat i de Govern de la regió americana. En aquesta reunió es fa palesa la voluntat de procedir a la creació d'una Àrea de Lliure Comerç de les Amèriques o ALCA en la qual s'eliminarien de forma progressiva les barreres al comerç i a la inversió. A Miami, també es va decidir que les negociacions amb l'objecte d'arribar a l'acord de creació de l'ALCA confluirien l'any 2005, fet que no s'ha produït. Això no obstant, durant els anys 1994 a 1998 es va portar a terme una fase preparatòria a l'inici de negociacions de l'acord amb la participació de dotze grups de treball. Les negociacions de l'ALCA s'inicien formalment el mes d'abril de 1998 durant la Segona Cimera de les Amèriques a Santiago de Xile, tot i que, com s'ha avançat, encara no s'han tancat.

IV. Sistemes regionals a Àfrica

Els processos de cooperació i d'integració econòmica a Àfrica estan determinats bàsicament per dos aspectes que d'alguna manera són contradictoris i que reflecteixen els processos de cooperació i d'integració econòmica. D'una banda, la necessitat de diferenciació nacional i la lluita per tal d'adquirir la plenitud de la seva identitat nacional, cosa que ha comportat un rebuig de qualsevol forma que pogués representar una subordinació o assimilació amb altres Estats, des d'una perspectiva religiosa, cultural o fins i tot també econòmica. De l'altra, l'existència d'interessos comuns amb els altres països de l'àrea que es troben en una situació econòmica i de vegades política similar; i que comporta una necessitat de convergència entre ells.

1. La Comunitat Econòmica Africana (CEA)

La CEA, creada en l'àmbit de l'Organització de la Unitat Africana (OUA) –convertida des de l'any 2001 en Unió Africana (UA)–, pretén promoure la cooperació i la integració econòmica en el conjunt del continent africà. El Tractat constitutiu de la CEA, també *African Economic Community* (AEC) va ser signat a Abuja (Nigèria) el 3 de juny de 1991; en són membres els cinquanta-tres Estats de l'UA.

Entre els seus objectius destaquen: promoure el desenvolupament econòmic, social i cultural, així com la integració de les economies africanes, i la cooperació en tots els aspectes del comportament humà, per tal d'incrementar l'estàndard de vida dels pobles africans. Per assolir aquests objectius, s'estableixen tot un seguit d'instruments que comporten des de l'enfortiment de les comunitats econòmiques regionals ja existents i l'establiment d'altres de noves, fins a l'establiment d'un mercat comú, la creació d'una política comercial comuna, l'establiment d'un fons de compensació i desenvolupament i l'harmonització de les polítiques nacionals en àmbits com ara l'agricultura, transports, comunicacions, energia, recursos naturals, cultura, ciència, tecnologia, educació (articles 2 i 3 del Tractat).

Per tal de crear aquesta CEA, es preveu un sistema gradual, a llarg termini, establert en sis etapes, que s'inicia amb l'enfortiment i, si escau, amb la nova creació de comunitats econòmiques regionals i l'aprofundiment de la integració econòmica dins les organitzacions regionals, que hauria de finalitzar amb la consolidació del mercat comú africà; la integració de tots els sectors econòmics, polítics, socials i culturals; la creació d'una unió econòmica i monetària panafricana, amb l'establiment d'un únic banc central africà, així com la creació d'una única moneda africana. Es preveu que aquest procés s'hauria d'establir en un termini màxim de quaranta anys a partir de l'entrada en vigor del Tractat constitutiu de la CEA (article 6 del Tractat).

L'estructura orgànica de la Comunitat la integren, d'una banda, òrgans de nova creació pel Tractat, com ara l'Assemblea dels caps d'Estat i de Govern dels estats membres, que és l'òrgan que determina la política general i les línies d'actuació de la Comunitat; el Tribunal de Justícia, que s'encarrega de l'aplicació i interpretació del Tractat, i els comitès tècnics especialitzats, com ara el Comitè d'Assumptes Agrícoles i Economia Rural, el Comitè d'Assumptes Monetaris i Financers o el Comitè de Transports, Comunicacions i Turisme. D'altra banda, òrgans que es corresponen amb l'estructura orgànica de l'UA, com ara el Consell de Ministres, que es correspon amb el Consell de Ministres de l'UA; el Parlament panafricà; la Comissió, que es correspon amb la Comissió Econòmica i Social de l'UA; la Secretaria, que es correspon amb la Secretaria General de l'UA.

2. *Altres exemples de projectes d'integració regional*

A nivell subregional també hi ha hagut diferents intents de dur a terme una major integració econòmica i que de fet queden inclosos dins del sistema de la CEA. Alguns exemples d'aquestes organitzacions podrien ser els següents:

– La Comunitat Econòmica de l'Àfrica Occidental (CEAO, *West African Economic Community* WAEC); el seu Tractat constitutiu va ser signat a Abidjan (Costa d'Ivori) el 17 d'abril de 1973, i va entrar en vigor l'1 de gener de 1974. La CEAO està integrada per: Burkina Faso, Costa d'Ivori, Mali, Mauritània, Níger i Senegal. Entre els seus objectius destaquen: el desenvolupament d'intercanvis comercials de productes agrícoles i industrials i la creació d'una política de cooperació i d'integració econòmica en els àmbits de l'agricultura, la ramaderia, la pesca, la indústria, els transports, les comunicacions i el turisme (articles 3 i 4).

– La Comunitat Econòmica dels Estats de l'Àfrica Occidental (CEDEAO, *Economic Community of West African States,* ECOWAS); el seu Tractat constitutiu es va signar a Lagos (Nigèria) el 28 de maig de 1975, i va entrar en vigor provisionalment des de la signatura. La Comunitat està integrada per Burkina Faso, Benín, Cap Verd, Costa d'Ivori, Gàmbia, Ghana, Guinea, Guinea-Bissau, Libèria, Mali, Mauritània, Níger, Nigèria, Senegal, Sierra Leone i Togo. Les seves finalitats consisteixen essencialment a promoure la cooperació i el desenvolupament en tots els àmbits de l'activitat econòmica per tal d'assolir un increment del nivell de vida i l'estabilitat econòmica (articles 2 i 3 del Tractat). També es preveu una progressiva liberalització dels intercanvis comercials i l'establiment d'un aranzel exterior comú.

– El Mercat Comú per a Àfrica Oriental i Meridional (*Common Market for Eastern and Southern Africa*); el seu Tractat constitutiu va ser signat a Kampala (Uganda), el 5 de novembre de 1993, per Eritrea, Etiòpia, Kenya, Lesotho, Madagascar, Malawi, Maurici, Moçambic, Namíbia, Rwanda, Sudan, Swaziland, Tanzània, Uganda i Zàmbia. Aquesta Comunitat té com a objectius més rellevants els següents: contribuir a l'establiment i a la realització dels objectius de la Comunitat Econòmica Africana; cooperar en la consecució de la pau, la seguretat i l'estabilitat entre els estats membres per tal de reforçar el desenvolupament econòmic de la regió; i, promoure un desenvolupament conjunt en tots els àmbits de l'activitat econòmica.

Bibliografia sumària

Abellán Honrubia, V; Vilà Costa, B. (Dir.) *Lecciones de Derecho Comunitario Europeo*, Ariel, 3a edició, Barcelona, 1998, p. 212-289.

Fernández Pons, X. *Aspectos jurídicos de la introducción del euro*, Col·lecció Tribuna Internacional – CEI, Publicacions Universitat de Barcelona, Barcelona, 2001.

López Escudero, M. *El euro en el sistema monetario internacional*, Tecnos, Madrid, 2004.

López Escudero, M; Martín y Pérez de Nanclares (coord.). *Derecho comunitario material*, McGraw-Hill, Madrid, 2000.

MUNS ALBUIXECH, J. (Ed.). *Lecturas de integración económica. La Unión Europea*, 2a ed., Universitat de Barcelona, Barcelona, 2004.

PÉREZ GONZÁLEZ, M.; SOBRINO HEREDIA, J. M.; DÍEZ DE VELASCO, M. a DÍEZ DE VELASCO, M. *Las organizaciones internacionales*, Tecnos, 13a edició, Madrid 2003, capítols XXV, XXVIII, XXXII, XXXIII i XXXIV.

DIVERSOS AUTORS, *Iberoamérica ante los procesos de integración. Actas de las XVIII Jornadas de la Asociación Española de Profesores de Derecho Internacional y Relaciones Internacionales*, BOE, Madrid, 2000.